Nein!

Erstes Buch der Reihe

Weibliche Wahlmacht

Jan Deichmohle

© 2017 Jan Deichmohle
Verlag: Romowe
All rights reserved. / Alle Rechte vorbehalten.
 ISBN: 978-3-946557-07-4
 Autor, Umschlaggestaltung, Illustration: Jan Deichmohle

Das Werk, einschließlich seiner Teile, ist urheberrechtlich geschützt. Jede Verwertung ist ohne Zustimmung des Verlages und des Autors unzulässig. Dies gilt insbesondere für die elektronische oder sonstige Vervielfältigung, Übersetzung, Verbreitung und öffentliche Zugänglichmachung.

Bibliografische Information der Deutschen Nationalbibliothek:
Die Deutsche Nationalbibliothek verzeichnet diese Publikation in der Deutschen Nationalbibliografie; detaillierte bibliografische Daten sind im Internet über http://dnb.d-nb.de abrufbar.

Inhaltsverzeichnis

Vorwort..5
Nein!...12
Die Unterdrückung einheimischer Männer und die Bevorzugung demographischer Eroberer....................................17
Tageslauf..30
Alice Schwarzgeld bejubelte ein Männerprogrom-Manifest...........34
Morgendämmerung...40
Erläuterung der Hintergründe..47
Abend...57
Die tägliche Verarschung einheimischer Männer – 8.9.2016............64
Tägliche Wahrnehmungsverzerrung – wo ein zentrales Tabu wirkt..68
Straßen...74
Silvesternacht und Sensationsmache......................................77
   Sex, Gewalt und Sensation: Wie Wahrnehmung und Medien gewaltig schief deuten...................................78
Urlaub..89
Sex...90
Mauern, Egoismus, seelische Perversion und Flirtlehrer (PUA)......92
Nacht...96
Die Unfähigkeit der Gesellschaft, Haßideologien dort zu bemerken, wo sie sind, und ihnen entgegenzutreten..............100
Sentimente...109
   Goa-, Rock- und Hippiefestivals....................................114
      Ein deutsches Hippiefestival..............................119
         Nacht...126
         Tag...128
      Ausgenutzt und reingelegt...................................131
Chaos und Kälte..135
Überschrift..136
Nichthandlung..147
Der tägliche Alptraum: Gängige und unmögliche Themen...................152
Morgen-Mittag-Abend-Nacht..165
Doppelmoral und schiefe Wahrnehmung....................................169
Befreiung..173
Bestandsaufnahme...175

Sexuelle Selektion..................184
Verbindendes wird Trennend..................198
Feministische Doppelmoral und Migration..................202
Wie Gesinnungsmedien uns belügen:
Verreißen statt berichten..................205
Erst Mädchen, dann Hund, dann Katze geholfen. Junge wird übersehen..................221
Abwimmelei und Hohn aus Verlagen..................224
Persönliche Beleidigung, Verleumdung, Falschbehauptungen und Geschäftsschädigung statt Argumenten:..................240
Die neue Eskalationsstufe der deutschen Öffentlichkeit..................240
Falsche Versprechungen..................260
Weibliche Wahl funktioniert schlecht..................261
Feministische Doppelmoral und Migration – Teil 2..................271
Landnahme unter der Gürtellinie..................275
Die Republik hat sich verändert: Der Rutsch in Diktatur & Katastrophe ist rasend schnell geworden..................296
Die Transformation der BRD in einen Gesinnungsstaat..................299
Die „seelische Belastung" und der Profit der Täterin..................301
Das Totalversagen von Regierung und Etablierten: Ursache die Zerstörung, die mit der linken und feministischen Kulturrevolution 1968 begann..................312
Sexueller Dschihad gegen Europa..................321
Flut schlechter Nachrichten..................363
Die netten Sozialtouristen von Calais und ihre feministischen Helfer..................369
Gesinnungszensur: Wie Intolerante Andersdenkende fertigmachen wollen..................386
Nachträglich ergänzte Verlagsantworten..................387
Traumatisierte..................396
Dieses Buch wurde gekürzt..................405
Literaturverzeichnis..................406
Nachwort..................407
Literaturhinweise..................408

«Dies ist nicht das Ende, nicht einmal der Anfang vom Ende, aber vielleicht das Ende des Anfangs» (Winston Churchill)

Vorwort

Dieses Buch ist unbequem. Es beschreibt Grundmuster des Lebens, die euch unbewußt sind, unangenehm, euer Selbstbild in Frage stellen, und daher wirkungsvoll verdrängt werden. Dieses Buch beschreibt nicht, was Leser gerne hören, sondern was sie keinesfalls auftauchen lassen wollen ins Bewußtsein, Inhalte, die ihr nicht wissen sollt, weil eine mächtige Ideologie davor zittert, und ihr nicht wissen wollt, weil eure Selbstwahrnehmung davon erschüttert wird, euer Ich nicht die Kränkung erleben möchte, vorgehalten zu bekommen, wie abhängig es ist von Mächten außerhalb seiner selbst. Auch wenn sie bereits selbst auf die Nase gefallen sind, glauben viele Zeitgenossen, es besser zu wissen, obwohl sie sich Grundtatsachen des Lebens nicht eingestehen, sie nicht zur Kenntnis nehmen.

Dieses Buch zeigt eindringlich, daß ein sexualisierter Krieg von Frauen gegen Männer unsere Gesellschaft prägt und nicht umgekehrt, wie Feministen seit Generationen fälschlich behaupten. Diesen einseitigen Krieg führen sie mit aggressiven, extremistischen Kampagnen, welche die Lage folgenreich verschlimmern.

Dieses Buch ist Teil des meistabgelehnten Bücherzyklus der Republik. Es entstand ursprünglich in den 1980er Jahren, die Katastrophe des Feminismus verhindern zu helfen, wurde von allen deutschsprachigen Literaturverlagen abgewiesen, außer einem, der den für dieses Buch bereits abgeschlossenen Vertrag brach und als ungültig aufkündigte. Mächtige Kräfte verhindern im Hintergrund alles, was das Weltbild feministischer Diktatur gefährdet. Aus jener Zeit stammen einige Ergänzungen der frühen 1990er. Für diese Ausgabe wurde der Band nochmals ergänzt und überarbeitet, um die vergangene

Zeit zu überbrücken und eine möglichst zeitlos gültige Aussage zu treffen.

Als Jugendlicher wußte ich noch nicht, wie stark sich weibliche Wahlmacht in das Leben entscheidenden Augenblicken auswirkt. Den meisten Zeitgenossen ist sie unbekannt; ihre Auswirkung auf unser Leben wird selten wahrgenommen und begriffen: War mir zunächst weder diese, noch andere in der Biologie verankerte weibliche Dominanz bekannt, so erlebte ich bewußt deren Verschärfung durch die damals wütend und offensiv anfeindende feministische Ideologie, die in ihren Grundannahmen und Prinzipien nachweislich falsch ist; unverständlich war, wie so krasse Anfeindung und Intoleranz von der Gesellschaft akzeptiert werden konnten. Nun ist diese Ideologie zur Norm erhoben. In orwellscher Verdrehung sämtlicher Begriffe nennen die Intoleranten ihr ideologisches Weltbild „tolerant" und bekämpfen gar jede Kritik als „intolerant". EU-weit soll Kritik am Feminismus, einer radikalen Ideologie, nach deren „Machtergreifung" nun bekämpft oder verboten werden.

Noch nicht bekannt waren weitere Ursachen, wie eine biologisch schiefe Wahrnehmung, die uns Frauen bevorzugt wahrnehmen läßt, sie für schwach halten, was für eine Opferrollenideologie mißbraucht wird, ihnen Hilfe und Unterstützung geben läßt, selbst wenn ihr Ansinnen ungerecht und gefährlich ist; Männer aber werden negativer gesehen und umso nachteiliger behandelt, je niedriger ihr Rang ist, am übelsten Verlierer. Im Gegensatz zu Frauen erhalten männliche Verlierer weder Sympathie noch Hilfe, werden gar noch lächerlich gemacht, beschimpft, verhöhnt. Das männliche Geschlecht ist Filter der Evolution durch weibliche Selektion: Frauen weisen Männer und mit ihnen Gene ab, die Frauen selbst tragen, an Söhne weitergeben, die dann wegen unerwünschter Eigenschaften diskriminiert werden, oder an Töchter, die dann, weil die Frau biologisch dominant ist, trotzdem zu Müttern werden, und das unerwünschte Gen, das sie selbst tragen, bei Männern mitsamt dem Träger ausschließen und diskriminieren: Männer tragen die Last der Evolution, nicht Frauen. Das sind seit 150 Jahren bekannte, aber verdrängte Tatsachen des Lebens.

Frauen sahen sich fälschlich in einer Opferrolle, obwohl es genau umgekehrt Männer sind, die diese tatsächlich einnehmen. Wie heute beweisbar ist, ist aus angeboren schiefer Wahrnehmung erst eine schiefe und männerfeindliche Sicht geworden, die (oft sogar männliche) Denker seit vielen Jahrhunderten verbreiten (siehe „*Ideologiekritik am Feminismus: Krieg gegen Mann, Natur und Kultur*"), dann die radikale Ideologie des Feminismus, die auf durchgehend falschen Annahmen gründet. („*Die beiden Geschlechter*"; Band 1 bis 5)

Daher gibt es keinerlei Sympathie, Mitgefühl oder Hilfsbereitschaft für männliche Verlierer, nur Verachtung. Wie es Männern ergeht, zählt einfach nicht. Das interessiert niemanden. Es will auch keiner lesen. Verhöhnt wird es[1], noch als „schlecht" abgetan, auf allen Ebenen, moralisch, ideologisch und literarisch – auch wenn es tatsächlich noch so originell und gut wäre. Dagegen erhalten Unterdrückerinnen Sympathie, Aufmerksamkeit, Unterstützung bis in Gesetzgebung, staatliche Förderung, privates Handeln, mediale Darstellung.

Zurück in jene Zeit des Umbruchs. Man feindete Männer dafür an, etwas zu haben, das Frauen nicht hätten, wimmelte aber zugleich Männer ab, die ihnen nichts bieten konnten, das sie selbst nicht hatten. Ich war kein Anhänger von Luxus, hatte auch keinen Kraftwagen, sondern war von der Idee der Blumenkinder angetan, ohne Prunken frei zu leben und zu lieben; aber letztlich war es mir egal, ganz gleich ob bürgerlich und mit herkömmlichen männlichen Attributen oder auf eine neue Weise – ich wollte angenommen sein, Mädchen haben, Freundinnen, ein erfülltes Liebesleben, wie es Mädchen auch hatten.

---

1 ob im Gespräch, in einem Artikel, Buch, Debatten, Film – es trifft die gleiche verächtliche Herablassung, wird „schlechtgemacht"

Feministinnen hat es nie interessiert, was für Schäden sie anrichten; was an geringen Resten gelebter Kultur vorhanden war, galt als Feind und Übel. Noch weniger scherte sie, wie es Männern erging, denn Ignorieren männlicher Belange, jeden Bezugs zum Mann, war Grundlage ihrer Ideologie. Ja, es läßt sich nachweisen, daß sogar Haß auf Männer und das Männliche und die falsche Unterstellung einer Unterdrückung der Frau, die es nie gegeben hat, Voraussetzung für alle Schlußfolgerungen, Kampagnen und Änderungen der Gesellschaft waren, die viel Leid und Probleme schufen. Wenn die Voraussetzungen falsch sind, ist nach den Regeln der Logik jede Schlußfolgerung falsch. Da Männer, nicht Frauen benachteiligt waren und sind, waren auch alle Änderungen, die sie je bewirkten, verkehrt und in falscher Richtung. Gäbe es Recht und Vernunft, müßte der Irrtum schleunigst und restlos abgewickelt und auf den Müllplatz der Geschichte entsorgt werden; danach müssen alle Schäden geheilt und ein wirkliches Gleichgewicht hergestellt werden.

Feministinnen scherte es nicht, wenn Väter, Ehemänner, Freunde finanziell einträglich aus vormals gemeinsamem Leben ausgeschlossen wurden; die Geschichte der letzten Jahrzehnte ist voller durch legal gemachte Abzockerei ausgelöste Katastrophen. Viele Quellen belegen, wie feministische Kräfte in den Institutionen verläßlich solche Verbrechen gegen Menschlichkeit und Freiheit erst ermöglichten, dann propagierten und dabei „halfen". Betroffene mußten schwere, zuweilen unrealistisch hohe Lasten tragen, waren gezwungen, ihre Lebensträume aufzugeben; weder konnten sie im Wunschberuf arbeiten, noch sich aus den Tretmühlen des Zwanges befreien und ihr Leben selbst gestalten; Gericht und Staat zwangen sie, möglichst viel Geld heranzuschaffen, um der Pfändung zu entgehen, wogegen viele Frauen, die nur „ihr gutes Recht wahrnahmen", frei von Arbeitszwang und Lasten sich neu finden konnten, ihr Liebesleben mit anderen frei gestalten, mit feministischem Bewußtsein Männer und ein erfundenes „Patriarchat" bekämpfen – alles auf Kosten einträglich entsorgter Ausgeschlossener, die ihre Ideologie zum Zahlsklaven degradierte. Un-schöne neue Welt der Gleichheit, die keine ist! Warum sind die Romane und Analysen solcher Vorgänge noch nicht geschrieben? Weshalb druckt die vierte Macht stattdessen zahllosen profeministischen und emanzipativen Müll?

So gleichgültig Feministinnen gegenüber Ex-Männern waren, falls sie nicht heimliche Schadenfreude empfanden, so gleichgültig und empört waren sie auch über die „Zumutungen", von denen ich berichte.

Jeder helfe an seinem Platz. Ich kann nicht überall sein. Mein Beitrag ist es, vom Ausgeschlossensein zu berichten und von weiblicher Selektion; etwas, das sogar Väter, die das Unterhaltssystem zu Boden warf, oft nicht wahrhaben wollen.

Habt ihr andere Themen, wie entsorgte Väter, ausgeschlossene Lastesel, die als Alimentezahler eine freie Entfaltung anderer schultern, die ihnen selbst nicht gestattet wird? Schreibt es auf; nichts darf vergessen werden!

Feministen feindeten an und hielten es für Gerechtigkeit, Männern alles „wegzunehmen", um Männer nicht zu brauchen. Denn was Männer sich erarbeitet hatten, ermühten sie, weil Frauen dies so wollten, von ihnen verlangten, in der Ehe wie bei dem Versuch, ein bißchen Liebe zu finden, bei einem Abenteuer ebenso wie für eine Beziehung. Ohne spezifische männliche Stärken und Bereiche entsteht ein sich selbst verschärfender Amoklauf angeborener Bevorzugung von Frauen in Wahrnehmung und Handeln.

Nicht zur „Unterdrückung" hatten Männer besondere Gaben für Frauen, die ihnen nun seit der radikalen feministischen Revolution fehlen, sondern weil sie diese brauchten, um von Frauen angenommen zu werden, ein bißchen Liebe, Freude, Sex im Leben zu haben, in Familie oder Beziehung an sie gestellte Anforderungen zu erfüllen. Jetzt wurde angefeindet, wofür Frauen Männer geliebt hatten. Und genau das war das ungeheuerliche in jener Zeit, was inzwischen verdrängt ist von einer geschichtsklitternden, politisch korrekten Umdeutung im Nachhinein. Mögen die Aufzeichnungen aus meinen Jahrzehnten qualvollen Leidens am Ausschluß in jener Zeit des Umbruchs, der Anfeindung von Männern, einen kleinen Schimmer darauf werfen, was diese vom Feminismus erfolgreich durchgedrückte Kulturrevolution tatsächlich bedeutete.

Eine Feministin hat es mir gegenüber um 1979 selbst klar ausgedrückt: „Früher hatten die Typen einen Mercedes und haben damit Frauen aufgerissen. Heute habe ICH einen Mercedes und reiße selbst Frauen auf." Darauf war sie ganz stolz. (Das enthält zwei typische Elemente des inzwischen EU-weit vorgeschriebenen Feminismus: Den Versuch, Frauen zum Lesbentum zu bekehren, indem Befreiung als Befreiung vom Mann angesehen wird, mit ungenannten und bislang niemand interessierenden Folgen für Männer, und die Übernahme all dessen, was Männer hatten, um Frauen zu gewinnen und die Wünsche von Frauen zu erfüllen. Indem nun Frauen dies alles ohne Männer hatten {bekommen hätten sie es in jedem Falle}, war den Männern das genommen, was Frauen traditionell und weiterhin von Männern wünschen. Es wurde immer schwieriger, sich höher schraubende Erwartungen zu erfüllen, selbst wenn die betreffende Frau nicht zur lesbischen Feministin mutiert war.)

Wo sollen Ansehen, eigene Aufgaben und Beiträge herkommen, für die ein Mann gebraucht und geliebt wird, nachdem alledies von Feministinnen als Rollen verteufelt und abgeschafft wurde? Zu zerschlagen, was ihre Liebe gewinnt, und in dem Augenblick, als ich diese Liebe suchte, schien mir größtmöglicher Zynismus und Perversion. Wie sollen die gesteigerten Ansprüche erfüllt werden, nachdem die Mittel weggenommen wurden, solche Ansprüche erfüllen zu können?

So stolperte ich ohne Rückhalt von Familie oder Freunden ahnungslos durch eine schwierig gewordene Welt und erfuhr eine Ablehnung nach der anderen ... glücklos. Nein!, sagte man mir, ausgeschlossen von denen, die ich für ein erfülltes Leben brauche. Sie lebten vergnügt vor sich hin, was sie mir nicht gönnten, denn mich brauchten und wollten sie nicht dazu.

Alle Bücher, Versuche, mit Frauen oder Öffentlichkeit über die Problematik zu reden, wurden von Frauen, Öffentlichkeit, Medien, sämtlichen deutschsprachigen Literaturverlagen genauso abgewimmelt oder ausgelacht wie mein Leben. Man müßte sie alle wegen unterlassener Hilfeleistung vor einem Weltgericht verklagen.

«The only politics are the politics of love.»

Nein!

© 1985, 2017 Jan Deichmohle

v5.6

Nein! Du nicht! Mädchen schwatzen strahlend miteinander, umarmen sich.
Du nicht! Weil ich erscheine, gehen sie, verfinstert sich ihr Gesicht. Du nicht! Ihr nicht! Wir nicht!

Ich irre in einem Labyrinth aus Fassaden, hinter denen Frauen ein mir verschlossenes Fabelreich bevölkern; Mauern halten mir ihren Anstrich ausschließend vor; Luxusmobile rollen sie aus, die sich zu gut sind für mich; meine Tretmühle zieht vorbei an ausgackernden Gestalten.

Weder kenne ich das Zutrauen einer Schwester, noch das einer Freundin, einer Bekannten; verschlossen seit jeher haben sie sich; sie wollen und brauchen mich nicht; nie erfuhr ich von weiblichem Leben; ihre Gespräche sind mir so fremd wie ihr Zulächeln, ihr Zeitvertreib, ihre Körper.

Neidisch sehe ich Paare vorbeiziehen. Frauen sind umringt, umschwärmt, gesucht, sie leben, wimmeln mich ab; während sie in Lust stöhnen, in Extase, in Gefühlen, die mir nicht gelten, Träumen gegen mich, während sie Ansprüche und Sentimente pflegen ohne Anteilnahme an mir, während sie in interessanten Kreisen umschwärmt werden von geistvollen Männern, während sie erleben, die Welt, Kultur und Gedanken der Zeit konsumieren wie einen lebendigen Film, bin ich ausgeschlossen, fortgewimmelt, krank vor Unglück, verspottet, angehaßt übersehen ignoriert, zu traurig zum Weinen; mein Magen mahlt meuternd, ohne Reize stumpfe ich ab: ich kenne nicht das weibliche Lächeln, noch ihre vertrauensvollen Armbewegungen beim Sprechen, die Berührung ihrer Hände so wenig wie ihre Gesprächsthemen, nicht die Hand in meiner; seelisch verkomme ich, verblödend ohne Anregung Anteilnahme während sie sich sonnen in Schönheit Lust erwecktem Begehren Abgewimmelter Ansehen im Status ihrer Machtspielchen ihres wohlständigen Amüsements Erfolges ...

Nur zum leiden und neiden darf ich sie sehen.

Fremd bin ich ihnen, so oft ich sie auch gesehen habe, beschäftigt mit sich selbst und anderen. Fremder werde ich ihnen, desto öfter ich sie sichtete in öffentlichen Räumen, wo meine Ausgrenzung Gesetzeskraft erlangte durch Gewöhnung, üble Nachrede und schlechte Gedanken, die in ihrem Bewußtsein bereitliegen.

Wann spreche ich schon mit einem Mädchen? Wann ergibt sich je ein zweites Gespräch? Alle JammerJahre, doch zum Beklagen finde ich kein Gehör; wie manch ein geschiedener Finanzierer von Lieblosigkeit werde ich mit unbequemen Problemen ignoriert, die die Absurdität verbreiteter Thesen grausam offenbaren.

Entmutigt entdeckte ich eines unüblichen Tages eines üblichen Jahres die Mathestudentin, mit der ich mich kürzlich über Mauern unterhalten, die Frauen vor Männern bauen, und von meinem Abblitzen seit zwei Jahrzehnten erzählt hatte.
„Hi"
-„Hallo"
-„Du warst neulich so schnell fort. Habe ich dich gelangweilt?"
-„Du, ich muß dir danken. Ohne dich hätte ich den Typ nie kennengelernt."

Ich glaubte kein Wort. Sie war letztes Mal zu einem guten Bekannten gegangen, wie deutlich zu spüren war.
-„Was willst du damit andeuten?"
-„Es wäre schade, wenn ich ihn nicht kennengelernt hätte."
-„Das hast du geschickt ausgedrückt. Gut eingefädelt. Jedenfalls weiß ich jetzt, daß er viel interessanter war als ich."
-„Das kann man schon sagen."
-„Du hast bereits letztes Mal gut geschult argumentiert. Du hast es verstanden, abgedroschene Klischees rhetorisch geschickt zu verfechten."
-„Soll ich das als Kompliment auffassen?"
-„Meinetwegen. Das kannst du halten wie du willst. Ich war dir ja noch ein Kompliment schuldig."
-„Wieso?"
-„Wegen dem ersten Teil des Gesprächs."

Wumm! Alle zarten Hoffnungen waren mit einem Satz Abwimmelausreden niedergedroschen. Sie hatte mich mit Spitzfindigkeiten bedrängt und mit ihrer Abfuhr unfreiwillig bewiesen, daß meine Aussagen richtig waren, sie von der Realität sogar noch übertreffen lassen.

Wann je ist ein Mädchen flüchtiger Bekanntheit für mich zu sprechen?

Nein - du nicht! Ich nicht! Sie konjugieren nicht dürfen. Ich darf nicht dürfen, nicht du. Nicht-geübt, nicht-erfahren, nicht-modisch, nicht-gewollt, ein Steilkurs in Negation; kindische Spielchen, denen ich nie entrinne. Nichts setzt sie zu mir in Beziehung; ihre Träume und Ziele gelten nicht mir, sondern meiner Distanzierung. Wer einmal öfter distanziert wurde, erscheint wertlos, weil ihn andere Frauen nicht wollten, bekommt üblen Ruf und Nachrede hintendrein.

Plakate, die „Anmachern" Hausverbot erteilen, hängen aus, Stimmung wird gemacht gegen Männer, die belästigend und potentielle Vergewaltiger seien. Sie haben gelernt „Wenn eine Frau nein sagt ..." und „Alle acht Minuten wird eine Frau ..." und viele solche Hetzsprüche gegen Männer, deren Einfluß, Bedürfnisse, Sexualität als übel und „Unterdrückung" gelten, die zurückzuweisen also zum Ethos der „befreiten Frau" gehört.

Knüttelverse wie „Chauvis verpißt euch / keiner vermißt euch" erklangen; die Cafete der Romanisten zierten Hartreime wie „Hätte Maria abgetrieben, wäre Jesus uns erspart geblieben", als überall präsenter Klassiker „Mein Bauch gehört mir", der von Ungeborenen natürlich auch; Väter zählen nicht sondern zahlen. Ein Mitstudent, einer der vielen linken Mitläufer, die alles mittrugen, bekam beim Betreten eines linken Schuppens Buttersäure ab, die gerade gegen vermeintliche „Anmacher" versprüht wurde. So viel zum Klima der Zeit und an der Uni. Zum Abschluß noch ein Plakat mit falscher Quellenangabe, vor dem ich neulich stand:

«Ich liebe ohne
Vor Männern kann man sich schützen. Immer mehr Frauen benutzen sie nicht. ...
Nicht Kondome schützen.
Die Zeitschrift sowieso & unser Bundesgesundheits...»

(Der Inhalt des Plakates bezieht sich auf eine Kampagne in der feministischen Zeitschrift Emma.)

Vor vielen abgewimmelt verjubelten Jahren traf ich Anja unterwegs zu ihrem Vater, wo sie Klavier üben wollte. „Hallo. Na, wie war eure Fete?", fragte sie, die meine Einladung natürlich nicht befolgt hatte. Genervt verabscheute ich an jenem Tage besonders diese verlogene, oberflächliche Tour und mischte sie auf, indem ich ganz zart und interessiert entgegnete:
„Welche Fete? Wir müssen seitdem mindestens drei gemacht haben!"
-„Ich hab gerade keine Lust auf Feten."
-„Wir können ja auch mal eine Fahrradtour oder einen Ausflug in den Wald machen. Du sagtest doch einmal, das liege dir mehr."
-„Laß mich in Ruhe! Nicht anrufen! In Ruhe lassen!" Nachdem sie mir noch einen schönen Tag gewünscht hat, poltere ich los:

-„Von wegen schöner Tag! Wie denn, wenn ich dauernd auf Mauern stoße, die vor mir aufgebaut werden?!"

Freundinnen ziehen mit Männern vorbei. Leben und mich nicht leben lassen. Ein erfahrenes Objekt ihrer Wahl gefällt der fünften am Tag. Der Rest der Abgewimmelten stürzt geschlechtlich ab zur Belästigung, Störer aus Sehnsucht, Einsamkeit, Schwärmerei, nervt mit Suche nach Nähe, Bedürfnissen, die amüsierte Emanzen nicht erfüllen wollen, deren Egotrip keinen Bedarf hat am Heer der Fortgewimmelten, die Entfremdung erfahren statt Nähe, die zum Nahkampf wurde.

«Und ich als Frau bin wieder mal dafür zuständig, das erste Problemgespräch unserer drei Tage alten Beziehung zu initiieren!» zitierend moniert der Märchenprinz, dessen Tod zur Kultlektüre wurde, den «unerträglichen Politmackerton». (E1)

Geistige Gewalt, die Gefühle und Formen empfindsamer Verständigung bricht, mißversteht, fortweist, ausgrenzt, mein Leben verhindert.
«Am liebsten würde sie immer noch in meinem Kopf eine Eigentumswohnung beziehen und als Concierge tätig sein - die ein- und ausgehenden Gedanken kontrollieren und bei Gefallen die von der Frauenbewegung autorisierten Passagierscheine abstempeln.» (E2)

Wehe du denkst nicht vorschriftsgemäß; wehe du machst den Beziehungskrampf nicht mit, das problemschaffende Rumhacken; aber auch jenseits frauenbewußten Kältetods, den ideologisch geschulte Gruppen bereiten, auch im Alltag gewöhnlicher Töchter bin ich nichts für verwöhnte Wohlleben, gesegnet mit Luxus und männlichem Interesse, hohe Ansprüche ohne Anteilnahme.

All mein Mühen um sie nützt nichts, zieht mich nur erschöpft weiter zu Boden, wo Penner auf neue Kumpane warten.

Die Unterdrückung einheimischer Männer und die Bevorzugung demographischer Eroberer

Kavaliersinstinkte bevorzugen Frauen und Kinder; Frauen nehmen wir positiver wahr, fühlen mit ihnen und helfen gerne. Für Männer, die nicht zum oberen Fünftel gehören, gilt nach Erkenntnissen moderner Evolutionsbiologie das Gegenteil. Denn die Evolution filtert Gene über Männer. Das bedeutet: Fruchtbare Frauen stehen ohne Zutun im Zentrum von Fortpflanzung, Familië und Interesse. Über Frauen werden Gene nicht gefiltert: Frauen pflanzen sich mit sozial für „gut" oder „schlecht" eingestuften Genen fort.

Männer tragen die Last der Evolution, auch in Form sexueller Selektion, mit der Frauen bei freier Wahl etwa vier Fünftel aller Männer diskriminieren, d.h. ablehnen. Darin stimmen genetische Fortpflanzungsstudiën mit Behauptungen einiger akademischer Feministinnen überein. Vier Fünftel aller Männer sind davon bedroht, aufgrund ihres als „unerwünscht" eingestuften, zu niedrigen Ranges, von Sex, Liebe, Fortpflanzung und sozialer Anerkennung ausgeschlossen zu werden, wenn Kultur und männliche Stärken als Gegengewicht nicht ausgleichend eingreifen. Feminismus hat mit falscher Deutung biologischer Tatsachen und einem Neidkomplex Verheerungen angerichtet und die natürliche Liebe zerstört, deren Grundlagen beseitigt wurden. Zum einen sind dies von Kindheit an gelebter Tausch und Füreinander der Geschlechter in Form sozialer Fürsorge und geschlechtsspezifischer Tätigkeiten, an denen Anteilnahme und Liebe reifen. Zum anderen sind es männliche Stärken, die Frauen begehren, wünschen, Achtung und weibliche Liebe auslösen. Werden ihnen diese weggenommen, fällt anteilnehmende weibliche Liebe aus.

Feminismus hat auch die Achtung vor Männern verringert, was mehr Männer unter die Schranke fallen läßt, unter der die evolutionäre

Falle zuschlägt, die rangniedere Männer von Sex, Fortpflanzung, Anerkennung und Mitgefühl ausschließt, damit sie sich nicht über Mitfühlen oder soziales Ansehen Fortpflanzung „erschleichen", die ihnen aus evolutionärer Sicht wegen ihres niedrigen Ansehens nicht zusteht.

Menschliche Kultur diente auch dazu, die Geschlechter harmonisch aufeinander zu beziehen, reife, anteilnehmende Gefühle entstehen zu lassen, und Männer aus dieser evolutionären Falle herauszuholen, solange sie sich anständig betragen und einigermaßen fleißig sind. Ein wirkliches Gleichgewicht gab es nie; Frauen wurden immer bevorzugt, doch milderte Kultur das Ungleichgewicht der Geschlechter erheblich. Feminismus hat das, wie alles, völlig verkehrt herum gedeutet und empfunden, und katastrophale Mißstände ausgelöst mit ihrer verqueren Ideologie.

Die aus evolutionären Gründen schiefe Sicht wirkt sich in allen Lebensbereichen aus. Weil Frauen immer eigene Kinder zur Welt bringen, ist ihnen biologisch Treue zur eigenen Gruppe weniger wichtig als Männern, deren Gene aussterben, wenn ihre Frauen von anderen geschwängert werden. Daher haben Männer männliche Gruppen, stabile Organisationen, Staaten und Nationen aufgebaut, unter großen eigenen Opfern. Denn selbst wenn einige beim Aufbau solcher Organisationen sterben, ist dies für das langfristige Fortleben ihrer Gene in Kindern immer noch günstiger als ein Zerfall ihrer Gruppe, der sie aus der Kette der Fortpflanzung wirft. Selbst wenn nur eine Generation nach ihnen dies nicht beherzigt, ist alle Mühe ihrer männlichen Vorfahren umsonst gewesen, deren Gene aussterben. Nur ein einziges Mal unterbrochen, ist die Fortpflanzung dauerhaft gescheitert.

Hawk hat retweetet

 TAMOGHNA 4 EQUALITY @urtamoghna · 4. Juni
98000 Men kill themselves bcoz of Feminist Family and their created Financial issues
#FeminismMuktBharat @iammony

Da fruchtbare Frauen immer begehrt sind, auch bei Siegern, die ihre eigenen Männer verdrängen, ist eine solche Lage für Männer biologisch viel schlimmer als für Frauen, die sogar Vorteile davon haben: Denn sie erhalten mit den Genen der Sieger möglicherweise „erfolgreichere" Gene für ihre mit den Siegern gezeugten Kinder. Daher arrangieren sich Frauen oft leicht mit Siegern in Kriegen oder anderen Verdrängungskämpfen.

Dazu paßt, wenn Frau Merkel und grüne Frauen, mitsamt rückgratlosen Männern, die Feminismus und Frauen nicht widersprechen können und wollen, die Schleusen für eine Millionenflut alleinreisender Männer öffnen, die hier ihre sexuëllen Bedürfnisse leben. Für Frauen vergrößert sich die Auswahl an Männern, unter denen sie wählen können, enorm. Doch für vom Feminismus seit 150 Jahren ständig weiter entrechtete, umerzogene, manipulierte und rückgratlos gemachte Männer ist dies eine Katastrophe, denn jeder überzählige männliche Immigrant, der hier eine Frau findet, bedeutet aus logischen Gründen einen einheimischen Mann, der keine Frau abbekommen kann.

Noch zynischer wird es dadurch, daß hiesige Männer vom Feminismus seit Jahrzehnten in wütenden Kampagnen als „Belästiger", „Vergewaltiger" und „potentiëlle Bedrohung" hingestellt, entrechtet, mit willkürlicher Anklage im Nachhinein bedroht wurden. Julian Assange wurde erst als Freund begeistert in Tweets gepriesen, um dann Wochen später, als die Frau eifersüchtig wurde, nachträglich als „Vergewaltiger" hingestellt zu werden, nach einem feministischen Racheleitfaden, den die Frau selbst ins Internet gestellt hatte, und schrägen schwedischen Gesetzen, die willkürliche nachträgliche Umdeutung ermöglichen – was deutsche Politiker gerade einstimmig auch als Gesetz beschlossen haben. Julian Assange fristet sein Leben als „Gefangener" in einer Botschaft, obwohl er nichts getan hat als das Pech zu haben, an eine rachsüchtige Feministin zu geraten.

Abzocke, Unterhaltsklaverei, Geschlechterkrieg und Lieblosigkeit – das Leiden der Männer an Frauen femanziger Ära war über Generationen ein ständiger Alptraum, dem nun die Krone der Verhöhnung aufgesetzt wird mit der Millionenflut, die bald mehr junge Migranten als einheimische Männer um die einheimischen Mädchen konkurrieren läßt. Rechnerisch oder demographisch bleibt ein hoher Anteil junger Männer chancenlos. In Deutschland wird dies viel krasser als anderswo sein, vielleicht gar die Hälfte junger Männer diskriminieren und überzählig sein lassen. Doch auch wer Glück hat und trotzdem eine Freundin findet, wird unter dem verschärften Konkurrenzdruck leiden.

So schief ist unsere Sicht, daß allenfalls das Problem der unbegleiteten männlichen Einwanderer gesehen wird, die eine demographische Landnahme vornehmen, weil überholte Asylgesetze diese demographische Verdrängung der eigenen Männer mit den wohl höchsten Luxuszahlungen weltweit belohnt. Fremde Männer, die ihre eigenen Familiën und Frauen alleingelassen haben in ihrem Land, statt mit ihnen zu leben und ihnen zu helfen, greifen hier mehr Geld ab, als manch ein Einheimischer für Arbeit und viel Mühe erhält, ohne etwas zu leisten, außer den hart arbeitenden einheimischen Männern, die den ganzen Irrsinn mit ihren Steuergeldern finanzieren, aufgrund des bereits massiven Männerüberschusses auch noch die knappen Frauen und Mädchen wegzunehmen, ob nun für Sex, Liebe oder Ehe. Das ist eine Katastrophe, die niemand wahrnimmt, weil es sich ja nur um Männer handelt.

Gesehen werden nur weibliche Probleme wie Belästigungen und Vergewaltigungen, die aber weniger Frauen betreffen als der sexuelle Verdrängungsdruck, der das Liebesleben fast aller Männer ruiniert, außer denen ganz oben in der Hierarchie, wie den Politikern. Überzählige Männer leiden nicht kurzfristig an einem Verbrechen, sondern finden ihr ganzes Leben dauerhaft verpfuscht.

Michael @247ltd · 7 Std.
@Cock4ndPussy @Radarfurie
Stimmt 😂 #Antifa = #FatFuglyBitches

Solche Willkommenskultur ist eine Verhöhnung jener einheimischen Männer, die von sexueller Selektion und männerfeindlichen Femanzen um ein erfülltes Liebesleben betrogen werden. Barbusig für demographische Eroberer, die hochbezahlt nichts zu tun brauchen, noch Flirthilfe und Kondome erhalten, während Pro Familia mir seinerzeit Hilfe verweigert hat. Wer vor Jahrzehnten Rat und Hilfe suchte, keine Freundin, nicht einmal erste Erfahrungen fand, nur verarscht und ausgelacht, von jungen Frauen mit feministischen Phrasen abgewimmelt wurde, dem wurde jedes Gespräch über das Problem verweigert. Staatliche Hilfsorganisationen schickten den Jugendlichen und jungen Erwachsenen weg, obwohl sie – vom Steuerzahler finanziert – sich um Probleme kümmern sollten, existentielle Probleme einheimischer Männer jedoch ignorierten! Leben wurden dadurch ruiniert, zur Qual. Auch nach Jahrzehnten hat sich nichts geändert. Gealtert, ohne je bei einheimischen Frauen angekommen zu sein, abgewimmelt wie immer. Doch gerade vor Minuten hat ein Verlagslektor noch die Unverschämtheit besessen, reale Probleme als „Angstdiskurs" und als „Polemik" abzutun. Dies ist keine Polemik! Ich schildere nüchtern reales leiden, unglückliches, abgewimmeltes, verweigertes Leben! Das ist Alltag! Polemik sähe ganz anders aus. Während einheimische Männer um ihr Leben und um Fortpflanzung betrogen werden, ihre Liniën aussterben, werden die im Männerüberschuß knappen Frauen an illegal eingelassene Landnehmer verkuppelt! Sogar voriger Satz war eine prägnante Formulierung von Tatsachen statt Polemik, die ich der Zeitung überlasse:

«**Speed-Dating für „Refugees"**
Wie der „Märkische Sonntag" am Wochenende meldete, plant die Bürgerstiftung Barnim-Uckermark für den 7. November ein Speed-Dating für „neu Zugezogene und Alteingesessene mit und ohne Fluchterfahrung" in Eberswalde. Bei dieser Gelegenheit könne man sich dann für „gemeinsame Aktivitäten" verabreden…

Seitens der Organisatoren wird man sich vermutlich ganz besonders über die rege Beteiligung der „Neubürger" aus Afrika freuen. Denn im Stiftungsrat der Bürgerstiftung Barnim-Uckermark sitzt keine geringere als die umtriebige Anetta Kahane (Vorsitzende der Amadeu-Antonio-Stiftung), die sich unlängst darüber beklagt hatte, daß der Osten des Landes bislang „überwiegend weiß" geblieben sei.»[2] (Spreeruf, 24.10.2016)

---

2 https://spreeruf.com/2016/10/24/speed-dating-fuer-refugees/

Seit Jahrzehnten ist es Feministinnen wurscht, wie es heimischen Männern ergeht, ob sie um Liebesleben betrogen werden; ja, sie empfanden noch Schadenfreude und Häme, wenn ihr verhaßter „weißer heterosexueller Mann" ab seiner Pubertät grausam leiden mußte. Doch für Eindringlinge gibt es plötzlich das für eigene Männer lebenslang fehlende Mitgefühl, sogar wenn sie Vergewaltiger und Mörder sind:

«Polizei nennt Details
Studentin vergewaltigt und ermordet: Tatverdächtiger gefaßt
az,dpa, 04.12.2016 16:46 Uhr ...
Es handele sich bei dem mutmaßlichen Täter um einen minderjährigen unbegleiteten Flüchtling, der 2015 aus Afghanistan eingereist war und bei einer Familië lebte.»[3] (abendzeitung-muenchen)

Die Studentin war Flüchtlingshelferin gewesen; noch in ihrer Todesanzeige warb die Familië für Spenden an einen Verein, der die Arbeit

---

3 http://www.abendzeitung-muenchen.de/inhalt.verbrechen-in-freiburg-studentin-vergewaltigt-und-ermordet-polizei-fasst-tatverdaechtigen.4627bbf6-2f07-427f-aecb-83a54c784d97.html

mit den Flüchtlingen fördert, unter denen ihr Vergewaltiger und Mörder war, der durch Haar und Kleidung identifiziert wurde.[4]

«Familie bat um Spenden – auch für einen Verein, der Flüchtlinge unterstützt
„Anstelle von Blumen bitten wir um eine Spende für die Bildungsarbeit der Kirche in Bangladesch [...] oder für die Studenteninitiative Weitblick Freiburg e.V."
Auf der Homepage des Vereins heißt es: „Mit Familienpatenschaften unterstützen wir Flüchtlinge und Asylbewerber im Flüchtlingswohnheim Bissierstraße zum Beispiel bei der Wohnungssuche oder Ämtergängen."
Weiter heißt es dort: „Wir machen Ausflüge und Aktivitäten mit den Bewohnern"»[5] (Bild)

---

4   Der Fall zeigt noch mehr Verrücktheiten eines Systems auf Selbstzerstörungskurs:
«Gegen den mutmaßlichen Täter sei schon einmal wegen Körperverletzung ermittelt worden»
(http://www.focus.de/panorama/welt/ermordete-studentin-tatverdaechtiger-im-fall-maria-l-gefasst-polizei-gibt-pressekonferenz_id_6291157.html)
Daraus dreht die sogar bei Morden chronisch Asylanten unterstützende Presse „nicht vorbestraft", obwohl der Täter tatsächlich „polizeibekannt" war, weil gegen ihn wegen Körperverletzung ermittelt worden war. Würden solche Ermittlungen gegen Asylanten nicht so leichtsinnig vorzugsweise eingestellt, wäre die Frau noch am Leben.
«Der nicht vorbestrafte Jugendliche» (http://www.bz-berlin.de/deutschland/mordfall-in-freiburg-so-kam-die-polizei-dem-verdaechtigen-auf-die-spur)
5   http://www.bild.de/news/inland/mord/eltern-der-getoeteten-maria-baten-um-spenden-statt-blumen-49062642.bild.html

⚓ Maptain Corgan @CpxMrgnRU · 16 Std

Selbst Schuld #Freiburg Wären die Deutschen nich alles Nazis,hätt sich schon längst 1 Freundin für den Täter gefunden,dann wärs nie passiert

↩ 10   ⇄ 51   ♥ 66

Auf Twitter sorgt sich Maptain Corgan darum, eine Freundin für den Täter zu finden, denn dann wäre es angeblich nicht passiert. Wie zynisch! Brave und anständige männliche Verlierer werden seit Jahrzehnten abgewimmelt und verhöhnt! Niemand gönnt deutschen heterosexuellen Pechvögeln heimische Freundinnen.

Daß es aufgrund des zugewanderten millionenfachen Männerüberschusses für viele heimische Männer gar keine Freundinnen mehr geben kann, entgeht völlig ihrer Wahrnehmung und ihrer Anteilnahme. Sind ja nur „deutsche Männer", und mit Logik hatten Feministen noch nie was am Hut.

«Mittwoch, 30. November 2016
Omar (24) will eine deutsche Freundin – Flirtcoach Horst Wenzel erklärt ihm, wie das geht
28.11.2016 ...
Auch in diesem Jahr kamen wieder hunderttausende junge Männer aus dem arabischen Raum nach Deutschland. Hier bekommen sie eine kostenlose Wohnung und Sozialhilfe – bezahlt vom deutschen Steuerzahler. Am meisten fasziniert sind sie jedoch von den deutschen Frauen und Mädchen.»[6] (freiezeiten.net)

---

6 http://www.freiezeiten.net/omar-24-will-eine-deutsche-freundin

«Letzte Woche fand in der Dortmunder Innenstadt das dritte Seminar zum Thema „Wie verliebe ich mich in Deutschland" statt. ... Flirtcoach Horst Wenzel gibt ihnen Beispiele, wie sie deutsche Frauen anmachen können. ...

Wenzel ist einer der bekannteren Flirt-Trainer in Deutschland. Seit der Einwanderungswelle vom vergangenen Jahr gibt er steuerfinanzierte

Flirtkurse für Asyleinwanderer aus der Dritten Welt und bringt ihnen bei, wie sie deutsche Frauen und Mädchen kennenlernen können.

„Liebesbeziehungen sind der beste Weg zur Integration. Deswegen gebe ich diese Kurse", sagt Wenzel.

Omar Mohammed (24) kam aus Syriën nach Deutschland. Er sagt, ihm gefallen deutsche Mädchen wegen ihres „nordischen Aussehens".
...

Die Teilnehmer des Flirtkurses sind zufrieden. „Das hilft uns wirklich sehr", sagt Kadib al Ban. „Der Lehrer erklärt uns, wie deutsche Frauen ticken und wie man ihnen spricht."

Als Wenzel über die richtige Anmache, Komplimente und originelle Ideën für das erste Date spricht, hören die jungen Männer aufmerksam zu.

[Artikel:] Syrischer Professor: Asylbewerber kommen wegen deutscher Frauen»[7] (freiezeiten.net)

Jahrzehntelanges Unglück heimischer Männer ist völlig schnuppe. Doch welch ein Empfang für eine Flut, die Terror mit sich bringt! Sogar ein Vergewaltiger und Mörder erhält mehr Mitgefühl als der lebenslang verhöhnte einheimische Mann! Der Staat arbeitet mit voller Kraft daran, einheimischen Männern – besonders Verlierern – so stark wie nur möglich zu schaden, was wir mit unseren Steuern noch finanzieren müssen! – Auch dieser Widersinn ist typisch feministisch und paßt zu obiger evolutionärer Erklärung.

Sogar Feministinnen werden die von ihnen unterdrückten einheimischen Männer langweilig, die unfähig sind, ihre Interessen zu vertreten, sogar Bücher ignorieren, in denen ihre Lage analysiert wird, weil es unbequem ist, sich die eigene Unterdrückung einzugestehen. Lieber öffnen sie die Schleusen, holen sich fremde Alphamänner, die anziehender sind, tiefen weiblichen Bedürfnissen besser entsprechen als geistig kastrierte, feministisch gesinnte und rückgratlose „Idioten" – auch wenn diese politischen „Idioten" besser gebildet sind und feinere Manieren haben als die vielen „Einzelfälle", von denen lokale Mediën täglich berichten müssen.

---

7   http://www.freiezeiten.net/omar-24-will-eine-deutsche-freundin

Elis Anders hat retweetet
Fallout Boy @Bademeister_1 · 21 Std.
Seit dem 09.06.2016 findet alle 84h ein Islamischer Anschlag in EUROPA statt.
#Allahuakbar thesun.co.uk/news/1534143/t...

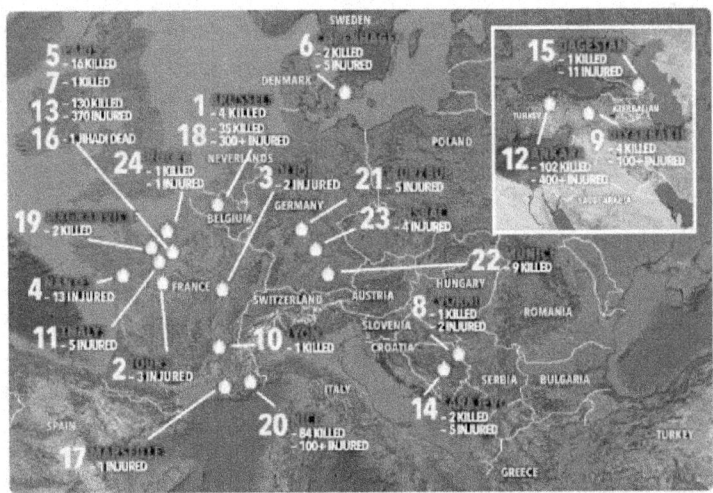

Die angeboren schiefe Sicht auf Mann und Frau treibt anscheinend jede Zivilisa-tion auf Dauer in übertriebene Frauenbevorzugung, die den Untergang auslöst. Denn Frauen sind von Natur bevorzugt; um Ausgleich und Gleichgewicht zu schaffen, wäre das Gegenteil nötig. Sobald daher Feminismus das ohnehin zugunsten von Frauen schiefe Gleichgewicht zu sehr kippt, stürzt es um und die Zivilisation in den Untergang. Ähnliches hat auch der Ethnologe Unwin schon in den 1930ern geschrieben; für eine modernere Analyse siehe: „Die Unterdrückung der Männer".

Tageslauf

Die Erde wirbelt herum, uns dem Fusionsreaktor entgegen, den wir Sonne heißen, dem glühenden Ball, dessen Strahlung erste hohe Wölkchen am Horizont erleuchtet, bevor wir belichtet werden, geschützt, abgeschirmt von einer dünnen Haut Luftfilter, in die Industrie und Haushalte Substanzen schloten, die ihre Filterkraft zersetzen. Doch schlimmer ergeht es unsrer inneren Natur.

Nun naht der Glanz des Tagesgestirns, wachzuküssen die sehnsüchtig wartend im Schlummer liegende Erde, mit lebenspendender Energie Blätter zu übergießen; dahindämmern Nachtgötter und Träume von verlorener liebender Weiblichkeit in sensiblen religiösen Hochkulturen uns verdorbener Innerlichkeit, zerbrochen vom feministischen Abendland, das seine Probleme, die Zerstörung weiblichen Seins überlegen als ‚Fortschritt' exportiert; zarte tiefempfundene Naturbilder ersetzen zynische Gemeinheiten in der Literatur ideologischer Destruktion, die in unsere dekonstruierten Köpfe gehämmert wurde. Aus dem Schattenreich treten nun klare Umrisse, wölben sich auf Wohnungen, Signale physischer Präsenz, von hier bis zum Horizont: wir sind in Massen vorhanden. Unser Leben findet statt. Wie es auch sei.

Mädchen schlummern in einen neuen Tag ohne mich, an dem ich keinen Anteil habe, in ein Dasein, von dem ich ausgeschlossen nichts weiß, in neue Gleichgültigkeit, neues Vergnügen, das mich kalt ausgrenzt, Gefühle, die ihrem eigenen Ego gelten, mich aber nicht erreichen, genervt distanzieren.

Mit der Identität der Geschlechter ist die seelische Sprache endgültig erloschen, die Gefühle ausdrückt, die anderen gelten, sie erreichen, für sie empfinden; wir sind isoliert, ohne Verständigung zurückgeblieben. Der Schwall von Empfindung verweigernden und verdrehenden Worten aus ihrem **Bewußtsein** bekräftigt den Verlust.

Der die das LektorIn sah rot ob meiner kritischen Zeilen und malte mein Manuskript bis zu dieser Stelle rot, was die verspätete Veröffentlichung 1993 verhinderte und mit der Aufkündigung des einzigen Verlagsvertrages[8] endete, den ich bis 2015 je hatte, nachdem ich Absagen sämtlicher deutschsprachiger Literaturverlage (außer ignorierten Druckkostenabzock-Verlagen, versteht sich) kassiert hatte. Die Geschichte wiederholte sich: 2016 erhielt ich den zweiten Verlagsvertrag[9] für dieses, nochmals um neue Kapitel ergänzte Buch, das noch im gleich Jahr erscheinen sollte. Wieder wurde der Vertrag nicht erfüllt, sondern gekündigt. Manche Verleger rasten bei Zusendung bösartig aus – Zeitgenossen sind nicht reif für dieses Buch.

Was nützen da Satelliten, Signale der Sender, Kommunikationsleitungen, falsch gepolt, Datenverbünde, Netze, Telefon- und Faxleitungen? Was nützen am Gemäuer Schlitze, Briefkästen, Einwurfkörbe für Grußpostkarten, massenproduzierte Scherzformulare für Gefühlsäußerungen; Absagen und Sentimente aus der Serie, Cartoonkarten, standardisiertes geistiges Fastfood, mit «politisch korrekten» Frauenbildern, derzeit noch erlaubten Ansichten? Postadressen Abgelehnter, um Liebe und ihr Selbst gebracht, reduziert entwertet T r A U rIge EX i*Sten*zEN, zermürbt von liebLosem cHa*O*s

Nun quillt Hast aus Türen hervor, die Kosten täglichen Unglücks zu erschuften. Menge. Eilige, hastende Schritte. Hauptsache geschafft.

Scharfe Linien schreien „Ihr werdet schon ausweichen" Entgegenkommenden zu, bis zwei Eilende kollidieren. Aggressive Konkurrenz nützt nur, solange die anderen es mit sich machen lassen; sobald alle sich darauf einlassen: Blockade, Verkehrschaos, Konkurrenzchaos, rechtloses Chaos, Chaos der Durchsetzung, des formlosen ichbezogenen Mühens, Chaos ohne geschlechtliche Ergänzung, verläßlichen Bezug im Miteinander differenzierter Identität. Geschiebe Generve, kollidierende Atome egozentrischer Bahnen wie in siedender Flüssigkeit.

---

8 Betzel Verlag 1992/93, es gab schon eine ISBN. „Dieses Buch erscheint nicht" stand im Internet.
9 Juwelen Verlag 2016. Er warb öffentlich damit, 3 Bücher von mir im gleichen Jahr herauszubringen. Später kündigte er und löschte die mich betreffenden Verlagsseiten.

Nur sehr wenige schreiten gemächlich, statt drastischen Worten süßliche Höflichkeiten auf der Zunge; sie sind arriviert, können es sich leisten, nicht physisch zu drängeln, weil viele sie anerkennen. Je tiefer Leute sinken, umso härtere Methoden benötigen sie.

Zu Barbaren gleichgeschaltete Masse, ein Gewusel unkultivierter Egoismen, ohne Formen des Respekts, ohne Identität und Achtung vor dem anderen - so verlieren sich auch Frauen und Männer im Gedränge, behindern sich, um störend aufeinanderzuprallen, wo die komplexe, organisch gewachsene Kultur der Ergänzung, liebevoll achtenden Miteinanders und Füreinanders erloschen ist zur Anarchie geschlechtsneutraler Egoismen.

Gewährt wird mir nicht ihr egoistischer Beziehungskrampf, Generve Entwurzelter, betrogen um geschlechtliche Identität, um Achtung und Nähe der anderen, die für sie l(i)ebt, betrogen um die Sicherheit, die geschlechtliche Natur und Kultur uns bieten wollen, so daß sie rüde kämpfen und ringen müssen, egomanisch hart sich behaupten in emanzipierter Anarchie, in der Einzelne haltlos gegeneinanderprallen wie Fußgänger im Stoßverkehr hastender Menge; nichts ist ihnen sicher, alles strittig, erstrittig, umkämpft; natürlich und gutmütig zu sein ist der Untergang, wo nur harte, scharfe Methoden wenige erfolgreich machen auf Kosten anderer, scheinbar erfolgreich, weil geschlechtliche Entfaltung, die notwendig differenziert, verboten ist, ein erfülltes Leben unmöglich. Mit erfahrenem Auftrumpfen, hartem Biß sind anderen problematische Zweierkisten erstreitbar. Nicht einmal das ist mir vergönnt.

Sozial mag besondere Mühe zuweilen ein leichteres Leben, Wohlstand ermöglichen; doch was nützt alle Anstrengung, wenn in allen Schichten gleichermaßen das Weibliche fehlt, nur mehr körperlich lockende Fassade geistigen Zwists, der Verweigerung und des Zerbrechens männlicher Identität, deren Aufgaben und Rechten ist, nicht geduldet bei allen Brieftaschengrößen? Ihr nobel Uniformierten in schwarzen Lackmobilen und modegemäßer Arbeitskluft, zwar seid ihr ein bißchen reicher und arrivierter, werdet etwas leichter zugelassen bei Frauen, doch in Beziehung und harter Konkurrenz um sie und mit ihnen bleibt ihr wie alle ohne Achtung, in unkultiviertem Chaos, emanzipierter

Anarchie, da werdet ihr ausgenützt, werdet drängeln müssen wie Fußgänger aus kaputten Verhältnissen, wird Leben schwer zu finden, schwer zu halten sein und nichts zu finden außer Egoismen, die emanzipierte Wege weg von euch gehen, in Gerangel und Konkurrenz, die harte Bandagen erfordert und Einsatz der Ellenbogen.

Stärker noch betrifft dies Tiefergestellte, für die Konkurrenz und Alltag härter ist, am meisten Außenseiter, die es nicht geschafft haben oder freiwillig ausstiegen in ein Chaos, das nichts funktionieren läßt, besondere Mühe und harte Auseinandersetzung in täglichem Kleinkrieg erfordert. Das Drängeln aller um Durchsetzung erhöht die Meßlatte wählender Frauen: Wer bietet mehr? Je mehr sich alle anstrengen, umso höher der Preis des Gewinners, bis alle sich ruinieren in der freien Auktion um Selektion, um Zugang zu Weiblichkeit und Zusammenleben, den nicht nur lesbisch gewordene Feministinnen zunehmend ganz aufkündigen.

Unzufrieden und gescheitert wird wahllos geflucht, gelästert, und jetzt sehen wir einen Außenseiter schimpfen, der fast in jemanden reingelaufen wäre. „Kannst du nicht aufpassen?" Ein gescheiterter, unzufriedener Penner brabbelt und schimpft vor sich hin. „Scheißstadt! Scheißstadt! ..."

Alice Schwarzgeld bejubelte ein Männerprogrom-Manifest

Unkritisch huldigten führende Feministinnen, unter ihnen auch die wegen falscher Nachdeklaration von Schwarzgeld vorbestrafte Alice Schwarzer[10], die feministische Autorin Valerie Solanas und ihr Männerausrottungspamphlet S.C.U.M.

«Wie die Menschen ein vorrangiges Lebensrecht gegenüber den Hunden haben, so haben die Frauen ein größeres Lebensrecht als die Männer. Die Vernichtung sämtlicher Männer ist daher eine gute und rechtliche Tat»[11] (Valerie Solanas)

---

10 «Sonntag, 10. Juli 2016
Strafbefehl wegen Steuerbetrugs
Alice Schwarzer ist jetzt vorbestraft
Im Steuerverfahren gegen Deutschlands bekannteste Feministin erhält **Alice Schwarzer einen Strafbefehl vom Amtsgericht Köln**... „Ja, es stimmt, daß mein Steuerverfahren abgeschlossen ist. Wie zu erwarten via Strafbefehl", erklärte die 73jährige der „Bild am Sonntag".»
(http://www.n-tv.de/panorama/Alice-Schwarzer-ist-jetzt-vorbestraft-article18163531.html)
«Steuerhinterziehung Strafbefehl gegen Alice Schwarzer
Alice Schwarzer muß einem Bericht zufolge eine Strafzahlung im sechsstelligen Bereich leisten. Die von ihr gestellte Selbstanzeige war nicht korrekt – damit entfällt die strafbefreiende Wirkung.
10.07.2016 ... Schwarzer hatte seit den 80er Jahren mit Zins und Zinseszins knapp **vier Millionen Euro bei der Züricher Privatbank Lienhardt & Partner angehäuft.**»
(http://www.faz.net/aktuell/gesellschaft/kriminalitaet/steuerhinterziehung-strafbefehl-gegen-alice-schwarzer-14333457.html)
11 http://sexistinnen-pranger.de/solanas.html

«"[Männer sollten] ... zum nächsten freundlichen Selbstmordzentrum gehen, **wo sie schnell und schmerzfrei zu Tode vergast werden.**"»[12] (Valerie Solanas)

... Viele Gründerinnen und prägende Wortführerinnen der Feminismus waren fasziniert. ...

Bei einer anderen Zielgruppe als Männer wäre solch ein Buch undenkbar, käme niemand auf die Idee, das zu verfassen, publizieren, unter „Satire" oder „Humor" einzuordnen, besonders nicht, wenn es im Zusammenhang mit anderen Haßzitaten und heftiger Agitation gegen die gleiche Zielgruppe auftritt.

«Geht es allerdings um Männer, geraten westliche Feministinnen ins Entzücken. Eine schwedische Journalistin war sogar der Meinung, **dieses Manifest gehöre statt der Bibel in jedes Hotelzimmer gelegt.**»[13] (Christine Luka)

Valerie Solanas Verhöhnung von Y-Chromosom und Männern als „verkrüppelte Frau" deckt sich mit dem, was Alice Schwarzer in ihrer Zeitschrift EMMA über das Y-Chromosom veröffentlicht hat.

«In einem Beitrag des Jahres 1998 zeigte sie die Fotos verschiedener Chromosomenträger: Die Reihe beginnt mit XXX, einer Art Superweibchen. Darauf folgt XX, die normale Frau und EMMA-Leserin, die, welch Wunder, als „fürsorglich" und „nicht aggressiv" beschrieben wird. Der XY-Typ, also der typische Mann, hingegen sei „oft egozentrisch" und „reagiert auf Provokationen mit physischer Gewalt". Bis hierhin ist der Beitrag nur ... als Wissenschaft verkaufte Geschlechterpropaganda, so wie es früher die Rassenpropaganda der Nazis gab. Der Artikel hört da aber nicht auf, sondern nimmt regelrechte Stürmer-Qualitäten an: Auf das Foto des „typischen Mannes" mit seinem XY-Chromosomensatz folgen noch drei weitere. Mit jedem zusätzlichen Y-Chromosom erscheint

---

12 «"[Males should] ...go off to the nearest friendly suicide center **where they will be quickly and painlessly gassed to death.**"»
(http://www.discoverthenetworks.org/LGB.asp)
13 http://femokratie.com/manifest-vernichtung-maenner/01-2012/

der Mann aggressiver, sein Gesicht verzerrt sich, es wachsen ihm Reißzähne, bis schließlich statt eines Mannes ein Kampfhund abgebildet ist. Wir wollen nicht vergessen, daß Alice Schwarzer für diese Form der journalistischen Arbeit vom „patriarchalen Staat" das Bundesverdienstkreuz erhielt.»[14] (Arne Hoffmann)

Die Rede ist hier von einer Studie der Heinrich-Böll-Stiftung, „Sexismus und Rassismus in der EMMA?", erschienen 1993. Dies sind keine Verirrungen von Randgruppen, sondern Positionen zentraler Akteure von Bewegung und gesamtgesellschaftlicher Entwicklung der vergangenen Jahrzehnte. Ebensowenig ist es Extremismus als Außenflügel einer ansonsten „guten Sache", denn alle zentralen Annahmen und Behauptungen des Feminismus waren falsch, haben Probleme und Ungleichgewicht vergrößert, dieser folglich eine schlechte Sache.

Fakt ist, Frauen waren nicht unterdrückt, sondern bevorzugt gegenüber Männern, die größere Lasten trugen und tragen. In feministischer Definition von Unterdrückung waren Männer unterdrückt und von Frauen abhängig seit der Entstehung der Zweigeschlechtlichkeit vor Hunderten von Millionen Jahren. Doch die Inhaberinnen einer massiven Dominanzmacht, die das Leben von Männern belastet, erklärten sich zum „Opfer" und die Belasteten zu „Tätern".

Tatsache ist ebenso, daß heftiger Männerhaß bei den meisten Gründerinnen des Feminismus als zentraler Impuls nachweisbar ist, keine Randerscheinung folglich, sondern ein zentrales Element. Diese Materialsammlung[15] zeigt nur die sichtbare Spitze des Eisbergs.

«Kaum anders liest sich das von der EMMA und ihrem Umfeld umjubelte „Manifest der Gesellschaft zur Vernichtung der Männer", verfaßt von Valerie Solanas und **im deutschen Feminismus derart beliebt, daß es alle paar Jahre von einem neuen Verlag angeboten wird ...** „Mann sein heißt, kaputt sein; Männlichkeit ist eine Mangelkrankheit,

---

14 http://cuncti.net/streitbar/77-wir-muessen-reden-ueber-faschismus
15 Damit ist der umfangreiche Anhang von „Kultur und Geschlecht" gemeint, der eine umfassende Sammlung feministischen Hasses aus allen Wellen vorstellt und teilweise analysiert.

und Männer sind seelische Krüppel." Einige Jahre später würde die Zeitschrift SPIEGEL aus diesem Gedankengut die Titelgeschichte „Eine Krankheit namens Mann" basteln.

Nun war und ist Solanas unter den feministischen Ideologinnen alles andere als eine bizarre Ausnahme. **„Man kann sich Männlichkeit als eine Art Geburtsfehler vorstellen", liest man dort auch von vorgeblichen Wissenschaftlerinnen ...**
Der EMMA-Slogan „Männer sind kein Schicksal ... Immer mehr Frauen und Frauen benutzen sie nicht." ... EMMAs Mann ist ohne Gesicht, ohne Bedürfnisse, ohne Individualität. Er ist dargestellt als Zerrbild, als Karikatur. Mehr noch: Seine Abschaffung wird gefordert.»[16] (Arne Hoffmann)

So wie der Faschismus Rassen als niederwertig ausgrenzte, Kommunismus Klassenfeinde bekämpfte, so haben Feminismen das männliche Geschlecht zum Feind erklärt, angehaßt und verunglimpft. Anfeindung und männerfreie Utopien lassen sich bereits in der ersten feministischen Welle um 1900 finden. Feminismus war von Anfang an eine extremistische Ideologie, die statt Rassen- oder Klassenhaß mit Geschlechterhaß arbeitete.

Feministinnen empörten sich nicht über den „radikal inhumanen Text" SCUM, sondern darüber, daß Männer auf SCUM hinwiesen. SCUM soll gefeiert werden ohne störende Hinweise auf die radikale Inhumanität.

Alice Schwarzer und andere Haßfeministinnen wurden nicht von Maas und staatlichen „Haßbekämpfern" gesperrt und geächtet, sondern finanziert, und sogar Bundesverdienstkreuze wurden an Männerhasserinnen vergeben.

«Solanas' Text ist längst kanonisiert. Schon als die Emma 1999 im großzügig aus Steuermitteln finanzierten „Frauenmediaturm" und im großen Stil ... eine Lesung feministischer Klassiker ... veranstaltete, war „SCUM" selbstverständlich dabei ... Alice Schwarzer übernimmt in ih-

---

16 http://cuncti.net/streitbar/77-wir-muessen-reden-ueber-faschismus

rem Kommentar zu Solanas ohne jeden zumindest vordergründigen Versuch einer kritischen Distanz deren Position („Das ist es wohl, was den Frauen, wie allen unterdrückten und gedemütigten Gruppen, am meisten ausgetrieben worden ist: der Mut zum Haß! Was wäre eine Freiheitsbewegung ohne Haß?"). An anderer Stelle, nämlich anläßlich der Diskussion um Lorena Bobbitt, die ihrem schlafenden Mann den Penis abgeschnitten hat, triumphiert die zweifache Bundesverdienstkreuzträgerin und imaginiert freudig massenhafte Gewalt gegen Männer herbei... „Und da muß ja Frauenfreude aufkommen, wenn eine zurückschlägt. Endlich!"» (http://man-tau.blogspot.de)

Feminismus hat von Anfang an Haß auf Männer gefördert, verbreitet, Liebe und Mitfühlen für Männer systematisch zerstört, einschließlich aller familiären, kulturellen, seelischen Voraussetzungen für das Reifen solcher Gefühle. Das durchzieht ihre Kampagnen, einschließlich derer zur Berufswahl. Feminismus verbreitet Unzufriedenheit und Haß. Je feministischer Gesellschaften geprägt werden, umso stärker wird der Haß.

Nicht traditionelle Gesellschaften bringen Haß hervor, im Gegenteil, in ihnen entstehen echte, positive, gesunde Gefühle. Traditionelle Gesellschaften bieten ein gewisses Gleichgewicht, bevorzugen aber Frauen, wie historische, ethnische und evolutionsbiologische Nachweise zeigen. Die inzwischen von fast allen wenigstens teilweise übernommene Mär von „einstiger Benachteiligung der Frauen" ist falsch, entspringt dem Vergleichen vergangener Epochen mit feministischen Ideologiezielen. Doch Frauen früherer Epochen wollten nicht, was feministische Ideologie ihnen heute aufdrängt. Zu allen Zeiten wurden Frauen bevorzugt behandelt und Männern größere Lasten auferlegt. Differenz ist eine menschliche Universalie, war niemals eine Benachteiligung von Frauen, sondern entwickelte sich evolutionär mit dem weiblichen sexuellen Selektionsdruck aus vorwiegend weiblichem Interesse, wie „Kultur und Geschlecht" nachweist.

Mit einer radikalen Haßwelle wurden alle Fakten vom Tisch gewischt und haßgeborene Ideologie verbreitet und etabliert. Die stärkste

Verbreitung radikalen Hasses findet sich im wohl weltweit am stärksten feministisch geprägten Land, Schweden.

«Es ist bezeichnend, daß ausgerechnet in Schweden der Solanas-Kult besonders irre Blüten trägt: Eine entschlossene staatliche Gleichstellungspolitik, die eigentlich nichts weiter als eine umfassende Frauenförderung ist, mindert offenbar nicht etwa den Geschlechterhaß, sondern fördert ihn – und zwar nicht den Haß von Männern auf Frauen, sondern den von Frauen auf Männer. Das ist ein wichtiger Punkt: Es ist offenbar ein bloßes Klischee, daß Haß vor allem aus Leid entstehe – wesentlich wichtiger für die Züchtung von Haß sind Strukturen, gedankliche wie institutionelle, die ihn legitimieren. Anders ausgedrückt: Es kann in jeder sozialen oder politischen Bewegung Figuren wie Solanas geben, die ihrem pathologischen Haß freie Bahn lassen – wirklich folgenschwer ist jedoch die Legitimation des Hasses durch andere, die sich anschließen, erklären, verharmlosen, unterstützen, verteidigen, und die sich an der Gewaltgier berauschen, ohne sich explizit mit ihr gemein zu machen.» (man-tau a.a.O.)

Je massiver feministische Ideologie verbreitet und je radikaler das natürliche Füreinander der Geschlechter zerstört wird, desto schlimmer der entstehende Männerhaß.

Dieses Kapitel war ein knapper Auszug aus dem Anhang (Kapitel 6) von „Kultur und Geschlecht", des ersten Bandes der Sachbuchreihe „Die beiden Geschlechter", wo sich sehr viel mehr Nachweise für feministischen Haß bei führenden Feministinnen finden, die ihre Bewegung begründeten und prägten. Die Unzahl von Zitatbelegen ist viel zu umfangreich, um verdaulich zu sein. Daher bescheiden wir uns hier mit ein paar Seiten, die „pars pro toto" für eine Sammlung stehen mögen, die wiederum nur die bekanntgewordene Spitze des Eisberges einer Männer und Öffentlichkeit weitgehend ausschließenden Bewegung ist, in deren geheimen, nur radikalfeministischen Frauen zugänglichen Zirkeln viel mehr und schlimmere Äußerungen anzunehmen sind.

Morgendämmerung

Tag! Guten Tag! ist es geworden.

Vor Plakaten „Die Zukunft ist weiblich!" krieche ich meinen Weg, zwischen Festungen mir verbotenen Lebens, vorbei an Wandsprüchen „uns gehört alles - die nacht, die macht, die mond", mimischen Signalen: nicht für dich. Nur der Verkehr gönnt mir unwiederbringliche Momente geringschätziger Gegenwart: nicht für dich, an dir liegt uns nicht, mit dir spricht ein gutes Mädchen nicht. Mit mir spricht keines. Wir kennen dich nicht, und dabei bleibt es. Beschwerde unmöglich, denn keine hört zu. Mir schneiden sie patzige Gesichter und Stimmen, mir dem belästigenden Etwas, Nichts. Gesprächsfetzen zerstückeln Lärm und Wind. Nichts bin ich euch, dringt von euch zu mir außer fiesen Attacken, ist mein Anteil am Leben, meine Bestimmung.

Ich gelte soviel wie ein Penner, aussätzig als Fremder[17] mit meiner Suche; ausgesetzt zum ziellos störenden Fremdkörper im Ameisenhaufen. Mich umwimmeln Scharen fremder Egoismen, wimmeln ab und davon, Mädchen, Frauen mit ihren Zielen und ihrem Leben, Ziele weit ab von mir, unerreichbar; sie begegnen nicht, entgegnen nichts mir, gegen, ohne den sie sind. Da ich fremder bin als aus der Fremde, ohne exotischen Reiz der Ferne, gehen sie fremd – vorbei.

Ihre Ablehnung macht mich vom jungen Herren zum Stadt- und Landstreicher in Stadt und Park, wo Mädchen gerade Illustrierte lesen und faul lamentieren: „Jetzt ein schönes Eis, so mit ... und ... und ... und ... und mit ... Ja, wenn ich einen Macker dabei hätte. Der sollte das mal anschleppen." Sie reden gemein, luderhaft, brauchen mich nicht zu solcher Erniedrigung; ihre «weiblich» genannten Ansprüche distanzieren, entfremden, zerstören, während von ihnen als «männlich» bezeich-

---

17 Ich bin ein Fremder ohne Migrantenbonus; viele Mädchen stolzieren mit politisch korrektem Einwanderer daher, verteidigen verbissen auch seine Bevorzugung. Mich macht ihre Mißachtung zu Müll.

nete Ansprüche Nähe suchen, romantisch verbinden, sich einsetzen für sie und ein Füreinander aufbauen. Nächstesmal nehme ich mir auch ein Magazin mit, die neueste Ausgabe von «Problemita», und mache mit Leuten den Psychotest:

«Was machst du, wenn dir allein am Strand ein grinsendes Nashorn begegnet?
A: „Gehörnte raus - es leben die HörnerInnen" brüllen.
B: Loch in die Erde buddeln, reinsteigen, Erde wieder drauf. Dann sieht mich das Nashorn nicht.
C: Durch die Stadt reiten und beim Komitee für streitbares Horn parken.
oder
D: Magazin im Giftmüll entsorgen, weil zu blöd?
0-100 Punkte: Sie sind der geborene Genasführte, der auch jeden Scheiß mitmachen muß.»

Unerfülltes Sehnen lähmt mich, bricht mein Gleichgewicht, Lust und Kraft zum Arbeiten und Denken. Ihrer Theorie zufolge verwirkliche sich jeder, wie er will, doch bin ich, zu was andere mich machen, in mir sehen: nichts, nicht geachtet, nicht Mann, noch Herr, störend weil ungewollt, reizlos weil ungeliebt, giddelig weil abgelehnt; mein noch angenehmes Gesicht altert nutzlos ohne weibliche Liebe, verweigert wie das Leben.

Ins Vergessen des Träumens flieht mein Bewußtsein, ins All, besseren Welten entgegen, an denen ich abpralle wie an einer Gummiwand.

Wir haben uns verspätet. Vor uns eine halbverschleierte Scheibe: der blaue Planet.

Auch im Schatten der Sonne wird er nicht dunkel; Ballungszentren der Industrie und Wohnstädte gleißen im Licht; er strahlt mehr Licht aus, als er empfängt. Nun sehen wir ihn als Kugel; wir gleiten über Silhouetten der Kontinente und tauchen ein durch die schwindende Schutzschicht des Raumschiffes Erde mit angeschlagenem Lebenssystem, über Müllkippe Ozean, giftigen Abfall und giftige Gedanken, die ein tägliches Absterben verursachen, unwiederbringliche Verluste; der Organismus Natur vergröbert, gerät aus seinem Gleichgewicht, was in unser Bewußtsein dringt und zum Umdenken anregt; niemand jedoch schert die Zerstörung der Natur in uns, des in langem Zeitraum gewachsenen Organismus Kultur, des Ausgleichs weiblicher und männlicher Identitäten, von Sicherheit und Nähe. Der Schutz äußerer Natur geht in grüner Politik einher mit ideologischen Attacken auf innere Natur, alles Fühlen und Denken, das ihr entspringen müßte, uns zu bereichern, aufeinander zu beziehen. „Los und ledig - gegen die Orientierung am Mann ..." betitelte sich der 3. Frauenkongreß der Grünen 1990, „ein **neues Recht müsse ... die heutige Familienstruktur und die soziale Arbeitsteilung zerstören**" - Rossana Rossanda auf einem Frankfurter Kongreß. (A1) Abwimmeln und Problematisieren ist Trumpf statt Recht auf erfülltes Leben; gekappt werden familiäre und soziale Bande, verbindende Gefühle und Strukturen.

Unser Gleiter ist jetzt dicht über dem Boden. Vor uns eins der stursten Käffer Süd-Niedersachsens. Schschschsch. Wir rollen aus. Aus der Traum, in eine erträgliche Welt zu fliehen. Ich bin wach und zurück.

Eine gottverlassene Vorstadtgegend. Soweit die Sicht reicht Siedlung, Häuserblöcke, Mauerfluchten, Behausungen, Speicherchips für Biosubjekte; hochintegrierte Behausungslogik ragt in den Dunst, kündet mit leuchtenden Vierecken von der Präsenz der Benutzer, Flimmerschirme; doch die Bewohnerinnen schalten gegen mich, stoßen zurück zur anonymen Partikel im Verkehr, die mit ihnen nicht verkehren darf. Nur Verkehrtheiten finde ich vor.

Mädchen, die nichts mit mir verbindet, niemals mit mir reden, sich gegen mich orientieren; Frauen ohne Bezug zu mir, die nichts von mir wissen wollen, mich ausschließen, ausgrenzen, übersehen ... Dort wird gelebt, geliebt, gelesen in vorschriftsmäßig frauenbewußten Büchern, jagt emanzipiertes Bewußtsein aus Informationskanälen in die Köpfe.

Gefeiert und verschlafen wird, gepraßt gevögelt geredet geglotzt gewartet gedöst. Sie haben ihr Leben, sie klopfen Sprüche über mich und Leute wie mich, sie schließen mich aus. Umworben, umringt, amüsiert und lustig grenzen sie mich fern. Zerstört zur verunglimpften Illusion ist dort eine gesellige weibliche Sphäre in Liebe zum Mann, ersehnend ersehnt; verwaist sind wir; erloschen das lebendige Zentrum des Lebens aller Kulturen und Zeiten, liebe Frauen, Mütter und Töchter, mit Lebensformen, Bräuchen, Mythen und Glauben, was immer Gemeinsamkeit herstellte, Zuneigung schuf, aufeinander bezog, Liebe weckte und vertiefte, die anteilnehmen läßt statt zu fordern und auszuschließen, Liebe zwischen den Geschlechtern und gastlicher Menschen generell. Ihre Sentimente sind Forderungen, mit denen sie mich verjagen; ihre Gefühle weisen mich ab, grellen fort, haben keinen verbindenden Charakter; ihre „Gefühle" sind Kampfsentimente, egoistisch, ausschließend, eine Perversion dessen, was Gefühl einmal war und sein sollte.

Tag und Nacht ist hier Verkehr, für den es keine Ruhe gibt. Immer will wer wohin. Reisende mit weitem Ziel verschlägt es hierher zu nächtlicher Stunde. Morgens flitzen Anwohner zum Arbeitsplatz. Viel Mühe, ein abgewimmeltes Dasein zu erhalten, ohne Erfüllung, Geborgenheit echter Weiblichkeit, eine Existenz ohne Leben, Frauen, Mädchen, ohne Identität und Platz in der Welt, die Nähe auf dich bezogener Weiblichkeit.

Harte Arbeit zum Nachlaufen, unbefriedigten Fristen der kurzen Frist auf Erden, zum Vertun knapper Zeit, leer, entwurzelt, traurig. Aber nicht einmal dies ist mir vergönnt; nachdem Frauen erfahrene, modischen Launen gemäße Konkurrenten vorgezogen haben, die sich durchzusetzen verstehen im egoistischen Chaos, wo Emanzipation meine Bedeutung für ihr Leben reduziert, die Geborgenheit und Sicherheit einer Kultur anteilnehmender geschlechtlicher Identität zerstört, vermag mein abgewimmelter Unglückslauf mich auch auf dem Arbeitsmarkt zu disqualifizieren.

Später drängt es sich zu Kaufhäusern. Rauf auf den Parkplatz, her mit dem Einkaufswagen, rin die Verpackungen, Schlange stehen vor der Kasse, ab zum Automeer, aus dem die Kunden in die Straßen zurückdrängen, unter die Rückkehrer von der Arbeit.

Schön für sie, ein Ziel zu haben. Ich habe keins. Wohin sollte ich mich bemühen? Wo fände ich es besser als hier? Fremd bin ich hier; was sollte ich fortfahren? Fremder als zu Hause kann ich nirgends sein. Es gibt keine Heimkehr für mich.

In allen Himmelsrichtungen Häuser, Straßen, bewohntes Terrain, Fluchten, Häuser bis zum Horizont. Eine Fülle, die beeindrucken könnte, versammelte sie beglückende weibliche Anteilnahme, quirliges orientalisches Leben zu einem Mehr. Es ist ein illusionäres Reich vor meinen Augen, doch nicht zu fassen, durchdringen, betreten. Dort leben sie, die mich nicht wollen. Hinter versperrten Pforten sollen Mädchen wohnen, wohlige Hügellandschaft, in der zartfühlende Wesen mit silberhellen Glockenstimmen hausen ... aber davon weiß ich nichts. Statt munterplaudernden Stimmen, in Spiel und Scherz, kenne ich Mauern, Grenzen, denn ich bin frei, frei von Liebe, frei von Zuwendung, frei von Männlichkeit und Achtung, ich bin frei von Interesse, das sie an mir nicht haben, frei, gleichgeschaltet zu ungleichem Unglück, frei von Hoffnung und Identität. Fällt Frauen auch Interesse und Glück zu, das sie mir verweigern, so werden sie vermutlich kaum glücklich in diesen Zuständen des Mißverstehens, der Entfremdung. Sie wüten gegen geschlechtliche Differenz, die es nicht geben darf, vergewaltigen unsere innere Natur und Kultur, verstümmeln und entwurzeln uns in Probleme und Entfremdung, doch in ihrer Anarchie sind Chancen auf Lebensglück extrem gering, ungleich, ist das Gleichgewicht gebrochen, der Ausgleich von Kultur und Natur zerstört in elendes Chaos, in dem gesetzlos gekämpft, gerungen wird um ein bißchen Leben, wie es selbstverständlich wäre ... und nicht zu finden ist.

Ihr nennt euch individuell, dort hinter den Steinhäuten, doch wie eure Gehäuse ablehnenden Bewußtseins gleicht sich das Abweisen ihrer BewohnerINNEN, selbstbewußt frauenbewußt einfach nur amüsiert mit anderen Lebenszielen die ich nicht bin ...

Für sie hätte ich alles getan, gearbeitet, gesorgt, mein Leben riskiert - sie aber wollen mich nicht; sie distanzieren mich außer Gespräch und Kenntnis. Mich und meine Fürsorge benötigen sie nicht; es gibt keine positive weibliche Welt, und sei es hinter Schleiern, die mir liebend zugetan wäre, nur geistige Entfremdung.

Mich nicht, dich nicht, ich nicht. NEIN. Amüsiert, vergnügt verweigern sie sich. Verweigern mir Leben. Verweigern mich. Ich bin nicht, denn sie denken nicht an mich. Kartesisch gekreuzigt von Desinteresse, lustvollem Leben ohne und gegen mich. Das Koordinatensystem ihres **Bewußtseins** durchbohrt wie abwimmelnde Lanzen, die sich in mir kreuzen. Ich bin weder Zukunft der Töchter noch Gegenwart der Frauen. Kein Bock, kein Bedarf, erfolgreich entfernt.

Ohne Sinn dahintrottend durch den Ablauf der Tage stumpfe ich ab, sehe magische Leuchtquadrate in die Nacht ragen, wo andere wie ich ersatzsuchend das Licht anschalten, den Fernseher, das Radio, mit ähnlichen Bewegungen, als wären wir Roboter, die ihre Umgebung angelernt und geprägt hat, ablenkend dieselben Programme hören mit zeittypisch emanzipulierten Bewußtseinssplittern, Darstellungsweisen, Moderationstechniken, Methoden und Ansichten ohne Gefühl für mich; statt Freundinnen befremden mich geschlechtsneutral (v)erzogene Maschinen, nach einem Algorithmus arbeitend, der mir keine Chance gibt.

Nein, du nicht. Dich mögen wir nicht. Du bist nicht interessant. Wir haben eine Mode, der du nicht genügst. Wir brauchen dich nicht. Wir tratschen schlecht über dich, lachen dich aus. Nein, dich kennen wir nicht. Wir lassen uns nicht anquatschen. Wir hören dir gar nicht zu. Du kannst machen, was du willst; es hat doch keinen Zweck. Wer uns zur Last fällt, belästigt. Alles Mitgefühl der Welt gehört uns allein. Du erhältst kein Mitfühlen. Basta.

Wir leben bewußt. Wir haben Bewußtsein. Wir lassen uns nicht anmachen. Wir wollen unsern Spaß haben. Wir amüsieren uns. Wir lassen uns dabei nicht stören. Wir gehen unseren eigenen Weg, weg von dir. Wir wünschen dir nicht zu begegnen. Wir sind erfolgreich, verwöhnt, wohlständig, wir genießen lieben ficken feiern reisen, wir haben Eingang in alle Kreise, weil Männer sich für uns interessieren, wir kennen Leute und Orte, wo stattfindet Kultur, Geist, Unterhaltung, Geselligkeit; wir gehören dazu und wir schließen dich aus.

Leben findet statt, wo wir sind. Nein, dich brauchen wir nicht und wollen wir nicht. Nicht stören! Was für eine Frechheit!, sich auch noch beschweren zu wollen, durch unerwünschte Gegenwart uns zu behelligen. Nein, wir wollen über Thema und Probleme nicht sprechen. Sind nicht unsere Probleme, wir bereiten sie dir nur. Nein, interessiert uns nicht, da hast du Pech gehabt. Nein, davon wollen wir nichts wissen, und jetzt verpiß dich endlich, du Belästiger mit Klagen, die wir nicht dulden und nicht hören wollen!

Über das graue Band, das Kontinente durchschneidet, als Riesenspinnennetz die Landmassen übergarnt, um einzufangen die flattrigen Mobile, die über die Fäden huschen, ohne ihnen je zu entkommen, über das ferngesteuerte Netz Verkehr, datenvernetzt geregelt optimiert gesichert, sause ich, bis ich ummauert bin von meiner ParZelle, nicht sehen zu müssen vergnügliches Leben, das mich ausschließt, getrennt, abgeschnitten, abgenabelt, isoliert von Anregungen des Geistes, der Seele und des Körpers. Abgestumpft ohne ihr Gespräch, ohne einfühlendes Vertrauen, liebreizende Verlockungen dämmere ich von Entbehrung über das Vergessen im Schlaf, Traumphasen der drängenden Beschwerdeträume über meinen Mangel in ein Erwachen zu erneutem Unglück.

Erläuterung der Hintergründe

Dieses Buch beschreibt meine Erlebnisse während der zweiten feministischen Welle.[18] Wie in allen dieser Wellen hatten Frauen, denen es an Liebe zu Männern im allgemeinen mangelte, die Tatsachen des Lebens und der Natur völlig mißverstanden, aus ihrem Mißverständnis und Liebesunfähigkeit ein Prinzip und ideologisches Weltbild gemacht, das sie flugs in der ganzen Welt verbreiteten und zur Grundlage erhoben, auf der künftige Generationen verstümmelt aufwachsen.

Seit Urzeiten diskriminieren Frauen Männer. Das einzige Licht exakter Wissenschaften auf das Leben in ferner Vergangenheit, genetische Studien, entlarvten feministische Mythen und erwiesen das Gegenteil: Mindestens vier- bis fünfmal so viele Frauen pflanzten sich fort wie Männer, außer einer Katastrophenzeit vor 8000 Jahren, als das Mißverhältnis gar siebzehn zu eins betrug. Nur die klassische Zivilisation, die nun vom Feminismus zerbrochen wurde, hatte das Ungleichgewicht ein wenig gemildert, aber niemals aufgehoben.

So stark wirkt sich die biologische Dominanz aus, die sexuelle Selektion dem weiblichen Geschlecht verleiht. Nicht nur für Fortpflanzung, sondern auch sozial war und ist Leben für männliche Artmitglieder ein stetes, mühsames Ringen. Nur wer superreich oder hochberühmt geboren wurde, mag als Mann ein würdiges Leben führen, ohne von weiblicher Dominanz und schiefer Wahrnehmung, die Männer benachteiligt, bedrückt zu werden.

Weibliche Bevorzugung gab es in jeder Kultur jeder Epoche. Das genaue Gegenteil feministischer Mythen ist wahr. Zeitgeist und Moder-

---

18 Daß die erste Welle ganz ähnliche Wirkungen hatte, dokumentieren Band 2 „Feminismuskritik: Krieg gegen Mann, Natur und Kultur" und „Zensiert: Flaschenpost in die Zukunft", Band 4 der Reihe „Die beiden Geschlechter".

ne haben grundlegend falsch gedeutet, seit Jahrhunderten Misandrie verbreitet[19] und so eine menschliche Katastrophe vorbereitet.

Wissenschaftliche Beweise liefert die Buchreihe „Die beiden Geschlechter" in mindestens fünf Bänden.

Das schlimmste an allem ist, daß die menschliche Natur verstümmelt, menschliche Kultur ausradiert wurde. Ich erlebte die Folgen für das menschliche Leben besonders deutlich, weil ich der krasseste aller männlichen Verlierer war. Es ist müßig, dem Opfer Schuld zuschieben zu wollen, wie es automatischer Reflex ist: die Verhöhnung des Opfers, um sich nicht mit eigenem Unrecht beschäftigen zu müssen.

Ich war in eine angesehene Familie bester Kreise geboren worden, die allerbeste klassische Ausbildung erhielt, die mein Verhängnis wurde. Denn was einst geachtet wurde, stieß nun auf Haß. Ich war eine Welt mit mehr Liebe und Achtung gewohnt, nicht vorbereitet auf harte und rücksichtslose sexuelle Selektion. Der Umsturz der kulturellen Revolution, ermöglicht durch einen Generationskonflikt, hatte alle Werte in ihr Gegenteil umgestüzt und Liebe in Haß verwandelt.

Am schlimmsten ist, daß die Menschen verstümmelt wurden, weibliche Gefühle zerstört, Männern alles genommen wurde, was diese Gefühle auslösen kann. Männlichkeit ging verloren oder wurde von etwas angesehenem und begehrtem zum bekriegten, verhöhnten und gehaßten.

Wie während allen feministischen Wellen gab es eine plötzliche Kälte, die in bisheriger Kultur verwurzelte Männer schockierend, verletzend und bitter ausstieß, bis sie durch Gewöhnung abstumpften, vergaßen, weil die Grundlagen der Gefühle zugrundegegangen waren.

---

19 siehe Band 5 „Die Unterdrückung der Männer" der Reihe „Die beiden Geschlechter" mit vielen Belegen, oder Kucklick, „Das unmoralische Geschlecht", ein Buch, das leider auf feministischer „Männerforschung" gründet und daher nur als Sammlung zitierter Originalquellen taugt.

Frauen brauchten Männer immer weniger; also bemühten Frauen sich weniger um Männer, hatten weniger Mitgefühl und Anteilnahme, weniger Respekt.

Frauen übernahmen in jeder Welle männliche Aufgaben und vermännlichten dabei. In jeder Welle gaben Frauen weibliche Aufgaben auf und entweiblichten.

Ideologie und Haß zerstörten mit einem schrillen Krach bisheriges Gefühl. Wie in einem Krieg wurde Mitgefühl und Anteilnahme zerstört, damit der Geschlechterkrieg stattfinden kann. Notwendig ist es in einem Krieg, grausam zu sein, Gegner niederzumetzeln, körperlich oder – in diesem Falle seelisch – zu töten. Dazu dient der Haß, die Greuelpropaganda gegen Männer als vermeintliche „Unterdrücker" (obwohl Frauen das dominante Geschlecht sind) und „potentielle Vergewaltiger" (wogegen tatsächlich Frauen eine breite Mehrheit Männer diskriminieren, von Liebe und Fortpflanzung ausschließen).

Sexuelle Befreiung hätte bedeutet, Männern mehr Liebe zu geben, sie nicht länger zu diskriminieren. Um diese sexuelle – und soziale – Befreiung, die das Wort verdiente, zu unterdrücken, stattdessen eine noch viel größere weibliche Dominanz zu errichten als je zuvor, griff Feminismus mit schriller Propaganda ein und verseuchte die Herzen und Gemüter ganzer Frauengenerationen mit Haß, Ideologie und vollkommen falscher Weltsicht.

Dabei war die Unterdrückung von Männern auch ohne Feminismus bereits übel genug. Es ist kein erträglicher Zustand, wenn 80 Prozent der Männer fast die ganze Menschheitsgeschichte lang so stark diskriminiert wurden, daß sie sozial und sexuell ausgeschlossen wurden und keine Nachkommen hinterließen, wie das genetische Material lebender Menschen beweist.

Hinzu tritt eine angeborene Unfähigkeit, Mitgefühl mit männlichen Verlierern zu haben. Denn Anteilnahme am Leiden männlicher Verlierer könnte ihnen Liebe geben, also Zugang zu Sex, und damit Fortpflanzung, was die Evolution außer Kraft setzen würde, die Männer als Filter für Gene einsetzt, in dem die meisten diskriminiert hängenbleiben.

Daher haben Männer genauso entrüstet dieses Buch abgelehnt und seinen Verfasser verhöhnt wie die radikalsten Feministinnen; ja, vielleicht noch schlimmer. Denn selbst die männerhassenste und radikalste Feministin wird noch einen Rest von Vorsicht walten lassen, damit ihre Gemeinheit nicht allzu offensichtlich wird und den Sieg ihrer Ideologie gefährdet. Aus reiner Kriegstaktik wird sie Grausamkeit nicht zu offensichtlich werden lassen. Doch ihre männlichen Helfer, ob bewußt oder unbewußt, die „weißen Ritter" und „lila Pudel", wie sie gerade genannt werden, kennen solche taktische Vorsicht nicht. Im Gegenteil, sie verteidigen ihren Revierplatz im feministischen Sumpf durch Verbeißen aller Nichtfeministen. Sie schütten noch Häme aus auf den Verlierer, sind genauso vollständig unfähig zu einem Rest menschlichen Mitgefühls für männliche Opfer und Verlierer wie Feministinnen. Der Blaulicht Verlag hat dafür ein typisches Beispiel geliefert, das später zitiert werden wird.

Indem Feministinnen das Ansehen der Männer ruinierten, schlugen die evolutionären Schutzmechanismen zu, die rangniederen Männern jedes Mitgefühl verweigern. Das dürfte erklären, weshalb es plötzlich keinerlei Anteilnahme mehr gab für das Schicksal von Männern. Solange es noch natürliche, nichtfeministische Frauen gab, die in einer gesunden Kultur aufgewachsen waren, spürten Frauen, und wollten Frauen ein feines Gespür dafür haben, was Männern gefällt oder mißfallen, gar verletzen könnte.

Sorgsam hätten in gesunder Umgebung gesund aufgewachsene Frauen vermieden, Männer zu verletzen, hätten mitgefühlt. Gesunde Frauen wären betrübt gewesen, wenn ein Mann leidet, hätten mit Sympathie Anteil genommen. Doch ebenso wie die biologischen und sozialen Voraussetzungen untergegangen waren, aus denen Liebe, Achtung, Respekt und Mitfühlen entstehen, so waren auch die kulturellen Strukturen verschwunden, die beide Geschlechter in Bezug setzte, verbindende Kräfte schuf und eine Gegenseitigkeit, einen Tausch, der Gefühle weckt. Nunmehr wurde alles männliche Leid ausgeblendet, verdrängt, empört und verächtlich abgetan, verspottet, für eingebildet oder bedeutungslos erklärt, während bevorzugte Frauen sich zu Unrecht in einer Opferrolle suhlten, gar ihr Leiden an ihrer eigenen Ungerechtigkeit noch Männern und einem erfundenen Mythos „Patriarchat" anlasteten. Jeder, der auf echtes Leid bei Männern hinwies, wurde empört als angeblicher „Unterdrücker" und „Chauvi" niedergekeult, als vermeintlicher „Finsterling" und „rückschrittlich" disqualifiziert. Feminismus war daher auch – aber nicht nur! – eine Perversion der Gefühle.

Das Sein einer traditionellen Frau war darauf ausgerichtet, einen guten, hochstehenden Mann zu finden und gewinnen. Also war sie nett zu ihnen, gewinnend, zeigte ihnen, was sie an guten Eigenschaften, Mitgefühl und Verständnis hatte. Es war in ihrem Interesse, liebevoll zu werden. Nun verhielt es sich umgekehrt. Ihr neues Interesse war, mit solchen „Rollenklischees" rigoros zu brechen. Als „niedrig" erschien der feministisch indoktrinierten Frau alles, was eine Voraussetzung ist für Achtung, Anteilnahme und eine Liebe, die nicht egozentrisch ist.

Da es keine gegenseitigen Aufgaben mehr gab, reiften an ihnen auch nicht länger Gefühle und Verantwortlichkeit.

Je sensibler ein Mann jener Übergangszeit war, desto stärker konnte er die Verluste spüren. Je intelligenter er war, desto mehr bekam er es bewußt mit. Ich war ein hochsensibler junger Mann der Bildungselite. Doch in dem Augenblick, wo das Problem sexueller Selektion über mich hereinbrach, weil mich aus unerfindlichen Gründen Mädchen diskriminierten – vermutlich zu schüchtern, unerfahren, linkisch und dünn; ein muskelloser Grübler und Denker – krachte ich vom besten und originellsten der Klasse in kürzester Zeit ab zum Problemfall, weil ich in Probleme mit Mädchen gefallen war.

Es war übrigens die einzige Klasse der ganzen Stadt, in der noch Altgriechisch angeboten wurde; die elitärsten Familien schickten ihren Nachwuchs in genau diese Klasse, und die „alten Pauker" lobten uns indirekt, indem sie sagten, wir seien die einzigen, die „noch fast so wie früher sind", und das wolle „eine Menge heißen".

Zuerst erlebte ich, wie die traditionellen Gefühle von Mädchen, später Frauen, anderen galten, während ich diskriminiert wurde, ausgeschlossen und isoliert. Dann erlebte ich diese Gefühle untergehen, zerbrechen und verschwinden. Das war dann der Emanzipationsschock für Männer, die erfolgreicher bei Frauen waren als ich. Für mich war es ein Mehrfachschock, weil es so unmöglich wurde, nachzuholen, was ich versäumt hatte.

Vieles an ersehnter weiblicher Anteilnahme, weiblichem Interesse an Männern, weiblichem Flirtverhalten, erlebte ich betrübt als Ausgeschlossener zum letzten Mal anderen Männern zuteil werden, bevor diese klassischen Gefühle und die Anteilnahme an Männern ganz aus dieser Welt verschwanden.

Erst war es feministische Haßideologie, die jene Achtung und Anteilnahme zerbrach, auch das besondere Interesse an Männern, die einst Lebensinhalt von Frauen gewesen waren. Danach sorgten feministische Gesetze, die Beseitigung der traditionellen Kultur und Rollen, schließlich Genderei dafür, daß die zerbrochenen Gefühle, Achtung und Anteilnahme niemals wieder mit neuen Generationen nachwachsen können, weil ihre Grundlage unterging. So wurde der von Haß geschaffene Zustand zum Dauerzustand.

Jede Frau, die „etwas auf sich hielt", wechselte in frauenzentrierte Vorstellungen, die Feminismus schuf: ihre Orientierung, Phantasie, Träume waren nicht mehr verbindende Kräfte und gegenseitige Tätigkeiten der Geschlechter, die sich spirituell, philosophisch, esoterisch, sozial, teilweise auch erotisch, in Gefühl und Arbeit aufeinander bezogen, sondern frauenbezogen, und damit der Liebe verloren, zu trennenden Kräften geworden statt zu verbindenden.

Dieser Kulturbruch hatte Folgen, die unsere Vorstellungskraft übersteigen, über die wir nicht nachdenken, war ein Sündenfall, der elementare Menschlichkeit gegenüber Männern zerstörte. Selbst- und frauenbezogen war nun die geistige und seelische (oder sogar sexuelle) Ausrichtung, was den Bedarf an Männern und ihr Ansehen dauerhaft weiter senkte. In solch einer Welt zählen männlicher Bedarf und männliche Gefühle nichts, sind allenfalls Objekt der Anfeindung. Mitgefühl gilt nun Frauen und Haustieren als Kindersatz, nicht aber Männern.

Auch spirituell und esoterisch hat frauenbezogene Sicht mit implizitem Männerhaß die Welt der Liebe zwischen den Geschlechtern ersetzt. Daher spukt es überall von femanzigen Göttinnen und Ratschlägen, eine solche Frau zu werden; überall sind „weise", „tolle" Frauen und Schwestern zu sehen, was jeden Bezug auf und jegliche Anteilnahme an Männern wirksam ausschließt, somit eine heftige Degradierung und Diskriminierung von Männern ist statt einer „neuen freieren Weiblichkeit", wie femanzige Ideologie vermeint.

Je tiefer aber das männliche Ansehen sank, und speziell das Ansehen von Verlierern, desto unsichtbarer wurde männliches Leid, desto hämischer, gemeiner und verzerrter die Wahrnehmung von Männern, am meisten die männlicher Verlierer, und am allerschlimmsten des größten Verlierers unter den Männern: mir.

Doch genau deshalb drängten sich mir Tatsachen am klarsten auf. In meiner Lage konnte ich mir keine Illusionen machen. Dies habe ich euch voraus. Wie es in einem Bibelsprichwort heißt: „Die Letzten werden die Ersten sein".

Die himmelschreiende Blindheit gegenüber dem Leid männlicher Verlierer ist eine Folge des femanzigen Prozesses, den wir im geschilderten Zeitraum erlebten. (1978 bis 1992). Ein diskriminierter Mann ist völlig unsichtbar. Was immer er tut, um seine Lage darzustellen, wird verhöhnt. Eine wesentlich schlechtere Darstellung von eingebildeten Problemen einer Frau würde sofort von Medien und Öffentlichkeit aufgegriffen, und ergriffen machen; alle würden sofort helfen, Gesetze ändern und schwören, so etwas dürfe nie wieder geschehen. Doch ein jahrzehntelang aus dem Leben ausgeschlossener männlicher Verlierer wird schlechter behandelt als Haustiere, Sklaven, er wird erst ebensolange übersehen, ignoriert, und dann, wenn Ignorieren nicht länger möglich ist, verhöhnt, ausgelacht und verspottet, beschuldigt, doch selbst schuld zu sein daran, von Frauen diskriminiert zu werden. Keine Beleidigung ist zu ordinär: angefangen von „kleiner Penis" bis „Chauvinist" reicht die Palette von Verhöhnungen des Opfers.

Das ist die Wirklichkeit der feministischen Welt, die wir nicht sehen wollen. In Verbindung mit der Tatsache, daß weibliche Bevorzugung angeboren ist, es eine Benachteiligung von Frauen nie gab, sie eine Propagandalüge war, die wegen angeborener Verdrängungsmechanismen und Frauenbevorzugung möglich ist, wird die tatsächliche Diskriminierung von Männern zum Grundproblem der Menschheit.

Wehe denen, die Unrecht und Unterdrückung zu weit treiben!

Von eurer Gefühllosigkeit und eurer Unfähigkeit zu Mitfühlen und Liebe handelt dieses Buch. Ihr seid die Angeklagten. Ihr seid es, die beurteilt werden. Ihr seid es, über die ein Urteil gefällt werden wird. Ihr habt mein Leben ruiniert. Doch ihr werdet nicht die gesamte Menschheit ruinieren können. Ihr werdet nicht vor der Verantwortung für eure Taten davonlaufen können.

Nicht „Gewalt gegen Frauen", sondern weibliche Dominanz durch sexuelle Selektion und Diskriminierung von Männern ist eine prägende Kraft der Menschheit, und sie muß besiegt und gänzlich abgeschafft werden.

Was immer ihr bisher geglaubt habt, war falsch. Die viel geschmähten „patriarchalischen Reste" waren tatsächlich die letzten Reste gesunder menschlicher Anteilnahme, Liebe, letzter Überrest eines Ausgleichs.

Ihr habt die Menschheit nicht „befreit", sondern real unterdrückt. Ihr habt bereits Entrechtete weiter entrechtet, bereits Unterdrückte noch radikaler unterdrückt, und bereits Bevorzugte noch weiter bevorzugt. Ihr habt die Dominanten noch dominanter gemacht.

Ihr ward nicht nur die radikalste aller Kulturrevolutionen, sondern obendrein ungerecht und verfehlt vom ersten Ansatz an, in falscher Richtung. Nichts von dem, was ihr zerstörtet, ist verzichtbar. Doch es war nicht gut genug: die Diskriminierung von 80 Prozent aller Männer über 60.000 nachweisbare Jahre spricht für sich. Dies waren Männer vergleichsweise egalitärer Urgesellschaften, alle gleich bewaffnet. Versucht nicht, es auf eine Elite zu schieben: Das ist unmöglich. Niemand kann Tag und Nacht darüber wachen, daß eine breite Mehrheit gleich bewaffneter Jäger nicht in seine Hütte zu den Frauen findet. Es gab keine Schlösser, noch feste Wände. Es gab weder Polizei noch Militär. Es gab keine feste Macht. Kein Mann konnte Tag und Nacht wachen. Es gab keinen Staat. Nichts war auf jahrzehntausende stabil – außer angeborenen, biologischen Kräften, der weiblichen sexuellen Selektion. Vergeßt eure erfundenen Unterdrückungsmythen. Die einzige Unterdrückung, die es langfristig gab, ist die der Männer durch Frauen. Punkt.

Feministinnen nennen genau den gleichen Prozentsatz Männer, den Frauen bei freier Wahl wollen, von dem auch die genetischen Studien sagen, daß er sich fortgepflanzt hat: 20 Prozent. Beides ist Folge der gleichen Wirkkraft: weiblicher Dominanz durch sexuelle Selektion.

Daß wir dies nicht wahrnehmen, ist Teil dieser Unterdrückung, nämlich ein evolutionärer Schutzmechanismus, der für Frauenbevorzugung sorgt, auch wenn Männer sehr viel stärker und scheinbar „mächtiger" sind. Doch in dem Augenblick, wo die männliche Stärke zu schwach wird, biologische Dominanz des weiblichen Geschlechts bei Mensch und Tier wenigstens etwas auszugleichen, wird dieser biologische Schutzmechanismus für Frauen zur zerstörerischen Kraft, die für eine totale Unterdrückung des Mannes sorgt – ohne Gegengewicht wird aus der evolutionär angelegten Frauenbevorzugung ein feministischer Amoklauf, den wir im Abendland seit Jahrhunderten immer wieder erleben. Er begann schon mit der männerfeindlichen schwarzen Propaganda in frühester Neuzeit, begleitete den Kolonialismus, verstärkte sich it der Aufklärung, und explodierte dann in allen feministischen Wellen. (siehe: „Die beiden Geschlechter", Band 1 bis 5)

In dem Augenblick, als tendenziöse Frauen in einst männlichen Bereichen zu wirken begannen, kippte die Gesellschaft, wurde die Grundlage der Geschlechterbeziehungen, von Achtung, Mitgefühl, Liebe, Gleichgewicht – und sogar Meinungsfreiheit – zerstört. Das Ergebnis: Täglicher Psychoterror totaler Unterdrückung. Denn angeborene Frauenbevorzugung konnte nicht mehr ausgeglichen werden und beschleunigte sich ungebremst. Abweichende Meinungen waren den meisten Frauen in gemischten Gruppen unerträglich, weshalb solche Sichten unterdrückt wurden, eine feministische Meinungsdiktatur entstand. Die Grundlage für Mitfühlen und Lieben aber war entfallen.

Frauen haben sich geirrt und es falsch gemacht; Frauen werden sich ändern müssen.

Vollständig versagt haben sogenannte „Konservative", die sich zu Handlangern machen ließen, die alle Lebensgrundlagen als vermeintliche „patriarchalische Relikte" mit aller Kraft radikal zu zerstören halfen, statt die notwendigen Lebensgrundlagen zu schützen und pflegen. Das ist nicht wieder gutzumachen; ihr Ansehen daher ebensowenig.

Abend

Ich lebe nicht zu Zeiten, als das Wünschen noch geholfen hat; Bücher beschwören keine Nähe, geben keine geachtete Identität als Mann, dem mitfühlfähige Mädchen verbunden wären; der innere Kosmos Kultur ist erloschen. Wozu arbeiten, nur um den Körper zu erhalten, die tägliche maschinelle Routine, wenn seelisch kein Leben gewährt wird von AbwimmlerINNEN meiner Existenz? Träume verpuffen, gedruckte Bände überbrücken nicht die Kluft zum traurigen Jetzt, unglücklich umringt von Amüsierten. Worte tragen kein verschollenes Leben zu mir, nein, druckschwarze Kolonnen zielen frauenbewußt gegen mich, treffen schwerer als abweisende Mienen; allein durch Masse sind sie erschlagend, die Präsenz in den sich wegdrehenden Köpfen.

Lichttupfer sprenkeln Straßen, die abendliche Szene zu erhellen, Frauen, die amüsementwärts streben, Insassen der Komfortmobile, abgeschirmt von vorzeitlichen Einflüssen wie Wind und Wetter, die Gesprächsthema nicht mehr sind; wie Ufos durcheilen sie Wegstrecken, um andere Ufos zu betreten: Film Theater Tanzgehampel geistvolle Kreise, die mir verborgen bleiben, entzogen wie die Zuneigung dort sich tummelnder Mädchen.

Ich irre heimatlos durch Stätten weiblichen Amüsements ohne mich, wo ich als störend abgewimmelt böse Grimassen sehe, während geübte oberflächliche Gewinner, erfahren im Dschungelkrieg des emanzipierten Chaos ohne geschlechtliche Kultur der Liebe zwischen differenzierter Identität, die mit Egoismus emanzipierter Frauen umzugehen verstehen, mit ihnen davonziehen. So wird in der „Midaq Gasse" vom machtstrebend entwurzelten Mädchen der Zuhälter begeistert vorgezogen dem verachteten Verlobten, der für sie sein Leben aufgab und zur Armee ging, ihr besseres Auskommen bieten zu können, sie mit schüchternem Charme scheinbar nur gewann für schmerzlichen Verlust. Nirgendwo wüten mich Frauen so patzig fort wie aus besonders frauenbewußten und emanzigen Kreisen.

Geld ausgeben darf ich; dafür lichtwerben die albernsten Stätten blödester Unbeschäftigung, in denen ich Verweigerinnen meines Lebens finde. Geld, Geld, Geld für Ersatzprodukte, wo sich Weiblichkeit entzieht, die innere ganz verloren ist. Aussätzig ausgestoßen von Ablehnung verpennert tigere, schoßhunde, straßenkötere ich durch nächtliche Teerfluchten ohne Ziel, doch jeder Hund wird mir vorgezogen, viel besser behandelt. Ist denn nirgends Zugang zu finden? Kein Mädchen ist nett und ansprechbar. Ich bin im falschen Film, der falschen Welt einer falschen Zeit verfälschenden Bewußtseins, das Weiblichkeit verbietet, geschlechtsneutral entwurzelt von Kindheit an, abwimmelt, degradiert zum nächtlichen Stadtstreicher ohne seelisches Asyl.

Und sie haben ihren Spaß dabei. Spreche ich an, überhören sie mich geflissentlich, wollen ganz plötzlich weg, ziehen Leine, bevor ich anbandeln kann; ihre Ohren gewähren mir keine Gesprächsdistanz; sie distanzieren mich auf Entfernung, bevor ich etwas sagen könnte.

Zum hohen Feiertag, begangen mit Frühlings- und Fruchtbarkeitssymbolen, will ich Gespräche nachholen. Wie üblich konnte ich weder schlafen noch arbeiten; müde und kaputt vom Abblitzen, Qualm und gestörten Tagesrhythmus lag ich flach, dämmerte vor mich hin.

Ein Versuch, mit Frisbeescheibe ein Osterlamm oder Häschen zu erreichen, scheiterte kläglich. Nun noch ein Versuch am Abend.

Am Osterfeuer besäuft sich Dorfjugend. Familien warten vor den Flammen, hoch über denen ein Glitzerdrache segelt. Als Fremder habe ich nichts zu finden unter den Mädchen hier.

Die wegströmenden Besucher sind sehr höflich und machen Platz, als ich mit dem Rad überhole. Das bin ich nicht gewöhnt.

Blau blau vom Bier blüht der Enzian im Quatsch, wo Heino den Trinkern trällert. Marianne Rosenberg kitscht besitzergreifend. Er gehört zu ihr, wie ihr Name an der Tür. Eine kleine, niedliche junge Frau, die ich vor langem einmal irgendwo gesehen habe, sitzt unerreichbar mit

Freundin am Zweiertisch. Meine regelmäßigen Blicke fruchten nichts. Sie ist mimisch sehr lebhaft und wendet ihre angewinkelten Beine auf dem Hocker beim Sprechen.

Neben mir stehen lange zwei Mädchen, deren eines recht jung ist. Meine Nachbarin runzelt jedoch oft ihre Stirn. Eine halbe Stunde schwitze ich, weil mir nichts einfällt. In diesen Kreisen bin ich fast so fremd wie unter Freaks und weiß noch weniger von ihren Konventionen.

Schließlich, beim zweiten Ansang Mariannes, kwatsche ich sie an. „Der DJ scheint nach einigen Bieren nicht nur doppelt zu sehen, sondern auch die Musik zweimal aufzulegen."
-„Ja"
Damit hat sie einsilbig ein Gespräch verhindert. Wieder brüte ich. Als viele Leute sich bei uns durchpressen, lächelt sie kurz herüber.
„Ich hätte in Eishockeykleidung kommen sollen, in Schuhen mit Stahlkappen. Das wäre praktisch."
Ein Anflug von Lächeln, aber keine Antwort, und sie dreht sich weg. Mist. Was soll ich sagen? Neben mir biedere Gespräche der mir unbekannten Art.

Mein Nachbar zur andern Seite gestikuliert mit den Händen bei selbstsicherer, lauter, artikulierter Aussprache. Die übrigen scheinen in Cliquen hierzusein.
„Hast du dir vorhin die Osterfeuer angesehen?", versuche ich nach einer halben Stunde.
-„Morgen"

Wieder verknappt sie die Antwort zum Gesprächsende. Bei Melancholie und Sturmflut will ich etwas über Amüsement und Melancholie erzählen. „Das Stück finde ich toll". Nun ist es vorbei. Sie hört mich nicht und zeigt ihren Rücken vor. War nicht so dolle, aber gegen Schweigen kommen keine Ideen. Das ist ein Naturgesetz.

Schließlich begrüßt und unterhält sie jemand, den sie von vor Jahren kennt. Seine Bewegungen und Gesten sind sehr wirksam geübt, sein Gesicht und Mimik nehmen sie in Beschlag, wie es in Freakkreisen nicht zu sehen ist. Für mich aber ist es Signal zu Aufbruch, da sie nicht mehr, ihre Freundin komisch guckt. Gerade sprühen Wunderkerzen Stimmung im anbrechenden Ostersonntag.

Auf einem Rundgang durch Lokale finde ich keine alleinstehenden Frauen. Ich ende in einer Disko, wo ich gegen meine Gewohnheit Eintritt löhne. Ob das was nützt? Bisher lebte ich nach dem Motto – 'Warum für's Abblitzen bezahlen?' Das kann ich auch gratis kriegen! Deswegen mein Besuch eines Hängerschuppens mit Clubkarte.

Ich tanze lange neben und vor einem Mädchen. Vielleicht war das albern. Woher soll ich's wissen? Obwohl es erst schaute, verschwindet es irgendwann zu ihrer Freundin, und dann war's wie üblich unter Getuschel und Amüsement vorbei. Weitere häufige Blickwechsel ergeben nichts. Ich weiß nicht, was ich soll sagen. Am Ende verschwindet sie.

Ein drittes Mal trete ich halb von hinten, halb von der Seite zu einem Mädchen am Tisch. Das ist nicht gut, aber besser ging es nicht. Beim Pogo prügeln sich gerade die Tanzenden in wüster Schubserei.
„Jetzt wird es hier gefährlich.", sage ich. Sie erschrickt sich, wendet mir aber danach den Kopf zu.
-„Das ist nicht so schlimm."
-„In Sturhausen habe ich mal gesehen, wie mehr auf dem Boden lagen als standen nach solchem Tanz."
Sie wechselt zu ihrem Freund einen Meter weiter und beide gehen bald.

Ich bin so fertig, daß ich ausgerechnet heute, zu Ostern, nur albern glotze und mich nicht mehr traue. Ansprechen? Hat doch keinen Zweck!

Das Mädchen, das sich vor mir einst Anette nannte, laut Exfreund aber anders heißt, schaut streng und distanzierend. Sie möchte mit mir nichts zu tun haben. Reserviert war sie schon immer; nun aber kommt zur üblichen inneren Distanz noch Ablehnung meiner Klagen über 20-jähriges Abblitzen, von dem ich ihr mehrfach gesprochen, geklagt und sie gebeten habe, mir zu helfen, mich etwa mit Freundinnen bekannt zu machen. Aus einem jungen, noch sprechbaren Mädchen wird eine abgebrühte Freakfrau, die nicht zu sprechen ist.

Ich gehöre nirgends dazu.

Abend und immer wieder Abend wird es für mich, solange ich noch existiere, Abend eines Tages ohne gelebt zu haben, Tag ohne Bedeutung, ohne Liebe, ohne ich zu sein, ohne Anerkennung. Es dunkelt, Müdigkeit lähmt mein Bewußtsein, das noch nicht aufgeben mag nach leerem Tag; es will nicht vergehen in Schlaf ohne zu sich gefunden zu haben, in Umarmung eines Mädchens, geachtet, anerkannt und sich erkennend in der anderen, weiblichen Identität, die mir meine gäbe als Mann. Das rauhe Klima im Ringen um eine Existenz nötigt manchen eine derbe Zuversicht auf, die mich bedrückt und mir fehlt.

Freakfrauen lachen mich aus, wenn ich nur vorbeiradle, einen flüchtigen Blick zu ihnen werfe, an einem Singledienstag die Kneipe betrete.

Als ich in Treff oder Disko an einem Mädchen vorbeigehe, wird es gleich von der Freundin gewarnt „Laß dich nicht anbaggern", worauf sie mich finster mustert. Vielen Dank.

Lange brüte ich nach einem Zauberschlüssel, um ihr Gemauer zu durchdringen.

Einige Mädchen versuchen, sich Bonbons in den Mund zu werfen, treffen aber nicht; endlich werde ich einen einzelnen Satz los: „Vielleicht klappt's mit einem Trichter."

So wie sie kucken kann ich mir genausogut eine Kugel in den Kopf schießen wie sie ansprechen wollen. Da meine Blicke kein freundliches Gesicht finden, werden sie immer trauriger, drängender, sehnsüchtiger und fallen damit erst recht blöde auf. Das liegt in der Natur der Umstände.

Ich weiß nicht einmal, wann eine Frau Zustimmung signalisiert, da ich in meinem ganzen Leben noch keinen Erfolg hatte.

Abend wird es nach Tagen ohne Worten, stummen Wochen, in denen der Klang meiner Stimme verloren geht wie der Schatten in alten Fabeln. Sonnabend, Regenabend, Winterabend, Feierabend. Ausspannen von erzwungener Untätigkeit der Seele.

Am Abend kommt die Zeit, auf einen Schlag zum repräsentationsfähigen Menschen zu werden. Jetzt begleitet der Text mich zu einer Fete, die sich an die Modeschau irgendeines Ladens anschloß, und vom Umfeld eines lokalen Glanzblättchens besucht wurde.

Den Fußboden des Saals überzog ein Geröll demolierter Plastiksektkelche, in denen der Bölkstoff der gehoben erscheinenden Szene kredenzt worden war, wogegen Tische und die Plattform in der Mitte süßlich klebrige Lachen unterschiedlichen Trocknungsgrades überzogen; auf ihnen hockte ein Teil der Gäste zwischen steil aufragenden Kunststoffgläsern. Der Rest tanzte oder umstand die Tanzenden. Auch Herren trugen Ringe mit Klunkern, die bisweilen den Finger an Breite übertrafen.

Eben war die Modeschau zuende gegangen und der Vorhang gefallen. „Ich komme auch immer erst, wenn der Vorhang fällt", sprach ich zu einem Mädchen auf der Heizung, das freilich alsbald mit Freundin entschwand.

Viele Schönheiten waren erschienen, denen, was das Äußere anging, Stil nicht abgesprochen werden konnte; auch ihre Bewegungen hatten von dem gewissen Etwas etwas. Die Plattform wurde zum Podest, auf dem zwei Mädchen knieend tanzten, wobei ihre Oberkörper geschmeidig vorneüber schwangen, gefolgt von ihrer lockig frisierten langen Haarfülle. Ihre kurzen Hemden gaben Bauch und Nieren frei, was sie niedlich und natürlicher erscheinen ließ als manche, die des für gut Befundenen wohl ein wenig zuviel angetan hatte. Sie hätten, locker bis frech, wie sie sich dahinflegelten, ebenso Mädchen anderer Epoche und Gefilde sein können, wäre da nicht dieses selbstgefällige Gekicher gewesen, deutlich geworden, daß sie keinen anderen Maßstab kannten als ihr eigenes Amüsement, ihre oberflächliche Selbstdarstellung eines schönen Körpers, womit sie sich Zugang zu finanziell erlauchten oder durch öffentliche Bekanntheit ausgezeichneten Kreisen verschafft haben mochten; so angenehm sie sich präsentierten, sog ihre Anziehungskraft Luxus an, fremdes Gut, um nicht von sich zu geben Gefühl für andere, Fremde, gleichgültig Ausgegrenzte, besonders wenn sie sich zu Ansprüchen erfrechen sollten wie Anteil am Leben mit ihnen, doch waren sie schöner, zarter, weniger ruppig als in Rebellion und Verweigerung abgedriftete Frauen, deren Dogmen endlich teilweise vergessen schienen, was nicht zurückbrachte verlorene Nähe, Nähe zu anderen, die sie brauchen, Offenheit und Suche nach dem Inneren, das uns ausmacht und erfüllt, Nähe zur abgeschafften anderen Identität als geachtetem Mann.

Leider enthüllten lockende Reize gewohnten Ablauf: Jede verfolgt ihre entfernende Bahn, die Egoismen statt Gefühle, Verluste statt Nähe beschert. Hatten Modeveranstaltung vorher als eine Sache älterer, eher belächelten Publikums gegolten, waren sie jetzt Treff jugendlicher und junger Leute geworden, deren drei gerade beredeten:

„Schlapp mal zur Theke."

-„Hol 'ne Flasche. Nimm das Indianergeld raus. Bin froh wenn ich's los bin."

Aber beenden wir lieber die Vermengung von Gedanken und Erinnerung aus vielen Nicht-Begegnungen mit der Betrachtung zweier unbekannter Mädchen, die wohl auch nie, unter keinen Umständen, mit unserer Hauptperson bekannt werden könnten: Äußer(lich)[st] niedlich schmiegten sie sich zur Musik nun auf dem Tisch; aus der Hocke wogten und bogen sich Arme und Brust empor wie Stauden im Wind.

Wie überall spielen die Mädchen das Spiel „WER IST DAS DENN?" und tuscheln offensichtlich wenig Schmeichelhaftes. Nichts berechtigt mich zur Aufnahme in Kreise, die davon leben, daß viele nicht dazugehören können.

Wohin es mich verschlägt, werde ich von Mädchen im Abseits gehalten; selten nur sehe ich gepflegte Gestalten wie an jenem Abend.

Die tägliche Verarschung einheimischer Männer – 8.9.2016

Sexuëlle Ursachen oder Motive sind laut Pressebericht ein wesentlicher Grund für die Millionenflut unbegleiteter junger Männer, die unsere wenigen eigenen Jungen bei den zu wenigen eigenen Mädchen alleine schon zahlenmäßig verdrängen. Vorwiegend stammen sie aus Gebieten, die von hohem Geburtenüberschuß, Krieg und starkem intrasexuellen Verdrängungsdruck geprägt sind, was eine verrohende Wirkung hat.

«Heinsohn: Richtig, es ist verständlich, daß die, die in ihren Ländern keine Chance auf eine Position haben, Wirtschaftsflüchtlinge werden wollen. Aber wenn sie das nicht werden können, dann besteht die Gefahr, daß sie in ihren Heimatländern einen Kampf gegen diejenigen anfangen, die Positionen haben. Und dann werden ihre Heimatländer zu Kriegsgebieten. Und alle Mitbewohner werden, wenn sie auf unseren Kontinent kommen, Menschen mit Anspruch auf Schutz oder Asyl. Das ist der Hintergrund für die Masseneinwanderung, die erst ganz am Anfang steht. Die wirklichen Dimensionen liegen ja im Bereich von **Hunderten von Millionen.**»[20] (Die Welt, AllesEvolution)

Ursache ist einerseits die bei uns zu niedrige Geburtenrate, die zum Aussterben des eigenen Volkes und der eigenen Familiën führt, zum anderen die zu hohe Geburtenrate in Afrika, deren Länder die wachsende Bevölkerung nicht ernähren kann, zu viele junge Männer für zu wenige Arbeitsplätze hervorbringen. Wir sollen die Deppen sein, die auf unsere Kosten die überzähligen dritten und vierten Söhne, den zudem durch intrasexuëllen Druck verrohten männlichen Geburtenüberschuß von Kriegsgebieten anderer Kontinente durchfüttern, ihnen unsere knappen eigenen Mädchen und Frauen geben. Die Kriege dort sind wiederum

---

20 https://allesevolution.wordpress.com/2016/09/08/frustrierte-maennliche-fluechlinge-unberuehrbare-muslimische-maedchen-und-zweit-und-drittsoehne/

Folge jener Überzahl an Geburten und des durch die Verdrängung schwacher und nachgeborener Männer entstehenden sexuëllen Notstandsdrucks.

«Es sind zu wenig Positionen frei, was die intrasexuëlle Konkurrenz gerade bei den Männern erhöht. Also müßten sie entweder dort im Land hart konkurrieren oder ihr Glück woanders suchen.
Heinsohn: Beim Wandern gehen junge Männer zuerst. Das sind meist zweite, dritte Brüder. Der erste Sohn hat ja zu Hause eine Chance. Die anderen, die zu uns kommen, haben zu Hause keine Chance auf eine Position, und das heißt, sie haben auch keine Chance auf ein Familiënleben. Und damit auch nicht auf ein legales Sexualleben. Deswegen haben wir auch in den arabischen Ländern Übergriffe, wie wir sie jetzt zwischen England und Deutschland und Schweden erleben.» (Die Welt, AllesEvolution, a.a.O.)

Was zu uns kommt, sind laut dem Artikel jene, die zu Hause versagen und chancenlos sind. Statt ihre eigene Heimat aufzubauën, lassen sie Familië, Frauen und Kinder schutzlos im Kriegsgebiet zurück, um sich bei uns durchfüttern zu lassen und Geld zu kassieren, unsere Frauen und Mädchen zu vögeln, die als „Huren" gelten, wogegen sie die „Ehre" ihrer eigenen Schwestern mit Gewalt und notfalls Mord verteidigen. Denn den – zu wenigen – Muslima, die mit ihnen kommen, dürfen sich unsere Männer und Jungen keinesfalls nähern, auch wenn sie das auf eine nette und gewaltfreië Art versuchen: Das wäre gegen die Ehre und ein Mordgrund. Jemand schrieb, in anderen Zeiten oder Gegenden hätte man sie nicht „Flüchtlinge", sondern „Deserteure" genannt, die ihr eigenes Land und ihre eigenen Familiën im Stich lassen. Bei uns werden sie rührig durchgefüttert, die ansteigende Kriminalität vertuscht, und sie solidarisch mit Flirtkursen geschult, wie sie an Sex mit unseren Frauen kommen können. Ich wurde in den 1980ern von Pro Familia rausgeworfen, weil die Frauen dort nur Frauen berieten und sich um die Probleme einheimischer männlicher Jugendlicher nicht scherten.

«Bei etwa 90 Prozent sieht das anders aus. Die haben schlecht bezahlte Jobs oder beziehen Sozialhilfe. Denen fehlt, was man im Soziologenjargon „Status-Sex" nennt. Jetzt sind das junge Männer mit ihrer

ganzen sexuellen Begehrlichkeit. **Die haben in ihrer eigenen Gruppe Mädchen. Aber die sind absolut tabu.** Diese Frauen bleiben unberührt bis zur Ehe. ...
Da drohen unerhört harte Strafen, wenn sich Männer an ihre Mädchen heranmachen. Das Paradoxe ist, daß diese jungen Männer, die Frauen angegriffen haben, in ihrer eigenen Gruppe junge Frauen mindestens so heftig schützen.» (Die Welt, AllesEvolution, a.a.O.)

Deutsche Jugendliche, die tatsächlich schüchtern waren, sind seit den späten 1970er Jahren schnurzegal gewesen, angefeindete Männer, geschlechtsbekriegt als angebliche „Chauvis", die mit Absicht von Feministinnen fertiggemacht, abgeblitzt und chancenlos gemacht wurden. Keine Sau hat sich 40 Jahre lang für die eigenen Jugendlichen interessiert. Inzwischen sind sie alte Herren geworden und immer noch genauso vom Feminismus unterdrückt, bekämpft, verhöhnt und ausgegrenzt. Aber Millionenmigranten, die allein aufgrund des Zahlenverhältnisses zwischen zu wenigen Frauen und durch Massenflut aufgeblähten Anzahlen junger Männer unsere eigenen jungen Männer verdrängen, erhalten volle Solidarität bis ins Bett von unseren Willkommenskulturklatscherinnen, denen die eigenen Männer seit Generationen unwillkommen sind.

«Flirt-Kurs für Flüchtlinge
Von Stephanie Grimme
... Ein Flirt-Coaching speziell für Flüchtlinge. Angeboten in Essen. Knapp 50 jungen Männern wurde dabei erklärt, wie sie in Deutschland Mädchen oder Frauen kennenlernen können. ... Anders als es in der Öffentlichkeit oft dargestellt werde, seien viele der jungen Männer aus Afghanistan, Irak, Iran oder Syrien extrem schüchtern.»[21] (Wdr.de)

Ein kräftiger Druck auf die Tränendrüse. Schüchternheit belegt die Notwendigkeit, Polizeistatistiken zu fälschen und geheimzuhalten, weil sogar in Schwimmbädern eine bislang unbekannte Welle an Vergewaltigungen tobt. #Sarkasmus. Belästigt und vergewaltigt wird, was jung ist:

---
21 http://www1.wdr.de/nachrichten/ruhrgebiet/flirt-kurs-fluechtlinge-100.html

Mädchen, Junge, Kind, Kleinkind, egal. Doch die illegalen Landnehmer erhalten Sympathie, Solidarität, Versorgung und Unterstützung, während bei uns ganze Männergenerationen mit feministischem Geschlechtskrieg bekämpft, nach Strich und Faden ausgenutzt und achtlos weggeworfen werden.

Unsere eigenen Männer werden, wie neulich von rote_pille, wütend angefahren, zu verlieren und nicht gewählt zu werden sei nun mal Natur und ein Mann müsse sich damit abfinden. Verachtung, Häme, Niederbrüllen und Niedertreten den unwillkommenen eigenen Männern; Willkommensklatschen, Flirtschulung, Solidaritätssex und oft sogar fast straffreië Notzucht den hochbezahlten Landnehmern.

Tägliche Wahrnehmungsverzerrung – wo ein zentrales Tabu wirkt

Zufällig geriet ich heute im Internet an einen Blogartikel, in dem viele Vorteile aufgereiht wurden, die Asylbewerber vor heimischen Erwerbstätigen haben[22]. Es begann mit freier Grundversorgung und viel Geld für nichts. Im Internet kursierte ein Bankauszug, der einem Asylanten als monatliche Nettozahlung über 1400 € auswies.

Ohne Prüfung von Echtheit und Hintergrund bleibt als Tatsache, daß erst solche großzügigen Geschenke Menschenströme aus Afrika in Bewegung gesetzt haben, und manch fleißiger Einheimischer den Spaß nicht nur mit seinen Steuermitteln bezahlt, sondern nach Abzug von Steuern, Miete, laufenden Rechnungen netto weniger in der Tasche hat. Sicherlich gilt dies für etliche Geringverdiener oder 1-Euro-Jobber.

Der Blogartikel unbekannter Herkunft erwähnte eine Vielzahl Fälle, in denen schwarz und unkontrolliert Eingereiste bevorzugt werden, bei Behörden, staatlichen Einrichtungen, von Krankenkassen, denen deswegen plötzlich Milliarden fehlen nach vorherigem Überschuß, seit sie diese von den Versicherten abgezweigt haben. Die Politiker griffen auch bei der Rentenversicherung in die Kasse, um Geld zu haben für den unnötigen Menschenstrom, der unser Land verarmt, eine Helfer- und Schleuserindustrie dagegen bereichert.

Öffentlicher Nahverkehr, Schulen, Kindergärten – zahlreiche Einrichtungen benachteiligen werktätige einheimische Steuerzahler, behauptet jener Blog. Darüber hinaus sollen Erwerbstätigen aufgrund der Menschenflut Plätze in Einrichtungen fehlen.

Ich war erstaunt über die Länge der Liste, in die einiger Fleiß gesteckt worden sein muß. Weder geht es darum, diese hier vorzustellen –

---

22 Konjunktiv I, gleichlautend mit Indikativ Präsens

etliche Punkte mag ich vergessen haben –, noch habe ich vor, die Einträge auf ihre Richtigkeit zu überprüfen oder gar zu bewerten. Dies ist weder meine Baustelle noch mein Argument. Vielmehr habe ich so ausführlich berichtet, um auf einen entscheidenden Umstand hinzuweisen und zu verdeutlichen, wie vielsagend dieser ist: **Der entscheidende Nachteil für männliche Steuerzahler fehlt nämlich.**

Jeder unbegleitete männliche Migrant verändert das Zahlenverhältnis zwischen Männern und Frauen. Jeder überzählige männliche Zuwanderer erschwert mindestens einem heimischen Mann Liebesleben, Sex, Fortpflanzung oder Familiëngründung, oder versaut sein Leben sogar vollständig, weil er ausgeschlossen wird und leer ausgeht, seine Lebenszeit ungenützt, ohne Sex, Liebe, Familie vertun muß. Ein fleißiger Charmeur oder ein Polygamist kann mehreren deutschen Männern den sexuëllen Untergang bescheren.

Das sieht und äußert niemand außer mir, ist ein blinder Fleck der Wahrnehmung, tiefverwurzeltes Tabu, von mächtigem Vorurteil und Ideologie verbotener Gedanke.

An dieser Stelle fallen Trolle über mich, meine Artikel und Bücher her, um jeden solchen Gedanken zu unterdrücken, lächerlich zu machen, öffentlichkeitswirksam zu verreißen, damit er sich ja nicht ausbreiten kann. **Denn bei diesem Thema handelt es sich um den am hochgradigsten tabuisierten Bereich menschlichen Lebens, um eine biologische Kernfrage des Lebens, zugleich um den Kern der Unterdrückung und von Kultur.**

Was für eine irrationale Wut, für ein fanatischer Haß, aggressive Emotionen dahinterstecken, zeigt die Beharrlichkeit, mit der länger als einen Monat einige virtuelle Netzidentitäten mit wütend wiederholten Parolen in Großbuchstabengebrüll über mich herfallen, um die Idee im Keim zu ersticken, Männer könnten unterdrückt sein oder ein moralisches Recht auf Liebe, Sex und Fortpflanzung haben. Gäben sie das zu, fiele das ganze derzeitige Unterdrückungssystem wie ein Kartenhaus in sich zusammen, brächen Feminismus und mit Steuermitteln bezahlte Gleichschaltung, die laufende Kulturrevolution zusammen.

Fortpflanzung und damit Sex, Paar- und Familiënbildung sind biologisch zentraler Bereich des Lebens, ebenso von Kultur und Zivilisation. Wer hier etwas auch nur geringfügig bewegt, der bewegt alles, setzt eine Kettenreaktion in Gang, läßt die Gesamtgesellschaft sich bewegen, mit unbekanntem Ausgang.

Mächte, deren moralische Rechtfertigung darauf beruht, Mehrheiten (Frauen), die sich zur Minderheit und zu unrecht als „benachteiligt" und „unterdrückt" erklärt haben, können am allerwenigsten von allen Dingen der Welt akzeptieren, daß diese Lüge aufgeklärt und Männer als biologisch wie kulturell benachteiligt und unterdrückt erkannt werden. Ebenso ist am meisten von allen Lebensbereichen weibliche Bevorzugung und Dominanzmacht durch sexuëlle Selektion an Männern bereits evolutionär geschützt, ebenso kulturell, dann nochmals verschärft und extrem übersteigert durch Feminismus.

Feminismus hat den Bogen so lange überspannt, bis er gebrochen ist. Feministinnen werden sich noch über die Ergebnisse ihrer Ideologie wundern. Es wird ganz anders kommen, als sie es sich vorgestellt haben. Die ZauberlehrlingIn hat Kräfte entfesselt, die zu steuern sie nicht fähig sind; sie werden ohnmächtig und entsetzt zusehen, wie die feministische Kulturrevolution ihre Urheberinnen frißt. Zunehmende (nicht nur) sexuëlle Belästigungen in der „bunten Gesellschaft" werden Frauen zeigen, daß Feministinnen niemals die Sache gesunder Frauen vertreten haben.

Derzeit ist es tabu und lächerlich, Mitgefühl für männliche Verlierer weiblicher Diskriminierung zu fordern, bis hinein in die winzige (ohnehin meist feministisch geprägte) Männerrechtlerszene. Doch das wird sich ändern müssen. Diese Unfähigkeit ist Grundübel der Zeit, so wie Antisemitismus Grundübel der Nazizeit war.

Kein anderer Punkt der Liste wirklicher oder angeblicher Nachteile heimischer Erwerbstätiger gegenüber sinnwidrig ins Land gelassenen Millionenfluten, die ihren Familiën zu Hause fehlen, hat im entferntesten die Bedeutung, die sexuëlle Verdrängung einheimischer Männer hat. Sex, Liebe, Paarbildung und Familië entscheiden über Fortpflanzung und Fortleben in Kindern, was aus Sicht der Zukunft und Evolution einzig wichtig ist. Sämtliche materiëllen Fragen verblassen dagegen. Ob wir Geld haben oder Status verblaßt gegen die zentralen Fragen des Lebens. Solange wir über das zum Überleben und Arbeiten nötige verfügen, haben Geld, Status, materiëlle und soziale Dinge und Einstufungen begrenzten Nutzen. Biologisch gesehen liegt ihre zentrale Bedeutung darin, Frauen zu signalisieren, etwas zu taugen: „Gewähr mir Zugang, denn ich habe gezeigt, etwas zu taugen!"

Daher kann kein Geld der Welt, kein Reichtum, Luxus, kein Titel, Beruf, Erfolg, nichts auf der Welt entschädigen für Ausgeschlossensein von Sex, Liebe, Paarbildung oder Familië. Denn ihr Hauptwert ist, Zugang zu gewähren.

Eine der Grausamkeiten femanziger Revoluzzer, die ab 1968 die bürgerliche Gesellschaft abermals überrannten, war, ausgerechnet hoffnungsvolle, fähige junge Männer der Bildungselite, die den RevoluzzerInnen bei fairem Vergleich überlegen waren, anfeindend abzuwimmeln, von den gerade in der „sexuëllen Revolution" erprobten Freiheiten ebenso auszuschließen wie von traditionellen Liebschaften und funktionierenden, harmonischen Familiën und Gemeinschaften, die es nicht mehr gab. Fast jede Frau, „die etwas auf sich hielt", wurde einige Jahrzehnte lang von den Feministinnen aufgesammelt.

Daß fähigen Männern, die von den 1968ern damals überrollt wurden, die Karriëre versaut, die Universitäten weggenommen wurden, wo sie sachlich hochwertige Forschung geliefert hätten statt feministischen Ideologiegewäschs der Usurpatorinnen, daß ihnen Status genommen, ihr Ansehen vermiest, ihr einstiger beruflicher Weg genommen, wurde, all das ist schlimm und betrüblich, doch verblaßt gegen Ausgrenzung und Abwimmlung. Denn biologisch wie kulturell diente all dies vor allem dazu, Anerkennung zu finden, zugelassen zu werden. Das jedenfalls ist die biologische Grundkraft solchen Strebens, wie uns Evolution lehrt.

Mit ihren jahrzehntelangen Schmutzkampagnen gegen Männer und Männlichkeit, ihrer absurden Hysterie eines angeblichen „sexualisierten Krieges gegen Frauen", obwohl tatsächlich Frauen sexuëll dominant sind durch sexuëlle Selektion, die gerade entfesselt und auf die Spitze getrieben wurde, und Feministinnen tatsächlich nachweisbar, nach eigener Bekundung, einen radikalen einseitigen Geschlechterkrieg gegen Männer, Männlichkeit und ein frei erfundenes „im Geheimen wirkendes Patriarchat" führten[23], war ein Klima geschaffen worden, in dem immer mehr Männer zu Verlierern weiblicher Selektion, Opfern feministischer Ideologie und allgemeiner Misandrie werden mußten, eines in der Gesamtgesellschaft tief verankerten Männerhasses.

Die selektierten Männer waren kaum besser dran, wenn sie von Trennung ruiniert ihr Leben als abwesender Zahlsklave fristen mußten.

Deutlicher Ausdruck dieser Misandrie: Die wütende Empörung gegen jeden Versuch, Anteilnahme und Mitgefühl zu verlangen, wie sie menschlich selbstverständlich sein sollten. Das Niedertreten ungelesener Bücher und Argumente. Die intolerante Gesinnungsdiktatur, die Kritiker und Kritik um jeden Preis niedermachen will, bevor sie ein Publikum finden.

Doch dieser biologische, evolutionäre und kulturelle Dreh- und Angelpunkt ist zu wichtig, um ihn aufzugeben, nur weil Etablierte empört verhindern wollen, daß ihnen der Boden unter den Füßen weggezogen wird, auch die Gesamtgesellschaft mit Häme reagiert, sogar manche davon geprägte „Männerrechtler" intuitiv keine Empathie empfinden.

Alles Private ist ihnen politisch und wird politisiert, gegendert ab KiTa und Kindergarten; doch wenn andere sich zu Wort melden und von verheerenden Problemen berichten wollen, die jene Kulturrevolution anrichtet, dann soll das Private plötzlich nicht mehr politisch, sondern persönliches Pech sein, das niemanden anzugehen habe.

---

23 Bei dem einseitigen Geschlechterkrieg halfen viele Männer den Feministinnen noch, unterstützten die eigene Unterdrückung! Der feministische Mythos des „übermächtigen, in allem wirkenden Patriarchats" ist genauso haltlose Verschwörungstheorie wie antisemitische Vorstellungen vom Kaliber eines „Rats der Weisen von Zion", ebenso frei erfunden.

Für die Gesellschaft freilich ist noch fataler das Zerschlagen organisch über Jahrmillionen gewachsener Kultur, des Erbes der Menschheit. Auch die männliche Geschlechtsgruppe und ihre Aufgaben gehörte dazu.

Während ich diesen Artikel im Haupt entwarf, weil ich ohne Rechner im Zug saß, stieg ein Mann zu, der Ausländerdeutsch sprach, setzte sich neben eine naturblonde Frau, die er freundlich beredete; immer näher kam er heran, bis sie bei Umarmung, in die Augen schauen, Händchen halten und dergleichen waren. Hat ein flüchtiger Bekannter sie im Zug herumgekriegt, während Einheimische der einstigen Elite jahrzehntelang diskriminiert wurden? Oder war er doch bereits ihr Freund, obwohl solches Verhalten für etablierte Paare in der Öffentlichkeit nicht gerade typisch ist? Egal, in jedem Falle verbleibt als Fakt: Der Einwanderer gewann heimische Frau, während es fähige Einheimische gibt, die von Gesellschaft und hiesigen Frauen jahrzehntelang diskriminiert wurden.

Straßen

Straßen, Bummelplätze, öffentlich mir zugängliche Räume bringen mir desinteressierte Frauen nicht nahe; zahlenmäßig erdrückende Konkurrenz riegelt mich ab, überlegen an Erfahrung. Ohne erfüllen der Protzpflicht läßt dich keine Frau ran, wie im Bericht des über Jahre Einsamen, der mit Statussymbol Mercedes sofort die Gunst einer Frau erarbeiten durfte. Wenige überragen die Menge der Sucher mit perfekten Maschen, die Frauen faszinieren, schmeicheln, von Herzen betören; ihnen rennen sie nach, die wenig Interesse haben. Wir andern sind, ich bin abgelehnt als störend, bevor ich nahen könnte zum Gespräch, dem einzige bekannte Form der Kommunikation Abweisung ist.

Ich schlurfe durch die Straßenfluchten der Stadt, quere und kreuze ohne Ziel, verlaufe, nur dem unerträglichen Hier und Jetzt zu entrinnen; ich zwänge mich durch eine Masse Mensch mit ent=fremden Frauen, besehe die vorbeiziehende stoßstangenbewehrte Herde; alles wirkt irreal oder ich unter ihnen; was hätte ich hier verloren? Nichts, nichts, hier gehöre ich nicht hin. Straßen über Straßen! Ich möchte Mädchen! Ich will nach Hause! Ich will keine Straßen mehr sehen, die sie entfernen von mir.

Straßen bis hinein in die Wohnung: Ameisenzüge schleppen sich ins Zimmer bis zu den Lebensmitteln. Wespen entdecken die Marmeladentöpfe; Hornissen schlüpfen durch die Luke. Kleine rote Spinnen, Silberfische, Ratten, Käfer: die gestörte Natur ist dein Feind. Du kannst dich nicht vor ihr verstecken. Du kannst dich nicht in einen Glaskäfig sperren, um dich vor der Natur zu schützen; sie holt dich ein, drängt herein, überlistet alle Sperren und ist unbesiegbar als dein Feind; sie plagt dich, und das bei exponentieller Vermehrung der Plagen. Der bunte Reichtum innerer Natur: erloschen. Das feine Wechselspiel von Gedanken an, Träumen für, bezüglicher Aufmerksamkeit zwischen den Geschlechtern, verantwortlicher Wärme, Tun für, Ergänzung, seelischer Verfeinerung und Idealismus in Liebe zu: tot.

Meine Welt sind Abfeindungen ... Feind wird mißhandelte Natur. Mein Körper murrt. Mädchen übersehen mich. Mädchen mögen mich nicht. Unnatürlich sind sie, feind meiner Natur, und machen feindlich die aus dem Lot gebrachte innere Natur. Das Leben der Frauen findet ohne und gegen mich statt. Nach mir fragt keine. Ich blitze ab. Ich habe keine Chance gegen ihre dogmatisch gebrochene Natur, die plagt und geplagt wird von Gespenstern ihrer Selbstzerstörung.

Noch war sie kein erbarmungsloser Feind geworden, noch schenkte sie dem Traurigen den Schlaf flüchtigen Vergessens, nur unterbrochen von wirren Traumfetzen; ich spukte in einem russischen Betrieb herum, um Vergeudung knapper Ressourcen und der mühsam hergestellten Produkte durch Schlendrian zu überwinden; ich sah flüchtige Bekannte vorbeifahren ohne mich zu beachten; ich kam einen Augenblick zu spät, um ein Mädchen abzubekommen, das Anschluß suchte - in der zahlenstarken Konkurrenz ist immer einer schneller und geschickter; dann keulte ich wieder wie besessen in dem Betrieb der ersten Traumszene, um ein defektes System zum Laufen zu bringen, das bei der Umstellung helfen sollte, doch stürzte es dauernd ab. „Systemfehler: keine Zugangsberechtigung!" blinkte es auf dem Schirm, der zum Kopf von Mädchen wurde, die es auf den Straßen riefen.

Der Tag brachte keine Erleichterung. Musik stachelte meine ins Leere strebende Empfindung nur weiter an. Bin ich, sind wir, die vielen Sucher, die Antwort der unbesiegbaren Natur in uns, die sie sich versündigend zum Feind gemacht haben?

Sonne. Ungewöhnliche Wärme. Noch recken Bäume ihr Gerippe aus dem Boden. Ich bewundere das Gestrüpp, ein dreidimensionales verzweigtes Geflecht, das sich mehrfach im Kleinen zu wiederholen scheint bis hin zur Äderung der Blätter mit ihren feinen Härchen. Noch überbieten sie technische Objekte wie echte Weiblichkeit kühle abgebrühte Verweigerung.

Die Umwelt beginnen wir zu schützen, die Natur außer uns, um noch heftiger zu zerstören unsere innere Natur, eine kulturelle Innenwelt, die mit geschlechtlicher Identität mitfühlende Mädchen böte statt egoistischen Sentimenten der AbwimmlerINNEN, verbindende Formen, die Nähe schaffen.

Ihre naturwidrigen Femidogmen scheitern wie im Gleichnis der Bauer, der das Wetter machen wollte, dabei den Wind vergaß, auf daß die Ähren kein einziges Korn trugen, leer und hohl nach oben ragten; sowas schimpft sich unfruchtbare Theorie. Emanzipierte, geschlechtsnivellierende Anarchie funktioniert nicht, beschreibt eine fortschreitende Störung.

Silvesternacht und Sensationsmache

Sex, Gewalt und Sensation: Wie Wahrnehmung und Medien gewaltig schief deuten

Gesellschaft und Staat befinden sich auf einer derart schiefen Ebene, daß sie, ganz gleich was passiert, immer in gleicher Richtung weiterrutschen: der feministischen. Dies zeigen auch die bekannten Reflexe nach der Silvesternacht.

Politische Korrektheit entstand aus angeborener Frauenbevorzugung und negativen Sicht auf niederrangige Männer, die erst zivilisatorisch und später feministisch gesteigert und zu einem moralisch vorgeschriebenen Weltbild ausgebaut wurden. Von dort aus strahlten „Korrektheitszwänge"; also Tabus und Gesinnungszwänge, in andere Bereiche aus, zum Beispiel auf Migranten.

Als in Istanbul ersten Meldungen zufolge neun von zehn Todesopfern Deutsche waren, rangen sich Politiker, die in solchen Fragen regelmäßig versagen und sich stattdessen mit moralischen Meinungsgeboten zu profilieren suchen, schwer zu dem politisch nicht ganz korrekten Eingeständnis durch, „unter den Opfern waren auch Deutsche". Diese Formulierung ist so lächerlich wie vielsagend. Denn das Weltbild der Republik gründet auf einem Verbot, Deutsche als Opfer zu sehen, sonst könnten einige parteiübergreifende und folgenreiche Fehlentscheidungen der Vergangenheit schwerlich begründet werden.

Doch dies ist ein viel kleineres Tabu, als Männer als Opfer zu sehen. Feministinnen sehen sich nicht zu dem Eingeständnis genötigt, unter Gewaltopfern seien auch Männer, auch wenn neue Untersuchungen einen immer höheren Mehrheitsanteil weiblicher Täterinnen etwa bei häuslicher Gewalt nachweisen. Gegenüber Männer sind Tabus sehr viel schärfer als gegenüber jeder anderen Gruppe, sogar den seit der Nazizeit unter Generalverdacht stehenden Deutschen.

Auch das Thema sexuelle Gewalt wurde nur deswegen seit mehr als einer Generation aus dem Zusammenhang entrissen überzogen und zu einer Art „Welterklärung" erhoben, weil vermeintlich per definitionem Frauen Opfer und Männer Täter seien. Doch was sich in solcher Sicht ausdrückt, ist lediglich unsere Unfähigkeit, weibliche Dominanz zu erkennen, in Männern Opfer oder in Frauen Täterinnen zu sehen. Die feministischen Kampagnen spiegelten nicht die Wirklichkeit, sondern unsere radikal und grotesk schiefe Wahrnehmung wider. Heute prägt die einst radikalfeministische Sicht sogar Erzkonservative, die einstiges Unbehagen damit vergessen haben.

Sexualität ist biologisch ein Dominanz- und Machtfeld des weiblichen Geschlechts, bei Mensch wie allen näher verwandten Tieren. Männer sind es, die nachweislich zu einem Großteil von der Fortpflanzung ausgeschlossen wurden (siehe Buchreihe „Die beiden Geschlechter"), sich um Zugang zu Liebesleben, Fortpflanzung und Familie mühen müssen.

Niemand hat Mitleid mit männlichen Verlierern, die komplett unsichtbar sind, vehement geleugnet werden – im Gegenteil, beim Versuch, zu Wort zu kommen, werden sie verspottet, verhöhnt, entrüstet abgetan; ihre Wortmeldungen über Diskriminierung an Männern wurden Generationen und das ganze Leben betroffener Männer lang unterdrückt. Gerade Medien und Verlage, die von „Diskriminierung" berichten wollen, erwähnen nur überwiegend erfundene feministische „Diskriminierungsbehauptungen", die erst durch eine schiefe Wahrnehmung und Mißverstehen biologischer Tatsachen zustande kamen. Tatsächliche massive Diskriminierung von Männern seit Millionen Jahren, die nachweisbar ist, ist dagegen vollständig unsichtbar.

Deshalb kippt die Gesetzeslage immer mehr um, bis alles erlaubt ist, was typischerweise Frauen tun, und wenn es anderen das Leben kostet, und alles kriminalisiert ist, was Männern tun könnten: Die Gesellschaft kippt in freiem Fall bis zur totalen Unterdrückung des männlichen Geschlechts, weil nur weibliche Probleme wahrgenommen werden, und dann ein ideologischer, verfehlter Aktionismus ausgelöst wird, der zu den falschen Mitteln greift.

Für meine literarischen Beschreibungen massiver sexueller Diskriminierung wurde ich inzwischen über 30 Jahre lang verspottet, verhöhnt, als „lächerlicher Verlierer" miesgemacht. Gehässiges Nachtreten statt eines Mindestmaßes an Mitfühlen waren die Folge. Es ist ein Unthema, undenkbar – doch biologische Tatsache: Männer werden diskriminiert, etwa durch sexuelle Selektion oder Zahlungspflichten für ihren eigenen Rauswurf aus Familien in einem staatlich geförderten Egotrip. Feminismus verdreht alle Tatsachen in ihr Gegenteil und stellt Männer als sexuelle Machthaber dar. Das glatte Gegenteil ist wahr: Unser Mitgefühl gilt allein Frauen; wann immer Frauen ein Problem haben, gibt es einen großen Aufschrei. Männer, denen Frauen Probleme bereiten, ob durch Abzocke nach Trennung oder Diskriminierung der Selektion, werden dagegen vollständig ignoriert, Hinweise auf sie empört zum Schweigen gebracht. Der Gegensatz der Behandlung, die Frauen und Männern zuteil wird, ist radikal und extrem, wird aus der Wahrnehmung heftig verdrängt.

Täglich wimmeln Medien Männer ab, die einen Grund zur Klage haben. Ich meine damit feminismusgeschädigte und emanzipationsgeschädigte Männer westlicher Zivilisation, bei uns beispielsweise deutschstämmige Männer. Sie sind die wirklichen Verlierer ohne jeden Bonus, die keinerlei Meldungen, Aufmerksamkeit oder Möglichkeit erhalten, sich zu äußern.

In der Silvesternacht kam es zu Übergriffen, von denen die Medien umfangreich berichteten. Anfangs wurde versucht, die Herkunft der weitaus meisten Verdächtigen zu verstecken, weil diese einer von „politischer Korrektheit" in der Flüchtlingskrise gerade massiv unterstützten Gruppe angehören. Auch in radikalfeministischen Ländern wie Schweden wurde genauso reagiert, als eine bedenkliche Anzahl sexueller Übergriffe von Tätern aus dem Kreis der Flüchtlinge und Migranten verübt wurde.

«„Es gibt Polizeimitarbeiter, die aufgrund der aktuellen Flüchtlingsdebatte Sorgen davor haben, über diese Dinge zu sprechen."»[24] (gmx.-net)

Nachdem wie gehabt Personen, die sich nicht an das Tabu hielten, mit der üblichen Diffamationskeule wahlweise als „Nazi", „Rechtspopulist" oder „Chauvinist" bezeichnet worden waren, brach das Tabu vorhersehbar schnell, weil der Bonus ihrer ethnischen Gruppe mit einem weitaus mächtigeren Bonus kollidierte: der angeborenen, zivilisatorischen und obendrein feministisch übersteigerten Frauenbevorzugung. Wenn es um Frauen geht, gibt es einen Aufschrei, der alles und jeden anderen übertönt. Auch die Vernunft.

Rasch wurde behauptet, es liege wieder einmal an „patriarchalischen Traditionen", „islamischen Machos" und so weiter. Wer noch vernünftig und rational denken kann, sehe sich die Tatsachen an: (die feministisch gefärbten Ideologiesätze lasse ich bewußt aus)

«Vor 40 Jahren trug kaum eine Frau in Kairo ein Kopftuch. Öffentliche sexuelle Belästigung gab es damals so gut wie nie. ... Von dieser Dualität sind auch viele junge Muslime betroffen, die in geschlossenen Communities in Europa leben und dennoch den Verführungen einer offenen Gesellschaft ausgesetzt sind. ... Wir erleben seit Jahren Auflösungserscheinungen in der arabischen Welt. Das führt zu mehr Individualisierung. Durch Auflösungs- und Individualisierungsprozesse wurden vier Phänomene beschleunigt: der Terrorismus, die Protestbewegung, die Auswanderung und die sexuelle Belästigung. ... Da ihnen im Westen dann plötzlich die Gemeinschaft fehlt, die ihr moralisches Verhalten überwachen kann, flippen sie aus»[25] (cicero.de)

Das hört sich schon ganz anders an, sogar genau konträr zu den üblichen Behauptungen. Die traditionellen Zustände brachten solche Probleme nicht hervor, sondern verhinderten sie weitgehend. Erst nach andert-

---
24 http://www.gmx.net/magazine/panorama/schwedens-polizei-vertuschte-sexuelle-uebergriffe-31268806
25 http://www.cicero.de/berliner-republik/zu-den-ereignissen-koeln-religion-ist-mitverantwortlich/60341

halb Generationen Emanzipation und Feminismus gibt es von Afghanistan[26] über Nordafrika bis zu Einwanderern von dort Probleme. Logischerweise müssen die Probleme also etwas mit den Veränderungen zu tun haben, mit denen jene ideologischen Strömungen die Welt „beglücken" wollten, nicht mit den vorherigen (zuvor intakten) Traditionen.

Auf den bei uns erreichten Unterdrückungsgrad von Männern brauchen wir auch nicht stolz sein. Wer nicht informiert ist, lese den Buchzyklus „Die Wahlmacht der Frau", der so massiv verhöhnt und unterdrückt wird wie jeder männliche Verlierer bei uns – so daß ein ganzes Geschlecht nicht einmal mehr zu Wort kommt. Dagegen sind Themen, von denen Medien groß berichten, Kinkerlitzchen.

Schon einmal etwas von weiblicher Dominanz und intersexueller Selektion gehört und das auch wirklich verstanden? Nein, dann empfehle ich den Buchzyklus „Die beiden Geschlechter". Denn tatsächlich ist die unterschwellige und unsichtbare weibliche Dominanz mächtiger und folgenreicher als augenfällige männliche Stärke. Unsere Wahrnehmung verdreht daher die wirklichen Verhältnisse bis ins Gegenteil.

«Die Ursachen für solche Exzesse sexueller Gewalt sind vielfältig. Im Vordergrund stehen soziale Gründe wie „Armut, Arbeitslosigkeit und Mangel an Lebenschancen", erläutert Said Sadek, Professor für Soziologie an der Amerikanischen Universität in Kairo. ... Viele Täter seien junge Arbeitslose, die die hohen Kosten für eine Hochzeit nicht aufbringen könnten. „Sie sehen in diesen Übergriffen für sich die einzige Möglichkeit, ihre Sexualität auszuleben."»[27] (cicero.de)

Das Übermaß feministischer Propaganda in der Sicht auf islamische Länder folgt dem alten abendländischen Muster, Männerfeindlichkeit und den Vorwurf anderswo angeblich unterdrückter Frauen als schwarze Propaganda einzusetzen, die weit verbreitet war, als es galt, Kolonialismus zu rechtfertigen, oder später den Griff des modernen Staates nach

---

26 Einst waren Hippiemädchen begeistert von Afghanistan und der freundlichen Behandlung, siehe „Die Karawane der Blumenkinder"
27 http://www.cicero.de/weltbuehne/das-frauenbild-der-arabischen-welt-wo-maenner-ganz-selbstverstaendlich-ueber-frauen

der Macht, das Leben der Menschen in immer intimeren, privateren und subtileren Einzelheiten gesetzlich zu kontrollieren.

Offenkundig ist ein massives Problem entstanden durch Auflösung der alten Kultur und Zusammenbruch alter Ausgleichsmechanismuen. Wie üblich verdreht feministische Sicht Tatsachen in ihr Gegenteil, wenn behauptet wird, traditionelle islamische Kultur trage die Schuld an dem Problem. In der traditionelleren Welt von vor 40 und mehr Jahren war das Problem laut den Artikeln weitgehend unbekannt. Somit ist das Gegenteil wahr: Die Auflösung der Kultur, Emanzipation und Feminismus, die starke Veränderungen und Störungen der Geschlechterbeziehungen bewirkten, haben das Problem entstehen lassen.

Jetzt zerren zwei Probleme an entwurzelten jungen Männern: einerseits hat die Auflösung der traditionellen Kultur, was weibliche Dominanzmacht durch sexuelle Selektion enorm zunehmen läßt. Feministische Phrasen, die sogar die URL prägen, wie „arabischen Welt, wo Männer ganz selbstverständlich über Frauen verfügen", verdrehen in feministischer Manier die Tatsachen in ihr Gegenteil. Biologisch liegt die Macht bei Frauen, nicht bei Männern. Traditionelle Kulturen förderten Übergriffe eben nicht, sondern ließen sie sehr selten sein. Auch eine Verfügbarkeit im feministischen Sinne gab es eben nicht; außerdem hängen die heutigen Übergriffe mit mangelnder Verfügbarkeit, dem glatten Gegenteil des behaupteten Tatbestandes, oder, in anderen Worten, der zunehmenden sexuellen Selektion durch Frauen zusammen, deren Anforderungen arbeitslose Männer kaum noch erfüllen können.

Die ganze wütende Revolution feministischer Kräfte war ein Krieg der Machthaberinnen gegen von weiblicher Selektion abhängige Männer. Es sind protofeministische Kräfte, die seit Urzeiten Männer unterdrücken, und nicht umgekehrt. Wohlgemerkt, ich verteidige keinesfalls Übergriffe, ebensowenig entwurzelte Muslime, die ihre Grenzen nicht kennen, und laut manchen Berichten vielfach polizeibekannte Kriminelle seien. Ich stelle nur die Verhältnisse klar. Mitgefühl fordere ich aber sehr wohl für westliche und hiesige männliche Verlierer, die nicht übergriffig werden, kein Gehör finden, die nur ignoriert, verunglimpft oder verspottet werden, die Gehässigkeit statt Liebe erfahren, wenn sie von ihrer Diskriminierung berichten, wie in „Die Wahlmacht der Frau". Die aufgetretenen Probleme sind durch andere Mittel zu bekämpfen, nämlich wirksame Bestrafung der verbreiteten Diebstahlsmethode „Antänzeln", nicht durch noch weitergehende Kriminalisierung von Männern, die bereits seit Generationen läuft und damals wie heute verhängnisvoll war und ist, das Ausmaß einer Hysterie angenommen hat.

Andererseits (zweites Problem) prallen grelle Reize einer übersexualisierten Welt auf die arabischen Männer ein, Verlockungen von freizügig lebenden Frauen im Westen, die sich frei ausleben und imännlichen Verlierern unzugängliche Vergnügen gönnen, bis hin zur weit verbreiteten Pornographie. Das muß Frustrationen auslösen. Bei uns sind Männer bereits so unterdrückt, ist ihr Rückgrat so systematisch gebrochen, daß sie gar nicht mehr spüren, was ihnen geschieht. Die Ruhe bei uns ist kein „Fortschritt der Zivilisation", sondern eine Friedhofsruhe, weil männliche Heterosexualität total unterdrückt ist.

Eine virtuelle Bekannte hat mir mal in Hippiemanier vorgeschwärmt, hier im ordinären Originalton („Fuck for Peace") zitiert, sie habe schon „so viel für den Frieden gefickt, daß eigentlich auf der ganzen Welt Frieden herrschen müsse". Dieser Hippiespruch ist natürlich totaler Hohn, wenn viele männliche Verlierer ausgeschlossen sind und sich als chancenlose, vom Vergnügen ausgeschlossene Verlierer dann noch anhören müssen, wie toll sich bewußte Frauen vergnügen, von denen sie ständig diskriminiert und ausgeschlossen werden, die dabei gar glauben, auf diese Weise die Welt zu „befrieden". Im Gegenteil, so wird dem Leiden noch Verhöhnung hinzugefügt.

Westliche, vom Feminismus entrechtete Männer sind vollständig unterdrückt. Von ihnen berichten die Medien nicht, weil sie als männliche Verlierer absolut nicht zählen, statt Mitgefühl nur Verachtung und Hohn erhalten.

Arabische Männer sind noch nicht so vollständig unterdrückt; einige von ihnen werden übergriffig. Doch es wäre ungerecht, sie zu bevorzugen gegenüber den viel schlimmer betroffenen abendländischen Männern, von denen niemand redet, und die jetzt mit Gesetzesverschärfungen noch stärker unterdrückt werden.

In der traditionellen arabischen Welt gab es Möglichkeiten, zu heiraten, im schiitischen Raum auch zeitlich begrenzt, und so sexuelle Erfüllung zu finden. Gerade der Mangel an Verfügbarkeit heute ist das Problem: Chancenlose arbeitslose Männer, die gar nicht fähig sind, die hohen Anforderungen zu erfüllen, die sexuelle Selektion durch Frauen, aber auch intrasexuelle Selektion des Wettbewerbs unter Männern stellen, oder traditionelle Heiratsvoraussetzungen für Männer, die eine Familie ernähren können müssen. Frauen unterliegen nicht solch hohen Heiratsvoraussetzungen.

Der Druck sexueller Selektion durch Frauen nimmt zu.

«Sie wollen ihren Ehemann selbst wählen und nehmen sich dafür Zeit.» (a.a.O.)

Umgekehrt zur feministischen Propaganda wird das sexuelle Problem durch einen Notstand und den sozialen und kulturellen Abstieg der Männer verursacht. Was macht die feministisch indoktrinierte, und auch angeboren frauenbevorzugende Wahrnehmung von Medien, Politik und Öffentlichkeit? Wie üblich genau das falsche: sie verschärft das Problem mit Gesetzen, die noch mehr als „Vergewaltigung" umdeuten, damit auch weniger organisierte Kriminelle und arabischstämmige Entwurzelte treffen, die in der Silvesternacht Berichten zufolge übergriffig wurden, sondern vor allem deutsche Durchschnittsmänner treffen, die ohnehin bereits unterdrückt, in allem was sie tun oder nicht tun kritisiert, diffamiert, und tendenziell kriminalisiert werden. Bald ist es nicht mehr möglich, sich einer Frau zu nähern, zu flirten, sie zu gewinnen, ohne sich strafbar oder zu einem unterwürfigen Hund zu machen. Fast jede erdenkliche Handlung eines Mannes beim Flirten kann von einer Frau kriminalisiert werden. Ein Kuß unter Alkoholeinfluß wurde bereits am Campus von US-Universitäten als „Vergewaltigung" geahndet, das Leben des Mannes zerstört, der unter Alkohol verantwortlich ist, wogegen die ebenso alkoholisierte Frau keinerlei Verantwortung für ihr Tun hat.

Vor 20 Jahren schrieb der Spiegel vom „Charme der Moskauer Schauprozesse"[28] über solche Hexerjagden gegen Männer.

«Die Frauenbüros des Landes haben den Puritanismus zu neuen Hexenjagden wachgeküßt. ... sind sie sich darüber einig, daß die Frau schwach ist, der Mann ein Tier ... „Widernatürlich" findet Feministin Andrea Dworkin den Geschlechtsakt zwischen Mann und Frau.
Die Klagedrohung hat sich wie ein stalinistischer Frost über alle Bereiche der amerikanischen Öffentlichkeit gelegt, über Parlamente, Firmen, Schulen. Im akademischen Milieu sorgt sie für Zensuren und Kontaktsperre-Gesetze...
Da es beim Tatbestand der „sexuellen Belästigung" genügt, wenn eine Situation auch nur als kränkend empfunden wird, ist der Paragraph eine Einladung an die Paranoiker dieser Welt.» (Der Spiegel 20 / 1994)

Heute sind die Medien noch feministischer geworden als damals bereits, gibt es keine Kritik mehr daran.

Niemand kommt auf die Idee, Männern wenigstens so viel Würde und Männlichkeit zu lassen, daß sie ein halbwegs erträgliches Leben führen können. Niemand hat die geringste Anteilnahme für deutsche oder westliche Männer – eher noch für Migranten mit Mitleidsbonus.

Der feministische Reflex folgt verläßlich, so wie zuverlässig alle Tatsachen in ihr Gegenteil verdreht werden. Statt daß die Politik den Zuzug auf ein verkraftbares Maß verringert, das sehr viel geringer sein muß als auch in der Vergangenheit, wo es bereits nicht gelang, Menschen zu integrieren und das Entstehen von Parallelgesellschaften zu verhindern, wird die feministische Unterdrückung des Mannes weiter angeheizt, die einseitige weibliche Macht sexueller Selektion verstärkt, und damit die Probleme verschärft.

Unter feministischem Einfluß ist dieser Staat zu einem Unterdrückungssystem verkommen, das die Falschen bestraft und immer weiter unterdrückt, die Unterdrückerinnen dagegen immer weiter ermächtigt

---
28 Der Spiegel 20 / 1994, http://www.spiegel.de/spiegel/print/d-13684573.html

und bevorzugt. Männer sind oft lebenslange Zahlknechte nach leichter und profitabler Scheidung. Statt daß Männer und Väter ein Sorgerecht hätten, haben Frauen ein Entsorgungsrecht – Männer nach Belieben zu entsorgen und finanziell zu plündern, sich oft lebenslang von den Entsorgten mästen zu lassen.

Solche femanzige Doppelmoral hat auch auf andere Felder ausgestrahlt, wodurch „politische Korrektheit" entstanden ist. Täter — und erst recht Täterinnen – werden geschützt, nicht tatsächliche Opfer.

Zunächst hat das Problem der Silvesternacht weniger mit Sexualität zu tun als es scheint. Tatsächlich ist das vielfach aufgetretene „Antänzeln" laut einigen wenigen brauchbaren Presseberichten eine tägliche Erscheinung, bei der es um Diebstahl oder Raub geht, worüber Medien so gut wie nie berichten. Denn die Opfer sind typischerweise nicht weiblich und Bewohner von Problemvierteln. Das deutsche Rechtssystem versagt wieder einmal vollkommen, weil „Kollektivstrafen" verboten sind, bei dem passiven Einkreisen von Opfern aber kaum nachweisbar ist, wer nur den Weg aus dem Kreis versperrte, und wer tatsächlich nach Geldbeutel, Besitz oder in diesem Falle intimen Zonen griff.

Statt abermals das Sexualrecht zu noch totalerer Unterdrückung aller Männer, auch der breiten Mehrheit anständiger Bürger, weiter zu verschärfen, was die Probleme entrechteter und ausgegrenzter Männer nur verschlimmert, und damit die Probleme der Gesellschaft, hätte das eigentliche Problem angegangen werden müssen: Ein kompliziertes, aber unfähig konstruiertes und versagendes Rechtssystem. Natürlich darf nicht, wie bei der berüchtigten „Sippenhaft", ein Unschuldiger kollektiv mitbestraft werden. Hier aber handelt es sich um Tatbeteiligte, die bei einem Diebstahl und Raub gezielt den Weg versperren, damit das Opfer nicht weglaufen kann. Hinterher wird dann ein abgekapertes Spiel mit unserem überforderten Justizsystem gespielt. „Ich war es nicht! Ich stand nur da!" „Ich war es auch nicht. Weist mir mal das Gegenteil nach." Am Ende werden meist alle freigelassen und keiner bestraft. Deshalb ist das Antänzeln zum erfolgreichen Geschäftsmodell geworden, ebenso wie das Abmahnunwesen und Abzockfallen im Internet oder bei der Telephonie - alles aufgrund unsinniger Gesetze, bei denen unsere femanzige Politkaste versagt hat.

Abmahnungen dürfte es gesetzlich nicht geben, wie in den meisten anderen Ländern. Punkt aus. Ein dummer Einfall, der nie revidiert wird. Wir zahlen heute noch die Sektsteuer für Kaisers Flotte, die England zum Bündnis mit Frankreich und Rußland trieb, das unser Verhängnis wurde, ohne das es keinen Weltkrieg gegeben hätte. Abgeschafft werden Steuern oder schlechte Gesetze so gut wie nie. Abzockfallen wären auch vermeidbar, wenn die Regeln für Vertragsabschlüsse besser durchdacht wären. Wer beim Antänzeln mitmacht, den Weg nicht freigibt, müßte sich wegen krimineller Bandenbildung strafbar machen. Die Gesetzeslücke hatte nichts mit Sexualität zu tun. Trotz Sexspickzettel und allgemeinem Besäufnis wäre es kaum zu solchen Vorfällen gekommen, wenn sie nicht gefahrlose Praxis für Diebe wären, wobei Behörden untätig und ohnmächtig zusehen.

Das Geschäftsmodell „Antänzeln" funktioniert ebenso gut wie zwar unerwünschte, aber nicht wirksam verbotene bandenmäßige Bettelei. Täglich lernen Entwurzelte, daß sich Antänzeln lohnt, ohne wirkliches Risiko straffrei bleibt, und leichtes Geld verspricht. Das Geschäftsmodell verbreitet sich aufgrund der Unfähigkeit des Staates. Irgendwann kommen Entwurzelte auf die Idee, dieses oft erprobte finanzielle Geschäftsmodell auf sexuelle Abenteuer auszuweiten. Das hat nichts mit einem „Patriarchat" zu tun, wie feministischer Zeitgeist unterstellt. Im Gegenteil. In einem Patriarchat (nicht in feministischer Wortbedeutung, denn ein solches gab es nie) wären diese Leute erstens nicht entwurzelt, wären zweitens keiner sexuellen Selektion diskriminierenden Ausmaßes ausgesetzt, drittens nicht von pornographischem Vorleben fast rein weiblicher Freiheiten sexuell aufgestachelt, und würden viertens durch Strafen abgeschreckt, dergleichen zu versuchen. In traditionellen Gesellschaften sind solche Probleme eher selten.

Daß die Mediën überhaupt berichteten, die Öffentlichkeit auf das Thema ansprang, hat vor allem einen Grund: Weil ausnahmsweise die Opfer weiblich und die Handlungen sexuell waren. Das widerspricht angeborener und feministischer Frauenbevorzugung in der Wahrnehmung.

Hätten sie nur Geld geklaut wie immer, oder die Opfer vielfach ein anderes Geschlecht, so wäre nicht einmal berichtet worden. Der Medienrummel zeigt wiederum das Gegenteil der feministisch inspirierten Unterstellungen.

Wo bleibt der Mediënrummel wegen weiblicher Diskriminierung von Männern? Undenkbar? Eben: das ist Teil des Problems und schiefe Wahrnehmung. Ich wollte bereits in den 1980ern einen Film „Ein Mann zieht durch die Stadt" drehen, um zu dokumentieren, wie junge Männer von Frauen diskriminiert und abgewimmelt werden – das Gegenteil der feministischen Saga, die vor kurzem verwirklicht wurde. Meine Darstellung hätte den biologischen Tatsachen entsprochen und ich hatte die Idee 30 Jahre vor den Feministinnen. Doch aufgrund der schiefen Wahrnehmung wurden Film und Reportage nie verwirklicht, stattdessen eine Generation später die feministische Umkehrung.

Hierin liegt das wahre Problem: unsre schiefe Wahrnehmung. Wir geben bedauerlichen, aber untypischen Vorfällen mehr Aufmerksamkeit, als ihnen gebührt, wogegen wir die andere Seite mit insgesamt viel weiter verbreiteten und folgenreicheren Problemen komplett unterdrücken, ohne uns dessen auch nur bewußt zu sein.

Urlaub

Nach dem Untergang der Kultur, aller Gewißheiten von Leben und Liebe, lockte für einen kurzen Moment die glitzernde Verheißung eines Sommers der Liebe, einer Illusion, deren Nachleuchten mich nach London zog. Längst vorüber war jener Sommer, den es wohl nie gegeben hat außer in werbenden Wendungen einer aufmüpfigen Minderheit, die ein halbes Jahr später vollends vom Feminismus überrollt wurde.

Das schwingende London fand ich 1973 nicht; die aufmüpfige Szene war ziemlich kaputt. Statt Zeichen der Liebe gab es frühe Pamphlete von Frauenbewegung und Lesben, dazu Umweltagenda und Esoterik. Als ich durch die Straßen ging, drückte mir eine finster schwarz gekleidete Frau mit ebenso düsterer Miene ein Flugblatt in die Hand, in dem Männer als finstere Unterdrücker verhöhnt wurden, die den Frauen ihre Sexualität wegnehmen wollten. „Wir haben unsere Sexualität entdeckt. Wir haben unsere Lust. Wir brauchen euch nicht mehr! Ihr könnt anstellen, was ihr wollt, wir lassen uns das nicht mehr nehmen. Ihr müßt euch damit abfinden, nicht mehr gebraucht zu werden. Und wenn ihr überall Überwachungskameras aufbaut, einen finsteren Unterdrückungsstaat, unsere Lust findet ohne euch statt und könnt ihr uns nicht wegnehmen."

Sowas in der Art, und so weiter, die Mär vom „Patriarchat", das ihnen etwas wegnehmen will, das nun für alle Zeiten ihnen gehöre und sie Männer einfach nicht mehr brauchen lasse.

Zu jener Zeit war ich noch Schüler, von Mädchen genauso abgewimmelt wie später. Dieses Flugblatt bescherte dem Abgewimmelten die extremste Verhöhnung des Ungewollten, Zurückgewiesenen und Ausgekicherten, die überhaupt möglich ist. Es war ein Fanal für die folgenden, ausgeschlossen verlorenen Lebensjahrzehnte.

Sex

Wie treiben Sie es denn? PrallIne zeigt Ihnen wie's läuft. So überraschen Sie Ihre Geliebten. Was Freundinnen sich so erzählen. Meine Intimbeichte. Eine Frau gesteht. So machen's die Schülerinnen. Der Sex von heute ist auch nicht von schlechten Eltern. So kriegt Ihre Frau drei Orgasmen. Verwöhnen Sie Ihre Frau im Bett. Wer ist im Bett der beste? Bestehen Sie den Vergleich?

Wir verraten alles, was Sie noch nie wissen wollten. Lieben Sie im Trend? Wir empfehlen unsere Tips. So mögen es die Frauen. Genügt Ihr Mann im Bett? Oder paßt er nicht zu Ihnen? Was die Frau von heute wünscht. Probieren Sie mal was Neues aus. Sind sie ein gefragter Typ? Wir enthüllen alles. Machen Sie den Sextest. Machen Sie's doch mal so. Wir haben die neueste Variante für Sie getestet. Unter prominenten Schlüpfern. Wir sind dabei. Haben Sie heute schon mal gegiert? Wir ersatzbefriedigen Sie gerne. Vier nackte Tatsachen unter dieser Nummer. Immer mehr Frauen benutzen Männer nicht. Boykottiert Männer. Lassen Sie sich keine Giftspritze reinschieben. Das Magazin von Unmenschin für Frauen. Für 11 Mark 80 bieten wir jede Menge Scheiße. Regt Sie das gar nicht ab? Schade. Was Ihnen so alles entgeht.

Einige Feministinnen haben den Penis tatsächlich als Giftspritze bezeichnet; ein weiteres Mittel, Angst und Haß zu schüren, Psychokrieg gegen Männer zu führen.

Täglich bombardieren mich unzählige Magazinchen mit Sextips, Ratschlägen für Lust, Genuß, alle Liebes- und Lebenslagen, von denen ich täglich erneut ausgeschlossen werde, zeigen wie zum Hohne ein humanes Dasein, das kennenzuerlernen mir verweigert wurde und mir nur durch alberne Blättchen und Medienunterhaltung bekannt ist. Vergnügen und Gefühl zeitgenössischer Frauen lebt sich aus, und sie verwirklichen ihr kaputtes emanzipiertes Selbstbewußtsein durch ausschließen, verweigern, was mich seelisch verrecken läßt wie einen Hungernden in einem Katastrophengebiet, direkt neben dem Überfluß der Reichen. Verunglimpft wird die religiös-kulturelle Tradition liebender Mädchengefühle, von Kindheit an süßer Zuneigung, als „patriarchalisch" verfolgt; ihre Sentimente sind seelischer Bürgerkrieg, zerstörerisch, bar jeden Mitfühlens, geschlechtsrassistisch.

Auch Erotik gehörte der Welt der Gemeinsamkeit an, mit literarischen Wendungen, die in ihren besseren Momenten die Nähe von Glauben, Liebe und Lust erfaßten und in Büchern gegen angeblichen „Sexismus" verrissen wurden, der von rassistischen, separierenden Femis tatsächlich und blutrünstig geschaffen wurde[29], wie in Frauenkrimis, die im Buch von Felix Stern gewürdigt werden. Sogar platte Erotik, die mich früher schreckte, plump erschien mit eisigen Mienen, todkalten Blondinenblicken, die Lust an Zerstörung ablöste, war noch eine wenngleich schlechte Zelebrierung verbindender Instinkte; dies wurde ersetzt durch ideologische Befeindung und Selbstliebe.

„Das Weib '91 zeigt Lust. Vor allem Lust an sich selbst... Sieh her, aber rühr mich nicht an." (B1)
Kucken dürft ihr Jungens. Mehr ist nicht drin. Vom Funkturm komme ich hernieder. Meine erotischen Fantasien zeig ich euch. Mich macht es an, euch zu gefallen. Begehrt bin ich und unnahbar. Ich find das toll, so unnahbar zu sein, hoch über allem zu schweben. Erwünscht und unerreichbar. Ich lasse wackeln Titten, Fleisch und Hüfte. Ich will meine Dauerlust, Dauerorgasmus, egal womit. Kosmetische Musik schmeichelt euch Spannern. Oh, Gesellschaft von Spannern, distanziert und gestört wie ein Baby, das die Welt sieht, aber nicht be=greifen kann, dem der Schein des Spielzeugs Berührung und Spiel verweigert. Abgeblitzt, ausgeschlossen und mit primitiver Aufreizung berieselt - ein Heer von Psychotisierten, die PsychotINNEN nicht haben wollen.

---

29 Feminismus verdreht alle Tatsachen in ihr Gegenteil. Siehe Buchreihe „Die beiden Geschlechter"

Mauern, Egoismus, seelische Perversion und Flirtlehrer (PUA)

In meinen Büchern beschreibe ich seit Mitte der 1980er, wie infolge von Feminismus und Emanzipation Männer nicht zu Wort kommen, ihre Anliegen und Lebensbedürfnisse unterdrückt werden, feministische Ideologie Mediën und Öffentlichkeit dominiert, dagegen jegliche Kritik, andere Sicht, natürliches Leben und natürliche, warme Gefühle tabu sind. Normales Leben ging unter, wurde zu etwas Unmöglichem, über das nicht einmal gesprochen wird. Bei dieser Unterdrückung von Männern und Männlichkeit wurden Kavaliersinstinkt, angeborene Tabus und Wahrnehmungsverzerrungen ausgenutzt.

«28.7. 2016
Selbstkastration der Gesellschaft durch Mißachtung der Gefühle und Neigungen von Männern
... Deichmohles neuester Blog-Eintrag „Der tägliche Alptraum: Gängige und unmögliche Themen" adressiert bereits in der Überschrift das momentane, sehr strikte Tabu: Man spricht darüber nicht, und die Männer schweigen aus Scham und falschem Stolz ebenfalls. Die von mir schon seit längerem erwartete (befürchtete) Terrorwelle beginnt nun anzulaufen und wird sich mit höchster Wahrscheinlichkeit zu immer neuen Gipfelpunkten steigern. Dies ist in mehrerlei Hinsicht auch ein Symptom des Krieges gegen Männer, wie in dem Artikel genauer nachzulesen ist»[30] (Gerd-Lothar Reschke)

Seit den 1980er Jahren schilderte ich in Büchern die Mauern, die vom Feminismus *(oft sagen Feministinnen lieber „Emanzipation", weil das unverfänglicher klingt)* geprägte Frauen um sich aufbauen. Das Anrennen gegen Mauern, mit denen Frauen Männer abweisen und ihr Leben bedrücken, war ein zentrales Thema, das von Öffentlichkeit, Mediën und Verlagen genauso heftig abgewiesen und unterdrückt wurde wie ei-

---

30 www.reschke.de/blog/2016_07.php

ne hohe Zahl männlicher Verlierer durch die einseitige sexuëlle Selektionsdominanz der Frauen.

«In der letzten Zeit habe ich vermehrt Kontakt mit Frauen gesucht, u.a. durch regelmäßiges Ausgehen am Wochenende. Was man(n) dort seitens der Frauen erlebt, ist mehrheitlich enttäuschend, um nicht zu sagen niederschmetternd.

Sie beschreiben es schon richtig: Die meisten Frauen bauen eine Mauer um sich auf. So läßt sich ein erotischer Kontakt nun mal nicht herstellen. Ich habe mir dann regelmäßig daran die Schuld gegeben. Durch Ihre Ausführungen ist mir aber bewußt geworden, daß dies eigentlich falsch ist.» (C., Kommentar zu Gerd-Lothar Reschke, a.a.O.)

Vielen geht es so. Die erste Reaktion von Männern ist, sich selbst die Schuld zu geben. Die feministisch geprägte Gesellschaft weist ohnehin Männern Schuld zu, ganz egal, worum es gerade geht. Doch die Mauern werden von Frauen errichtet; Ursache sind Femanzipation, Feminismus, Genderideologie.

Die Zerstörung von kultureller Struktur und Ergänzung der Geschlechter ließ alle Ausgleichsmechanismen untergehen. Ja, schlimmer noch, Mitgefühl und Empathie, ja Sympathie für fremde Männer reift erst durch verläßliche, verschiedene Aufgaben im Tausch der Geschlechter, die restlos zu vernichten sich Feminismus und Genderideologie von Anfang an zur zentralen Aufgabe gemacht hatten. So entstand die seelische Perversion des Feminismus, die egozentrische, egoïstische Befindlichkeit und Sentimente verursacht und die Unfähigkeit zu echter Anteilnahme und weiblicher Liebe zu Männern.

Diese Mauern haben ein bis zwei Jahrzehnte nach meinen damals unverlegten und totgeschwiegenen Büchern eine Gegenbewegung ausgelöst, die sich PUA, auf englisch „Pick-Up-Artisten" oder Flirthelfer nennt, deren Sinn darin liegt, die auch von ihnen und vielen Männern festgestellten Mauern feminismusgeschädigter Frauen zu knacken. Dafür wurden sie wütend und empört angefeindet, denn Männer sollen wehrlos bleiben, weiblicher Wahlwillkür ausgeliefert. PUA wurden als

„Unmenschen" bezeichnet; sie werden von der feministischen Antifa bekämpft (Fantifa). Großkampagnen in Mediën, Demonstrationen und Klagen versuchen, die Aktivitäten der PUA-Flirtlehrer zu behindern. Einer wurde jüngst an der Einreise gehindert. Feministischer Druck war so stark, daß die Politik nachgab und einen von ihnen nicht nach Großbritanniën einreisen ließ. Ein Besuch in Berlin wurde mit massiven Störungsdrohungen und Drohungen gegen Besucher der Veranstaltung verhindert, denn die zu erwartenden Beeinträchtigungen waren so stark, daß nicht daran zu denken war, sich mit Interessenten friedlich zu treffen.

Was immer über PUA geschrieben wird: Wer im Leben untergeht, für den ist das Wissen unerläßlich, lebensrettend.

«Gerade in der Pickup-Szene wird ja das „Mauern-Einreißen" zum Prinzip erhoben: Du als Mann mußt den ersten Schritt machen, darfst dich von harten Abfuhren nicht kleinkriegen lassen, mußt „Bitch-Shields" durchdringen etc. etc.» (Kommentar von C. zu Gerd-Lothar Reschke, a.a.O.)

Ursache des Problems sind die von Frauen errichteten Mauern, die feministisch übersteigerte Übermacht weiblicher Dominanz durch sexuëlle Selektion, und der Untergang weiblichen Mitgefühls für Männer, das Umschlagen echter Gefühle in negative, egozentrische und frauenfixierte „vergiftete" Sentimente, die Folge des Zerschlagens menschlicher Kultur, in feministischer Diktion „Rollenbilder" sind. Alles, was beide Geschlechter in Bezug setzt und Gegenseitigkeit schafft, wurde mit dem Tauschsystem traditioneller Kultur beseitigt.

«Ich könnte hier viele Situationen beschreiben, die bestätigen, was Sie über Frauen sagen.

Eine Frau kritisiert mich z. B. von oben herab, daß ich mir doch mal „coolere Kleidung" anziehen soll (Oberflächlichkeit). Eine andere Frau, die mich scheinbar angeflirtet hatte, wollte nur mein Geld (materiëlle, eigennützige Oriëntierung). Eine weitere Frau zischt mich an „Geh weg!", obwohl ich sie nicht mal angesprochen hatte – wie eine „Königin", in deren Machtbereich ich unerlaubterweise eingedrungen bin

(Böswilligkeit, Egozentrismus, Kälte). Eine andere Frau, mit der ich mich beim Nachhausegehen unterhielt, klagte darüber, wie „gräßlich und eklig" die Männer an dem Abend alle gewesen seien (Männerfeindlichkeit) etc. Dann aber auch all die Frauen, bei denen man sich fragt, warum sie nicht einfach zuhause bleiben, wenn sie die ganze Zeit ausdruckslos in die Gegend gucken und mit ihrem Smartphone spielen.

Ich möchte mich jedenfalls nicht länger schuldig fühlen, wenn es mir meistens nicht gelingt, positiven, erotischen Kontakt zu Frauen herzustellen.» (C., Kommentar zu Gerd-Lothar Reschke, a.a.O.)

Viele Männer sind von dem steigenden Selektionsdruck bei zunehmender weiblicher Unfähigkeit zu Empathie und Anteilnahme betroffen. Alle, die Flirtratschläge einholen, Ratgeber lesen, oder sich bei PUA informieren, sind von den gleichen Mechanismen betroffen, wie ich sie in meiner Buchreihe „Weibliche Wahlmacht" beschreibe. In den 1980ern sollte diese Reihe Fehlentwicklung und feministische Machtergreifung verhindern. Doch die Gesellschaft war bereits so einseitig in ihrer Wahrnehmung, daß feministische Lügen rasch geglaubt und zur Staatsdoktrin wurden, die Widerlegung aber eine ganze Generation lang keine Chance auf öffentliche Wahrnehmung und Debatte hatte. Deshalb gab es jahrzehntelang keinerlei Hilfe, aus der Notlage zu gelangen, und sind es heute andere, die mit meinen Themen eine geringe Gegenöffentlichkeit erreichen.

Nacht

Nachts ballen sie sich in Zentren ihres Vergnügens, zu Hauf oder zu Haus, genüßlich umgeben von Mann, Freund, Freundinnen. Aufdröhnt ein betäubendes Inferno an Musik, die Mangel an näherndem Gespräch kaschiert, Lichtreflexen Leuchtreklamen legalen Drogen; nächtliche Industrie simuliert Begegnungen für isolierte Hänger in einem Gewusel gleichgültiger Menge; zugeknallt mit Alk, Nikotinsmog, simuliertem Frohsinn überwintern, übernächtigen sie in Wartesälen auf die Supernacht, das geile Erlebnis, die perfekte Schau, das totale Amüsement, gleichgültig hingenommen wie die Gegenwart schräger Vögel, die immer die anderen sind.

Ich patsche durch ein nächtliches Labyrinth, meine Zeit sinnlos verschwendend, denn was nützt es, traurig fortstrebende Frauen zu beachten, Passantinnen zu betrachten, mich zwischen Mädchen durchzuzwängen, die nicht mit mir reden, mit Frauen Smog und künftigen Lungenkrebs zu teilen, die Konversation und Bekanntschaft verweigern, deren Seele und Körper mir verschlossen werden von Ewigkeit zu Ewigkeit amen?

Sie amüsieren uns zu Tode. Frauen amüsieren sich in Diskotheken, oder zu Hause, in Frauenrunden oder beim Lesen von Frauenliteratur. Sie verwirklichen sich ohne mich, verfolgen Ziele, dich mich überflüssig machen; sie vergnügen sich, sie streben, wie eben so gestrebt wird in emanzipierter Barbarei: Die Scham ist vorbei, vorbei die Kultur füreinander. Sie kümmern sich nicht um fremde Männer.

Warum sollten sie auch? Wieso sollten sie für Männer empfinden? Wenn sie nichts von ihnen brauchen? Oder im Augenblick nicht? Die Typen müssen sich ja um Frauen mühen! Die wollen doch was! Die müssen doch für sie arbeiten, sich anstrengen, ihnen was bieten, ihre Ansprüche erfüllen, weshalb sie nicht gleich unseren Ansprüchen anpassen? ... Da können wir doch unsere Ansprüche noch weiter erhöhen.

Noch höhere Hürden aufbauen. Noch weniger geben dafür. Irgendwann kommen Männer angekrochen laut Shere Hite. Es wird sich schon einer finden. Gibt ja bel**a**stigend[31] viele Bedürftige. Unser Preis steigt. Doch wir geben immer weniger her. Sie werden mitmachen müssen.

Jahre laufe ich ihnen nach, Jahrzehnte, verderbe nur meinen Ruf, bekichert beklatscht, zertratscht, abgeprallt an schweigenden Mauern, Fassaden der Bauten wie ihrer Bewohnerinnen; mein verhindertes Leben mißfällt ihnen zunehmend, um mächtiger noch verhindert zu werden. In einem verderbten Chaos, das jede Beschreibung angeblich sündiger Stätten der Urzeit in als heilig überlieferten Schriften zum harmlos amüsanten Scherz macht, in einer vergleichslos mißständigen Anarchie gehe ich ohne Chance auf Leben zugrunde zwischen amüsierten Grimassen, deren häßliches Antlitz mich verfolgt mit Verweigerung und Ablehnung.

Ich bin ein Fremdkörper im Amüsiergetriebe, ein Roboter ohne Anlernphase, in lichtloser Gummizelle alternder Welpe, abgeschottet vom Sammeln an Erfahrung und Kenntnis über das Außen; ich bin entfremdet von einer Theorie der Entfremdung, um Frauen gebracht im Namen der Frau, um Weiblichkeit unter Vorwand von Weiblichkeit, um Mädchen mit deren Bewußtsein. Ich bin kein Klon bekannter Cartoonfiguren. Ich bin überzählig, fehl an jedem Platz, Zuschauer in Kneipen, Kinos und an Monitoren. Abgewiesen, abwesend registriere ich Blicke zwischen anderen.

Mal schauen, wer was darstellt, mal sehen, wer uns was bieten kann, mal gucken, ob eine guckt, mal die Männer so richtig aufstacheln aber dich kenn ich nicht wer bist du denn? mit dem red ich nicht das wär ja noch schöner wie sieht der bloß aus? armer Schlucker unmodern nicht im Trend aufgestachelt was der will kann ich mir denken, aber es gefallen immer andere geübte Muskelknechte, genauso entwurzelt wie die Abwimmlerinnen, und sie gewinnen mit nichts im Sinn als endlich eine abzukriegen, das bedrohlich gestaute Begehren zu mildern in nächtlichem Spiel möglichst ohne fatale Folgen; mein altmodisches Interesse wird wütend abgewimmelt, abgewiesen, und hinterher laut geklagt von

---

31 sic, kein Tippfehler

Frauen, die das Leben anderer verweigert, kompliziert und sich damit selbst geschadet haben.

Überall in der Stadt besiedelte Unheimat. Denunzierte Natur in uns wird ruhiggestellt durch legale Drogen, Berieselung mit frauenbewußt korrigierten politischen Linien. Mich verscheucht künstliches Bewußtsein.

Ideologische Offensive paßt an, Regeln, Quoten und Gesetzen, Verboten gegen natürliche Bedürfnisse, Verpflichtungen vor sich verweigerndem Bewußtsein. Darüber hinaus regiert Chaos, die freie Willkür, Unkultur, die Laune jeder Person, die unbeschreiblich un=weiblich ist. Jede macht was sie will, und wenn du dabei übersehen wirst, hast du Pech gehabt.

Wer gibt uns Bedeutung? Was gäbe uns Nähe? Wir haben nichts zu erwarten. Eine unterdrückende Welt. Kultur ist ersetzt durch Kunstprodukte und Veranstaltungen zur Ablenkung von der Misere. Sogar Höflichkeit brachte erst eine Wende zurück.

Rödeln nachlaufen schuften abblitzen klotzen blechen arbeiten umschwärmen mühen und alles umsonst Fahrt hin und zurück hin und zurück und jeden Tag ... Alles wird lächerlich durch Wiederholung: Wiederholung in einem Leben und in tausend Leben zugleich. Verpackung auf, Inhalt in den Magen füllen, ein ungeliebtes Wesen länger leiden zu lassen - wie sinnlos das alles.

Die Leere ödet mich an; ich komme nicht zum Arbeiten und Studieren, weil mich der Ausschluß niederdrückt; abends mag ich nicht heimgehen und Chancen verpassen, auch mal ein Mädchen abzubekommen, schleiche dann übermüdet in Vorlesungen, wo mein Kopf wegsackt, mich Sekundenschlaf überwältigt und Teile des mathematischen Beweisganges verpassen läßt, ohne den der Rest nicht verständlich ist.

Verweigert ist mir jede Beziehungskiste; ausgesperrt bin ich von Einsperrung, da zarte Mädchen verschwunden sind, die nicht vereinnahmen, keine Probleme in die Welt setzen. Zu zweit im Luxus der Langeweile frönen, leiden am Mangel echter Weiblich- und Männlichkeit, aus der Tiefe von Glauben, der Struktur des uralten Organismus Kultur und Natur erwachsen, darben am Fehlen einer Innenwelt und Sprache, die allein Identität gibt und ausdrückt, aufeinander bezieht in natürlicher Ergänzung, seelisch erfüllende Nähe schafft. Stattdessen nun Leere, Langeweile und nichtssagende Sprüche im Duo zweier entwurzelter Single, deren Identität und Veranlagung nicht verwirklicht werden kann nach den Zerstörungen im Namen einer Ideologie, die Selbstverwirklichung versprach. Weitere Erstarrung beschert das Alter.

Die Unfähigkeit der Gesellschaft, Haßideologien dort zu bemerken, wo sie sind, und ihnen entgegenzutreten

Wie in Büchern[32] beschrieben, ist unsere Zivilisation vor etwa 150 Jahren aus einem bereits labilen Gleichgewicht gekippt und wird seitdem von einer Ideologie nach der anderen überrollt. Seit dem Untergang einer funktionstüchtigen Kultur gibt es keinen Ansatz mehr, Ideologiën zu widerstehen, die Entwurzelung von Menschen, ihre erschwerte Suche nach Lebensglück auf eine Weise ausnutzen, die religiösen Sekten ähnelt. Heute buhlen gleichzeitig Feminismus (politradikale Ideologie mit quasireligiösen Zügen) und Islamismus (quasireligiöse Ideologie mit politradikalen Zügen) um Bekehrung haltloser, entwurzelter Menschen, die Kulturverlust durch Genderung hervorbringt.

Einer der grundlegenden Züge ist, daß natürliche Ergänzung, wie die von Frau und Mann, durch kämpferische und gleichmachende Ideologiën ersetzt wurde. Nachdem Feminismus der ersten Welle bereits die Ästhetik und Selbstinszenierung des Faschismus und Stalinismus erfunden hatte (siehe: „Zensiert: Flaschenpost in die Zukunft"), die natürlichen Bezüge beider Geschlechter, das kulturelle Tauschsystem zerbrochen worden waren, mußten die auseinanderfallenden Menschen und Geschlechter sich Ersatz suchen. Dies taten sie, indem sie sich in Gruppen „Gleicher" zusammentaten. In der Romantik, die auf die Welle von Misandrie und zerfallender geschlechtlicher Kultur zwischen 1750 und 1800 folgte, war es Zugehörigkeit zur „gleichen Nation". Deutschtümelei und heute schwülstig wirkende romantische Schwärmerei ersetzten vormalige Kultur und Geschlechterbezüge. Daraus entwickelten sich Ersatzideologiën, die auf „Gleichheit" bei Ausschluß und Anfeindung

---

32 siehe „Zensiert: Flaschenpost in die Zukunft", „Die Unterdrückung der Männer" und „Feminismuskritik" (früherer Name: „Ideologiekritik am Feminismus"

„Ungleicher" gründeten: Nationalismus baute auf gleicher Nation, bei tendenziëller Ausgrenzung Angehöriger verfeindeter Nationen.

Doch nach der ersten feministischen Welle war die Entwurzelung größer, die Folgen daher krasser. Nunmehr lockte Faschismus junge Menschen mit dem Zusammenhalt von Gruppen gleicher Rasse, die sich verbunden fühlten. Die Kehrseite waren Rassenhaß und Rassenkampf. Kommunismus lockte junge Menschen mit dem Zusammenhalt in Gruppen gleicher Klasse, die sich ebenso verbunden fühlten. Die Linken sahen sich als „bessere Menschen", die den „Fortschritt der Menschheit" wollten und gegen eine teils ominös unterstellte „Unterdrückung" durch Vertreter anderer Klassen und anderer Überzeugungen kämpften. So betrieben sie Klassenkampf und Klassenhaß. Übrigens sahen sich auch die Faschisten ursprünglich als „bessere Menschen", die ihre „kranke Welt" heilen wollten.

Doch das Problem der Entwurzelung ging weder von der rechten, noch von der linken Ideologie aus, sondern von der Auflösung geschlechtlicher Kultur, dem Zerfall einer menschlichen Universalië über alle Zeiten und Ethniën, bei allen Hominiden: der Ergänzungsstruktur der Geschlechter. Daher paßt es gut ins Bild, daß die Selbstinszenierung totalitärer moderner Ideologie weder von links noch von rechts, sondern von der ersten feministischen Welle erfunden wurde.

Feminismus ist Geschlechterkampf und Geschlechterhaß. Auch hier werden Gruppen ideologisch Gleichmachender gebildet, nämlich Gruppen streitbarer feministischer „Schwestern", wogegen die bekämpfte, gehaßte und diffamierte Gruppe von den Männern gestellt wird. Menschlicher Zusammenhalt zwischen den Geschlechtern wird durch Anfeindung, Ideologie, Emanzipation aus dem Zusammenleben und Genderung Schritt für Schritt weiter zerstört, bis kein Bezug mehr besteht zwischen den Geschlechtern, und diese selbst aufgelöst werden zu einer Vielzahl erfundener Pseudogeschlechter.

Kinder leiden an den Folgen einer Ideologie, die zentrale Lebensgrundlagen zerstört, und auch anteilnehmendes Mitgefühl durch besserwisserische, ideologische Belehrungssentimente ersetzt.

«John Money ... war einer der Pioniere der Gender-Theorie. Money war einer der ersten, die wissenschaftlich zu beweisen versuchten, daß „Geschlecht" als solches nur erlernt sei. Um seine Theorie „wissenschaftlich" zu beweisen, unterzog Money 1967 den knapp zwei Jahr alten Jungen Bruce Reimer einer operativen und hormonellen Geschlechtsumwandlung. Bruce Reimers Penis war zuvor bei einer mißglückten Beschneidung versehentlich verstümmelt worden. Das Experiment Moneys lief jedoch aus dem Ruder. Schon als kleines Kind riß sich Brenda, wie Bruce nun genannt wurde, die Kleider vom Leib, um Mädchenspielzeug machte der zur „sie" umgewandelte „er" einen weiten Bogen. ... Als Brenda mit 14 erfuhr, daß „sie" als Junge zur Welt gekommen war, ließ „sie" die Geschlechtsumwandlung rückgängig machen. Sein Zwillingsbruder Brian entwickelte, nachdem er von dieser Sache erfuhr, eine „psychische Störung bis hin zur Schizophrenie".[N. Franz, Die Gender-Bender, 2013, S. 8]» (Spreng, Seubert, Späth: Vergewaltigung der menschlichen Identität, S. 8 – 9)

Später beging der Zwillingsbruder Selbstmord, weil er das Leiden seines Bruders nicht mehr ertragen konnte. Dieser beging zwei Jahre später ebenfalls Selbstmord. Zuvor hatte er versucht, mit einer Frau eine Familie zu gründen.

«Umerziehung
Aus Bruce wird nie Brenda
... 2004 erschoß sich Bruce Reimer. Sein Bruder hatte zwei Jahre zuvor Selbstmord begangen.»[33] (Focus.de)

Alice Schwarzer berief sich auf diesen Fall in ihrem „Hauptwerk" „Der kleine Unterschied". Widerrufen hat sie nie.

«Geradezu hymnisch feierte die heute bekannteste Feministin Deutschlands den Fall eines Jungen, aus dem ein Mädchen gemacht werden sollte. Schwarzer schrieb: „Zu den wenigen Ausnahmen, die nicht manipulieren, sondern dem aufklärenden Auftrag der Forschung

---

33 http://www.focus.de/gesundheit/ratgeber/sexualitaet/tid-8293/intersexualitaet_aid_229181.html

gerecht werden, gehören Wissenschaftler wie der Psychologe Prof. John Money und die Psychiaterin Anke A. Ehrhardt ... Die Eltern (...) folgen (...) dem Rat eines Chirurgen, den Jungen ohne Penis einfach als Mädchen zu erziehen" ... Weder die Feministin Alice Schwarzer noch der beliebte und von vielen Mainstream-Mediën gern zitierte Hamburger Sexologe Schmidt haben ihren Irrtum öffentlich zugegeben.[34] (Bettina Röhl)

Auch ihre neue Auflage enthält offenbar die grundfalsche Behauptung, mit der viel Leid ausgelöst wurde. (So gut wie alle feministischen Annahmen lassen sich als falsch beweisen. Feminismus verdreht auf breiter Front Tatsachen ins Gegenteil, wie meine Bücher nachweisen.)

«Offenbar ist Schwarzer hier bis heute faktenresistent. Bis in die aktuelle, im September 2004 erschienene zweite Auflage der Neuausgabe ... präsentiert Alice Schwarzer in keinen Widerspruch duldendem Stil den lebendigen Beweis für die Gendertheorie. V. Zastrow, Der kleine Unterschied, S. 8» (Spreng, Seubert, Späth: Vergewaltigung der menschlichen Identität, Fußnote S. 9)

Wer glaubt, dies sei die höchste Stufe möglicher menschlicher Grausamkeit und Verirrung, hat nicht genug schlechte Phantasie. Inzwischen ist die feministische Absicht der Genderung zur Staatsdoktrin und zum quasireligiösen Glauben befallener Bevölkerungsgruppen geworden.

Lesben mit feministischem Bewußtsein adoptieren oft Kinder, die nicht nur in unnatürlichen Verhältnissen aufwachsen, sondern gefährlichen und großes Leid verursachenden Experimenten ausgesetzt werden. Männerhaß prägt oft bereits die Bekehrung von Frauen zum Lesbentum; nach neuesten wissenschaftlichen Erkenntnissen scheint weibliche sexuëlle Oriëntierung weniger festgelegt zu sein als männliche, wovon Feministinnen aller Wellen Gebrauch machten. Dies wird ein anderer Artikel anhand feministischer Originalquellen beweisen.

Das lesbische Leben als Frauenpaar ist also meist keineswegs naturgegeben, sondern durch Ideologie und geistige wie sexuëlle Verführung

---

34 http://bettinaroehl.blogs.com/mainstream/2005/04/cicero_online_d.html

bedingt. Manche Feministinnen gingen diesen Schritt, um ihrer feministischen Überzeugung zu entsprechen. Damit ist bereits die lesbische Paarbildung oft von latenter Misandrie der Gesellschaft geprägt. Hätten Männer ein hohes Ansehen, wären jene Frauen ihnen nicht verloren gegangen.

Hinzu treten feministische und Gender-Ideologie, beide eine Art säkulare, politradikale Ersatzreligion. Die betroffen, als Lesben lebenden Frauen, glauben also subjektiv, etwas „gutes" zu tun, wenn sie Kinder in der Erziehung massiv gendern, geschlechtsneutral oder geschlechtertauschend umerziehen. Das können sie nicht nur als mit Steuermitteln bezahlte Verzieherinnen an staatlichen Schulen, denen aufgrund von Schulzwang kaum zu entgehen ist, sondern auch, weil sie mancherorts sogar Kinder adoptieren dürfen.

Nun stellen wir uns den armen Jungen vor: Kein Mann ist in der Familië. Beide sogenannten „Elternteile" sind weiblich, nur er ist irgendwie anders. Daher kommt er sich „verkehrt" vor, nicht in diese Nichtfamilië passend. Obendrein wird er erzieherisch von klein auf gegendert, jedes nichttypische Verhalten beklatscht, mädchenhaftes belohnt, jungenhaftes scheel angesehen. Da ein Kind von Erwachsenen abhängig ist, möchte es ihren Vorstellungen genügen. Die Männerfeindlichkeit überträgt sich, und da plappert ein Kleinkind im Bemühen um Anerkennung schon einmal etwas, das die genderwilligen Lesben als „Unwillen" deuten, ein Junge zu sein.

Daraufhin wird er als Mädchen erzogen, mit weiblichen Hormonen geschädigt, die einen schweren Eingriff in die menschliche Natur bedeuten.

«Verfasser MRC
20. Juli 2013, 19:56 ...
Also gaben seine Mütter ihm Hormonbehandlungen, um die Pubertät zu verzögern, damit er eine vollständige „Umwandlung" in eine Frau vornehmen könne, sobald er alt genug ist.
... Der Daily Mail veröffentlichte einen Artikel „Der kleine Junge, der eine Geschlechtsumwandlung im Alter von acht Jahren begann, weil seine lesbischen Eltern immer wußten, daß er ein Mädchen sein will"

Die lesbischen Eltern eines 11jährigen Jungen, der den Prozeß der Umwandlung in ein Mädchen durchläuft, verteidigten letzte Nacht ihre Entscheidung ...

Die Mütter sagten, eine der ersten Dinge, die Thomas ihnen sagte, als er die Zeichensprache im Alter von drei Jahren erlernte, – aufgrund einer Sprachbehinderung – sei ‚Ich bin ein Mädchen' gewesen. ... Das Kind habe das „Verlangen", ein Mädchen zu sein, im Alter von DREI Jahren ausgedrückt? Verschon mich!»[35] (mrconservative.com)

Laut Daily Mail endet mindestens jede zweite Geschlechtsverdrehung Jugendlicher mit Selbstmordversuchen.

«Thomas Lobel, der sich Tammy nennt, erhält eine umstrittene Hormonblockierungsbehandlung. ... Frl. Moreno zitiert eine Statistik des *Programms zur Selbstmordvorbeugung für Jugendliche* und vermerkt, daß mehr als die Hälfte aller Transgenderjugendlichen mindestens einen Selbstmordversuch vor dem 20. Geburtstag begeht.»[36] (Daily Mail)

Wie kommt ein Staat dazu, ihnen überhaupt Kinder anzuvertrauen, ob als Ideologielehrerin, oder gar als „adoptierende Familie"?

---

35 «AUTHOR MRC
JULY 20, 2013 7:56PM PST ...
So his mothers gave him hormone treatments to delay puberty so that he could fully "transition" into a female through surgery when he is old enough.
... the Daily Mail published an article called The Little Boy Who Started A Sex Change At Eight Years of Age Because His Lesbian Parents Always Knew He Wanted To Be A Girl:
The lesbian parents of an 11-year-old boy who is undergoing the process of becoming a girl last night defended the decision...
The mothers say that one of the first things Thomas told them when he learned sign language aged three – because of a speech impediment – was, 'I am a girl'. ... The child expressed the "desire" to be a girl at age THREE? Give me a break.»
(https://www.mrconservative.com/2013/07/21685-lesbian-couple-gives-son-hormone-blockers-says-the-child-is-transgender/)

«Er wurde im Alter von zwei Jahren von dem lesbischen Paar adoptiert und bei ihm eine Sprachbehinderung diagnostiziert.»[37]

Eine solche Situation hätte mich als Kind noch sprachloser gemacht als heute noch. Männerhaß drückt sich nicht nur in grausamer Genderung gegen die Natur aus. Folgendes Bild erhielt ich ohne Quellennachweis:

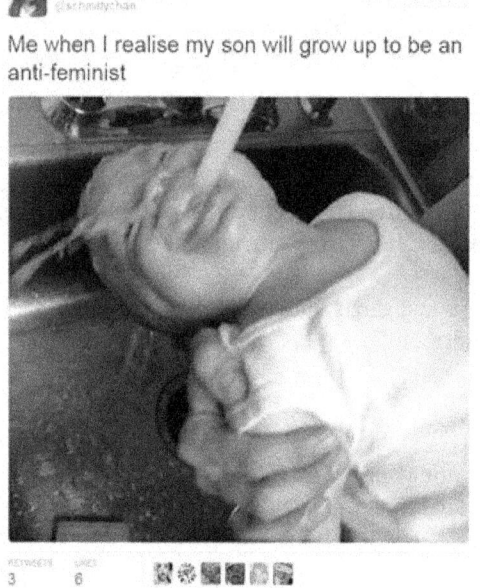

---

36 «Thomas Lobel, who now calls himself Tammy, is undergoing controversial hormone blocking treatment ... Citing a statistic from the Youth Suicide Prevention Program, Ms Moreno noted over 50 per cent of transgender youth will have had at least one suicide attempt by their 20th birthday.» (http://www.dailymail.co.uk/news/article-2043345/The-California-boy-11-undergoing-hormone-blocking-treatment.html)

37 «He was adopted by a lesbian couple at age 2 and diagnosed with a speech impediment» (https://themeltingthought2000.wordpress.com/2014/04/30/the-case-against-child-transgenderism/)

In dieser Gesellschaft werden Jungen dafür bestraft, Jungen zu sein und Männer dafür, Männer zu sein. Die Schikanen sind vielfältig, enorm; es beginnt mit frühkindlicher Indoktrination und endet mit Quoten, weiblicher Dominanz bei Verbot und Ächtung männlicher Stärken. Dies weisen meine Bücher auf vielen Gebieten und für mehr als ein Jahrhundert nach. Da spielen Fragen wie die Herkunft des Bildes eine nachrangige Rolle.

Doch Misandrie wird im Alltag allzu leicht übersehen.

«Neue Studie warnt: Männer schaden eurer Gesundheit!
Artikel von Jeannette Mayer
© Action Press
Die Studie sagt: Ohne euch Männer geht es uns Frauen vieeel besser!»[38] (instyle.de)

Stellen Sie sich vor, eine Zeitung würde schreiben: „Neue Studië warnt: Frauen schaden eurer Gesundheit!" Können Sie sich die Reaktion vorstellen? Es gäbe eine Art Revolution.

Erst wenn die Verdrehtheit der Gesellschaft und Politik Themen betrifft, die nicht so tabu sind wie Geschlechterfragen, merken Zeitgenossen auf.

Neulich gab es zwei Terroranschläge an einem Tag. Habe ich etwas verpaßt? Ich habe keinen Artikel im Internet gesehen, der sich mit dem Leid der Opfer beschäftigt, auch keinen, der die Probleme heimischer Menschen aufgrund schlechter Sicherheitslage erörtert hätte. Nicht einmal die Sicherheitslage wurde ausführlich untersucht, wie es angemessen wäre. Stattdessen belehrte uns heute eine Schlagzeile, ein islamisches Begräbnis des Attentäters sei zweifelhaft.

«Islam-Begräbnis für Attentäter zweifelhaft
Aktualisiert am 02. August 2016, 07:09 Uhr

---

38 http://www.instyle.de/lifestyle/neue-studie-warnt-maenner-schaden-eurer-gesundheit

Erlangen (dpa) – Den mutmaßlich islamistischen Attentätern von Würzburg und Ansbach könnte nach Einschätzung des Zentralrats der Muslime in Deutschland eine Beërdigung auf einem islamischen Friedhof verwehrt bleiben. ... Wann es in beiden Fällen zu einer Bestattung kommen könnte, war zunächst noch unklar. ... Möglicherweise gebe es auch eine Familië, die den Leichnam in das Heimatland des Jugendlichen zurückholen wolle. Sollte dies nicht der Fall sein, müsse sich voraussichtlich das Landratsamt um eine Bestattung kümmern.

Zwei mutmaßliche Angehörige des Würzburger Attentäters hatten sich bei der deutschen Botschaft in Kabul gemeldet und eine Überführung der Leiche nach Afghanistan beantragt.»[39] (gmx.net)

Die „politisch korrekte" Besorgnis gilt der Bestattung des Attentäters. Die Wirklichkeit überholt wieder einmal Satire. Statt der islamistischen Gefahr zu begegnen, wird sich um eine islamische Bestattung von Tätern gesorgt, die im Namen des Islams morden wollten oder gemordet haben.

Das Ausmaß kollektiver Verrücktheit auf dem Gebiet des Feminismus wird wohl auf Generationen hinaus nicht begriffen werden.

Ich erinnere mich gut an spottende, damals bereits alte, Frauen, die in den 1970ern im Restaurant über die rebellische Generation lästerten, die sich mit ihrer feministischen Emanzipation völlig verrannt habe. Ihre Argumente sind ungehört untergegangen. Damit sie nicht ganz verloren gehen, habe ich sie in eine „Flaschenpost an die Zukunft" gesteckt. Zeitgenossen werden verständnismäßig wohl überfordert sein, weil sie zu stark von Ideologie geprägt sind. Viel Spaß beim Lesen in ferner Zukunft.

---

39 http://www.gmx.net/magazine/politik/islam-begraebnis-attentaeter-zweifelhaft-31766702

Sentimente

Im Zimmer verfällt ein unförmiger Haufen E/elend: ich.

Draußen spazieren sie vorbei, sich zu genießen, amüsierte Masken voll Grausamkeit ichsüchtigen Vergnügens, des Spaßhabens, having fun. Fröhlich grenzen sie arrogant aus, distanzieren herablassend.

Sentimente pflegen Frauen, die kein Gefühl haben für mich; streitbar stellen sie ihre Empfindlichkeit heraus, wenn sie nicht mitempfinden wollen; amüsiert weisen sie mich ab in Traurigkeit.

Ich bin eine kriechende Amöbe unter vielen, die keinen Platz findet, überall aneckt, mit ungreifbar feindlicher Umgebung krampft. Hinausschreien möchte ich Worte, die ich nicht finde. Vergessen treibt mich umher in ermatteter Resignation. Gefühle verkümmern unter einzelligen Robotern, wo nicht einmal geschlechtliche Natur berechtigt zu differenzierter Identität, der achtsames Mitfühlen gelten könnte.

Nächtliche Einzelgänge auf der Suche. Suche wonach? Nach dem, was ich nie finden darf.

Wo sind die tieferen Gefühle, die Anteil nehmen? Warum keine Melancholie, wie in magischen Weisen weiser würdiger Herren aus verlorenen Kulturen, deren letzte Reste gerade unserem Gedächtnis entschwinden? Wo sind sie, die Würdenträger, Väter, Patriarchen, groteskerweise verteufelt zur negativen Bezeichnung? Sie und Mädchen, für die Gefühl mitfühlen und helfen statt fordern bedeutete, hatten eine innerliche, tiefe Ausdrucksweise in Poesie, Musik und Leben. Wieso keine Tränen?, Gefühl mit Schmerz und Freude, sich wiegen wie ein Trancetänzer, gleiten, schweben? Kulturen sind anteilnehmendes Gefühl, so wie Emanzipation aus pervertiertem sektenhaftem Haß und Verweigerung entsteht, die Denkgebäude und Gesetze auch dann weiter prägen, wenn der auslösende Haß abflauen sollte.

Noch dringen archetypische Bilder zu mir aus fernen Kontinenten, wo abseits der krankmachenden und kränkenden Einflüsse unverdorbene, zutrauliche Menschen klagend schöne Melodiën singen, eine zeitlose Wahrheit und Schönheit leben, deren Zeit bei uns abgelaufen scheint. Sie besingen Schmerz über Tod, Liebe, schöne Mädchen mit Gefühl, das andere erreicht, lebt, liebt, leidet, gibt und genießt. Von Wehmut bis zu extatischer Wildheit ein breites Spektrum, das verloren ist.

Stattdessen sehe ich Teenies, Frauen, die frech wippen, bei passenden Jungen, zu laut, schrill und fröhlich bei trauriger Melodie.

Verweigert werden mir Mädchen, Frauen, ihr Gefühl, ihre Rede, vorenthalten entzogen, und wehe ich sehe nicht vergnügt aus im Schmerz, der ein strafwürdiges Vergehen ist im Gruselkabinett ihres Amüsements.

Sie mögen keine Trauer, grenzen sie aus in Depression, Heimlichkeit, Verstecke, machen zur Krankheit störende Gefühle wie süße Melancholie, die Anteil nehmen läßt an Menschen und tiefe Beziehungen anzuknüpfen anregt. Präsentation und Vergnügung sind die Fassade des egoïstischen Chaos im wimmelnden Haufen Menschen. Ihre Natur ist verbogen, vermag ihnen Liebe und Anteil am Leben so wenig mehr zu sichern wie die abgeschaffte Kultur, in langer Zeit gewachsen, und im Süden erst einige Generationen verfallen, so daß sie noch etwas fortwirkt in den Menschen dort und uns das Empfinden von Wärme und Offenheit vermittelt.

Originell finden sie neuartige Probleme. Es dauert eine Weile, bis Folgen nicht mehr zu leugnen sind, beim Verlust von Weiblichkeit, Gefühlen, und dann langweilt Kritik, will keiner mehr vom Thema wissen.

Diese Welt ist falsch gepolt bis in Gedanken und Gefühle. Das Wesentliche ist verpönt, nicht zu finden. Eintauchen möchte ich in ein Meer aus Geräuschen, Formen, Farben, Düften, hinab zu einem verschollenen Land, versunken unter der Tide, dühnenbrechendem Bewußtseinsturm, in ethnisches Stammesleben, ungeteilt in folternde Isolation. Überall

Stimmen, von Kindern und Nachbarn; Leben durchglüht jeden Winkel: Frauen, Freundinnen, Besuch, tätig zusammen, für, in Liebe, feiernd und erlebend mit und für; eine gesellige Heimat und weibliche Sphäre in Liebe. Hör Klagelaute im Chor beim Tod eines Nahestehenden, alte Frauen und junge Mädchen wehschluchzen vor der Unfähigkeit zu trauern in der vaterlosen Gesellschaft, spür ihr „Ich bin ein Mädchen", das dich ersehnt, dem sie geben was sie sind als Mädchen, von dem sie erträumen und erhalten was du sein kannst! Eure Gefühle gelten einander; traurig sind sie, dich traurig zu sehen; in ihren Gedanken lebst du, lebst du fort. Ihre Freude gilt dir, ist gemeinsam, verbindend. Riten, Feiern und Rituale, gegenseitige Aufgaben, Mädchen die kleine Brüder tragen, in Handliniën den Anfangsbuchstaben des Namens ihres künftigen Ehemannes suchen. Engagiert in Liebe zu statt in ideologischem Engagement gegen, das jedes Für zerreißt und Schaden anrichtet.

Frauen siehst du nicht alleine dort, sind auch vor Einsamkeit geschützt; ihr gemeinsames Tun ist Liebe, zum Mann, zu Kindern, zu anderen, Liebe zu Gott. In unserer Welt gruppieren sich kaputte Frauen ausschließend in ideologischem Haß, femi=rassistischer Zerstörung. Nach dem ‚Finden' eines feindlichen Selbst in Trennung vom Mann benötigen wir mehr denn je Selbstfindung, Entdeckung eines liebesfähigen Ichs in der Heimat echter Weiblichkeit, unser Selbst zu erfahren, die innere Welt, die nur durch das andere lebt, deren Verlust Frauen ebenso schmerzt wie Männer.

Aber das ist nur ein Traum. Gewiß, archetypische Frauen und Männer sehe ich in entlegenen Gebieten ferner Kontinente, doch Feminismus ist überall. Während ich bei Mädchen abblitze, arbeiten Zigtausende von Staaten bezahlte Feministinnen in Universitäten an ihren Traktaten; täglich können sie mehr falsche Behauptungen aufstellen, als ich in einem Jahr lesen und widerlegen könnte; Zigtausende sitzen in allen staatlichen Institutionen rund um den Erdball, verbreiten wie ein Virus ihre Ideologie, kontrollieren Verhalten, Denken und vor allem Veröffentlichungen. Seit Jahrzehnten gibt es keine Forschung mehr, die nicht ihnen genehm ideologisiert wäre, denn Feminismusbeauftragte überwachen Kollegen, Fragestellungen, Forschungsaufträge und Ergebnisse. Was ihnen gefährlich werden könnte, unterdrücken sie oder halten es geheim. Es gibt keine politische Partei, keine öffentliche Organisation von Bedeutung, in der sie sich nicht festgekrallt hätten.

Während ich mich freue, in der Ferne ein paar unverdorbenere, warmherzigere Gesichter gesehen zu haben, oder mich solcher Illusion hingebe, wirken dort unsere staatlich bezahlten FeministInnen. Die GTZ prüft jedes Projekt, ob es im feministischen Sinne ist, emanzipiert. Wenn die von Männern betreuten Herden in Dürre sterben, wird natürlich nicht den betroffenen Männern geholfen, sondern anderes Getier beschafft, das Frauen hüten. So haben die Männer keine Funktion mehr. Vielleicht verschwinden sie bald aus den Dörfern, auf der Suche nach Arbeit in ferner Fremde. Dörfer sind verwaist, Kinder dümpeln vaterlos, Familie und Kultur sind gesprengt, aber Femanzen zufrieden: Sie haben Frauen aus Kultur und Liebe in ein feindliches Chaos permanenten Geschlechterkriegs emanzipiert. Darum ging es ja. Das war der Hauptsinn des ganzen.

Anderswo mag es letzte Reste von Kulturen noch geben, die einst gesündere Frauen und freiere Männer hervorbrachten; doch wenn ich jetzt fliehe, werde ich dort dasselbe noch einmal erleben. Feministinnen sind schon dort; Gesetze werden umgeschrieben und erlassen, die Männern neue Lasten aufbürden, ihre seit jeher besonderen Lasten drastisch erhöhen. Alles, was bei uns geschah, passiert dort auch, wenn nicht heute, so morgen. Vielleicht überholen sie uns sogar. Leben ohne Technik ist hart; es könnte mich auf Dauer überfordern; Freiheit und Individualität sind mir wichtig, und waren erst durch technische Hilfsmittel aufbaubar. Doch war die Freude über Freiheiten kurz; denn wann immer das Leben leichter wurde, meldeten sich rasch Feminismen und ähnliche Kräfte, die Frauen gaben, was an einstiger männlicher Fron bequem und lockend geworden war, dafür einseitig Männern neue Lasten aufbürdeten. Statt mehr Freiheit brachte noch jede „Befreiung" mehr Unterdrückung.

Nein, in einer Welt mit weiblicher Selektionsdiktatur kann und will ich nicht leben. Ich möchte ankommen, ein Liebesleben haben, mich finden, die Welt erkunden, und mir etwas suchen können, das mir glückliches Leben ermöglicht. Die Selektion muß aufhören. Vollständig. Die Buhlsklaverei mache ich nicht mehr mit.

Nein, in einer Welt männlicher Zahlknechtschaft kann und will ich nicht leben. Wer hat diese unterdrückerischen Gesetze geschaffen? Wer hat diese Katastrophe uns hinterlassen? Ich schlage die Erbschaft aus! Dies ist nicht mein Staat, sondern mein Unterdrücker – oder staatlicher Beihelfer zur Unterdrückung. Kein Unterhalt bei Trennung! Kein Unterhalt bei Scheidung! Kein gewinnträchtiges Abservieren! Freiheit für alle! Der Staat macht es sich bequem. Er findet immer einen, den er zahlen lassen kann – gewöhnlich den Mann. Das hat Tradition. Diese Unterdrückung muß aufhören. Absolut. Ausnahmslos.

Nein! Dies ist mein Staat, nicht meine Gesellschaft. Es ist totale Unterdrückung. Und der Gipfel der Frechheit war, daß die dominante Macht sich noch unterdrückt wähnte, und mit ihrem Klagemonopol, ihren vielen Bevorzugungen, ihre groteske Unterdrükkungslüge auch noch durchsetzte und damit echte, tatsächliche, mein tägliches Leben ruinierende Unterdrückung schuf. Ähnlich unterdrückt sind viele durch Scheidung, Trennung oder Befruchtungsbetrug zahlversklavte Männer.

Nein! Ich sage es seit Anfang der 1980er, aber niemand hörte es. Ich werde es immer sagen. Jeder sollte es immer sagen. Alle Sklaverei endet einmal. Der Weg mag lang sein, schmerzhaft, voller Opfer. Aber der Tag der Freiheit wird kommen. Es wird der Tag kommen, an dem die Unterdrückung in ihrem ganzen Ausmaß begriffen, die Erbärmlichkeit und Schäbigkeit feministischer Verdrehungen erkannt wird. Es wird die Zeit sein, wo sich Frauen schämen müssen für alles, was in ihrem Namen an Unheil angerichtet wurde.

Goa-, Rock- und Hippiefestivals

Um endlich mir jahrzehntelang verweigerte Erfahrung zu gewinnen, versuchte ich verschiedene Festivaltypen, denn anderswo sind Menschen selten offen für mich. Die Zeiten, als Kontakte mit Frauen in der Barockoper entstanden, sind leider vorbei und vergessen.

Es gibt viele oberflächlich nette Begegnungen; die virtuëlle Freundesliste bläht sich auf bis zu dem Punkt, wo unter der Oberfläche gekratzt wird. Dann ist Toleranz und Freundschaft oft schnell zuende.

Männliche Bekannte kommen auf mich zu, grüßen freundlich; man redet von früheren Festivals und Vorjahren. Mir ist das zu festgefahren und rückblickend. Ich suche Ankommen im Jetzt, eine Zukunft. Viele schwärmen von der Offenheit der Leute ihrer Szene. Als Buhmänner werden andere gesehen, sogenannte „Spießer", die nicht offen seien. So schleicht sich – von ihnen selbst unbemerkt – wie in der linken Szene eine krasse Intoleranz in die Feiër eigener angeblicher Offenheit und Toleranz. Es ist eine ähnliche Masche wie bei Feministen und Linken.

Ich gelte etwas auf den Festivals, nur aus falschen Gründen. Leute kommen auf mich zu, weil ich einen Typ verkörpere; ich bin ein Maskottchen ihrer Szene, für junge Frauen ein Ersatzvati, der „besser drauf sei", doch ich komme nicht als Freund oder Abenteuer in Betracht.

Leute mögen meinen Hut, meinen Stil, meine Sachen. Sie zupfen mir am Hemd oder Hut, weil sie diesen toll finden. Einmal hatte ich mehrere Tage lang eine Schürfung an der Stirn, weil jemand so heftig gezogen hatte. Viele wollen ein Bild mit mir machen für ihre Sammlung. Ich bin wie ein Zootier, das bestaunt wird. Meine Kamera wird gelobt, findet Neid. Doch mir gilt das Interesse nicht. Ich flüchte vor falschem Interesse.

„Hai, Pinguin und Elfen

wollen beim Stampfen helfen.
Es ruft der Frieden in den Wald:
Dort beginnt der Reigen bald.

Also spricht der Dichter,
denn gereimt, so spricht er:
Hört! Der Hai ruft uns herbei,
damit ein munt'res Stampfen sei.

Ich soll ein Gedicht euch deuten,
so ein Gedöns von Dichterleuten.
Seht an, das Gedicht hat Reime!
Für gute Noten ich nun schleime.

Was will der Dichter uns wohl sagen?
Könnt ihr die Wahrheit auch vertragen?
Der Reimeschüttler hat gedacht:
Er hat mit Stuß euch ausgelacht."

Manche Frauen bewundern sogar meine Dichtung, solange ich unverfängliche Passagen wie „Das Käfigtier" vorlese, sind hingerissen von meinem Vortrag. Doch als Mann bin ich ihnen undenkbar.

Sozial bin ich inzwischen gern gesehen, nur mag ich in keiner Szene von gestern reden: „Weißt du noch?" Mir ist es wurscht; ich möchte neues, bei Frauen endlich ankommen und mich finden. Doch genau das geht nicht, ist unmöglich, wird ausgeschlossen von sexuëller Selektion, die mich aussondert, diskriminiert.

Stöhnen kommt nachts aus anderen Zelten, nie aus meinem. Ich fahre allein zurück. Auch meine psychedelisch geschärfte Erkundung des Liebeslebens fällt mangels weiblicher Bereitschaft aus.

Wenn ich darüber rede, von Frauen diskriminiert zu werden, läuft das seit 40 Jahren nach gleichem Muster ab. Ich klage, ausgeschlossen und übergangen zu sein von ungerechter weiblicher Wahl. Die Antwort lautet zuverlässig, das sei „nicht ihr Problem", ich hätte eine „unzulässige Meinung über Frauen" – obwohl es doch keine Meinung, sondern immer wieder erneut erlittene Tatsache ist. Also wird der Kontakt abgebrochen; noch heute, nach 40 Jahren, wurde ich deswegen auf Facebook entfreundet. Auf diese Weise braucht frau sich nicht mit dem für sie unbequemen Problem zu beschäftigen, stößt sie mich in das Problem zurück: die Willkür weiblicher Wahl wiederholt sich auf der Metaebene des Gesprächs über die Problematik.

So war es Ende der 1970er in feministisch-linksradikal-studentenrevolutionären Kreisen, die an der Uni den Ton angaben, so ist es noch heute. Die ganze Generation ist verkorkst: meine Generation. Weil ich in ihr lebe, ihr nicht entkommen kann, ist mein Leben verpfuscht.

«Schönes Festival. Tolle Stimmung und Lesung. Aber die nicht vergebenen Feen haben wie immer andere vorgezogen. ^^» (FB Status 17.8.2016)

Diese harmlose Statusmeldung meines Freizeitprofils auf Facebook war Stein des Anstoßes:

«Lila *(Name wurde aus rechtlichen Gründen geändert)*:
„Hallo J..., hast du ein Problem mit Frauen? Ich frage nur, weil du immer wieder so Bemerkungen über Frauen machst. Gruß Lila"
„Hallo Lila, du verdrehst die Dinge seltsam. Frauen haben ein Problem: ihre Dominanz durch sexuelle Selektion, die extrem ungerecht diskriminiert. Das ist beweisbar und keine ‚Bemerkung'. Gruß, J..."
17.08.2016:
„wenn das deine Meinung über Frauen ist, dann bin ich bei dir falsch in der Freundesliste, weil ich bin eine Frau und habe mit dem was du da über Frauen sagst nichts zu tun. Wünsche dir alles Gute!"

Damit hat sie mich auf FB entfreundet,

«18.08.2018:
„Ach ja, typisch Feminismus: Weghören, wenn was nicht paßt, und die eigene Dominanz nicht hinterfragen. So funktioniert Unterdrückung heute."»

Nach meiner Antwort wurde ich von ihr auf FB blockiert. Dieses Muster wiederholt sich seit 40 Jahren.

Da Frauen die absolute Selektionsfreiheit haben, konnten sie 40 Jahre lang jeden Versuch, über das Thema zu reden, einfach durch Kontaktabbruch verhindern, und so dafür sorgen, daß dieses Problem 40 Jahre lang nicht gelöst werden konnte. Zynismus weiblichen Dominanzmachtmißbrauchs. Sie lassen einfach kein Gespräch darüber zu. Umgekehrt wäre solcher Mißbrauch unvorstellbar.

Niemals ist eine einzige Frau auf die Idee gekommen, daß eine natürliche und selbstverständliche Reaktion sein könnte, das Problem zu lösen, etwas an der Lage zu ändern. Von feministischer Epoche geprägte Frauen erwiesen sich als unfähig zur Selbstkritik, eigene Fehler zu erkennen, oder nur die Möglichkeit zu erwägen, daß sie etwas falsch machen könnten. Fehler wurden automatisch, reflexartig Männern zugewiesen. Den Opfern ihrer Diskriminierung wurde Schuld gegeben: Feminismus war von Anfang an eine Täter-Opfer-Umkehr, ihre Mär angeblicher weiblicher „Benachteiligung" das Gegenteil der Wahrheit, ihr Ziel Zerstörung natürlicher Kultur, die für ein erfülltes Leben unverzichtbar ist. Ihre Pseudogleichheit Ungleicher bedeutete Radikalisierung eines bereits zuvor bestehenden Ungleichgewichts, das Frauen zu allen Zeiten bevorzugte.

Ihre Weltsicht schützte sich selbst durch Abweisung jeder Kritik seitens ihrer Opfer und verewigte so deren Leiden.

Die Schlammschlacht setzte sich am nächsten Tag in typischer Weise fort. Genauso wurde schon vor vierzig Jahren ein Mann abgeschmettert, der sich über schlechte Behandlung durch Frauen feministischer Ära zu beschweren wagte. Frauen, die von dieser männerfeindlichen Ära geprägt wurden, sind außerstande, Fehler bei sich zu bemerken, oder auch nur wahrzunehmen, daß sie selbst durch Gesprächsabbruch oder Entfreundung massiv ausgrenzen. Sie können nicht erkennen, daß regelmäßige oder systematische Ausgrenzung Diskriminierung ist. Stattdessen wird der diskriminierte Mann beschuldigt, „wohl nicht ganz dicht" zu sein, weil er sich über seine Behandlung zu beschweren „erdreistet". Frauen erkennen die von ihnen ausgeübte Diskriminierung nicht oder nur als „geheiligtes Recht" und verweisen den Diskriminierten in „psychologische Behandlung". Nicht ihr diskriminierendes Verhalten gegenüber Männern erkennen sie als verkehrt, sondern die einfache Feststellung der Tatsache, daß sie diskriminieren. Dieses Andersdenken wird als „krankhaft" empfunden und soll am liebsten psychiatrisiert werden als „Störung". Keine Frau der feministisch verdrehten Epoche kam je auf die Idee, in ihrer schlechten Behandlung von Männern ein psychologisches und zu behandelndes, wenigstens zu behebendes Problem zu sehen. Feminismus läßt alle Fakten zuverlässig genau falsch herum deuten.

„Bald stampft der Hai im Mai,
und wir sind gern dabei.
Elfen, Schrat und Feen
kreisen dort im Walde.
Warte nur, balde,
werden wir sie sehen.

Im Walde ist kein Halten,
wenn wir auf Halde walten.
Wo wir die Erde stampfen,
wird bald der Boden dampfen.

Die Sterne funkeln froh
in der Ferne fahl wie Stroh.
Es tanzen nun des Haies Flossen,
Elb und Fee, dem Mai entsprossen. "

Ein deutsches Hippiefestival

Wunderschöner Ausblick und Sonnenuntergang. Viele Bekannte von Vorjahren grüßen. Ein Neuer, Schwarzafrikaner, sitzt mit hiesiger Freundin am Zelt. Ich bin wie immer allein. Verrückte selektive „Willkommenskultur", die mich lebenslang ausschloß und heute weiterhin ausschließt! Ich bin heimischen Frauen lebenslang unwillkommen. Wenigstens ist die Blondine vermutlich jenseits des Zeugungsalters, so daß keine bleibenden Folgen ihrer sexuëllen Diskriminierung zu erwarten sind.

Nette „Alterherrengespräche" mit vielen älteren Männern, die ich von früheren Festivals kenne. Sehr freundlich, doch mir bringt es wenig, denn es ändert wenig an der Diskriminierung durch die zu wenigen Frauen fruchtbaren Alters.

Auch gute Debatten gibt es. Schön hier zu sein. Doch hilft das nicht gegen Diskriminierung durch Selektion. Dazu müßte mein Status schon gigantisch werden.

Noch ein zweiter Neuafrikaner ist mit Freundin hier. In Vorjahren war keiner zu sehen. Beide haben bereits eine deutsche Freundin, die mit ihnen geht. Ich bin wie immer ohne da. Keine westliche Frau fruchtbaren Alters, die mich annähme. Die sexuëlle und demographische Verdrängung hiesiger Männer durch Heerscharen unbegleiteter Landnehmer ist im vollem Gange. Sie kriegen, was mir, dem Dichter und Denker, lebenslang verweigert wurde.

„Warum wagt kein Kommödiant,
die Mutti hier im eignen Land
mal so richtig bloßzustellen
nach so vielen Fehlerfällen?"

Für Lesungen wähle ich unverfängliches: Geschichten und leichtfüßige Einstiege in die Philosophie. Gedichte trage ich nie vor; diese sind belangloses Minutenwerk, Spontanreimerei für Internetplaudereiën. Die meisten sind harmlos. Hier mein einziges ein klein wenig „anstößiges":

„Damit du es weißt:
Ich mag den Geist.
Dazu mag ich Brüste,
auch wenn ich entrüste.

Ich schätze die Möse –
Bin ich jetzt böse?
Sehr wollen Augen
zum Ansehen taugen."

Tagsüber ist eine verheiratete Frau mit zu junger Tochter immer sehr freundlich; sie spannt andere Männer gerne zu ihrem Nutzen ein. Ich soll beim Spinnen helfen, oder Sachen aus dem Laden für sie mitbringen. Im vorigen Jahr hatte ich sie kennengelernt, aber wegen männerfeindlicher Sprüche den rein sozialen Kontakt abgebrochen. Sie tut, als sei nichts gewesen, lästert vor ihrer Tochter über ihre eigenen Söhne, die sich beim Einkaufen „als Männer" „so komisch anstellten", obwohl sie es besonders gut mit ihr meinen und oft gleich mehrere Varianten zur Auswahl mitbringen, um ihren Geschmack zu treffen. Sie brachte auch Sprüche wie „Männer sollten bei Vergewaltigung kastriert werden", was mich zum Bruch der rein sozialen Bekanntschaft bewegte. Doch alle Männerfeindlichkeit und Unnahbarkeit als verheiratete Mutter in Begleitung hindert sie nicht daran, ganz selbstverständlich Fremde mit Aufgaben zu belasten, die für sie nützlich sind.

„Ich werde meist draußen tanzen,
und auch in den Wald mich pflanzen.
Deshalb schnüre ich den Ranzen,
und hoff', mit Elfen bald zu tanzen.

Doch damit die Elfen singen,

und nicht in die Ferne springen,
soll'n sie sich in Feen verwandeln,
und wie Feen dann auch handeln."

Am späten Abend grüßt und umarmt mich ein Mädchen, sie würde mich von früheren Jahren kennen. Stimmt. Sie sei bei meiner Lesung gewesen, die ihr gut gefallen habe. Regelmäßig wird mein Vortrag gelobt. Eine Freundin von ihr hat voriges Jahr ein Buch von mir gekauft und signiert bekommen. Beim Lesen soll sie Klebezettel eingefügt haben, um die für sie wichtigen Stellen zu markieren. Das nehme ich als gutes Zeichen, denn damit in ein Buch Markierungen eingeklebt werden, müssen beim Lesen Passagen interessiert haben, die sich für später zu merken lohnt. Die junge Frau will es auch lesen und mir dann berichten. Wir versichern uns gegenseitig, froh zu sein, uns hier zu sehen, und drücken uns.

Solche Situationen konnte ich noch nie einschätzen. Bislang war es offenbar immer nur soziale Freundlichkeit, wie gestern bei einer Standbetreiberin, die mich von vor zwei Jahren kannte und mit ebensolchen Höflichkeiten mehrmals drückte, mir später aber auswich, wohl weil ich das nicht als reine Floskel behandelt hatte. „Schön daß du hier bist. Ich freue mich so, dich zu sehen." war nur eine Floskel gewesen. Ist es wieder dasselbe, mache ich mich lächerlich und verschrecke, wenn ich es nicht als nette Floskel einstufe? Wieder ist sie offen für leichte Berührungen beim Sprechen.

Wir verabreden uns für nächstes Jahr; sie will mir berichten, wie sie das Buch fand. Ich sage noch ein paar nette Worte und versuche, das Gespräch zu verlängern. Doch sie geht mit Freundinnen ins Zelt, wo eine Zwischengruppe spielt. Ich hatte ihr gesagt, nicht mit ihr hineingehen zu können, weil ich Nichtraucher bin und den dichten Qualm drinnen nicht vertrage, lieber hier draußen tanze, wo man sich besser unterhalten kann.

Später sehe ich sie mit einem anderen, langhaarigen Mann reden. Gegenseitig liegen ihre Arme immer wieder auf dem Rücken auf, die Gesichter kommen näher, doch sein Alter will er ihr nicht sagen. (Das dürfte ich auch nicht.) Daraus schließe ich, daß sie ihn gerade erst kennenlernt. Sie verschwindet mit ihm. Schon befürchte ich, die sexuëlle Selektion habe wieder, wie immer, gegen mich zugeschlagen. Hätte ich mit mehr Nachdruck versuchen sollen, sie herumzukriegen? Sonst waren solche Versuche als Peinlichkeit gescheitert, weshalb ich gelernt habe, der Versuchung zu widerstehen. War meine bei früherem Scheitern erlernte Zurückhaltung ein Fehler?

Doch bald ist sie wieder alleine, erwidert kaum etwas auf meinen Satz und entschwindet wieder mit Freundinnen zur anderen Seite, wo sie bald den nächsten drückt. Hoffnungslos. Unter solchen Umständen bin ich fehl am Platze. Später geht sie Hand in Hand mit ihm ins verqualmte Bühnenzelt; ihre gemeinsame Spur verliert sich in der Nacht; doch am nächsten Tag war sie wieder allein oder mit Freundinnen unterwegs; ihre Galane blieben verschwunden; ihre Offenheit mir gegenüber auch.

Ich tanze einer zu, die strahlt und auch zurückzuschauen scheint. Doch als ich sie anspreche, kommt so ein Tollpatsch, der mich vom Sehen kennt und seit dem vorigen Festival auch mit mir redet. Ohne auf die Situation zu achten, redet – halb lallt – er dazwischen. Kurz darauf zieht sie mit Freundin ab; schließlich laufe ich ihr am Essensstand zufällig über den Weg, wünsche guten Appetit und plaudere ein wenig, bevor sie ins Bühnenzelt zur Musik ziehen. Wieder sage ich, als Nichtraucher leider nicht hineinzukönnen. „Bis später", der übliche Abschiedsgruß.

Ständig begrüßen mich jetzt Bekannte, meist ältere Männer, aber auch einige Frauen. Sozial bin ich nun angekommen, als Dichter bekannt, und auch mein Tanz wird beachtet und viel photographiert. „Du wirst überall beachtet", sagt mir der Typ, der vorhin dazwischengeredet hat. Es ist lästig, ein Zootier zu sein, mit dem jeder und jede eine Aufnahme möchte, das aber keine Frau sexuëll ernst nimmt.

Ob was jahrzehntelang nicht ging, jetzt mit Bekanntheit als Dichter möglich wird? Lokale Berühmtheit als Trumpfkarte bei der sexuëllen Selektion?

Meine Frage wird sogleich beantwortet. Nur sehr wenige waren bei meiner Lesung, zu wenige. Und auch das brachte mich nicht durch die

Selektionsschranke der Mädchen. Die mich vorhin umarmte, ist jetzt beim dritten Typ, wo es richtige Umarmungen gibt. Vor der letzten Gruppe geht sie mit ihm vom Platz. Die Situation erscheint eindeutig. Nur weiß ich nicht sicher, ob der Dritte sowieso ihr Freund war, oder sie ihn gerade kennenlernte. (Am nächsten Tag war sie wieder alleine, also war es nicht ihr Freund, der wohl kaum sofort wieder vom Festival abgereist wäre nach ein paar Stunden.)

Die Frau, mit der ich getanzt hatte, finde ich nach langem Suchen sogar wieder. Doch tanzt sie nicht, meint, müde vom Alkohol zu sein. Unser Gespräch läuft besser als vorhin. „Ein guter Tag. Für dich auch? Sonne, Stimmung, und ich stand vorhin auf der Bühne, bevor du gekommen bist. Ich habe die Leute vollgelabert, aber sie haben es mir nicht übelgenommen. Wir haben Lesung mit Musik gemacht." Als ich sie zum Tanzen bewegen versuche, verabschiedet sie sich. „Vielleicht später. Mal sehen." Dann geht sie zu einem Mann, vermutlich Freund oder Gatte. Also war sie vergeben und das ganze vergeblich.

Doch die Selektion scheint diese Nacht noch öfter gegen mich zu diskriminieren, genau wie es vor 40 Jahren schon war, was sich nie geändert hat. Mein Zeltnachbar ist gekommen, ein netter, konservativer Esoteriker, der an Heilwirkung von Steinen glaubt. Das halte ich für eine Mär, doch ist er ansonsten klug, nicht von linker Ideologie angesteckt, und hilfsbereit. Er hat viele Neuankömmlinge auf schöne Plätze am Waldrand angewiesen – wo eigentlich nicht gezeltet werden darf, aber niemand stört sich daran –, und auch beim Zeltaufbau mitgeholfen. Am Abend kam er gar mit dem Rat, sich warm anzuziehen, weil es hier nachts stark abkühlt.

Ihn kenne ich von mehreren Vorjahren; immer kam er alleine. Jetzt macht er mit einer Frau zärtlich herum, wiegt sie im Arm und verschwindet mit ihr vom Platz. Wieder kann ich nicht beschwören, ob es nicht eine heute nachgekommene Freundin oder Gattin sein könnte, oder einfach nur ein nettes Getändel, das nichts bedeutet, doch erscheint es unwahrscheinlich, dies in allen Fällen des Abends anzunehmen. Am nächsten Morgen ist er wieder alleine.

„Und der dritte folgt sogleich" – frei nach Wilhelm Busch – treffe ich einen Mann, den ich von etlichen Vorjahren kenne, vor allem hier gesehen habe, selten auf anderen Festivals. Früher war er mit Gemahlin und Kindern hier, denen er Yellow Submarine auf Deutsch gezeigt hatte. Damals trug er eine trippige Mütze, ein wahres Prachtstück, das er später auslieh und nicht wiederbekam. Ein netter, lustiger Zeltnachbar. Seine Frau scheint viel mit ihm gestritten zu haben. Irgendwann war eine Trennung unvermeidlich, die feministische Trennungsfalle schlug zu. Doch er verringerte seine Arbeitszeit, damit er nicht allzu sehr geschröpft wurde. Außerdem behielt er seine Kinder, mit denen seine ehemalige Frau wohl überfordert war.

Danach sah ich ihn immer alleine auf Festivals; so war er auch hergekommen. Heute nun wiegte er eine schöne Frau vor sich – ein rührendes Bild – falls ich ihn auf die Entfernung nicht verwechsle; ich möchte vorsichtig sein, keine unbewiesenen Behauptungen aufbringen. Nun könnte auch sie theoretisch heute nachgekommen sein, was auf früheren Festivals nie geschah. Doch habe ich den regen Verdacht, daß sexuëlle Selektion heute nacht wieder kräftig andere Männer bevorzugt und mich chancenlos ausgeschlossen hat, wie üblich. Selbst ein kleiner Ruf als Dichter mit guten Vorträgen konnte das (zumal in meinem Alter) nicht ändern.

„Der Geist hat Tiefen wie das Meer.
Ein tiefer Strom durchzieht dein Hirn.
Musik zieht dein Bewußtsein her,
Gewohnheitsblindheit zu entwirr'n.

Was schreib ich da für lange Worte?
Ihr Klang zerbricht in viele Wellen.
Zugleich sehe ich viele Orte,
Zeiten und Ideen herschnellen.

Gedanken plätschern in dem Sog,
blitzeln auf, sich rasch zu wandeln.
Aufschreiben! Rasch jetzt handeln!
Vergiß nicht, was dir grad zuflog!"

Nun folgten in einem Rutsch Fall vier und fünf. Ein Bekannter aus dem Hippieforum, wo ich nach Eintreten für Gewaltlosigkeit mitsamt IP gesperrt und gelöscht wurde, hat seine Tochter und deren Freundin mitgebracht, „um sie an das Festival zu gewöhnen". Beide hatten sich grellrot geschminkt, waren von mir als zu jung gemieden worden. Als ich beim Tanzen merkte, ganz allein zu sein bei enormen Frauenmangel, wobei fast alle vergeben waren, hatten die beiden Mädel gerade beim Tanzen Bekannte gefunden. Bald gingen sie Hand in Hand, die eine mit einem jungen Freak, die andere sogar mit einem mittelalten. Vielleicht wäre ich gar nicht zu alt für sie gewesen. Doch obwohl sie nun in gewisser Weise vergeben waren, wollten sie immer noch „Peacezeichen" und Händedrucke mit mir tauschen. Albern. Bescheuert. Ich war ausgeschlossen und hatte keinen Nerv für sinnlose Albernheiten. Wenn ich sie nicht interessiere, was soll dann das blöde Getue?

Auch zwei neugekommene Afrikaner liefen ja mit Frau 'rum. Dafür bin ich chancenlos. Scheiße. Nicht einmal die vielen respektvollen männlichen Bekannten können das ändern. Die Lesung galt ja als gut. Andere leisten nichts und bekommen die Frauen ins Bett und Leben.

Nacht

Als himmlisches Flutlicht leuchtete nachts der Vollmond, überstrahlte lichtschwache Sterne und wies in den verwunschenen Wald den Weg, ließ schemenhaft Irrlichter glänzen zwischen Bäumen. Sind verzaubernde Mächte hier am Werk, Geister, die schon vor Jahrtausenden Vorfahren sahen, die mit Männermut und geburtenfreudigen Müttern, liebevollen Glucken, Kelten und Eiszeitmenschen verdrängt hatten, um sich nun im tiefsten Frieden als mutlose, gebrochene Männer mit verweigernden Nichtmüttern von ins Land gerufenen Heerscharen verdrängen zu lassen?

Was rufen die stillen Geister nachtschweigenden Waldes mir zu? Mir, dem in keinem Lebensalter Germaniëns Frauen hold waren. Mein Geist schweift durch Zeiten und Räume. Unruhige Seelen Vertriebener singen ihr Leid in nächtlichen Wald, wo der Mond zwischen knorrigen Ästen lugt wie auf einem Gemälde Caspar David Friedrichs.

„Es bläst der Stern mit seinem Wind
kosmische Strahlung fort geschwind.
Er wärmt mit heißer Fusionsglut
Eis zu Wasser, Eis zu Blut.

Derweil kreisen Planetensphären,
tänzeln um sich selbst und gären
Leben aus in ihrer Suppe.
Dem Kometen ist es Schnuppe."

Von unten dröhnt elektrisches Getöne die ganze Nacht, wo moderne Gesinnung jeden meiner Gedanken verpönt. Warum lächeln mir keine Feën zu, dankbar für meine Worte und Taten, bereit für die Nacht? Weswegen singen keine liebenden Mädchen im Chor, mich, den Dichter zu rufen? Weshalb trällern keine barocke Nachtigallen ihre Koloraturen in diesen Wald? Wieso können wir nicht Bach und Händel hören beim

Treffen junger Frauen und Mädel mit klarsichtigen Männern in unsrer Urheimat hiesiger Wälder?

Ferne gluckert ein Silbersee. Uralte Stellen des Hügellandes tragen Namen aus angelsächsischen Sagen, die von hier mitgewandert sein müssen und mitgefahren in Schiffen auf britische Inseln.

Doch von mir singen keine Mädchen Sagen oder Heldenlieder, die an mich erinnern, der, den sie nicht wollten, als ein demographischer Schrumpfungsdruck millionenfachen Männerüberschuß in unser Ursprungsland sog, die Frauen zu belästigen, die mich ablehnten. Bald werden die Nachkommen der Fremden hier an Lagerfeuern sitzen und träumen, denn mir gönnten sie keine. Die mythischen Gestalten und Geschichten unserer Seele verblassen. Ihre Kraft erlischt; bald werden sie verstummen und sich auflösen im Nebel der Zeit.

Tag

Ein neuer Tag lichtet den Anker und segelt über den Himmel. Unser Zentralstern bestrahlt sonnige Mienen, die sich an guter Festivallaune überbieten. Eine sonnenglänzende Oberfläche aus Frohsinn verbirgt unterschwellige Mechanismen, deren wir uns gewöhnlich nicht bewußt sind.

Weiter geht der Reigen freundlicher Geselligkeit und elektrisch verstärkter Klänge elektrisierenden Lärmpegels. Vergnügtsein ist erste Aufgabe, erleichtert einen positiven Umgang. Alles ist wunderbar und verläuft sich sofort. Überschwengliche Grüße sind nur deswegen möglich, weil sie nur das sind: Höflichkeitsformen, flüchtige Schwingungen eines seelischen Gewässers, das sich der Durchsicht entzieht.

Nach dem letzten Konzert des Festivals kommt eine hübsche Frau auf mich zu,
„Dich kenn ich doch!", und grüßt mit Umarmung.
-„Grüß dich. Schön dich zu sehen!"
-„Ich suche eigentlich einen anderen Menschen."
-„Nimm mich, ich bin auch ein Mensch!"
-„Einen besonderen Menschen"
-„Du, ich bin sehr besonders!"
-„Ich suche einen spanischen Menschen, meinen Freund. Hast du ihn gesehen?"
-„Leider nicht. Du, nächstes Mal tauschen wir die Plätze. Dann suchst du mich!"
Noch eine Umarmung, Handfläche an Handfläche geklatscht zum Abschied. Weg isse. Dem Spaniër die fruchtbare Schöne, dem Dichter einsame Nächte.

„Der Dichter mag den Elfen
gern beim Tanzen helfen.

Mit eingebungsreichen Musen
möchte ich psychedelisch schmusen.

Doch frage ich ein Leben lang –
die Musen mauern; ihr ist bang.
In ihrer Mitte fehlt mein Platz,
verbannt bin ich von solchem Schatz.

Ich bin verdammt, das Betteln leid.
Die Elfen kommen nie zur Zeit."

Facebook zeigt mir Erinnerungsbilder des Vorjahres und reißt damit alte Wunden auf. Denn voriges Jahr hatte ich beim Hai in den Mai eine junge Frau kennengelernt. Bei einer kleinen Reise setzte sie sich zu mir, als ich einer Trommelgruppe zuhörte. Wir tauschten Emails und besprachen, uns auf anderen Festivals zu sehen.

«Danke für das schöne Bild,
das zu loben ich gewillt.»

Mit dem Wunsch, sie bald mal wieder auf Festivals zu sehen, wo sie hoffentlich mehr Zeit für mich hätte – denn sie war mit einer Gruppe da, die für freien Eintritt arbeitete – sandte ich ihr Gedichte.

„Es raunt der Faun im Walde
vom Tanz der Feen balde.
Der Pilz sprießt aus dem Grunde
in seines Kreises Runde.

Darunter strömt die Quelle
zu Farben, Sonn' und Helle.
Wo klingen unsre Lieder?
Dort sehen wir uns wieder."

Später schickte ich ihr meine Freikarte, die ich für's Vorlesen erhielt, und schrieb wieder ein Gedicht auf die Rückseite.

„Ich möchte süßes spüren,
wohin mich Träume führen,
der inn'ren Stimme nach.
Noch liegt mir zu viel brach.
...
Dazu möcht ich dich fühlen,
die schönen Träume spüren,
die sich dein Hirn erküren,
erhitzen und abkühlen."

Natürlich schickte ich ihr keine Gedichte mit problematischen Themen wie das folgende:

„Der Strom des Lebens will versiegen.
Nichts mehr verbindet Frau und Mann.
Kein Tausch Gefühle wecken kann.
Die Welt hat sich total verstiegen.

Mein Platz im Leben ist verloren,
was immer mir Bedeutung gibt.
Ich bin nicht, was ein Mädchen liebt.
Wär ich in andrer Zeit geboren!"

Ausgenutzt und reingelegt

Hier mein Bericht vom Vorjahr:

Drei Episoden haben mir das Festival wieder mal (wie üblich) versaut.

(1.)

Beim Hai in den Mai war ich auf einer Fahrradreise zum Trommelkreis gegangen, hatte mich ins Gras gesetzt und gelauscht. Faszinierend, viel natürlicher als das Boomboomboom der Goa. Eine junge Frau setzte sich einfach daneben, obwohl genug Platz war, und tanzte im Sitzen, was ich auch machte. Wie schauten uns an und kamen ins Gespräch. Wir gingen dann auf eine Wiese am Hang, uns zu unterhalten. Ich hatte ihr erzählt, daß ich in einer Welt war, wo ihr Gesicht gnomisch dreidimensional bis in meine Nähe reichte und Farben zeigte, die andere nicht sehen.

Sie meinte am nächsten Tag – an dem es mir Mühe kostete, sie wiederzuerkennen, weil Gesichter so anders aussahen – auch, es sei schön, daß wir uns wieder begegnet sind, und seitdem war ich in email-Kontakt, um ein Wiedersehen zu vereinbaren. Leider hatte sie wenig Zeit, war selten zu Hause. Dieses Festival war die erste Gelegenheit – mehr als ein Vierteljahr später. Damit sie auch wirklich kommt, hatte ich ihr meine gekaufte Eintrittskarte für das Festival geschickt, denn da ich aus meinen Büchern vorlese, erhalte ich als mitwirkender Künstler freien Eintritt – was sich erst nach dem Kauf ergeben hatte. Gedichte hatte ich ihr geschickt und mein Interesse auch offen geschrieben.

Als sie zum Festival kam, leider erst Tage „verspätet" am Freitag, hatte sie kaum Zeit für mich, weil sie noch ruhen wolle – obwohl sie nicht einmal ein Zelt mitgenommen hatte – und dann eine Einladung zum Abendessen. Die Übernachtung hatte sie gratis im Hotel bekommen, weil sie den aus den 1960ern berühmten Arthur Brown kannte, der ihr ein Zimmer anbot. Mit ihm war offensichtlich auch das Abendessen. Ich sah sie dann nur mit Arthur Brown wieder, dem Sänger von „I'm the God of Hellfire". Mit ihm tanzte sie zur ersten Hauptgruppe, zeitweise mit dem Arm auf seinem Rücken. Ich machte Beweisphotos, auf denen zu sehen ist, wie sie ihm tief in die Augen schaute und auf Berührung tanzte.

Nach dem Auftritt von Arthur Brown war sie, genau wie er, verschwunden, und ward nicht mehr gesehen – auch am folgenden Tage. Sie hat, wie vorher geplant, bei ihm übernachtet, denn ein Zelt hatte sie gar nicht erst mitgenommen. Mit anderen Worten, sie hat die Groupie-Nummer durchgezogen, wobei mir auch egal ist, ob platonisch oder nicht.

So hatte ich mir das Festival und unser lange erwartetes Wiedersehen nicht vorgestellt. Übrigens war das meine erste real erscheinende Chance beim natürlichen Kennenlernen. Ich fühle mich als nützlicher Idiot, der ihr mit meiner bezahlten Karte ermöglichte, Groupie eines anderen zu werden. Warum macht sie sowas? Mein Interesse konnte sie nicht übersehen haben!? Natürlich kann ich mit einer Berühmtheit der 60er nicht mithalten. Dagegen kann meine Lesung nicht an, die allerdings bei Publikum und Künstlern Anklang fand. Auch beim Alter gebe ich Arthur Brown gerne den Vortritt.

Später erzählte mir der Meister der Energiebälle, sie habe zwei Bälle für Arthur Brown gekauft, sei dann noch einmal wiedergekommen und habe noch einen geschnorrt, angeblich wieder für den berühmten Sänger.

So läuft das immer, mit zigtausend Frauen. Wenn ich eine anspreche, klappt das nie. Denn die biologische Wahlmacht liegt bei der Frau, was oft diktatorische Züge annimmt. Also warte ich inzwischen, bis ich angesprochen werde. Aber sogar dann laufen dieselben Spiele, „games of society", die Hippies angeblich abschaffen wollten.

(2.)
Eine junge Frau kannte ich von etlichen Festivals, doch war sie sich zu fein und ich ihr nicht gut genug, mehr als kurze Oberflächlichkeiten mit mir zu reden. Dann angelte sie sich den Sänger der auf diesen Festivals beliebten Band Simon Soul Charger. Gegen den Sänger kam ich Nichts und Niemand natürlich nicht an.

(3.)
Dritter Vorfall auf dem gleichen Festival. Meine Reisepläne waren gescheitert: Die Fee fehlte. Am ersten Abend sprachen mich zwei junge Frauen an, ich würde so „cool" tanzen. Als sie auf mich zukamen, waren andere Männer schneller: Sie merken, wer ansprechbar ist, und versuchten, ihre Aufmerksamkeit wegzuschnappen. Trotzdem hatte ich am nächsten Tag tolle Gespräche mit den beiden, verkaufte der einen ein Buch, und spielte ihnen originale, seltene 60er Psychedelik vor, die sie gut fand und die gut paßt, weil sie nicht nur erstaunliche Klangwelten erschließt, sondern schön positiv ist. Sie wollte auf mich zukommen; auch zur Lesung ludt ich sie ein.

So schien das Festival gerettet. Schien. Obwohl ich ihr Bescheid sagte, kam sie nicht zu meiner Lesung, die ganz gut verlief. Inzwischen waren noch Männer ihrer Clique angekommen, ihr Interesse verschwunden und durch Wegfloskeln ersetzt. (Mehrere Male „mußte sie gerade pissen gehen".)

MySpace, später Facebook, soziale Mediën, und was es sonst so gibt, alles versagt aufgrund der gleichen Selektionsspiele, die niemand abschaffen oder ausgleichen will.

„Um den Sommer tanzend zu beschließen,

mögen beim Festival die Elfen sprießen.
Lauscht den Psychedelikklängen,
es rauscht der Wind zu den Gesängen.

Magier umrunden nachts ein Feuer.
Vor Pilz- und Druidenkreisen
hallen bunte Sängerweisen.
Elfe, letzte Reise heuer!"

In Jahrzehnten hat es niemals geklappt. Das ist die Wirkung sexuëller Selektion auf Männer. Jetzt fehlen nur die Trolle, die wütend und fanatisch brüllen, das sei ihnen schnurzegal und „Privatsache", obwohl die 1968er und Feministen systematisch das private politisierten, politisch umstürzten, indoktrinierten, gerade sexuëlle Selektion zum Lieblingshobby feministischer Macht wurde.

Feminismus verdreht alle Tatsachen ins Gegenteil. Was immer Feminismus verlangt – das Gegenteil wird ebenso verlangt, wie es gerade paßt. Das Private muß politisch werden, wenn es ihnen paßt. Schon kleine Kinder werden gegendert, indoktriniert. Doch Kritik daran ist verboten; Probleme, die sie politisch schaffen, werden als „Privatsache" abgetan.

Chaos und Kälte

Weder funktioniert anarchischer Dschungel aus Egoismen, noch Rassismus feministischer Separation. Aufgeschmissen, betrogen bist du in jedem Falle in gleichgültigen Verhältnissen, wo feindlich aufgemerkt wird statt anteilnehmend.

Liebe ist kein Gekeule mit Egoismen, sondern verläßlich mitfühlen, Betätigung für, ist die Gesamtheit aus Träumen, die anderen gelten, dessen Geschlecht, dessen Sehnsucht, Einsatz, Glauben und Sexualität, ist Ergänzung, sichere Nähe statt Abwimmelei und Problembeschaffung. Liebe ist zu geben, was andere brauchen, nicht zu fordern und distanzieren.

Was sie Liebe nennen, ist nur ein egozentrisches Sentiment, eine Forderung an andere, ein Besitzergreifen, zuweilen sogar wütendes Fordern, aber kein liebevolles Mitfühlen für den, der es braucht. Nicht einmal für Menschen direkt vor ihnen haben sie Gefühle. Nicht einmal für Männer, die sich um sie mühen, entwickeln Frauen Gefühle. Hier läßt man dich seelisch verhungern. Dafür werden Haustiere bis zur Neurose verhätschelt; sie haben es besser als Männer, gewinnen die Zuneigung auch fremder Frauen. Männer zählen nicht, sie zahlen.

Damit Gesellschaft funktionieren kann, braucht sie Mitfühlen, soziale Bande, müssen Menschen und die Geschlechter etwas füreinander tun. Es braucht Formen, die Männer und Frauen in Bezug setzen, und zwar auch außerhalb von Familien. Männer brauchen einen Bereich und Dinge, die Frauen nicht haben, und umgekehrt, doch für Frauen liefert es meist die Natur. Dann können sie tauschen, etwas für die andere Seite tun, haben Männer etwas, das Frauen gefällt und die Selektionshürde überwinden läßt.

Überschrift

Täglich kämpfe ich vergeblich um (m)eine Existenz. Ich bin eine Leerstelle, die sich mit Inhalt füllen will. Ich bin eine imaginäre Möglichkeit in komplexen Verhältnissen, die keine Funktion in einen realen Zustand überführt. Ich bin die Vielzahl Möglichkeiten, mich zu entwickeln, die ihr mir nicht gegeben habt.

Warum muß ich meine Gewohnheiten beschreiben, meine täglichen Beschäftigungen, Zerstreuungen, Bemühungen und Methoden, die Zeit zu organisieren, wo doch alles Zufall war, bloßer Zufall, vorgegeben durch die Umgebung und Leute, an die ich gerate oder nicht, durch die Einstellung anderer zu mir, durch Möglichkeiten, die sie mir einräumten?

Von heute auf morgen könnte sich alles schlagartig ändern, wenn ich nur Zugang fände zu Frauen, guten Leuten. Mit einem guten Job, gekleidet in Erfolg an weniger stur-bewußtem Ort fände ich plötzlich höfliche freundliche Antworten; viele mögen nett sein, zu manchen, persönlich nicht schlecht; die negative Mode mag abflauen, doch nichts setzt sie zu mir innerlich in Beziehung; so kann es nicht funktionieren. Verwaist ist unser Inneres.

Wir sind gewöhnt, die Umstände für eine Beschreibung der Person zu nehmen. Was für ein Quatsch! Grober Unsinn! Was kann ich denn dafür?! Daß sie mich stur unterdrücken, in brutalen Verhältnissen, gemein und bescheuert mich abweisen, erzeugt ihre Verblendung; mit mir hat es nichts zu tun, daß sie gleichgültig sind und selbstverschuldete Probleme wälzen, mir damit Probleme bereiten. Der Frauenliebhaber ist einer, den Frauen lieb haben; dies ist keine Charaktereigenschaft, sondern eine Frage des Ansehens, der Moden und Normen. Geachteten, gerühmten Taugenixen wird schöngetan und applaudiert, während der ungeübte Liebesbedürftige, der ihnen nichts zu bieten hat, unbequem stört, als Spinner in der Gosse landet. Dem modegemäß erfahren und reich Wirkenden öffnen sich Schenkel und Herzen, wogegen ich weggewütet und fortgehaßt werde. Doch nehmen sie allen weg, was sie von ihnen erwarten. Für alle werden Lasten und Hürden immer höher.

Der Ausschluß in Unkenntnis und Ferne macht die Siedlung zum bloßen Fassadengebirge, dessen Wohnwaben Unglückliche entlassen in den Morgen eines Arbeitstages, um sinnloses Leben zu erhalten, Scheidungssozialfälle zur Finanzierung von Alimente und fremdem Sein, Unterhaltssklaven, Steuern zu zahlen zur Stützung der Misere, und Abwimmlerinnen kriechen hervor, dem Ort ihrer Karriere zu, wo mein abgewiesener Unglückslauf nicht gewollt wird, auf daß ich nicht für sie arbeiten kann, sie zu versorgen, sichern und ihnen ein Wohlleben zu bieten, deren Bewußtsein und Handeln sich gegen mich und Männer richtet statt für Männer und für mich. Nicht für Leben, Familie, Mann, andere, sondern für egozentrische Ziele und sogar wütend gegen uns streben sie im egoistischen Chaos, das seine Kinder in den Kampfplatz Schule entläßt, vorbei an Plakaten für geschlechtsneutrale Erziehung.

Was sind sie in Anarchie, die ihnen Identität verweigert, Achtung als Junge? Nichts, sie gelten nirgends, weder als erwachsen noch vor Mädchen und in Cliquen. Das Gegenteil notwendiger Achtung durchgrellt die Köpfe. Rauh ist Chaos ohne gehegte weibliche Sphäre auch für Mädchen. In Ersatzgruppen suchen sie Identität - wohl den Eltern, die in Überstunden die teuren Klamotten zu erarbeiten vermögen, ohne die ihre Kinder ausgelacht werden, weil sie nicht aussehen wie die Clique; Anarchie, Wildwest, schweres Gerangel um Achtung, nicht in eine unterdrückte, unmännliche, lächerliche Rolle gedrückt zu werden, verweigert von Frauen, passiv, problembeladen, unattraktiv und bekichert, nur gut, unerreichbar sehnend Frauen Machtgefühl beim Abwimmeln zu vermitteln, die sich gebraucht, umschwärmt und zu gut fühlen.

Einmischung, Streß und Reiberei wuchert zwischen Mädchen und Jungen, die keine eigene Sphäre haben, die ein Selbst bewußt macht, das sich liebend, mitfühlend bezieht und so innere Sicherheit gibt ... Müttersöhne bleiben sie, künstlich unreif gehalten. „Da hast du Pech gehabt. Das werde ich immer besser wissen." Ohne männlichen Raum zur Entfaltung ziehen Erziehungsmacht, Sprüche von Müttern und kühlen

Töchtern sie nieder, die selbst ohne eigenen Bereich dem so erzeugten Druck von Jungen ausgesetzt sind, die mühsam um Anerkennung ringen. Kein Wunder, daß aggressivere Moden aufkommen, wie Ghetto- und Gangsterstil, um einen Ersatz für das zu geben, was Kultur ihnen nicht mehr bieten kann.

Lichter gehen an und aus. Es ist Zeit geworden für Jugendliche, Häuser ohne gewinnbare Mädchen zu fliehen, Zeit verschärften Sich-Zeigens und Gesehen-Werdens. Mädchen ansprechen, abblitzen, Mädchen ansprechen, abblitzen, Mädchen ansprechen, abblitzen ...

Chaos: aggressive Denkmuster, holzende Tiraden von FeministInnen und Entwurzelten jedweder Couleur, statt gepflegter freundlicher Konversation das Gehämmer eines Diskutierens, verbreitet seit Studentenrevolution und Frauenbewußtsein. Bekannte kommen nur zum Nerven, abzubringen von unerwünschten Träumen, verachteten Gedanken und Gefühlen, niederzuknüppeln mit Thesen, die sie in den Raum grellen ohne Begründung, nerven, psychisch zu belasten, „Ja der Mann kann eben nicht, sich eben nicht..."

Allgemeine Mechanismen: Entwurzelung vergröbert, das ungehemmte Aufeinanderprallen von Egoismen und konträren Interessen schafft Streit, Generve, Gerangel in Beziehungen, um Frauen. Natur und Kultur, Organismus der ausgleicht, in Beziehung setzt, Identität gibt, sichert, dieser Organismus ist getötet, verreckt, verunglimpft, vergessen. Gefühle erreichen den anderen nicht, sind verkommen zum abwimmelnden Sentiment nerviger Ichsüchte.

Anarchie: mafiose Mißstände, Aggressivität in der Schule, eine Welt, in der weggeputzt sind weibliche und männliche Identität, jede Geborgenheit, alles was verläßlich Leben ermöglichen könnte ohne Streß und Kleinkrieg. Geschlechtslose Anarchie, die verroht, entwurzelt, aus Ergänzung hoffnungslose Kollision und Konfrontation macht; aus vielgliedrigem Organismus, der seine Teile umsorgt und gedeihen läßt. wird im Todeskrampf ein jede-gegen-jeden isolierter Zellen, die sich bekämpfen und nicht erhalten, was sie brauchen, woran sie zugrunde gehen.

Ablenkung: Mosaiken erleuchteter Fenstergläser, Bildschirme, Monitore ... Filmwelten unterhalten ablenkend von der Wirklichkeit, verleihen nichtigen Personen Bedeutung in der fiktiven Konstruktion, setzen in tatsächlich fehlende Beziehung; vorübersausende Prachtgefährte verraten Bedrohung, die Ankunft einer nahbaren Schönen, was zur Geschichte auswächst, die erzählt, was nur in der Medienwelt ersatzpassiert. Da jagen sie längs! Oh Gott, ist das knapp! Unterjubelt werden Ansichten, die unsere Welt verarmt haben, Dogmen emanzipierten Elends, Ursachen verbreiteten Leidensdrucks.

Indoktrination: Frauenbewußte Bücherheere tragen unwidersprochen geistige Tiefschläge in die Gemüter, füllen als sogenannte «Frauen»literatur Regale, Wandschränke, große Teile von Buchläden, Gehirne. Moralisch verpönt, nicht so zu sein, nicht so zu denken.

Die Affinität feministischer Szene zu Chaos, was es bedeutet und prägt, äußert sich in eigener Darstellung. Ich zitiere aus Nölle-Fischer, Karen „Zukunft, gibt's die?", nach F. Stern, für dessen solide Arbeit mit langer Zitat- und Literaturliste ich danke.

„Der schwerfälligen Ordnung ... setzen wir den schwankenden Boden des Chaos entgegen. Eine Stadt der Frauen stelle ich mir nicht männerlos vor, sondern ... als auch die bierbäuchigen Klötze ... den fremdländischen Worten, Gesten und Blicken der Frauen hilflos ausgeliefert sind.... Ein falscher Witz, und sie sind geliefert." (A2)

Ähnliches erlebte ich schon Ende der 1970er und Anfang der 80er. Schon damals war eine absurde Atmosphäre entstanden; als in einer Filmkomödie Marty Feldmans eine dominierende Muskelfrau für eine kurze Sequenz als Nazi verulkt wurde, reichte mein kurzes leises Lachen, um laute Rufe „Frauenfeind!" auszulösen, darunter übrigens Stimmen von MännerIinnen[40], und als im Hörsaal, der als Kino diente, die Lichter angingen, tasteten suchende Augen den Raum nach der Quelle verbotenen Lachens ab.

Noch weniger sehen wir, was Untersuchungen zeigen: Wie durch Genderung und Kulturverlust entwurzelte Jugendliche anfällig werden für Ersatzideologiën, die heute oftmals entweder Feminismus oder Islamismus lauten. Dies gilt sowohl für die Bundesrepublik (siehe: „Die Unterdrückung der Männer"), als auch für afrikanische Staaten (siehe: „Die Genderung der Welt"). Feminismus ist eine der Ursachen für die Attraktivität extremistischer Gruppen, in früheren Epochen z.B. Faschismus und Kommunismus, heute vielfach fundamentalistische religiöse Sekten.

---

40 Die „lila pudelnden weißen Ritter" waren schon damals verbreitet in meiner verlorenen Generation. Manche Professoren hofften noch, durch hohe Ansprüche und Auslese der Besten die heiligen Hallen der Wissenschaft zu schützen, doch der heranwachsende Mittelbau war bereits hoffnungslos feministisch ideologisiert. Später wurde dann Ideologie systematisch hineinquotiert.

Gewalttäter „politisch korrekter" Gruppen haben bemitleidenswerte psychische Probleme
Andersdenkende sind dagegen „abscheulich" & „eine Schande für alle"

Feministische Wellen haben eine Pervertierung der Wahrnehmung von Gewalt und Haß verankert. Bereits die erste Welle prägender Männerhaß, Extremismus und Militanz wurden ausgeblendet oder als „gerechtfertigt" umgedeutet, indem eigentlich radikale und zerstörerische Prinzipiën zur Staatsdoktrin gemacht wurden. Jegliche Kritik an einer eigentlich extremistischen Strömung wurde dagegen als „frauenfeindlich" u.s.w. diskreditiert, diffamiert und unterdrückt. Meine Bücher weisen diese Prozesse über mehrere Wellen und Generationen nach und unterliegen ihnen; Reaktionen laufen nach den beschriebenen Mechanismen ab, erhärten so die Aussage. Doch das nehmen wir nicht wahr, wollen wir nicht wahrhaben.

Die absurde Unlogik und Schiefheit „politischer Korrektheit", die aus dem Feminismus als Werkzeug gegen Männer und traditionelle Kultur geschaffen wurde, merken wir erst, wenn es andere, „unverfängliche", nicht durch Tabu und angeborenen Kavaliersinstinkt geschützte Bereiche trifft, wie heute die einträgliche, hochbezahlte demographische Landnahme durch Massenimmigration.

So schief ist die Sicht vieler Zeitgenossen, daß gute Argumente gar nicht erst gelesen werden, sondern untergehen. Ein schlechter Artikel erregt viel mehr Aufmerksamkeit als ein guter. Wer gelesen werden will, muß sein Niveau senken und schreiben, was die Leute hören wollen.

«Von Daniel Greenfield
Ein moslemischer Terrorist stach an einem Bahnhof nahe München auf vier Menschen ein, während er „Allahu Akbar" (Allah ist größer) schrie. Während er den Ruhm Allahs verkündete, rief er, daß all seine Opfer „Ungläubige" seien. Eine Frau hörte ihn „Ungläubiger, du mußt sterben!" rufen.

Die deutschen Behörden kamen zu der unausweichlichen Erkenntnis, daß dieser Angriff nichts mit dem Islam zu tun habe. Stattdessen war der Messerstecher „psychisch krank" und wahrscheinlich nicht einmal verhandlungsfähig. ...
Siraj war ein illegaler Einwanderer, der bei einer moslemischen Buchhandlung arbeitete, und der prahlte „Ich will wenigstens 1.000 oder 2.000 an einem Tag töten." Seine Familie und seine Verteidiger behaupten, daß er einen niedrigen IQ habe. Sein Mitangeklagter, James Elshafay, litt an – Sie ahnen es schon – psychischen Problemen.»[41] (Jüdische Rundschau)

Andersdenkende, Kritiker von Feminismus oder Massenimigration werden diffamiert, echte Terroristen jedoch entschuldigt. Dies geht analog zu der seit 100 Jahren betriebenen Glorifizierung militanter Feministinnen, die bis zum Ersten Weltkrieg mit Gewalt und Anschlägen glänzten, sogar von einem „Krieg" sprachen, wogegen friedliche Kritiker ihrer Ideologie beschuldigt und so gründlich diffamiert wurden, daß sie auch nur zu lesen und zu überdenken verweigert wird, was auch Zweck der Übung war.

«Terror-Täter Labil sind wir alle
Die Attentäterpsychologie macht es sich zu leicht, wenn sie auf die psychische Labilität der Täter verweist. Die Dimension der Propaganda kommt dabei zu kurz.
26.07.2016, von Christian Geyer
Organisiertes Mitglied oder einsamer Wolf? Wie auch immer: Der Propaganda erlegen sind sie alle.
Es vergeht kein Anschlag, ohne daß hinterher gesagt wird: Der Täter war psychisch labil. Nizza, Würzburg, Orlando – wir sehen psychisch Labile auf der Durchfahrt. Mögliche islamistische Motive werden mit solcher Labilität, wenn überhaupt, dann nur in dem Sinne verknüpft, daß sie den Aufmerksamkeitswert des Anschlags erhöhen sollte. Labilität taugt aber nicht als eigenständige Erklärung. Das ist wichtig zu erken-

---

41 http://juedischerundschau.de/psychische-erkrankungen-bei-islamistischen-taetern-135910535/

nen, um nicht blind für die Strahlkraft von Gedanken, Ideologiën zu werden, die hinter den Taten stehen.»[42] (faz.net)

Solche Erklärungsmuster wiederholen Mediën bei den Anschlägen in letzter Zeit. Nicht den geistigen Hintergründen wird nachgespürt, sondern an deren Leugnung gearbeitet. Suggestiv reden verbale Mediën wie Fernsehen und Radio solche Umdeutungen ihren Hörern ein.

Nehmen wir als Beispiel den Attentäter von Ansbach. Von offenkundigem Bekenntnis zum IS wurde umgedeutet zum psychisch Kranken.

«München – Unauffällig, depressiv, suizidal: Fragmente der Persönlichkeit des Ansbach-Bombers sind bisher bekannt. Wer war dieser Mann, der 15 Menschen verletzt und sich selbst umgebracht hat? Eine Spurensuche. ... In einem Video, das die Ermittler auf dem Handy des Syrers sicherstellen, soll dieser sich zur Terrormiliz IS bekannt haben. Die wiederum beanspruchte den Anschlag für sich. Dem IS-Sprachrohr Amak zufolge war der Täter ein „Soldat des Islamischen Staates".
In seinem Video habe Mohammed D. laut Bayerns Innenminister Joachim Hermann explizit einen Racheakt gegen Deutsche als Vergeltung angekündigt ... Auf Mohammed D.s Laptop haben die Ermittler laut dpa zudem gewaltverherrlichendes Bildmaterial sichergestellt, das in Verbindung zum IS steht.»[43] (Merkur.de)

Trotzdem zweifelt die Zeitung die Verbindung zum IS an und bringt die gesinnungsmediënübliche Umdeutung in psychische Erkrankung als Ursache. So gesehen wäre jeder Gewalttäter und Extremist krank, wären Hitler und die Architekten des Holocaust Kranke.

Grotesk ist auch die Formulierung, „gewaltverherrlichendes Bildmaterial" sei – nach dem Anschlag – „sichergestellt" worden. Sichergestellt wurde nichts und niemand. Der Anschlag passierte, Menschen kamen zu Schaden. Von „Sicherheit" kann keine Rede sein. Eher wurde das Bild-

---

42 http://www.faz.net/aktuell/feuilleton/attentaeter-von-nizza-orlando-wuerzburg-waren-psychisch-labil-14353074.html
43 http://www.merkur.de/bayern/selbstmordanschlag-ansbach-was-ueber-attentaeter-mohammed-bekannt-ist-6612838.html

material vor kritischen Journalisten „gesichert", so daß es unbequemer Berichterstattung nicht zur Verfügung steht.

«Inwieweit D. mit dem IS in letzter Zeit in Kontakt stand beziehungsweise überhaupt vernetzt war, ist unklar. ... War Mohammed D. psychisch krank? Höchstwahrscheinlich.» (Merkur.de a.a.O.)

Doch wie wäre der Terrorstaat IS ohne Verbindung an das Bekennervideo gelangt, das dieser veröffentlicht haben soll?

«In einem vermeintlichen Bekennervideo hat der mutmaßliche Attentäter von Ansbach den Selbstmordanschlag in Bayern angekündigt. Das Video wurde in der Nacht zum Dienstag von Amak, dem Sprachrohr der Terrormiliz Islamischer Staat, im Internet verbreitet.»[44] (n24.de)

Sogar die Flucht des Attentäters verlief so ungewöhnlich glücklich, daß ein Eingreifen des IS wahrscheinlich genannt wurde.

«Sein Therapeut nannte den Ansbach-Bomber einen „extremen Geist". Es gibt Hinweise, daß der IS den Syrer gezielt nach Deutschland schickte. Sein Glück im Unglück in Bulgariën klingt zu rätselhaft. ... „Zu meinem Glück fand ich einen Syrer, der mir einen Flug nach Österreich spendierte", soll er seinem Therapeuten gesagt haben. Dieser Aussage wird sich die Bundesanwaltschaft vermutlich genauer widmen. Welcher Syrer – ob auf der Flucht oder nicht – würde einem Landsmann einen Flug Richtung Westen spendieren?»[45] (n24.de)

Andere Mediën stellen diesen und andere Attentäter und „Amokläufer" mit islamischem Hintergrund als „psychisch krank" hin, teilweise als bemitleidenswerte Jugendliche.

Empathische Sicht gilt natürlich nicht für einheimische Jugendliche, die gar kein Mitleid bekommen, wenn sie vom Feminismus unterdrückt

---

44 http://www.n24.de/n24/Nachrichten/Politik/d/8880516/is-veroeffent-licht-angebliches-bekennervideo.html
45 http://www.n24.de/n24/Nachrichten/Politik/d/8891468/therapeut-warnte-vor-spektakulaerem-selbstmord.html

werden oder keine Mädchen abbekommen; unsere eigenen anständigen und gewaltlosen Männer und Jungen werden verspottet, verhöhnt, beschuldigt. Mitleid gibt es dagegen für feindliche, aggressive oder gar terroristische Kräfte der demographischen Landnahme. Sollte es sich ausnahmsweise um einen Mann abendländischer Herkunft handeln, wird es als Haßverbrechen gegeißelt, als „eine Schande für alle", die tiefsitzende Vorurteile und Groll der Gesellschaft verrate, und wird allen Andersdenkenden und Kritikern in die Schuhe geschoben, um jegliche Kritik durch solche Unterstellung mundtot zu machen. Waren Täter jedoch islamistisch, ist es moralisch verboten, den tatsächlichen Zusammenhang zum Islamismus zu sehen.

«Matthew Aaron Llaneza konvertierte zum Islam und versuchte eine Bank in Oakland zu sprengen. Seine Verteidiger führten psychische Probleme als Ursache an. Der moslemische ISIS-Unterstützer Emanuel Lutchman plante im letzten Jahr einen Buschmesser-Angriff in Rochester. Trotz seiner Kontakte zu ISIS war der Grund für seine Tat eine psychische Erkrankung. Sami Osmakac plante Nachtclubs in Florida zu sprengen. Er nahm ein „Märtyrervideo" auf, das einen Aufruf an „Moslems weltweit" enthielt, terroristische Attentate auszuführen. Er erklärte, daß der Zehennagel eines sündigen Moslems mehr wert sei als alle Nicht-Moslems der Welt zusammen.

Sie sind wahrscheinlich überrascht zu hören, daß sein Anwalt eine „psychische Krankheit" für all dies verantwortlich machte und behauptete, daß sein Mandant „überlistet" worden sei. ...

Selbst wenn moslemische Terroristen gar nicht behaupten unter psychischen Krankheiten zu leiden, so sind die Medien glücklich und schnell zur Stelle, dies in ihrem Namen zu behaupten. Als (der in Amerika geborene) Nidal Malik Hasan 13 Amerikaner in Fort Hood ermordete, suggerierten „Time" und die „New York Times", daß er sich eine posttraumatische Belastungsstörung zugezogen habe, weil er als Militärpsychiater andere Soldaten behandeln mußte. In Wirklichkeit war Hasan ein moslemischer Terrorist. Das Märchen von der posttraumatischen Belastungsstörung kommt ins Wanken, wenn man seine Briefe liest, in denen er schreibt, daß er Dschihadist sei, ISIS unterstütze und amerikanische Soldaten „für die große Sache" und als „Hilfe für meine moslemischen Brüder" getötet habe.» (Jüdische Rundschau a.a.O.)

Das entspricht der Gepflogenheit nach allen feministischen Wellen, auch der ersten bereits, Militanz, Haß und Lügen von Feministen für „gerechtfertigt" zu halten, jede Kritik, und sei sie noch so solide begründet, jedoch empört zu verbieten. Obwohl tatsächlich Feminismus aller Wellen nachweislich auf Haß gründete und Männerhaß verbreitete, wird in genauer Umkehrung der Tatsachen jedwedem Andersdenkenden vorgeworfen, „frauenfeindlich" zu sein, ein Reflex, der die Gesamtgesellschaft von links über die Mitte bis rechts lückenlos erobert hat.

Dieser grundlegende Mechanismus, auf dem auch die Vorzugsbehandlung für Migranten und islamistische Täter beruht, entzieht sich unserer Wahrnehmung. Wir sehen ihn nicht, obwohl er die feministische Tendenz der Gesellschaft seit 150 Jahren prägt, das Gleichgewicht der Geschlechter und die Kultur zerstören half. Stattdessen halten wir eine Folgewirkung wie die Bevorzugung von „politisch korrekter" Gruppen für die Ursache.

Noch weniger sehen wir, was Untersuchungen zeigen: Wie durch Genderung und Kulturverlust entwurzelte Jugendliche anfällig werden für Ersatzideologiën, die heute oftmals entweder Feminismus oder Islamismus lauten. Dies gilt sowohl für die Bundesrepublik (siehe: „Die Unterdrückung der Männer"), als auch für afrikanische Staaten (siehe: „Die Genderung der Welt"). Feminismus ist eine der Ursachen für die Attraktivität extremistischer Gruppen, in früheren Epochen z.B. Faschismus und Kommunismus, heute vielfach fundamentalistischer religiöser Sekten.

Da es kaum Leser für die Wahrheit gibt, wohl aber Leser für zumindestens in kritischen Kreisen wohlgelittene Kritik an demographischer Landnahme, werde ich gezwungen, den Schwerpunkt in Texten anders zu setzen als er ist.

Nichthandlung

Ereignislos ist mein Leben, mein Los bin ich alles; kein Geschehen bewegt den Leser zum Lachen und Weinen; Reifeprozesse sind unmöglich.

Eine Fülle leerer Reize entgleitet wie meine Jahre. Sinnlos zu versuchen, sinnlos zu beschreiben. Bis zum Überdruß bekannt ist die innere Leere; eine Erwähnung solcher Gemeinplätze läßt uns gähnen, einschlafen, wobei das Buch unweigerlich aus den Händen gleitet, in den schon wartenden Papierkorb, was fatal wäre für den Unternehmer Schriftsteller, der dafür zahlt und lebt, schreiben zu dürfen ... ich werde also erzählen, ja erzählen werde ich die Nicht-Ereignisse, die Nicht-Geschichten, das unterbliebene Leben, ich werde es schildern, ausmalen in den eintönigsten Farben, die ich in langer Praxis für meine Palette gemischt habe.

Mein erstes Nicht-Ereignis, welches eilfertig anzubringen mein ganzer Stolz ist, liefert der Lastwagen, der jetzt nicht hintendrauf donnert, als ich verträumt unachtsam einem Mädchen nachschaue, das ich nicht wiedersehen werde. Was hätte ein Unfall bedeutet? Nichts! Ich würde mein Rad flicken und die Chose vergessen. Bedeutungslos. Und wenn ich mal dran glauben müßte, wäre das erst recht egal. Es läßt sich sowieso nicht ewig vermeiden. Vorspurten zur Ecke! Ja, was für ein Abenteuer. Die Autoverfolgungsjagd aus dem Krimi findet nicht statt, aber der Held erreicht die Ecke, welch ein Triumph! und jetzt, schwubb di wupp, habe ich, im Schweiße meines Angesichts, die Pedale gedreht, oder das Lenkrad, oder einen Fuß vor den anderen gesetzt, wenn es nicht was anderes ist. Unser Alltag ist voller Ereignisse, ein einziger Roman, ein spannender Film, ein Märchen, ja das ist doch was. Immer aus demselben einsamen Bett zu steigen, allein durch die selben Straßen zu pflastern, ja darin liegt Magie, das ist ein metaphysisches Ereignis.

Einkaufen, Schlangestehen, vergeblich warten, au pfein das ist das rechte Abenteuer für den Mann von heute, und Frauen finden mein Bemühen um „come together" ziemlich albern, da habe ich den West-Test gemacht, doch keine ließ mich probieren; was soll nur aus uns werden? fragen Tabakrolle und Hülle - eine echte Filterzigarette, und ich Kamel gehe für sie noch immer nicht meilenweit, nicht zu dir und nicht zu mir, und sie sind offen für Albereien, ab drei Millionen Gage, für mich verschlossen, zu, verriegelt, bewacht von kafkaesken Türstehern; nur für dich ist die Pforte da und vernagelt, und ich darf schuften rödeln grübeln, die Denk- die Dreckarbeit machen, um der Welt einen Abgewimmelten zu erhalten, einen süchtig ersehnenden Belästiger, von dem nie eine Frau vergewohltätigt werden wollte, dem Frauen kein Wohl gönnen, Geld Geld Rödeln nur nicht leben - keine ungehörigen Forderungen!, und hin und her und das jeden Tag und jeden Tag schau ich vergeblich und meine täglich Tagesschau endet wie meine Versuche kläglich aber brav immer gut drauf sein immer happy und locker und nur nichts wollen das merken sie mögen sie nicht immer kühl distanziert oberflächlich ja das bevorzugen sie selektieren sie bis es knallt weil sie eine Beziehung anders wollen und das Fernsehen zeigt wie es nicht ist Realitätsersatz Realityshows Sensationen aber nie das langatmige tägliche Verweigern.

Also wenn nichts passiert, muß ich mir eben was ausdenken. Kann ja keiner nachprüfen. Ich bin so frei, Ladies and Gents. Was nich is, das denk ich mir. Schon in alten Zeiten pflegten die Menschen ihre Mythen. Aber so ein Mythos, den ich ganz für mich alleine hab', den keiner kennt außer mir, das ist doch was Feines, Wunder der Wunschbefriedigung, Traumerfüllung. Ich werde von Leiden erdrückt, weil ich kein Mädchen hab, das mich mag, der Mangel mich krankmacht, unfähig, falsche Abläufe zu ertragen, und aus gleichem Grund erdenke ich, stelle ich Phantasien in den Raum:

Da schlürft sie längs.
„Na du?"
-„Hi"
-„Was soll ich'n sagn?" #
-„Das mußt du schon wissen."
-„Wie wär's mit ‚Seebär sucht Seestern zum Anpeilen.'?"
-„Haha, sehr witzig."

-"Landratte sucht Mietze zum Anbeißen."
-"Werd nich albern."
-"Sogar ‚Kwatschkopp sucht Kwatschköppin zum Kwatschen.' war als Ansage im Kwatsch ein Flop. Was soll ich sagen?"
-"Das mußt du wissen. Ich hab's eilig. Bestimmt sehen wir uns entweder mal wieder oder nich'. Tschüß."
-"Nicht doch! Hör her!"
Mit sprechenden Gespinsten umlullt mich meine Phantasie, soufliert gegen ihr Schweigen. Ich schreibe mir, was ich nicht höre. Welch praktisches Verfahren!
-"Und jetzt tschüßt du dich einfach weg! Das geht doch nicht!"
Aber sie vernahm nichts mehr. Ich hab' das leichte Gefühl, daß meine eigenen Figuren mich nicht ganz ernst nehmen. Ich rufe ihr nach, doch sie hört schon nicht mehr hin.

«"Nenn mir den Zauberschlüssel, das Paßwort zu Deinem Herzen."
"Weihnachtsmann ohne Osterhäschen" - zu spät - eine junge Dame, die besseren Spruch weiß, bitte melden ...»

Undankbar flitzen sie dahin, die Gestalten meiner Phantasie; kaum kennen sie mich noch. Immerhin öffnen sie den Mund zu einem wirren Wortschwall.

„Hallo! Ewig nicht gesehen."
-"Können auch drei Tage länger sein."
-"Ha ha. Sehr witzig. Und was tust du sonst so?"
-"Ich verdiene Geld und geb' es wieder aus."
-"Find ich immer toll, mal zu hören, was die Leute jetzt so machen."
-"Tschüß. Bis zum nächsten Mal. Ich glaub aber nich', daß ich hier wieder vorbeikomm'."
Wech. Pech aba auch.

„Hey, na?"
-"Hastde X gesehen?"
-"Nee, seit drei Jahren nich'."
-"Ich auch nich'. Der interessiert mich aber mehr als du. Ciao."

„Hallo! Na, in Eile?"
-„Man tut was man kann."
-„Ja, die alten Zeiten sind auch nicht mehr, was sie mal waren."
-„Man sieht sich."
-„Vielleicht"
-„Irgendwann"
-„Irgendwo"
-„Irgendwie"

„Hallo"
-„Na?"
-„Soso"
-„Find ich auch."
-„Na denn"
-„Bis dann"

„Hallo"
-„Bin voll distanziert"
-„Ich auch"

„Dich kenn ich nich; mit dir red ich nich."
-„Ich auch nich"
-„Toll daß wir uns einich sind."

Was hat das alles für einen Sinn? Jahre könnte ich durch die Straßen gehen: warum? wozu? Keine schert es. Ich habe keine Existenz. Und sollte es Begegnungen geben wie das Aufeinanderstoßen von Billardkugeln in einem schlechten Spiel einer schmierigen Spielhölle - was nützte das? In gleichgültiger Masse rennen Mädchen vorbei und ich bin ihnen nichts. Mein Aufenthalt hier wird nur geduldet, solange ich nichts von ihnen will. Schrecklich. Ich kann mich in eine Stätte weiblicher Abwahl hocken und blöde meine Zeit vertun: was für ein Quatsch.

Was könnte ich schon machen, das nicht gleichermaßen sinnlos wäre? Lesen: Ich könnte mich von Pamphlet zu Pamphlet hetzen, um immer gleiche Verdrehung vorzufinden in feministischer Massenproduktion Millionen gegen nichts, fliehen in ferne Zonen, wo sie auch schon sind, Geschichte um Geschichte traurig durchfliegen, weil alle etwas versprechen, beschwören, das mir verweigert und unmöglich ist, an der Unzahl ihrer Thesentexte ersticken, für deren Widerlegung es mir an Zeit fehlt; in einen Rausch illusionärer Unterhaltung könnte ich mich stürzen, bis ich aus ihm erwache, indem ich entdecke, daß all diese Geschichten einer fiktiven Welt angehören, von der es keine Brücke gibt zu meiner Nichtexistenz, die davon unbeeindruckt leer und nichtig bleibt.

Bücher sind eine mächtige Droge, ungleich mächtiger als andere Medien, aber Droge auch sie: Sie lenken mich ab von der Welt, betäuben mich, liefern ein paar angenehme Augenblicke, nützen aber nicht das geringste in meiner physischen Existenz; eher pumpen sie mich voll Meinungen, die mir Gegenwehr vollends unmöglich machen.

Auf die Gier nach Büchern folgt Abscheu vor den Geschichten; ‚Nein, nicht schon wieder eine!' denkend fühle ich mich unwiderstehlich abgestoßen, sobald ich in einem Buch zu blättern beginne und nur einige Zeilen aufnehme; ich kann es nicht verknusen, mich aus der Nichtgeschichte meines Daseins oder besser Danebenseins wegreißen zu lassen in eine Geschichte oder meinen Traum von dieser, aus dem ich erwache mit nichts außer einem Stoß gebundenen Papiers in meinen Händen.

Mit solchen Gedanken finde ich mich wieder zu Hause ein, wo mich der Mangel erwartet, dem ich doch hatte entkommen wollen.

Der tägliche Alptraum: Gängige und unmögliche Themen

In letzter Zeit gab es alle paar Tage Vorfälle, wo Menschen abgestochen oder erschossen wurden, die ohne die Millionenflut noch leben würden; es gab auch mehrere Vorfälle an einem Tag, zu denen zahlreiche Belästigungen und andere Delikte kommen, von denen meist höchstens lokal berichtet wird, weil sie sonst ein Gesamtbild ergäben, das schlecht für die Regierung wäre.

Obiger Satz war ein Aufreißer. Denn es gibt Themen, die gehen, und Themen, die nicht gehen. Gängige Themen wie Massenimmigration ist ein Thema, das derzeit „läuft", Beachtung findet, wie andere zum Zeitgeist passende Themen auch. Dabei gibt es andere zentrale Lebensfragen, über die seit Jahrzehnten entweder gar nicht, oder nur verzerrt berichtet wird, Fragen, die tabu sind, was verdächtig ist. Denn interessante und wichtige Wahrheiten pflegen sich genau dort zu verbergen, wo niemand hinhört, etwas von wissen will, der Verfasser beschimpft und lächerlich gemacht wird. Warum machen sich Leute die Mühe, auf bestimmte Themen und ihre Verfasser loszugehen? Weil sie unbequem sind. Doch der Reihe nach. Beginnen wir mit menschlichen Tragödien, die vermittelbar sind.

«INNENMINISTER ULBIG ENTHÜLLT ZAHLEN ZUR AUSLÄNDERKRIMINALITÄT
169 Sexual-Straftaten durch Zuwanderer!
Von: M. DEUTSCHMANN
05.12.2016 – 20:02 Uhr
Dresden – Sachsen hat ein Problem mit kriminellen Nordafrikanern. Denn 46 Prozent aller Zuwanderer aus den sogenannten Maghreb-Staa-

ten (Tunesien, Algerien und Marokko), die nach Sachsen kamen, sind kriminell.»[46] (Bild)

Darüber wird kaum berichtet in Gesinnungsmediën, für die solche Vorkommnisse ‚Einzelfälle' von nur lokaler Bedeutung seien. Wochenlang zur Sensation aufgebauscht wird dagegen ein Schweinskopf oder ein von Böller vor Moscheetür. Morde an Deutschen sind nicht tagesschauwürdig! Nun wissen wir, daß die #Einzelfälle in Sachsen 46 Prozent aller nordafrikanischen ‚Zuwanderer' umfassen sollen. (Medial ist es das gleiche Spiel wie seit Jahrzehnten oder Generationen in Sachen Feminismus.)

«Messer-Angriff in Reutlingen (24.7.2016) ...
Auf die schriftliche Mitteilung der Polizei, daß es sich bei dem Tatverdächtigen „um einen 21-jährigen Asylbewerber aus Syriën! handele ...
Bombenanschlag in Ansbach (24.7.2016)
In Ansbach bei Nürnberg war mindestens ein Sprengsatz explodiert – ein Mann starb, es gab mehrere Verletzte. Ziel war wohl ein Musikfestival. Bei dem Toten handelt es sich um den mutmaßlichen Täter. Der Mann wollte offensichtlich die Bombe mit scharfkantigen Metallteilen in seinem Rucksack am Konzertgelände mit etwa 2.500 Besuchern zünden.»[47] (gmx.net)

Zu dem Anschlag bekannte sich der IS; der Täter erneuerte einen Treueeid zur Terrororganisation.

«von Björn Stritzel 26.7.2016 – 09:55 Uhr
Die Terrormiliz ISIS hat ein Bekennervideo des Ansbach-Attentäters Mohammad Daleel veröffentlicht. Darin erklärt der Terrorist, der sich am Sonntagabend vor einem Festivalgelände in die Luft sprengte, daß er

---

46 http://www.bild.de/regional/dresden/gewalt/169-sexualstraftaten-durch-zuwanderer-49085760.bild.html
47 http://www.gmx.net/magazine/politik/wuerzburg-muenchen-reutlingen-ansbach-taeter-opfer-motive-fakten-anschlaegen-bayern-31706042

seinen Treueeid an den ISIS-Anführer Abu Bakr al-Baghdadi erneuere.»[48] (Bild.de)

Die Echtheit des Videos wird vom Innenminister bestätigt.

«Auf einem Handy gebe es eine Anschlagsdrohung des Täters selbst als Video, sagte Innenminister Herrmann am Montagnachmittag auf einer Pressekonferenz.»[49] (Berliner Zeitung)

Lange bevor ganze Städte lähmende Terrorangriffe überregionale Mediën zum Berichten zwangen, gab es eine tägliche Serië ähnlicher Ereignisse, über die meist höchstens lokal, wenn überhaupt, berichtet wurde.

«POL-KA: (KA) Bruchsal – Mann brutal zusammengeschlagen / Zeugenaufruf
09.07.2016 – 04:17
Bruchsal (ots) – Zu einem brutalen Vorfall kam es am Samstagmorgen gegen 02.00 Uhr im Bereich des Bahnhofes Bruchsal. Ein 31jähriger Mann aus Bruchsal wurde im Bahnhofsbereich bei den Gleisen zusammengeschlagen. Nach Zeugenangaben hatten zwei Männer im Alter von 16 bis 22 Jahren den Mann angegriffen und niedergeschlagen. Anschließend gingen die beiden Männer, eventuëll Türken ...
Wie die ärztlichen Untersuchungen ergaben, erlitt der Mann eine Wirbelsäulenverletzung, die zu einer Lähmung führen könnte, und Kopfverletzungen, aufgrund derer eine Nervenschädigung in Betracht gezogen werden muß.»[50] (Presseportal.de)

Die Liste der Vorfälle, die unabhängige Beobachter im Internet sammeln, dürfte Leser ermüden. Hier werden nur exemplarisch Fälle dokumentiert, um dann auf stärker verdrängte Tabuthemen hinzuweisen, für die keine Fälle gesammelt werden.

---

48 http://www.bild.de/politik/inland/isis/terror-miliz-veroeffentlicht-bekenner-video-nach-ansbach-anschlag-46992174.bild.html
49 http://www.bz-berlin.de/deutschland/anschlag-in-ansbach-was-wir-bisher-ueber-den-taeter-wissen
50 http://www.presseportal.de/blaulicht/pm/110972/3374107

«Polizei Essen
POL-E: Essen: Kriminalpolizei fahndet nach Räuber auf Fahrrad – 55jährige auf Fahrradtrasse beraubt – Fotos – 45141 E.-Nordviertel
08.07.2016 – 15:51
Essen (ots) – Ein etwas ungewöhnlicher Raub ereignete sich bereits am 17. Juni auf der Fahrradtrasse zwischen Mülheim und Essen. Dort war gegen 15:50 Uhr eine 55 Jahre alte Mülheimerin auf ihrem Fahrrad aus Mülheim kommend in Richtung Essen unterwegs. In Höhe der Pferdebahn wurde sie von einem entgegenkommenden Radler gerammt. Nachdem beide zunächst zu Fall kamen, stand der Unbekannte auf und täuschte vor, der Radlerin auf die Beine helfen zu wollen. In Wirklichkeit hatte er es allerdings auf ihren Rucksack abgesehen, den er ihr vom Rücken zog. Mit seiner Beute flüchtete der Räuber die Böschung hinab in Richtung Hans-Böckler-Straße. ... Er war von kräftiger Statur und vermutlich südeuropäischer Herkunft.»[51] (Presseportal.de)

Die kriminologische Bereicherung findet in alternativen Mediën eine gewisse Aufmerksamkeit. Doch gibt es Themen, die in alternativen Mediën genauso tabu sind wie in etablierten, bei denen alle weghören, verdrängen, Belege kaum gesammelt oder veröffentlicht werden.

«08.07.2016 – 15:37
Gießen (ots) – Gießen: Taschendiebstahl im Fahrstuhl
Sehr aufmerksam war eine 60jährige am Donnerstag, gegen 13.15 Uhr, als sie mit ihrer 87jährigen Mutter in einem Fahrstuhl am „Elefantenklo" unterwegs war. Offenbar hatte eine von zwei Frauen, die sich ebenfalls in dem Fahrstuhl befanden, in die Handtasche der Mutter gegriffen. Die 60jährige bemerkte dies und sprach die beiden Frauen darauf an. Unmittelbar danach verließen die Unbekannten den Fahrstuhl. Wenig später bemerkte die ältere Frau den Diebstahl ihrer Geldbörse. Die erste Frau soll 20 bis 25 Jahre alt sein und kurze gelockte Haare haben. Sie soll 160 bis 165 Zentimeter groß sein und ein dunkles Shirt getragen haben. Ihre Begleiterin soll etwas jünger und etwas größer sein.

---

51 http://www.presseportal.de/blaulicht/pm/43559/3373916

Beide Frauen sollen südosteuropäisch ausgesehen haben.»[52] (Presseportal.de)

Ein Tag erbringt viele solche Meldungen, die hier als Zugeständnis an die aktuëlle Lage und die Erwartungen von Lesern vorgestellt werden.

«„Extrem leicht, an Geld zu kommen"
Zehn Verkehrsunfälle provoziert, mit Bewährung davongekommen
Ein 43jähriger provozierte mehrere Unfälle, kassierte dann bei den Versicherungen seiner Unfall-Gegner. Nun fiel das Urteil gegen den Crash-Betrüger. ...
Er provozierte Unfälle und ließ die gegnerischen Versicherungen zahlen. „Es war extrem leicht, so an Geld zu kommen", sagt Ahmed H. (43, staatenlos) Freitag im Prozeß vor dem Landgericht. ... kam es erst jetzt, acht Jahre später, zum Prozeß. Was das Gericht für den Angeklagten als strafmildernd in Justitias Waagschale wirft.
So kommt der vor und nachher nie straffällig gewordene Angeklagte wegen gefährlichen Eingriffs in den Straßenverkehr, Sachbeschädigung und Betrug mit milden zwei Jahren auf Bewährung davon.»[53] (bz-berlin.de)

Das Leben wird gefährlicher. Den Spaß bezahlen müssen wir mit Steuern und um Jahre verschobenem Rentenalter.

«Mit Baseball-Schläger
Kiosk-Betreiber prügelt Kunden nieder – Lebensgefahr!
Von THOMAS KNOOP und JAN-HENRIK DOBERS 08.07.2016 - 13:01 Uhr
Heimfeld – Brutale Attacke am Kiosk!
Bei einem Streit an einem Kiosk in der Seehafenstraße in Hamburg-Heimfeld ist am Donnerstagabend gegen 21.15 Uhr ein 50jähriger lebensgefährlich verletzt worden.

---

52 http://www.presseportal.de/blaulicht/pm/11562/3373921
53 http://www.bz-berlin.de/tatort/menschen-vor-gericht/zehn-verkehrsunfaelle-provoziert-mit-bewaehrung-davongekommen

Der Kioskbetreiber Mohammed K. (41) habe im Zuge der Auseinandersetzung den alkoholisierten Kunden Viorel M. (50) mit einem Baseballschläger auf den Kopf geschlagen.»[54] (Bild.de)

Ich hoffe, nicht zu ermüden, doch die Einzelfälle wollen aufgeführt werden, damit das Argument „Einzelfall" nach Gebühr gewürdigt werden kann.

«Polizei Köln
POL-K: 160708-3-K Halskette geraubt
8.07.2016 – 14:15
Köln (ots) – Am Donnerstagnachmittag (7. Juli) ist eine Seniorin (76) im Kölner Stadtteil Neustadt-Nord von einem unbekannten Mann überfallen worden.

Gegen 17.10 Uhr ging die 76jährige über die Kreutzerstraße nach Hause. „Als ich im Erdgeschoß im Hausflur stand, habe ich durch die Glasscheibe einen Mann vor der Tür stehen sehen. Ich öffnete die Hauseingangstür einen Spalt, um ihn zu fragen, was er denn möchte", schilderte die ältere Dame bei der Anzeigenaufnahme. Der Täter riß der Hilfsbereiten die Goldkette vom Hals und flüchtete.

Auf der Flucht wurde der Räuber von zwei Zeugen gesehen. Demnach rannte er von der Kreutzerstraße in Richtung Innere Kanalstraße und dann in Richtung Venloer Straße.

Der Täter ist 1,70 Meter klein, schmächtig und hat schwarze kurze Haare. Nach Angaben der Zeugen soll er türkischer oder marokkanischer Abstammung sein.»[55] (Presseportal.de)

Dies waren noch lange nicht alle Einzelfälle des Tages.

«Gewalt angedroht
08.07.2016, 07:54
Mit Gewalt haben zwei Schüler im Alter von erst 13 und 14 Jahren in der Harbachschule in Linz-Urfahr drei Mädchen gezwungen, ihnen zu Willen zu sein. Erst als die Opfer einen ihrer Lehrer um Hilfe baten, en-

---

54 http://www.bild.de/regional/hamburg/kiosk/besitzer-pruegelt-kunden-mit-baseball-schlaeger-nieder-46707154.bild.html
55 http://www.presseportal.de/blaulicht/pm/12415/3373792

dete das Martyrium. Die Burschen müssen nun die Schule wechseln, der strafmündige 14jährige wird wegen sexueller Nötigung angezeigt.

Die massiven Sex-Vorwürfe in der Harbachschule haben sich nach Einvernahme sämtlicher Beteiligter erhärtet. So sind die beiden Burschen aus Tschetscheniën und Ungarn im Wesentlichen geständig, monatelang die drei etwa gleichaltrigen Mädchen mit Schlägen und Drohungen derart eingeschüchtert zu haben, daß sie sexuëlle Handlungen über sich ergehen ließen.»[56] (Krone.at)

Weiter geht es mit der Sammlung von „Einzelfällen".

«Kreispolizeibehörde Borken
POL-BOR: Gronau – Unbekannte schlagen Mann zusammen
08.07.2016 – 12:47
Gronau (ots) - (fr) In der Nacht zum Freitag folgten nach dem bisherigen Ermittlungsstand ca. vier bis fünf männliche Personen gegen 01.30 Uhr auf der Bahnhofstraße einem 18jährigen Mann aus Ochtrup. Zeugen gaben an, daß der Geschädigte eine Gaststätte an der Bahnhofstraße verlassen hatte und die Täter ihm von dort in Richtung Bahnhof gefolgt seien. Die Täter holten den 18jährigen ein, schlugen ihn zu Boden und traten auf ihn ein. Die Zeugen geben an, daß die Täter auch den Kopf des 18jährigen auf den Boden schlugen. ...

Die Täter sind ca. 20 - 25 Jahre alt, ca. 175 bis 180 cm und augenscheinlich südländischer / südosteuropäischer Herkunft.»[57] (Presseportal.de)

Noch ein „Einzelfall" gefällig? Bitte sehr:

«Bargeld gestohlen
Unbekannte berauben Frau im Leipziger Ortsteil Großzschocher
Nach einem Handtaschenraub am Donnerstag im Leipziger Ortsteil Großzschocher sucht die Polizei Zeugen. Unbekannte hatten einer Frau die Tasche vom Arm gerissen. Die 51jährige stürzte dabei und verletzte sich.

---

56 http://www.krone.at/Oesterreich/Maedchen_begrapscht_Sex-Taeter_muessen_von_Schule-Gewalt_angedroht-Story-518911
57 http://www.presseportal.de/blaulicht/pm/24843/3373615

| Artikel veröffentlicht: 08. Juli 2016 18:13 Uhr»[58] (lvz.de)

Ich wünschte, wir hätten diese Liste einiger „Einzelfälle" endlich hinter uns, damit wir zu den wirklich wichtigen Tabuthemen kommen können, über die gar nicht erst berichtet wird.

«LINDAU. Ein 28jähriger Lindauer wurde am Freitag gegen 1 Uhr von drei Männern auf der Insel im Bereich des Marktplatzes zusammengeschlagen. Dabei wurde dem alkoholisierten Mann ein Zahn ausgeschlagen. Zudem erlitt er Verletzungen an der Lippe und an der linken Schulter. Er konnte nur aussagen, daß es sich bei den Tätern um Personen osteuropäischer Herkunft handelte»[59] (Polizei.Bayern.de)

Die Regierung meint offenbar, wir hätten etwas geschenkt bekommen. Sie sagt nicht, daß es sich um Terror, Gewalt und Verdrängung handelt.

Endlich ist diese eine Liste für den 8. Juli erschöpft. Nun wollen wir einen „Einzelfall" betrachten, der uns eine voll aus dem Leben gegriffene Geschichte erzählen wird.

«Hackmesserangriff in Deutschland: Syrischer Flüchtling tötet schwangere Frau und verletzt Passanten in der Straße durch Hacken
17:16, 24 Jul 2016, aufgefrischt 19:41, 24 Jul 2016
Von Sophie Evans
Der 21jährige polizeibekannte Flüchtling wurde erst aufgehalten, als ein mutiger BMW-Fahrer gegen ihn fuhr.»[60] (The Mirror)

Der Flüchtling, über den „The Mirror" berichtet, hatte hier eine Frau kennengelernt und bereits fleißig Straftaten begangen.

---

58 http://www.lvz.de/Leipzig/Polizeiticker/Polizeiticker-Leipzig/Unbekannte-berauben-Frau-im-Leipziger-Ortsteil-Grosszschocher
59 https://www.polizei.bayern.de/schwaben_sw/news/presse/aktuell/index.html/244419

«Am Sonntagnachmittag tötete ein syrischer Asylbewerber (21) eine Frau ... Der Verdächtige sei bereits wegen Körperverletzung, Diebstahl und Drogenbesitzes bekannt.»[61] (Rosenheim24.de)

Viele von ‚politisch korrekter' Gesinnung beeinflußte Frauen bevorzugen Ausländer, die Solidarität erhalten, die einheimischen Männern, die vom Feminismus bekriegt und entrechtet wurden, seit Jahrzehnten verweigert wird. Diese meist unbegleiteten Männer stammen vielfach aus Gegenden, die von radikalem Feminismus weitgehend verschont wurden, wo Krieg und andere Gewalt sie prägte oder verrohte. Um zu bekommen, was sie haben wollen, wird dann leicht zu Gewalt gegriffen, und wenn das nicht klappt, ermordet – in zu vielen „Einzelfällen", um dieses Wort anders als satirisch verwenden zu können.

«Der Täter habe sich bereits vor Monaten im Lokal in die Frau verliebt, die er nun getötet habe, so der Kollege.»[62] (Bild.de)

Nun kommen wir zu Tatsachen des Lebens, von denen niemand hören will, die tabu sind, massiv verdrängt, wegen denen ich von Feministen, Anarchisten und Normalbürgern verhöhnt, angepöbelt oder ignoriert werde. Seit den 1960er Jahren sind die Anforderungen an Männer enorm gestiegen, ist die sexuelle Selektion, eine biologische Tatsache und Dominanzmacht der Frau, extrem verschärft worden. Feminismus hat Männern die traditionellen Mittel aus der Hand genommen, die ein hohes Ansehen ermöglichten, das Frauen attraktiv finden. Feminismus

---

60 «Germany machete attack: Syrian refugee kills pregnant woman and injures others after hacking at passersby in street
17:16, 24 Jul 2016 Updated 19:41, 24 Jul 2016
By Sophie Evans
The 21-year-old refugee, who was known to police, was only stopped when a brave BMW driver apparently ploughed into him» (http://www.-mirror.co.uk/news/world-news/germany-machete-attack-syrian-refugee-8485456)
61 http://www.rosenheim24.de/deutschland/macheten-angriff-reutlingen-eine-tote-zwei-verletzte-6604916.html
62 http://www.bild.de/regional/stuttgart/machete/mann-bringt-frau-um-mit-reutlingen-reutlingen-46972048.bild.html

hat Achtung vor Männern und Mitgefühl für sie zerstört, und damit wichtige Voraussetzungen für weibliche Liebesfähigkeit und -bereitschaft.

Dies bedeutet, daß eine steigende Anzahl einheimischer Männer den Wahlkriteriën von Frauen nicht mehr genügen konnten, diskriminiert wurden, Schwierigkeiten hatten, ein Liebesleben zu finden und erst recht, sich fortzupflanzen. Die Geburtenraten einheimischer Staatsbürger sind auf einem Rekordtief, das weltweit fast einmalig ist, und ein demographisches Aussterben binnen weniger Jahrhunderte nach sich zieht, wenn es so weiter geht.

An dieser Stelle bricht die Häme los. Denn Empathie mit Männern gibt es nicht. Biologisch ist eine Frauenbevorzugung evolutionär angelegt, eine neue Erkenntnis moderner Wissenschaft, für die allein ich massiv verspottet werde, nach der fehlerhaften Rhetorikmethode „ad hominem": Sind sie in Sachargumenten unterlegen, wird die Person angegriffen und lächerlich gemacht, damit die besseren Argumente nicht als solche wahrgenommen werden. Außerdem reichen Vorurteil, irreführende Intuition oder Desinformation, um ungelesene Bücher mit Fakten als „unplausibel" hinzustellen, weil die Fakten der eigenen Überzeugung widersprechen, und daher „nur unplausibler Unsinn sein können". So immunisiert sich Vorurteil gegen Widerlegung, weil Bücher, die es widerlegen, gar nicht erst gelesen und ungelesen verrissen werden, damit auch andere ja nicht vom gemeinsamen Vorurteil abrücken.

Ob Frau oder Mann, fehlt es an Menschlichkeit gegenüber autochthonen Männern, für die kein gesundes Mitgefühl aufgebracht wird, deren Belange kaum oder gar nicht zählen, ganz gleich, worum es gerade geht. Entsorgte Väter, getrennte (aus Familie und gemeinsamem Leben ausgeschlossene) Zahlknechte, durch Quoten aus dem Rennen geworfene Arbeitskräfte, sie alle erhalten kaum oder gar keine Sympathie, dürfen sich nicht beklagen, was ein Monopol der Frauen ist. Statt Sympathie schallt ihnen Spott entgegen.

Bereits seit Generationen sind als Gastarbeiter vorwiegend Männer gekommen, was einen Männerüberschuß oder Frauenmangel und verschärfte Verdrängungskonkurrenz unter Männern auslöst, aus demographischen Gründen. Wiederum sind Zeitgenossen meist unfähig, Empathie für (heimische) männliche Verlierer zu empfinden. Statt zu erkennen, daß sie selbst einen Mangel haben, machen sie die Boten der Wahrheit lächerlich, auch über dieses Argument, und versuchen, dies als „Belehrung" abzutun und den, der es ausspricht, persönlich anzugreifen, ihm das Recht abzusprechen, dergleichen zu äußern. Das ist „ad hominem", ein Logikfehler. Denn das Argument ist richtig und davon unabhängig, wer es ausspricht.

Bei der jetzigen Massenimmigration mit 90 Prozent Männern[63] ist es aus logischen Gründen klar, daß nicht genug Frauen im Lande sind, damit jeder eine abbekommen kann. Jede einheimische Frau, die Beziehungen mit einem Flüchtling oder Einwanderer eingeht, geht demographisch den unbeweibten einheimischen Männern verloren. So sehr sie sich auch mühen unter den Bedingungen der Knappheit, die zu „Wucherpreisen", noch weiter überzogenen Ansprüchen führen, als Feminismus und Emanzipation ohnehin verursacht haben, müssen viele von ihnen aus logischen Gründen leer ausgehen.

Bei Millionen männlicher Einwanderer betrifft das auf Dauer Millionen, weil für jeden überschüssigen männlichen Zugang logischerweise eine Frau im Lande fehlt. Auch wer selbst zu den „glücklichen Auserwählten" gehört, ist vom ausgelösten Konkurrenzkampf um Anerkennung betroffen, der auch innerhalb von Beziehungen Ansprüche leichter ausufern läßt. Weiter verschärft wird der Frauenmangel durch islamische Polygamie und die Unzugänglichkeit gläubiger Muslima für „Ungläubige".

An diesem Punkt entzündet sich die Wut manipulierter Zeitgenossen. Sie sind wütend, weil sie „manipuliert" genannt werden, weil das Thema ein Unthema ist, weil sie kein Mitgefühl für (einheimische) Männer haben und diesen Mangel als „Normalzustand" ansehen. In der verdrehten Welt feministischer Ära ist die totale Gleichgültigkeit männ-

---

[63] Ein erheblicher Anteil der wenigen eingewanderten Frauen sind Muslima, die für „Ungläubige" oft unzugänglich sind, die Lage also nicht entschärfen.

licher Schicksale „normal", etwas, womit Betroffene „sich abzufinden haben". Es ist vielen Zeitgenossen beiderlei Geschlechts ziemlich gleichgültig, wenn manche Männer weder Liebe noch Fortpflanzung finden. Sie sehen wenig oder nichts Schlimmes dabei, was einen schweren Mangel an Empathiefähigkeit verrät. Wer es anders sieht, wird beschuldigt, „frustriert" zu sein oder zu „jammern" – beides weibliche Vorrechte. Frauen wird sofort geholfen, Sympathie entgegengebracht. Männer dagegen, die sachlich darauf hinweisen, weder jammern noch frustriert sind wie Feministinnen es erfolgreich sind, werden niedergemacht und das Thema unterdrückt. Seit Generationen haben Feministinnen erfolgreich die abendländische Kultur mit eingebildeten Wehwehchen kaputtgejammert. Niemals wurde Feminismus wegen unzulässiger Jammerei abgelehnt, obwohl das die richtige Reaktion gewesen wäre. Doch Männern wird es zu unrecht vorgeworfen, wenn sie auf tatsächliche, erdrückende Probleme hinweisen, diese nüchtern analysieren. Von gleichem Recht für beide Seiten kann keine Rede sein.

Evolutionäre Mechanismen wirken in gleiche Richtung. Kinder sind Zukunft; daher werden Kinder und mit ihnen Frauen, die Mütter sein können, bevorzugt. Das männliche Geschlecht dient als Filter für Gene. „Schlechte", oder „unerwünschte" Gene sterben aus, weil ihre männlichen (nicht aber ihre weiblichen) Träger diskriminiert und ausgeschlossen werden. Damit das nicht von Mitgefühl unterlaufen wird, gibt es für als „rangnieder" eingestufte Männer keines.

Feminismus hat nicht nur männliche Beiträge durch Emanzipation überflüssig gemacht, wie tendenziell das männliche Geschlecht, sondern damit auch den kulturellen Tausch zerstört, der Identität und Bezüge zwischen den Geschlechtern schafft, und damit anteilnehmende Gefühle und Verantwortlichkeit. Außerdem hat Feminismus das Ansehen des männlichen Geschlechts verringert, wodurch die evolutionäre Falle, die Männern niederen Ranges (= von geringem Ansehen) Mitgefühl verweigert, nun bei sehr vielen Männern zuschlägt. Eine aus Neid, Liebesunfähigkeit und Haß entsprossene ideologische Hysterie hat die gesamte Zivilisation eingeäschert, entwurzelte und indoktrinierte Generationen hervorgebracht.

Meine Argumente sind wissenschaftlich nicht zu entkräften, doch sind sie unbequem, unerwünscht, weil sie solche evolutionären und durch Verdrängung geschützten Mechanismen aufdecken. Ein Selbstschutz der Evolution ist es, das Bewußtwerden zu verhindern. Denn wären uns die Mechanismen bewußt, könnten wir sie überwinden.

Deshalb werden meine Argumente emotional, empört, mit Spott und Hohn – also auf irrationalem Wege – runtergemacht. Die Handelnden bilden sich ein, dies aus Überlegung zu tun, aufgrund eingebildet überlegener Argumente, doch ihr wirklicher Antrieb sind solche unbewußten und irrationalen Kräfte. Hinzu tritt feministische Fehlwahrnehmung, Ideologie und Deutung, die solche Mechanismen systematisch benutzt und ausgebaut haben, ein auf falschen Annahmen und parteiischen Fehldeutungen gegründetes Weltbild errichteten, das als gesellschaftliches und staatliches Leitbild installiert wurde.

Diese Mechanismen aufzuzeigen ist revolutionär; es rüttelt an den Säulen, auf denen unser Denken, Empfinden und Wahrnehmen rührt. Das allein begründet die heftige Abwehr des Versuchs, die Mechanismen in Büchern und Artikeln aufzudecken und bewußt zu machen.

Hinzu kommen Ideologisierung und Gehirnwäsche, weil feministische Ideologie und Genderung ab KiTa und Kindergarten Kinder prägt, die leicht formbar sind und sich kaum wehren können, später dann zu indoktrinierten Erwachsenen werden. Auch ideologische Weltbilder werden gegen Kritiker verteidigt. Ähnlich gehen Sekten vor, die andersdenkende Mitglieder und Abtrünnige mobben, niedermachen, denn es wäre das Ende ihrer Macht und ihrer Selbstsicht, wenn Kritiker „ungestraft davonkämen".

Deswegen wird hämisch nachgetreten, für „schlecht" erklärt, was sie nicht verstehen, weil sie es nicht verstehen wollen. Der Versuch, dies zu vermitteln, wird dann mit allen Vorwänden zurückgewiesen, die sie gerade finden.

Morgen-Mittag-Abend-Nacht

Ich erzähle nicht. Dir wird nichts erzählt. Es wird nichts erdichtet.

Mit fester Vorgabe, euch nichts zu erfinden, laufe ich durch die Innenstadt, wo sie sich eng vorbeidrängen, doch ich bin nicht von ihrer Welt. Ich lebe im Ghetto der Nichtgewollten, bin eines unter Einmannghettos von Frauen Abgelehnter. Ich habe nichts zu bieten, also bin ich nichts.

Da Frauen merken, daß ich mich sehr um sie bemühen muß, kosten viele genüßlich ihre Macht aus, indem sie mich abweisen; so sind sie begehrt und über mich erhoben, weil sie sich zu gut für mich finden.

Kein Recht auf Mädchen, kein Recht auf Leben, kein Recht auf Liebe. WAS-GEHT-UNS-DENN-DAS-AN! (Ohne Fragezeichen, denn fragen tun sie sich nichts dabei.)

Unterwegs machen zwei junge Mädchen auf dem Fenstersims, fast Kinder noch, „Ihhh", als sie mich sehen, und noch einmal, als ich daraufhin zu ihnen emporschaue. Noch ein bißchen Böses von Kindermädchen, die sich schon zu gut sind für mich.

Wieder schlappe ich die Straßen lang. Wieder latsche ich durch Gassen. Wieder folge ich Alleen, wieder quere ich Wege. Wieder. Stiege, Passagen. Wieder. Wieder von vorn, von hinten, da capo ab irgendwo. Diskos, Kneipen, Feten, Salsakurs ohne Partnerin, Spieleabend ohne Spielerinnen, wieder ohne.

Einmal beggegnete ich der flüchtigen Bekannten einer Bekannten eines Freundes. Sie gehörte dem flipfreudigen Typus an, ständig umringt von Männern, von einem zum andern hüpfend, knüpfte sie mehrere Bekanntschaften am Abend und gab sie ebenso leicht auf. Wir sprechen über Mauern, die Frauen vor Männern errichten, den menschlich desolaten Zustand, die Kaputtheiten; sie gab von sich aus zu, mich am Anfang auch einmal mit „verpiß dich!" fortgeschickt zu haben ...

Flüchtend fliegt mein Bewußtsein den fernen Hügeln im Nebel entgegen und ich glaube fest an meinen Wunschtraum, dort gebe es mehr Leben, seien die Menschen ganz anders, dort fände ich Zuflucht, doch ein zoomendes Objektiv zeigte dasselbe Einerlei wie hier.

Wo fängt Leben an? Auf welcher Distanz? Ich habe noch nicht damit begonnen, keinen Boden gefunden, in dem ich wachsen könnte, in einer Welt, die nicht die Welt ist, einem Bezirk ohne innere Nähe, ohne Lebendigkeit, vegetiere ich wie ein Organismus auf einem Versuchsbrett im Labor, der dahindämmert und sein Programm der Entwicklungsstadien abspulen läßt, aber alles umsonst, im Leeren, sinnloserweise, wie nach dem Ende der Außenwelt, in die er gehört und die wie in einem mittelschlächtigen Science - fiction - Film abhanden gekommen zu sein scheint.

Durch fast geschlossene Augen erscheinen die Wimpern hinter Tränen als Palmengarten oder Wald tanzender Regenschirme.

Woher, wohin, warum? Wieso soll ich mein Unglück an fremde Orte tragen, meine Einsamkeit, weshalb das Fehlen anderswo erleiden? Warum Zähneputzen, wenn Lük-ken doch kein Mädchen stören? Meinetwegen sollen sie schmerzen, ausfallen, riechen; es ändert ja doch nichts am grundlegenden Schmerz, der alles andere niederschreit.

Abgelehnt darf ich bislang nicht einmal Geld verdienen, planen und erarbeiten eine Welt, in der ich nichts bedeute, keine Erfüllung finde. Was läge mir daran? Für Elend soll ich berappen, das sie mir verschaffen, emsig werkeln für Zustände, die mich erledigen. Technik und Produktion funktionieren wohlorganisiert; menschlich ist dies ein Katastrophengebiet unsäglichen Elends. Sinnlose Mühen mit Karriereziel Unterhaltsknecht, Scheidungssozialfall, Versorgungssklave, bezahlen mühen schuften verduften, abgewiesen, abgewehrt, abgeblockt, fortgeschwiegen. Ausgeklinkte Frauen meiden ihr abgewimmeltes oder durch Alimenteverpflichtung ruiniertes Opfer für seine unbequemen Probleme, an die sie nicht erinnert werden wollen. Sein Geld wollen sie allerdings schon.

Im Schaufenster Fernsehgeflimmer: eine dieser verdummenden Liebesgeschichten, der Genüsse und Sentimente ohne Verständnis für mich, Stories gefühlsduselnd schwelgender Frauen, deren Ausschluß mich ein Leben lang tagnächtlich verurteilt.

Wieder zieht es mich in die Stadt unter Frauen, wo ich doch so viel verpassen könnte.
„Dein Ohrring ist gut; bei der Größe kannst du Frisbee damit spielen."
-„Er ist nicht geschlossen."
-„Umso besser, dann kehrt er wie ein Bumerang zurück."
-„Von der Verwendung halte ich nicht viel."
-„Wie wär es mit Handschellen? Schnapp, schnapp, und jemand sitzt fest."
Ihr Gespräch schläft ein.

Suche allein, Suche in Cliquen, immer der gleiche leidige Text.

Zum Kalorientanken Run auf Geschäfte, zum Suchen und Betäuben auf Tempel des Amüsements und der Unterhaltung. Abends das Spiel Mann-braucht-Frau-findet-sie-aber-nicht in Kneipen und Dröhndiskotheken. Massen von mißtrauisch distanzierten Individuen allein in wabendem Menschenhaufen. Gewusel in den Zentren. Amüsierpflicht. Gedränge der Individualisten, den geklonten Wesen. Eine weibliche Sphäre an Heimat gibt es nicht; kein Willkommen zu Hause, keine Sicherheit, Anlaufhafen, keine belebte Welt, die Geborgenheit gäbe. Kein Recht auf Liebe. Niemand ist zuständig. Abgewimmelt zu einsamen Suchern kriechen sie längs. Wehe du vergnügst dich nicht; Frohsinn ist erste Bürgerpflicht.

Die nächste Szene zeigt die Stadt nur im Licht der Fernseher: Kiste ein, Kiste aus ergibt ein befremdendes Bild von Waben aus videobeleuchteten Zimmern in der Dunkelheit; die Waben wachsen und schwinden bis zum frühen Morgen. Ersatzprodukte für Leben gleißen durch

Zellen, die befremden weil Leben fehlt, seelische Nähe natürlicher Mädchen, die für mich sind, für dich, deren Träume und Sein wir ausmachen.

Mit fortschreitender Nacht prasselt härtere Ersatzerotik ein auf Unzufriedenheit, bietet Ersatzabenteuer und Spannung, die uns fehlende Bedeutung verleihen und Ersatzidentität; Gruselszenen ätzen weg schlechte Erfahrung und taube Sinne. Animationen weiblicher Selbstdarstellung sonnen sich in der unüberbrückbaren Distanz, aus der aufgereizt wird, aber ausgegrenzt, weil es Spaß macht, das Machtspiel abschotten und erregen, dogmatischen Femis nicht radikal genug, die den Abgewimmelten keinen traurig verarschenden Ersatz gönnen. Männerfeindliche seelische und körperliche Prostitution bietet kaltherzig schlechten Ersatz für verweigertes Liebesleben nur gegen Geld und Status. Prostitution unterscheidet sich von teuer geschiedener Beziehung vor allem durch den Preis; Spötter berichten, verflossene Bande seien teurer.

Stereotype Mechanismen entziehen Nähe; Bücher und Filme mit Geschichten ersatzbefriedigen den Hunger nach Leben, Abwechslung und Abenteuer. Erzählt wird wie das Leben nicht ist, das Leben der Masse nicht, unser Leben nicht. Unterhalten, abgelenkt, zerstreut und passiv trollt sich ins Bett, wer noch nicht eingeschlafen ist.

Da wird die innere Leere betäubt mit allen zu Gebote stehenden Mitteln, da wird auf den Tod gewartet und krepiert, sich hoffend etwas vorgemacht, vor sich geflohen, Einsamkeit in der Menge versteckt, die Psyche mit Musik kosmetisch aufgemöbelt, mit Stimmung und falscher Fröhlichkeit leerlaufendes Gefühl übertöhnt, Gefühl das Frauen Männern verweigern, Gefühl der Abgewimmelten, Verlassenen, geschlechtsneutral reduzierten Mitläufer, deren brave Haltung Frauen erst recht mißfällt; da wird konsumiert, gemeckert, käuflich Ersatz gesucht zum Lindern der Schmerzen.

Doppelmoral und schiefe Wahrnehmung

Vergleichen wir zwei Meldungen des gleichen Tages, die Doppelmoral deutlich zeigen. Die Herkunft der Meldungen ist dabei gleichgültig.

«Heute gegen 16.50 Uhr im RBB-Inforadio:
„Der 17jährige hat sich also rächen wollen. Tragischerweise ist er dabei auf Menschen gestoßen, die gar nicht von hier sind, nämlich auf eine Familie aus Hongkong, die in Deutschland nur zu Besuch war."»[64] (19.07.2016, Akif Pirinçci)

Zweierlei Maß am gleichen Tag:

«Fauxpas in Firmenkantine
Thomas-Cook-Manager nach „Negerkuß"-Bestellung gekündigt
Veröffentlicht am 19.07.16 um 11:47 Uhr ...
Wie die Bild am Dienstag berichtete, warf Thomas Cook einen langjährigen Manager raus, weil er bei einer dunkelhäutigen Angestellten in der Firmenkantine einen „Negerkuß" bestellte und nicht ein angemesseneres und gebräuchlicheres Wort wie „Schokokuß" oder „Schaumkuß" benutzte. Ins Detail gehen mag Unternehmenssprecher Mathias Brandes nicht, nur so viel: Man setze sich gegen Diskriminierung ein, wo immer sie auftrete.[65] (Hessenschau)

Später erschien eine Meldung, daß der Manager gegen seine Entlassung geklagt hat; der Ausgang des Gerichtsverfahrens ändert aber nichts an der beschriebenen Doppelmoral und Einstellung vieler.

Wenn es „tragisch" genannt wird, daß die Abgestochenen „gar nicht von hier sind", wird niemand entlassen: echter Rassismus und echter

---

64 http://der-kleine-akif.de/2016/07/19/warum-deutsche-kollektiven-selbstmord-begehen-sollten/
65 http://hessenschau.de/wirtschaft/thomas-cook-manager-nach-negerkuss-bestellung-gekuendigt,schokokuss-100.html

Haß ist belanglos, wenn es gegen Männer oder gegen Deutsche geht. Echte massive Diskriminierung und echter Haß auf abendländische Männer gilt als völlig legitim. Bei Frauen und Ausländern dagegen ist ein harmloses, traditionelles und eigentlich unverfängliches Wort eine Staatsaffäre und wird scharf geahndet.

Die Nachrichtenlage am gleichen Tag entlarvt die Behauptung, Diskriminierung werde überall gleichermaßen bekämpft.

Einschub: Manche mäkelten an der Quelle herum, die ich erstmals zitierte, weil sie einen Fall am gleichen Tage brachte. Diese Doppelmoral ist weit verbreitet, kann leicht in allen für „seriös" gehaltenen Medien gezeigt werden. Auch die vom Politiker Maas beauftragten Löschaktionen sind einseitig. Feministinnen und Männerhaß sind unantastbar. Männer werden bereits gesperrt, wenn sie auf Misandrie hinweisen. In einer ironischen Wendung des Schicksals bekommen seit der Massenimmigrationskrise auch Feministinnen erstmals die einseitige Zensur zu spüren, die sie selbst gegen Männer aufgebaut haben. Im Netz als Feministinnen bezeichnete Frauen finden sich gesperrt, sobald sie Haß von Ausländern dokumentieren. Das empört sie. Noch kommt bislang niemand auf die Idee, sich über die noch krassere Behandlung von Männern seit Jahrzehnten zu empören.

Nicht das zynische Begrüßen des Terroranschlags in München durch „#gutso!!!!!" ist der Sperrgrund, sondern die Dokumentation des Hasses einer privilegierten Gruppe, der Haß nachzuweisen inopportun ist.

Solche Doppelmoral prägt Feminismus seit der ersten Welle, seit 150 Jahren. Doch aufgrund einer teils angeborenen, teils ideologisch verstärkten Wahrnehmungsverzerrung sind wir unwillig und unfähig, die Falschheit feministischer Sicht zu bemerken. Es gab niemals heftigen Protest, wenn es Männer traf und Frauen bevorzugt wurden. Seit Generationen gehen Beweise und überlegene Argumente gegen Feminismus im Desinteresse unter, während feministischen Lügen bereitwillig gelauscht und entsprochen wird.

So stark sind die Verdrängungsmechanismen, die zu einer starken Unterdrückung führen statt „Gleichheit", nachdem feministischen Anfangsforderungen nachgegeben wurde. Denn die Menschen wußten nicht, was sie taten. Sie kannten nicht die biologischen Zusammenhänge der Geschlechter und hatten deshalb keinen Begriff davon, was feministische Ideën für Schäden und krasses Ungleichgewicht anrichten. Sie rannten blind in ihr Verderben, ignorierten jahrzehntelang meine Argumente und Bücher, machten den unbequemen Kritiker mundtot.

Erst wenn es um Nationalitäten geht, was keiner angeborenen Verdrängung unterliegt, gibt es Protest aufmerksamer Leute. Doch selbst diese verdrängen den einseitigen Geschlechterkrieg gegen Männer und meine Argumente. Auch unter Skeptikern der Massenimmigration und Gegnern der Genderung von Kindern funktioniert die schiefe Wahrnehmung der Geschlechter, die nicht nur das Problem übersehen läßt, sondern auch die guten Argumente gegen Feminismus mitsamt Kritikern unsichtbar macht.

Es ist eine mühsame und undankbare Aufgabe, auf eine Wahrheit hinzuweisen, die nicht nur Staat und machthabender Ideologie unbequem ist, sondern von evolutionär entwickelten Verdrängungsmechanismen ausgeblendet wird, die meine Bücher beschreiben, um sie durch Bewußtwerden unwirksam zu machen.

Befreiung

Hier ist nur noch un=heim=liche Leere. Das Warten auf nichts. Das Warten auf den Tod. Irgendwann werde ich abnibbeln und nach Monaten entdeckt werden. Verloren nahbare weibliche Heimat, sanfte Töchter der Mythen und Geschichten.

Ich bin frei! Ich bin so frei! Wir sind so frei, zwei Dutzend Fernsehkanäle anzuwählen, die uns vormachen, wie bunt doch unser Leben sei; da hat jede Bewegung eine Bedeutung, wie schön, wie einfach, die Guten tricksen die Bösen aus, da passiert etwas, wir sind etwas, die Regie verleiht uns real verweigerte Realität, läßt hübsche Girls uns entgegenspringen, die der Autor mit uns verbindet; da hat alles seinen Sinn, und wir brauchen keinen täglichen Kleinkrieg zu kämpfen gegen klägliche Probleme. Oh, und die hübschen Videospiele! Und die Computerspielchen! Zum Spielen braucht es Phantasie! Ding ding ding peng peng peng. score 200 abgeschossene Bösewichter. Soll der Cursor die Strichfrau a) zum Sekt einladen b) Fragen, ob sie die Pille nimmt c) ein Kondom kaufen? Klick und klar. Die Seelen gehen verloren, sogar die Körper verweigern sich, dafür animieren blöde Sprüche und Bildchen, jetzt bewegt in Farbe. Pling und pieps. Wir werden betrogen um unsre Natur, an der sie dogmatisch herumpfuschen, aber wir lassen uns ruhigstellen, unterhalten, ablenken und amüsieren uns toll dabei.

Ja ich darf frei sein! Ich darf Geld ausgeben. Ich darf mich in einen Bus setzen und irgendwohin fahren. Dort darf ich aussteigen. Wenn ich keine Fahrkarte habe, darf ich mich nicht erwischen lassen. Ich darf mit dem Luxuswägelchen, mit dem Rostesel fahren. Fahren ist gestattet. Da bin ich dann wo und darf mich hinsetzen. Ich darf in ein Café gehen und Kaffee schlürfen.

Ich darf es bleiben lassen. Ich darf irgendwohin gehen und warten, bis es mir zu blöd wird. Ich darf mich amüsiert zeigen. Falls ich Bares habe, darf ich in Urlaub fahren. Ich darf in eine fremde Stadt ziehen, in der es bald genauso wird wie hier. Ich darf einer der Spinner sein, die noch immer glauben, feministisch zerstörte Weiblichkeit, Heimat mit verlorener Kultur zu finden. Ich darf mir Illusionen machen. Ich darf mich zum Mitläufer bekehren oder glauben, die Emanzipation auch von Männern werde es schon richten. Ich darf zu blöd zum Denken sein. Ich darf zu faul zum Denken sein, leichtgläubig, jeden Scheiß mitmachen und mich toll finden dabei. Überall darf es ähnliche Probleme geben. Falls ich Arbeit hätte, dürfte ich Geld verdienen. Wäre ich verlassen worden, dürfte ich bezahlen. Vielleicht darf ich mir Ersatzprodukte kaufen, wofür ich gebranntmarkt werden darf. Klaffende Leere darf mich verzehren.

Was darf ich dürfen? Ich darf warten. Ich darf warten auf ein Leben, das nie beginnen wird. Ich darf mir etwas vormachen. Ich darf unglücklich sein. Ich darf hungern nach ein bißchen Leben. Kaum darf ich mich beschweren. Die anderen dürfen weghören. Ich darf es aufgeben. Ich darf abkratzen.

Sie dürfen mich verunglimpfen. Es darf keine echte Weiblichkeit mehr geben, die linientreu verurteilt und pejorativ benamst werden muß. Ich darf mich abweisen und bekämpfen lassen. Ich darf zugrundegerichtet werden. Aber das haben wir schon zu oft gehört, das wird langweilig. Ich darf nicht langweilen.

Ich darf frei von Liebe sein. Ich darf frei von Chancen auf Liebe sein. Ich darf ohne Liebesleben sein. Ich darf ignoriert und abgewiesen sein. Ich darf mir anhören, wie tollen Sex sie haben, ohne ihn selbst nur zu kennen.

Ich darf mein Sehnen täglich verströmen im Überfluß bis es wehtut, um festzustellen, daß die Mädchen ihr Inneres verschließen und verdorben haben. Ich darf mich nicht wiederholen. Ich darf nicht hoffen, daß das ein Schwein interessiert. Die wichtigsten Themen dürfen als langweilig abgetan werden. Für meine Bedürfnisse darf kein Bedarf bestehen. Bücher wie dieses dürfen – nicht gedruckt werden.

Ich darf ignoriert werden. Ich darf es nicht mehr aushalten können. Wohin darf ich flüchten? Ich fliehe nicht. Ich stelle mich.

Bestandsaufnahme

Weibliche Liebe, Anteilnahme, die Kultur der Zuwendung für andere, den Mann, Mitempfinden, Anteilnahme und Fürsorge für ihn sind zerbrochen, zerschmettert von feministischer Ideologie zu einem Zustand gegeneinanderprallender Egoismen, ideologisch verschärft zu Haß und Konflikten.

Gegen das romantische Lügenbild der Medien ist ein Alptraum entstanden, in dem Widerspruch zur Frauenideologie mit stalinistischer Konsequenz moralisch verpönt ist und am liebsten (grund)[ge]setzlich verboten werden soll.

Sie haben alles eingeebnet, was Natur und Kultur dem Menschen geben, ein Selbst, das durch Zuwendung anderer natürliche Bedürfnisse und Veranlagung entfalten kann, sich wie anderen vertrauen. Gesicherte Identität, einander verbunden in Nähe, verläßlich füreinander, haben sie wegnivelliert, zerbrochen und unterdrückt wie auf sozialpolitischem Felde Stalinisten, wie in Diktaturen gleichgemacht von geschlechtsneutraler (V)Erziehung an bis zum emanzipiertem Chaos, das vereinsamt, in Streit kollidieren läßt feindlich gemachte Interessen, desto härtere Konkurrenz bedeutet, je mehr umso stärker distanziert und abgewimmelt werden, fort von Frauen, die meist auf ihre Kosten gelebt haben und weiter leben, wenn sie längst gegen ihre verlassenen Männer agieren und ideologisieren, weggerissen von ihren Kindern, die von Frauen fast immer vereinnahmt werden, wofür die betrogenen Männer und Scheidungssozialfälle abermals blechen dürfen, wie im Fallbeispiel 3 aus „Scheidungsopfer Mann". (C1)

«„Auf jeden Fall wurde sie von den aktiven Frauenrechtlerinnen angezogen und hatte viele engagierte Freundinnen, die sie regelrecht gegen mich aufhetzten. Es kam deswegen auch oft zwischen uns zu Auseinandersetzungen, weil meine Frau regelrechte Haßtiraden auf die Männer und auch auf mich losließ."
-„Blieb Ihre Frau Hausfrau?"

-„Nein, sie hatte sich inzwischen politisch für Frauenfragen engagiert, und da sie noch gute Beziehungen zur Industrie und Universität hatte, wußte sie alles geschickt zu verbinden und machte Karriere. Sie reiste viel und war immer weniger zu Hause."

-„Also mußten Sie sich mehr und mehr um Ihre Kinder kümmern?"

-„Ja, hinzu kam ... und ich ... seine Praxis geerbt hatte... und gleichzeitig mußte ich die Kinder ... Für Privates blieb da keine Zeit mehr."

-„Aber bei Ihrer Frau umso mehr?"

-„Das kann man sagen. Sie kam immer seltener am Wochenende nach Hause, und später zog sie dann in eine WG ein. Sie sagte mir, sie wolle jetzt Karriere machen und ich sei ihr im Wege... sie hätte sowieso einen neuen Freund."

-„Kam das überraschend für Sie?"

-„Völlig... war eine radikale Feministin geworden..."

-„Und Ihre Kinder?"

-„Da ich mich intensiv um sie kümmerte, litten sie nicht allzu sehr... nach einem weiteren Jahr reichte sie die Scheidung ein." 3 1/2 Jahre später „war meine Frau nicht mehr auf Karriere aus ... sie entführte kurzerhand unsere Kinder."

-„Und was haben Sie gemacht?"

-„Ich habe mir ... einen guten Anwalt genommen, aber er konnte nichts erreichen. Meine Frau war einfach zu bekannt, sie hatte überall ihre Finger drin. Und wenn die Richter ihr die Kinder nicht gelassen hätten, hätte das Konsequenzen gehabt, das war allen Beteiligten klar."

-„Ja, aber das wurde für Sie sehr teuer?"

-„Da können Sie Gift drauf nehmen. Ich hatte Kindesunterhalt zu bezahlen und einen fürstlichen Unterhalt für meine Frau. Jeden Monat mußte ich fast zehntausend Mark hinlegen... Das hat man aus dem Verdienst des Vorjahres zusammen mit den Einkünften meines Vaters errechnet ... Nur daß sich einiges verändert hat... verdiene erheblich weniger ... Jetzt bin ich damit beschäftigt, nur noch zu arbeiten, um den Unterhalt zusammenzukriegen... "

-„Fühlen Sie sich von Ihrer Frau ausgenommen?"

-„Absolut, sie hat allein durch den Ehezugewinn ausgesorgt, und jetzt darf ich ihr noch (Unterhalt und) das Kindermädchen und die Reinemachfrau bezahlen. Und dafür mußte ich mir den Quatsch von der feministischen Karriere anhören. Ich kann mir vorstellen, wie ihre Freun-

dinnen sich halb totlachen, weil meine Frau ihren Chauvi so reingelegt hat."
-„Und was sagt Ihre Frau dazu?"
-„Liebling, du liebst deine Kinder viel zu sehr ... Und wenn Du nicht zahlst, wirst du sie verlieren."
-„Also Erpressung!"
-„Natürlich, und das Allerschlimmste dabei ist, sie kümmert sich überhaupt nicht um die Erziehung der Kinder. Das überläßt sie einer Kinderfrau."
-„Was würden Sie Männern empfehlen, die heiraten wollen?"
-„Vor allem diejenigen zu erwürgen, die diese Scheidungsgesetze gemacht haben!"»

Dem gleichen Buch ist zu entnehmen, wie Frauen mit höheren Einkünften noch lange keinen Ausgleich oder Unterhalt zahlen müssen, weibliches Einkommen gerne heruntergerechnet wird, männliches hochgerechnet, die Frau immer wieder ruinöse Prozesse anstrengte, die der Mann bezahlen mußte (Fallbeispiele 6, 10). Im Fallbeispiel 8 wird ein Mann aus Berechnung geheiratet, um überraschend alle Konten zu plündern, nach dem Raub noch die Hälfte des verbliebenen Vermögens, Unterhalt und Alimente zu erklagen, das Sehen der Kinder zu verbieten. „Die Familienrichter bevorzugen Frauen, ganz eindeutig. Es gibt da kein 'Recht'... Obwohl ich ihr eindeutig Meineid nachweisen konnte, hatte das überhaupt keine Konsequenzen." Die Kinder betteln ihn an, sie mitzunehmen, aber die vernachlässigende Frau hat das 'Recht' auf ihrer Seite.
„Kurze Zeit später war die Polizei da und hat mich abgeführt, während die Kinder noch nach mir schrieen... Ihre Anwälte haben mich auf zwanzigtausend Mark Unterhalt pro Monat verklagt... Der Freund meiner Frau... hat alles erworben. Er wohnt jetzt in meinem Haus, mit meiner Frau und meinen Kindern."
Dafür muß er noch bezahlen. Haus und Praxis wurden zwangsversteigert, er selbst floh ins Ausland.

„Die Ehe ist eine Art Prostitution. Männer müssen fast immer für ... Beziehungen bezahlen... Als die Wiedervereinigung kam, lief in Ostdeutschland die Scheidungswelle an. Warum? Es rentierte sich mit den neuen Gesetzen. Jede Frau braucht sich nur einen Trottel suchen ... und der arme Exehemann muß zeit seines Lebens zahlen. Ist das nicht krank?" (C2)

Eine Frau antwortet im Fallbeispiel 9: -„Hatte Ihr Mann in dem Scheidungsverfahren eine Chance?" -„Überhaupt keine, und dabei ist er ein sehr kluger Mann... Außerdem ... weiß ich natürlich, was die Kolleginnen hören wollen, und falls es nicht paßte, dann hätten sie es mir schon gesagt. Hinzu kommt das Wissen, welche der Kolleginnen feministisch denken und jedem Mann nur zu gern eins auswischen."

Weiter im Fallbeispiel 6, das die Mischung aus emanzipierter Anarchie und Feminismus im Beziehungskrieg beleuchtet:
«„Die Frauenbewegung hat Druck gemacht, und Bonn hat eingelenkt... Und dafür darf der verscheißerte Mann noch ein fürstliches Honorar ... bezahlen."

„Durch Zufall habe ich ihre Abrechnungen gesehen. Sie verdiente dreimal so viel wie angegeben."

-„Aber wenn Ihre Frau falsche Angaben über ihr Einkommen gemacht hat, war das ja ... Betrug. Wie hat ... das Gericht darauf reagiert?"

-„Sie haben mich ermahnt, die Wahrheit zu sagen. Meine Frau konnte folgenlos lügen. Hinzu kam, daß sie Prozeßkostenhilfe bekam ... bei Männern werden die Angaben immer angezweifelt ... das führt dazu, daß sie ihre Männer einfach kaputtklagen, bis sie unter den anfallenden Kosten zusammenbrechen."

-„... Muß denn Ihre Frau Unterhalt für Sie und Ihre Kinder bezahlen?"

-„Ja, eigentlich müßte sie es, aber sie tut es nicht." - und verklagt ihn mit falschen Angaben zum Bezahlen. „Wer unterdrückt hier wen? Erpressen uns nicht die Frauen, indem sie sagen, wir lieben euch nur, wenn ihr ... unsere Bedingungen erfüllt. Die Ansprüche sind aber, geschürt durch Illustrierte und Medien, sehr hoch gesteckt worden. Die Erwartungen für einen Mercedes-Zweitwagen bis zum garantierten Mehrfach-Orgasmus sind gesetzt. Und wer da nicht mithält, wird ausgetauscht. Verlieren tun die Frauen nicht dabei. Die meisten werden ... reicher. Ehe als Gemeinschaft auch in schweren Tagen, welche Frau will das heute denn noch? Und die Frauenbewegung hat aus der Ehe ... ein

Schlachtfeld gemacht - Krieg gegen den Mann. Und wer bleibt auf der Strecke: vor allen Dingen unsere Kinder."»

Der Mann wurde zum Sklaven gemacht, der entweder zahlt oder nicht gebraucht und ausgeschlossen wird – oder beides. Befreiung? Ihr habt Befreiung nötig gemacht. Ihr habt eure Vorzüge, Ausnutzung und Unterdrückung des Mannes so weit überspitzt, daß Freiheit und gleiche Rechte für Männer nötig sind, in jeder Hinsicht. Abschaffung jeder weiblichen Bevorzugung! Kein Unterhalt! Keine Lasten auf dem Mann! Kein Ausschluß aus dem Leben! Solche Behandlung muß geächtet und verboten werden.

Frauen beziehungskriseln sich gewinnträchtig fort; Verzahlsklavung von Männern ist ein Milliardengeschäft. Beklagt werden Probleme, Beziehungen einzugehen – kein Wunder! Unter diesen Umständen sind sogar Beziehungen ein Kriegsschauplatz und ein Ort der Verzahlsklavung.

Ehe: Sie ist eine drohende Zahlungsfalle geworden, die jederzeit zuschnappen, den Mann ruinieren und ihm seine Freiheit nehmen kann. Die Drohung katastrophaler finanzieller Ausbeutung besteht nach heutigem Recht jederzeit, sogar in Beziehungen ohne Trauung. Statt „Gleichheit", einer feministischen Phrase, die nie ernst gemeint war, ist finanzielle Sklaverei entstanden. Der Mann ist heute Lastesel und Sklave.

Sogar Ehe und Beziehung wurden reduziert auf den Leidensdruck geschlechtlich Gleicher, Homosexueller, ähnlich den Reibereien zweier Kumpel oder Geschäftspartner, wo geschlechtliche Ergänzung abgeschafft und verleumdet ist, angelehnt an lesbische Streitbilder, Kooperation wirtschaftlicher Partner, bis die Interessen kollidieren; es ist ein aufreibender Zustand, in dem immer gekämpft werden muß, zu dem Verweigerungen und befeindendes Bewußtsein passen.

Prostitution: Ein weiterer, alter männerfeindlicher Akt, Männer für einen brutal kalten Ersatz fehlender weiblicher Liebe zahlen zu lassen; manche Ehen sind nicht viel besser, nur ein dauerhafter und besonders teurer Zweig horizontalen Erwerbs. Freilich ist manchen Emanzen das noch nicht radikal genug, weswegen sie Prostitution mit der automatisch in jeder Lage runtergeleierten Phrase „frauenfeindlich" bedenken, wie immer in grotesker Verkehrung der Fakten. Wer nimmt wen aus?! Während manche Feministinnen mich fortbellten: „Geh doch in den Puff!", betreiben andere – oder die gleichen – Feministinnen in frauenbewußter Unlogik dessen Verbot. Inzwischen sind sie noch raffinierter geworden und kriminalisieren nur die Männer, wogegen die Abzockerinnen legal kassieren – wie in der Ehe und sonst im Leben auch.

Die intellektuelle und gefühlsmäßige Willkür der Abwimmlerinnen, Männerhasser, Männerbekämpfer, die Leben ausschließen, verhindern, ruinieren, soll als Recht auf freie Entfaltung solcher Ambitionen juristisch verankert werden, was zugleich Freiheit und Entfaltung der Abgewimmelten, Männer und gefühlvolle, natürliche Liebe und Sexualität unterdrückt, männliche Sexualität anschwärzt und weiter in Richtung Illegalität vermiest und kriminalisiert - in was für hübsche Phrasen läßt sich männerfeindlicher Rassismus kleiden, der eine Kultur überaus starker Liebe zu Frauen ablöst, die sie zerstören und ihre Reste mißbrauchen!

Abgewimmelt bleibe ich von Frauen, die sich und Leben verweigern, sich in ihrer verkehrten Macht sonnen durch gleichgültiges Ablehnen der Männer, die sich um sie mühen müssen. In Beziehungen drohen Erpressungsmittel und finanzielle Sklaverei, die feministische Ideologie hervorgebracht hat.

Die Ideologien des Rassen- und Klassenkampfes haben abgedankt; es diktiert die Ideologie des Feminismus, des Kampfes gegen Männer, und okkupiert die privatesten, intimsten Bereiche. Kommunismus und Faschismus gingen unter; wir leben im Feminismus.

Die völlige Beseitigung unserer inneren Natur und eines kulturellen Organismus, der ausgleicht, verbindet und dem auf seine Mitmenschen angewiesenen Einzelnen erst ein Leben ermöglicht, das über körperliches Dämmern hinausgeht, die Zerschlagung geschlechtlicher Gegenseitigkeit, auf der Kultur fußt, weil sie Differenz voraussetzt, genügt ihnen noch nicht.

Nun werden von radikalen Feministinnen wieder Differenzen eingeführt, nicht länger positiv, liebevoll, am anderen orientiert, dem Mann zugewandt wie umgekehrt dieser zu ihnen; nein, um noch stärkere Zerstörungen zu erzielen als das Chaos, der geistige Trümmerhaufen, den bisherige Tiefschläge hinterließen. Nun heißt es Quotierung, Geschlechtertrennung für feministische (V)Erziehung, Explosion für Männer verbotener Zirkel, Läden, Veranstaltungen, Orte und Projekte für einen Rassismus, der mit dem geheiligten Kredo der Gleichheit begann, nun aber mit entgegengesetzten Ansichten und Argumenten fortfährt. Auch dieses erinnert an dialektische Schachzüge und rassistischen Widersinn. Felix Stern beschrieb in seinem Buch, wie weit geschlechtliche Apartheid im feministischen Lager bereits gediehen war. (A3) Aber auch in bürgerliche Politik ist dies vorgedrungen. Stern zitiert den Wiesbadener Kurier (1991): «„So weit geht noch nicht einmal Frauenministerin Pfarr, die mit Staatssekretär G. immerhin einen Mann an ihrer Seite duldet." Natürlich müssen die Gelder für die teuren Berufsfrauen woanders eingespart werden: In Hessen hat das ‚unbeschreiblich Weibliche' den Rotstift ausgerechnet bei den Schwächsten ... gespitzt ... den Behinderten ... und beim Jugend- und Schulsport."» (A4) Stattdessen etabliert sich feministische Mädchenarbeit. (A5)

Ein anderes Buch jener Zeit beschrieb, wie feministische Zirkel ahnungslose Opfer unter damals noch lebenden normaleren Frauen suchten, sie in ihre ‚freundschaftlichen' Kaffeeklatschrunden lockten, mit männerfeindlicher Ideologie fütterten und über ihre Beziehung aushorchten. Was immer ihr Ehemann tun mochte, fanden sie in gemeinsamer feministischer Arbeit einen ‚Fehler', in jede mögliche Reaktion deuteten sie böses, den ‚typischen Chauvi' hinein. Ohne es zu merken, hatte der Mann nicht nur mit einer plötzlich feministisch und feindlich gesinnten Ehefrau zu tun, sondern einem ganzen Kollektiv, dem jede Äußerung und Handlung berichtet wurde, um gemeinsam untersucht zu werden. Ein ganzes geheimes Femegericht männerbekämpfender Frauen gab seiner Gemahlin schlimmstmögliche Ratschläge, Wendungen und Antworten vor. Kein noch so intelligenter, gutmütiger und überlegener Mann vermochte einem solchen, ihm unbekannten Kollektiv zu widerstehen. Über kurz oder lang folgte die Scheidung; der feministische Kreis hatte triumphiert, und sorgte dafür, daß der Mann mit allen Möglichkeiten ausgenommen und geplündert wurde, die feministische Gesetze geschaffen hatten. Oft begannen die finanziellen Plünderungen schon durch plötzliche fiese finanzielle Transaktionen vor der Scheidung. Ein geplanter Raubzug war die Krönung für die feministische Sekte, die sich so in der Gesellschaft verbreitete, bis die gesamte Gesellschaft feministisch geworden war. Das Wissen darum, wie sie sich verbreiteten, darf nicht verloren gehen, die Wahrheit nicht vergessen und die Erinnerung nicht feministischer Geschichtsfälschung und Selbstbeweihräucherung überlassen werden.

Seit jeher waren Frauen bevorzugt[66] durch sexuelle Selektion, die sie biologisch ausüben, was sich heftig auswirkt, wenn Kultur, Gefühle und männliche Gegengewichte keinen Ausgleich schaffen; sie waren bevorzugt durch Befreiung von lebensgefährlichen und schweren Aufgaben. Bevorzugt erfanden sie eine Unterdrückung, die es nie gab, oder eine Unterdrückung der Männer war, um Männer tatsächlich zu unterdrük-ken, oder bereits vorhandene Unterdrückung von Männern radikal zu verschärfen. Die TäterInnen wurden gehört und hofiert; die tatsächlich Unterdrückten eisern ignoriert.

Ausgehend von falschen Voraussetzungen waren alle ihre Schlüsse falsch, radikal ungerecht, aber erfolgreich, wurden Gesetz, Vorschrift, öffentliches Bewußtsein.

Auf einzelne Thesen einzugehen langweilt. Hier lösche ich, was im Speicher der über zwei Jahrzehnte alten zweiten Fassung stand (das Original ist noch ein Jahrzehnt älter). Es gibt zu viele falsche, unsinnige und unwichtige Behauptungen von Feministinnen.

Schon früher war nur weibliche, nicht männliche Sexualität geschützt (§1300 BGB, §177 SGB, (A9)); nun wird diese Diskrepanz feministisch verschärft durch Verteufelung der Männer, Distanzierung in Kopf und Leben, „männerfreie Zonen" und Schürung ideologisch gehei-

---

66 siehe van Creveld, „Das bevorzugte Geschlecht"; Deichmohle, Buchreihe „Die beiden Geschlechter", Band 1 „Kultur und Geschlecht", Band 2 „Ideologiekritik am Feminismus" und Band 5 „Die Unterdrückung der Männer"

ligter, möglichst männerfeindlicher „weiblicher" Einstellung und Sexualität, die ohne „das Ding" auskommt. Weitere Verschärfungen werden in Gesetze gegossen, die alles, was typischerweise Männer tun könnten, kriminalisieren und verteufeln, dafür alles, was typischerweise Frauen betrifft, entkriminalisieren und in ein positives Licht stellen.

Diese Welt, in der Femanzen die totale Dominanz in zentralen Lebensbereichen errichtet haben, die alleinige Macht bei sexueller Selektion oder Flirt, Sex und Partnerwahl an sich rissen, ebenso bei Kindern, Familien, ist eine Welt ideologischer Diktatur. Es ist eine Welt, in der ich nicht leben kann.

Sexuelle Selektion

Frauen waren immer bevorzugt: Biologisch haben sie die enorme Macht sexueller Selektion, die Arten entstehen oder bei Irrwegen aussterben läßt, geschlechtliche Unterschiede, Körper und Charakter der Männer, und darüber hinaus die Paarungssysteme wie Familie schuf und prägte, aus denen sich Gesellschaft entwickelt. Was Feministinnen irrtümlich „Männern" und einer frei erfundenen „patriarchalischen" Verschwörung zuschrieben, war tatsächlich das Ergebnis weiblicher Selektionsmacht und überwiegend weiblicher Interessen. Ursprünglich aus kommunistischen, revolutionären und mystischen Kreisen entstammende Ideologie zu „Patriarchat" und „Matriarchat" ist von moderner Wissenschaft widerlegt.

Historisch wurden Gefahren und härtere Lasten Männern auferlegt, die für Frauen sorgen mußten. Männer wurden härter behandelt im Gesetz, vor Gericht; ja, Dinge, die Männer betrafen, wurden oft strafbar; waren Frauen verantwortlich, wurden sie leichter genommen oder hörten auf, strafbar zu sein. Frauen durften klagen und wurden gehört, auch wenn unberechtigt.

Meine Klage hörte jahrzehntelang niemand. Klagen von Männern zählen nicht, auch wenn sie berechtigt und dringend waren und sind, im Gegensatz zu den Klagen von Feministinnen über eine frei erfundene Unterdrückung, die tatsächlich eine Unterdrückung des Mannes war, wenn dieses Wort denn verwendet wird – es wurde nicht auf Männer bezogen eingeführt, obwohl diese übermäßig belastet waren, sondern auf die Bevorzugten – und von ihnen benutzt.

Es gibt keine Rechtfertigung, keine Entschuldigung für das, was ich erlebte, was andere Männer erlebten, ob abgewiesen, als von Familie und Leben ausgeschlossener Zahlsklave ausgenutzt, oder mit falschen Beschuldigungen als Belästiger, Vergewaltiger oder sonstwas ins Gefängnis gebracht oder per Rufmord erledigt, was in der Praxis oft straffrei bleibt bei der Frau, die das Leben eines Mannes mit falschen Anklagen zerstörte. Und warum ist männliche Sexualität so ein Tabuthema? Weil es um weibliche Dominanz geht, um ihre Wahlmacht! Sogar beim Tierreich argumentieren FeministInnen so, wenn sie mit biologischen Tatsachen konfrontiert werden.

    1.) „Huch, das ist ja „biologistisch". Das Fakt wird abgelehnt. Biologie wollen wir nicht."

    2.) „Weibliche Selektion? Das stimmt ja gar nicht; klischeehaft, auch im Tierreich sind Weibchen oft aktiv." (Sinngemäß, leicht satirisch verkürzt von einer feministischen „Wissenschaftlerin" in einem Magazin für Biologie.)

Das ist eine Finte. Erstens widersprechen sie etwas anderem, als worum es geht – weiblicher Selektionsmacht –, zweitens ist ihr Widerspruch falsch.

In einem Lehrbuch der Verhaltensbiologie steht, daß es verschiedene Möglichkeiten weiblicher Strategien gibt (im Tierreich wie bei Menschen).

(i) Weibchen können passiv wählen: Sie warten auf bewerbende Männchen, lassen sie hampeln, treffen die Entscheidung und bieten sich dem selektierten Männchen an.

(ii) Weibchen können aktiv umherstreichen, Männchen prüfen, selektieren und sich aktiv dem ausgewählten Männchen anbieten. In Extremfällen putzen sich Männchen auf einer Bühne heraus, so daß es uns wie eine Inversion der Geschlechterrollen vorkommt, und die Weibchen wählen aus. Das Modell gibt es in seltenen Fällen auch beim Menschen, von Stämmen wie den Tuareg habe ich derlei gelesen. Die Männer sind dann sozusagen die Popsänger auf einer Bühne; Frauen wählen; es kommt mir vor wie im Film über Sklavenmärkte aus der Zeit der Sklaverei in den USA. Aber ist Modell (i) so viel anders? Nüchtern betrachtet ist es nicht besser.

(iii) In einigen Fällen bieten sich Weibchen im Tierreich scheinbar wahllos mehreren Männchen an – aber nur scheinbar. Diese sind folgenreich selektiert und gewählt, der Rest wird diskriminiert, bleibt ausgeschlossen, auf Dauer ohne Nachfahren. Auch das scheint es, wie die beiden vorigen Strategien, beim Menschen durchaus zu geben. Und wie beim Menschen ist (i) das am meisten verbreitete Modell.

3.) Obwohl Feministinnen es wissen müßten, da einige von ihnen in der Biologie „arbeiten" – falls ihre destruktive Tätigkeit, einst objektive Wissenschaft in Ideologie zu verwandeln, als „Arbeit" bezeichnet wird –, wird die Tatsache weiblicher Dominanz ignoriert und geleugnet. Denn da sie TäterIn sind und nicht Opfer, wie sie wähnen, ist das schlecht für's Geschäft des Geschlechterkrieges und der Kulturrevolution; dann ist, was sie „Befreiung" nennen, nur weitere Verschärfung einer bereits bestehenden Unterdrükkung des Mannes. So können sie es in der Öffentlichkeit natürlich nicht stehen lassen. Also muß eine andere Benennung her, etwa „Versorgen ohne Unterdrük-ken", was bedeutet: der Mann ist Zahlsklave, muß für die Frau arbeiten, die ihn aus ihrem Leben ausschloß, ebenso aus dem der Kinder, aus der Familie. Sie ist versorgt, er unterdrückt. Seine finanzielle Knechtschaft ist ihr Profit. Die wahrhafte Bezeichnung wäre: „Versorgung der Unterdrückerin durch entrechtete Zahlsklaven." Aber Frauen sind ja Opfer per definitionem, und alles bezieht sich nur auf sie.

Die feministische Strategie: Verwirren, ablenken, Ausflüchte finden, ihre überaus mächtige Dominanz zugleich ausbauen und kleinreden, etwa sexuelle Selektion, die aufwendige Geweihe auf Hirschhäupter zaubert, Arten entstehen läßt, indem Männchen, die zurückgewiesen werden, einfach aus der Art fallen – was nachweislich Hauptkraft bei der Entstehung neuer Arten ist. Entweder sterben die Gene der Männchen, gegen die Weibchen diskriminierten, einfach aus, weil sie von Fortpflanzung ausgeschlossen wurden, oder sie finden Weibchen mit Vorlieben, denen sie genügen, dann entsteht eine neue Art. Da es schwer ist, die Anforderungen der Weibchen zu erfüllen, werden sehr viel mehr Männchen gescheitert und ihre Gene ohne Nachkommen ausgestorben sein, als neue Arten entstanden. Das erlitten laut genetischen Studien 80 Prozent aller Männer der letzten 150.000 Jahre, die unsere Art alt ist, denn in all den 150.000 Jahren ist es nie einem der nachgewiesen 80 Prozent männlichen Verlierer gelungen, eine neue Art zu begründen.

Weibliche Wahl ist die älteste und für Betroffene folgenreichste Form der Diskriminierung. Ausgeschlossene Männchen gibt es in jeder Generation in hoher Zahl; neue Arten spalten sie bei uns vielleicht alle Millionen Jahre eine ab. In der Praxis bedeutet das: Diskriminiert, nicht selektiert, genetisch aus und vorbei.

Meist sind die neuen Arten sich anfangs ähnlich, könnten sich leicht kreuzen. Getrennt sind entstehende Arten meist nur durch die Vorlieben der Weibchen: Die einen lassen sich nur von einem rotglänzenden Fisch befruchten, bei den anderen muß er blau sein. Nach einer Weile gibt es zwei Fischarten: eine mit roten, die andere mit blauen Männchen. Die gelben, grünen, weißen, schwarzen oder andersfarbigen Männchen haben Pech, gehen ohne Nachwuchs unter. Toleranz? Von wegen! Sexuelle Selektion ist die älteste und folgenreichste Form der Diskriminierung.

Ich war der Fisch mit der falschen Farbe; ich war männlich in einer Zeit, in der männliches Leid unsichtbar gemacht, Klagen von Männern überhört und verhöhnt wurden. Sogar meine Dichtung scheiterte an der schiefen Wahrnehmung, allgemeinen Männerfeindlichkeit und feministischen Zensur. So ging mein Leben dahin, ohne daß ich finden konnte, was ich suchte, denn sogar meine Bücher blieben unverlegt, ungelesen, unbeachtet, vermochten mein Schicksal nicht zu ändern. Frei erfundene, unberechtigte Klagen privilegierter Frauen dagegen wurden unverzüglich Weltsensation, sofort von Medien groß herausgebracht, ein Riesenerfolg, gefeiert, regten rasche Gesetzesänderungen an, brachten Politiker zu pathetischen Schwüren, das erfundene und eingebildete Unrecht an Frauen dürfe sich niemals wiederholen. Die eilig erlassenen Gesetze vergrößerten dann die Frauenbevorzugung, Männerunterdrückung und schiefe Wahrnehmung noch weiter.

Auch die sogenannten „patriarchalischen" Institutionen wie Familie und Arbeitsteilung gehen auf weibliche Selektion und Diskriminierung an Männern zurück.

So eine mächtige Kraft des Lebens zwingt die Betroffenen – Männchen – zu Gegenstrategiën, ohne die sie nicht überleben könnten. Das ist offenkundig, unmittelbar einsichtig. Hier setzen nun die feministischen „Wissenschaftlerinnen" an und klagen und beschuldigen nicht nur Männer, sondern gar Männchen des Tierreichs, doch eigene Strategien zu entwickeln, so daß man nicht von weiblicher Selektionsmacht sprechen könne. – Das ist Quatsch. Gerade aufgrund der universellen weiblichen Dominanz sind solche Gegenstrategiën nötig, stellen sie auch nicht in Frage, sondern funktionieren, indem sie versuchen, sich an die Auswahlkriteriën der Weibchen (Frauen) anzupassen, oder diese in ihrem Sinne auszunutzen. Wer an einem Spiel teilnimmt, bestätigt die Spielregeln.

Der hohe Druck auf Männchen erklärt auch, warum einige Männchen gar nie zum Zuge kommen, einige wenige überdurchschnittlich oft. Die Varianz von Erfolg oder Mißerfolg ist wesentlich höher bei Männchen. Leider bedeutet das auch, daß sie gegeneinander konkurrieren, statt gemeinsam die Selektion abzustellen, eher untereinander um die „richtige Sichtweise" streiten, als gemeinsam gegen Feminismen einzutreten.

Solche Strategiën gibt es beim Menschen auch, und Feministinnen bekämpften sie wütend, weil sie die alleinige, absolute und totale Macht anstreben und verteidigen. „Mein Körper gehört mir! Ich allein habe die Wahl!" Väter und Männer haben demgemäß überhaupt keine Wahl, und alles, was sie früher einmal hatten, um auch interessant zu sein und etwas zu sagen zu haben, hat ihnen die Emanzipation im Namen einer „Gleichheit", die keine ist, vollständig weggenommen und gesetzlich verboten.

Wann immer es männliche Strategiën gibt, sich der biologisch übermächtigen sexuellen Selektion zu entziehen, geifern FeministINNEN „Unterdrückung", „patriarchalischer Rückschlag", „Backlash" und hohle Phrasen mehr, mit denen sie alleinige und totale Selektionsmacht, ihre Diktatur, verteidigen. Solche Strategiën sind allerdings, wie schon im Tierreich, lebenswichtig. Doch während Männer rackern, Geld und Status zu erarbeiten, der ihnen Zugang verschafft, danach die Erwartung ihrer Frau oder Freundin zu erfüllen, später nach dem gewinnträchtigen

Rauswurf mit staatlich erzwungenem Unterhalt die eigene Entsorgung aus der Familie zu belohnen, können Feministinnen (auf Kosten der Männer oder Steuerzahler) sich ständig neue Tiefschläge ausdenken, die auch wirklich keine männliche Möglichkeit übriglassen, ihrer alleinigen Bestimmungsmacht zu entgehen, jeglichen Rest an Kultur weltweit zerstören.

Hof·fart

Substantiv [die] veraltet gehoben abwertend

Hochmut.
"Sie war voller Hoffart und verspottete alle, die um ihre Hand anhielten."

Übersetzungen, Wortherkunft und weitere Definitionen

Das Problem ist uralt, wurde durch Kultur lediglich gemildert. Eine Bezeichnung dafür war „Hoffart" von mittelhochdeutsch „hochvart".
«Sie war voller Hoffart und verspottete alle, die um ihre Hand anhielten.»

Bedeutungen:
[1] arrogante, dünkelhafte Haltung

Herkunft:
mittelhochdeutsch *hôchvart* „die vornehme (hohe) Art zu leben (Fahrt)", belegt seit dem 12. Jahrhundert. Die heutige negative Bedeutung „Hochmut" entwickelte sich bald danach.[1]

Sinnverwandte Wörter:
[1] Arroganz, Dünkel, Eitelkeit, Hochmut, Überheblichkeit

Feministinnen hörte ich jammern, Männer sollten aufhören, Mitleid aus Frauen der Frauenbewegung herauszupressen, und Frauen nicht länger darauf hören. Mit meinen eigenen Ohren habe ich es Ende der 1970er gehört.

Erarbeiteter Wohlstand, Status, Macht, männliche Tauschgaben waren Strategiën, die Selektion zu bestehen. Sie sind abgeschafft. Denn nur das, was Frauen nicht haben, kann bei der Selektion nützen.

Immer mehr männliches Verhalten als belästigend, unangenehm oder kriminell einzustufen, gehört auch zum Kampf um alleinige Dominanzmacht der Frau bei Reproduktion, Zusammenleben und damit der Zukunft. Denn weder Männchen im Tierreich, noch Männer, tun so leicht etwas ohne Grund. Verbreitete Verhaltensweisen sind weder „böse", noch „unterdrückerisch", sondern eine vieler Methoden gewesen, ein wenig der Unterdrückung abzuschütteln, ein wenig frei zu werden. Nur ein bißchen. Denn gegen sexuelle und soziale Selektion kommt der Stärkste nicht dauerhaft an: Sogar stark zu sein ist Teil des Spiels, bestätigt also Spielregeln und Spiel.

Unter nahe verwandten Tieren gibt es kaum Monogamie; der Kampf um Weibchen und Fortpflanzung ist erbarmungslos, ist brutale Auslese und Abweisung, existenzieller Durchsetzungskampf ohne Atempause gegen weibliche Selektion. Nur erfolgreiche Gewinner erhalten eine Chance auf Fortpflanzung von Weibchen, denen solche Probleme unbekannt sind. Denn ihre Kinder sind immer ihre. Mater semper certa est.

Eine wesentliche Aufgabe von Kultur, außer dem Schutz von grazileren Frauen und Müttern vor Gefahren und Härten, ist solchen anarchischen Druck zu mildern, generell und für alle Beteiligten natürliche Rechte und Sicherheit, soziale Absicherung, verbindende Gefühle und verläßliche Zuarbeit an Stelle ständiger Krämpfe, Reiberei, Konflikte, Anstrengung um Frauen, Sex, und dadurch erzwungene Konkurrenz unter Nebenbuhlern zu setzen.

Den Emanzen ist es gelungen, diese schon unter Primaten teilweise gemilderten und von Kulturen weitgehend gelösten Probleme in verschärfter Form neu zu erzeugen mit ihrer Kulturzerstörung, ihrer verbohrten Ideologie und männerfeindlichem Rassismus. Sie schufen eine

Lage, die schlimmer als im Tierreich ist, in dem es schon Ansätze kultureller geschlechtlicher Differenzierung und erlernter Tradition gibt.[67]

Männliche Stärke wird verteufelt, ihre Anwendung verboten oder ist schon seit Urzeiten gegen Frauen nicht gestattet, wogegen FeministInnen immer neue Konfrontationsmittel ersinnen. So brutale feministische Anarchie, in der Frauen Männer bekämpfen, denen Gegenwehr untersagt ist, deren Stärke, Körper, Geist von vornherein verunglimpft ist als „frauenfeindlich" und weiß die TeufelIN was noch alles, gab es niemals in animalischen Zuständen.

---

[67] Phasen der Entwicklung von Arbeitsteilung wurden bei Hominiden auf die Zeit von vor 4 und 5 Millionen Jahren, und die von vor 2 bis 3 Millionen Jahren verlegt. (Mainzer Archäologie Online 3, Archäologische Beiträge zur Genderforschung, Rudolf Zumann, 2004, S. 6) Ansätze gab es schon bei Schimpansen (a.a.O.), von denen wir uns vor 7 Millionen Jahren trennten. Eine andere Quelle belegt Ansätze bei Primaten allgemein. (Matrilineare Gesellschaften, Diplomarbeit von Isabella Andrej, Wien 1998, S. 13) Ethnologisch ist sie ebenfalls universell. Der Nachweis kann mit verschiedenen Fachgebieten geführt werden.

Fortpflanzung ist für uns Sexualität, denn die Natur weiß nichts von Verhütung, die sie überlistet. Weibchen kennen das Problem der Abwimmelung nicht – „Sperma ist billig, Ei teuer" (A10); sie sind umschwärmt, pflanzen sich mit ihrem Kind immer selbst fort, ganz gleich, von welchem Männchen es ist. Daher ist es für Frauen biologisch nicht wichtig, ob sie mehr als einen Mann haben, umgekehrt aus Vererbungssicht für einen Mann ein großer Unterschied; er ist sich selten genauso sicher, seine eigenen Kinder zu pflegen; seine Fortpflanzungschancen verbessern sich mit weiteren Frauen oder Geliebten, ein Grund für verschiedene psychische Disposition.

Nun setzen sie als Haßgeburt bislang ungeahnte Probleme in die Welt – was FeministInnen gern originell finden; sie entstellen Reste kultivierten Miteinanders, zu dem sie unfähig machen, und besonders männliche Liebe mit unglaublicher Kälte, als hätten männerhassende Lesben diese Sicht ausgetüftelt: „Wie er mit seinem schweren Penis in die Rastplätze seiner Frau kracht, wo er sich endlich ausleeren kann" „sein Geschäft in sie hineinmachen kann" (Elfriede Jelinek, Lust) ... mit seiner „Giftspritze", wie sich andere Feministinnen ausdrückten.

Eine permissive Gesellschaft löste diese Probleme nicht; auch Frauen, die sexueller, geschlechtlich mehr am Manne interessiert wären, behöben nicht das Chaos, in dem Frauen der feministischen Disposition nehmen ohne zu geben, was gebraucht wird. Beziehungen prägte weiterhin streßbereitendes Durcheinander, in dem Interessenskonflikte programmiert sind; die von ihren Launen und Gelüsten abhängigen Männer könnten auf nichts bauen, wären ohne Rechte, hätten keine Grundlage, auf der sich bauen ließe mit Fleiß und Verstand, befänden sich in unerträglichem, zermürbenden Zustand. Sie könnten weiterhin zum ausgeschlossenen Verlierer werden.

Auch Frauen klagen über die chaotischen, gestörten Verhältnisse, in denen etwa die wirklich interessierten Männer oft keine Chance erhalten, Anmache zum häßlichen und verteufelten Problemfeld wurde, über Beziehungskrämpfe und Männer, denen ein ihnen gemäßes Format verweigert wurde. Sie wollen Männer kaputtmachen, aber wehe, sie entsprechen nicht mehr ihren anspruchsvollsten Träumen!

Weibliche Wahl zieht geachtete, problemfreie starke Männer vor - ideologischer Haß zerstört, was sie an ihnen lieben - der abgekrachte Softie wird noch beschimpft und verachtet für das, was sie mit ihm gemacht haben.

Feministische Unlogik und rassistischer Widersinn auf allen Ebenen.

Viele haben mir Vorwürfe gemacht, weil Frauen mich nicht wollten und mir keine Chance gaben, bis ich einerseits das Abwimmeln mit feministischen Mechanismen beschrieb und zum anderen Untersuchungen bekannt wurden, wie weibliche Wahl selektiert und ausschließt.

Etliche Bücher schrieb ich darüber, die alle genauso abgewimmelt wurden wie ich selbst; andere Männer wurden verlassen und ausgenommen, unterhaltsgeschädigt und beschimpft. Doch statt sich über mich zu belustigen, könntet ihr von mir lernen, denn meine Erfahrung hat mich verändert; ich habe gesehen, was euch verborgen blieb im bequemen Alltag, habe hinter Fassaden geschaut, untergründige mächtige Muster erkannt und daraus gelernt. Beim Erkennen wichtiger Vorgänge bin ich weiter als ihr; unrecht tätet ihr, über mich zu lachen oder mich abzutun. Ich habe euch mehr zu sagen als ihr mir.

Ich spiele das Spiel nicht mit. Ich unterlaufe es. Ich verweigere meine Teilnahme. Eure Erwartungen laufen bei mir ins Leere. Ich schmeichle nicht mit schönen Lügen, mache mir wie euch nichts vor. Ich lasse mich nicht einwickeln von Floskeln und Reizen, schmiere weder Honig ums Maul, noch werbe ich mit Deo oder Muskeln. Euren Kitsch-laß-nach durchschaue ich als Egoismus. Wenn jeder das täte, sähe die Welt anders aus.

Statt dieses destruktiven Chaos bedarf es einer Kultur, die uns verbindet, uns eine Aufgabe gibt, in der wir lernen, etwas füreinander zu tun, füreinander zu empfinden. Was läßt Anteilnahme reifen? Was bezieht uns aufeinander? Welchen wichtigen Sinn hatten Arbeitsteilung und Aufgaben der Geschlechter? Welche Bedeutung hatte der Tausch weiblicher und männlicher Gaben besonders außerhalb der Familie? Was hatten Ethniën alter Zeit, das bei uns ohnehin seit Jahrhunderten dahinsiechte? Wieso der tiefe Sturz von beeindruckenden männlichen Persönlichkeiten und faszinierenden Mädchen in dumpfes Siechen, in Gegeneinander und geschlechtsneutrale Verkümmerung?

Während ich mir diese Fragen stelle, werkeln Feministinnen rund um die Welt in großer Zahl daran, daß nichts übrigbleiben kann, nicht einmal in Träumen, Wünschen, nicht bei Säuglingen noch Literatur. Alles wird verrissen, geschlechtsneutral umerzogen, angeprangert aus den lächerlichsten Anlässen. Es gibt keine Möglichkeit zu fliehen; überall ist Kultur im gleichen freien Fall, im Untergang, Auslaufmodell. Süd- und Ostasiën war Ziel für Sucher von den 1950ern bis in die 1980er; Mexiko lockte damals, nicht nur mit Schamanen. In aller Welt lockte der Charme von Welten, in denen die Gruppen der Männer und Frauen über die Familie hinaus viel feiner strukturiert und aufeinander bezogen waren als im konturarmen Westen.

Während ich danach suche, was positives Füreinander ermöglicht, hämmern Feministinnen dies weltweit nieder. Bevor ich es erfahren kann, sind sie schon da. Bevor Forscher diese Frage in die Welt tragen könnten, haben Feministinnen genau das, was Geschlechter betrifft, schon abgeschafft, aus natürlichem Gleichgewicht gebracht – sofern weibliche Dominanz nicht bereits weit überwog. „Ick bin all hier" sagen Millionen Igel zum einsamen Hasen, der um die Welt, von Stadt zu Stadt, Fakultät und Fachgebiet zum anderen springt; doch überall gehen die Uhren falsch. Alle Waagen der Gerechtigkeit sind umgestürzt, die feministische Schale einzementiert, die männliche entfernt. In allen Fächern wird Ideologie produziert und staatlich bezahlt, verbreitet, von öffentlichen Mediën hofiert. Aufhalten möchte ich den Strom und kann es nicht; unmöglich vermag ich Spezialist sein auf so vielen Gebieten zugleich; und selbst in einem einzigen Spezialgebiet, viel zu eng und wenig für solch einen Angriff, nähme mich keiner ernst, haben sie schon lange gewartet auf den Deppen, der ihnen in die offenen Messer läuft, längst vorbereitete Fallen; sie freuen sich schon auf das geistige Gemetzel. Feministische Ideologie ist Grundlage für Forschungsansätze geworden.

Es ist zwecklos, hoffnungslos. Alle Vorwürfe sind falsch. Die Voraussetzungen sind falsch. Benachteiligt war, in Evolution seit Urzeiten, in der Geschichte seit es sie gibt, in Kulturen seit es sie gibt, der Mann, war das weibliche Prinzip das, dessen Selektion Arten schafft, verändert, Geschlechtsunterschiede schafft und ändert, Paarungssysteme wie Familie und daraus sich entwickelnde Gesellschaft entstehen läßt und prägt; sogar die einst universelle Arbeitsteilung schuf ihre Selektion und nützte ihnen.

Aber heute, wo ich den männlichen Bereich dringend bräuchte, um anzukommen, eine Identität entwickeln zu können, anerkannt zu sein, mein Leben führen zu können, nicht nur dumpf dahinzuvegetieren ohne im Leben anzukommen, da haben sie es mir mit der fanatischen Gewalt einer Ideologie aus den Händen geschlagen. Um mich zu wehren, bräuchte ich objektive Wissenschaft, die eine feministische Invasion zu Ideologiefächern degradierte, bräuchte ich gerechte Institutionen, die feministische Invasion in eine manipulierende Diktatur verwandelten.

Abgewiesen und betrogen in jeder Hinsicht, immer nur angeschmiert, ausgeschlossen, ignoriert, von Frauen, Öffentlichkeit, Mediën, Verlagen. Alle sehen weg und spötteln: *„Dein Fehler, so läuft der Hase nicht. Wo kämen wir hin, wenn Männer sich beklagen dürften? Die Büchse der Pandora wäre geöffnet! Da könnte ja jeder kommen! Ein jeder hätte zahllose triftige Gründe zu klagen, wir gingen unter in einem Meer des Gejammers, wenn wir das zuließen, denn die Zahl von uns um ihr Leben Betrogener ist immens. Unterdrückt die aufmüpfigen unterdrückten Männer stärker, manipuliert sie, damit sie gar nicht erst merken, wie ihnen geschieht!"*

Niemand beißt wütender jede Feminismuskritik weg als ein unterdrückter Mann, der niedermacht, was einfach nicht wahr sein darf, ein Muttersöhnchen, ein beschränkter Kavalier, dessen einziges Format es ist, Frauen immer charmant zu bevorzugen, weil nur das Punkte bringt im Lebenskampf der Selektion. Wenn es ihnen noch so schlecht geht, sind diese Bereiche durch Tabus vor Erkenntnis und nüchternem Nachdenken geschützt; Erziehung und der Wunsch nach männlicher Stärke läßt sie an einem falschen Selbstbild festhalten, in dem sie souverän und stark sind, ein Helfer der Damen. Sie sind aktiv, erfolgreich Handelnde bei Flirt, in Familie, im Leben – zwar nur im Tagtraum, in der gefilterten Sicht ihres Egos, wie es ihr Selbstbewußtsein, ihr Stolz verlangt; aber so funktioniert Verdrängung. Und weil das Ich sich als frei empfinden mag, obwohl es dies nicht ist, verdrängt es biologische Tatsachen, fällt auf wahnsinnige Ideologiën wie den Feminismus herein, stolpert in eigenen Untergang.

Überall werden einst freie Gesellschaften, die suchende junge Blumenkinder, so schokkierend sie schienen, freundlich aufnahmen, in engstirnige, ideologische Gesellschaften verwandelt; immer weniger Freiheit gibt es auch sexuell, für Männer, in vielerlei Hinsicht. Wo es Freiheit gibt, nutzen Feministinnen sie schamlos aus; übrig bleibt nur Düsterkeit, die Wahl zwischen Pest und Pocken.

Recht auf geschlechtliche Identität, Rolle und Aufgabe im Leben, Liebe, Liebesleben, soziale und sexuelle Nähe, Recht auf Anteilnahme, Mitgefühl, die Entfaltung der eigenen Natur, Anlagen und Fähigkeiten, Recht auf einen eigenen Bereich, der ein Gegengewicht bilden kann zu biologischer Dominanz, ein Recht auf das, was Frauen von Männern erwarten!

Wo Männern das fehlt, Frauen ihre weibliche Identität, und beiden der kulturelle Zusammenhang, leiden auch Frauen an Komplexen, Identitätskrisen, Einsamkeit und Unglück. Was sie bekämpfen und dem Mann verweigern, können sie nicht von ihm erwarten. Was sie bekämpfen, entgeht ihnen selbst.

Männliche Karriere ist für Frauen, von ihnen anerkannt und herangelassen zu werden, ihren Anforderungen zu genügen, für Familie und weibliches Wohlleben auf Kosten des Mannes, später unterdrückerische Unterhaltsverpflichtungen zu erfüllen. Frauenbewußte arbeiten oft, Männer weniger oder nicht mehr nötig zu haben, gegen Männer, gegen Familie und andere, um mehr verweigern, entfremden, oder gar feministisch verderben zu können. Männliche Anstrengung ist kultiviert, also für, für andere, frauenbewußte gegen, anarchisch, destruktiv.

Männliche Mühe geschieht aus Liebe und Sehnsucht nach Frauen, femanzipiert weibliche oft selbstbezogen oder ebenfalls frauenbezogen. „Geben ist männlich, nehmen ist weiblich" gilt für das Schenken (Soziologin MarieFrancoise Hans); emanzipierte Anarchie funktioniert nicht; kulturelle Ergänzung ermöglicht beiderseitiges Geben und Nehmen und wird deshalb von rassistischen Ideologinnen wutentbrannt verunglimpft und zerstört seit Jahrzehnten. Nichts wird so bitter erteidigt wie Ungerechtigkeit, von der DemagogINNEN leben.

Feminismus verbreitet rassistischen Haß gegen Männer. Kritik am Feminismus ist getragen von Liebe zur Frau; niemand behauptet, daß Frauen nicht lieben oder geben könnten, immer so gewesen seien, wozu sie von biologischem Dominanzstreben verbunden mit neuer Ideologie gemacht wurden.

Mensch braucht Mensch, Mann und Frau brauchen sich. Dem Feminismus ist es erstmals gelungen, kultivierte Strukturen der Gemeinsamkeit zu zerbrechen und durch ideologische Konfrontation und Selbstverstümmelung zu ersetzen. Sie werden selbst leiden unter ihren Schäden, bei sich selbst und Männern, unter den Kaputtheiten der Kaputtgemachten und dem notwendigen Drängen der Abgewimmelten, Ausgenutzten, um ihr Leben Betrogenen ...

Der Feminismus war ein Irrtum, und Irrtümer müssen korrigierbar sein in einer Demokratie. Wenn sie behaupten, niemals gäben sie geschaffenen Widersinn und Unrecht wieder auf, die „Errungenschaften" ihrer Kulturrevolution, so haben sie die Demokratie zerbrochen, was auch Versuche zeigen, das Grundgesetz zu verdrehen, um politischen Gegnern das Wort zu verbieten, was das Ende der Meinungsfreiheit, der Beginn offener Meinungsdiktatur wäre. Bereits jetzt sind ihre ideologischen Ziele staatlich und überstaatlich, gesetzlich und grund(ge)setzlich vorgeschrieben. Ihre Ideologie mißbraucht bürgerliche Freiheit, um diese zu zerstören.

Das von ihnen verursachte Leid spricht gegen sie. Sie werden sich nicht aus der Verantwortung stehlen können.

Verbindendes wird Trennend

Seit Jahrzehnten bemühen sie sich, (un)weibliche Ziele, Gefühle, Lebenseinstellung und Sexualität so unvereinbar als möglich mit Männern zu machen. «Eigentlich paßt ein Mann / das Glied nicht zur weiblichen Sexualität», las ich schon in den 1970er Jahren. «„Wahre weibliche Sexualität" verwirklicht die Frau alleine, schließlich in lesbischer ...» «... ist der Versuch, sich aus allen heterosexuellen Zusammenhängen zu lösen, um sich dem Aufbau einer Frauenkultur zu widmen.» (Frauenjahrbuch 1976) Das war ein Grundtenor seit jener Epoche, und auf anderen Gebieten arbeiteten sie mit gleichen Mitteln und Absichten. Sogar das körperliche und seelische Verbindungsmittel Sexualität wurde zum trennenden Faktor gemacht. Ähnliche Motivation tauchte schon bei früheren Wellen auf.

«Anfang der achtziger Jahre sprachen Lesben in New York sich dafür aus, die Auseinandersetzung der Geschlechter entscheidend zu verschärfen bis hin zum „bewaffneten Kampf". Die traditionelle Ausrichtung der Gesellschaft auf Heterosexualität könne nur dadurch zerstört werden, daß Haß und Mißtrauen zwischen den Geschlechtern verstärkt würden. Shere Hites Buch "Woman and love" fördert diesen Trend, weniger aggressiv, aber dafür wirksamer.» (D2)

Ein Beispiel ist die Penetrationsdebatte, wo das „männliche Gewaltverfahren des Eindringens" gebranntmarkt wurde, während ich- und fraubezogene Selbstbefriedigung oder lesbische Orientierung zu befürworten war. Das Trennende, die Beziehung zum Abgewöhnen, zum Umschwung ins Lesbische, fand sich schon bei Verena Stefans „Häutungen", und zu Svende Merians „Tod des Märchenprinzen" gibt es ein Gegenbuch „Ich war der Märchenprinz", das entlarvt, wie die Frau entgegen ihrem Gesuch nachträglich einseitig Ansprüche stellt und dem „Märchenprinzen" verübelte, diesen nicht zu genügen und ihren Bruch vorher getroffener Vereinbarung nicht mitzumachen. Solcher Widersinn hat offenbar niemanden gestört, und ist zum Kultbuch jener Epoche geworden.

Wer leben, Liebe erfahren und wer fortleben darf im Nachwuchs. entscheiden Frauen „autonom", denn es ist ihre totalitäre Sexmacht, Selektionsmacht, „ihr Körper, ihr Leben".

„Nirgends offenbart sich das männliche Waterloo der Gefühle gegenüber dem weiblichen Geschlecht besser als in dieser Anfängerkurs-Szenerie, wo feministische Propaganda und Realität das erste Mal ungeschminkt aufeinanderprallen." (A8)

Es wäre jedoch fatal, sich auf Sexualität zu konzentrieren - die übrigen Schäden werden auf lange Sicht, für viele Generationen Probleme schaffen, wenn die sexuellen Neigungen ihrer Verursacher längst vergessen sind.

Ein Grundmuster ist, unter Vorwänden mit Männern gemeinsame Lebenswelten zu zerstören, um eine männerlose männerfeindliche zu errichten. Verbreitet ist auch das Grundmuster, Bezug und Ergänzung der Geschlechter zu vernichten, so daß sie bezugslos auseinanderdriften und nichts mehr funktioniert; Ärger über die so geschaffene Schieflage nutzen sie, indem sie einem erfundenen „Patriarchat" die Schuld zuschieben für das, was sie selbst und frühere feministische Wellen angerichtet haben, womit sie Wut erzeugen und diese auf einen fiktiven Gegner lenken.

Es sind Männer, die sich um Zugang zu Frauen und damit Familie oder Liebesleben mühen müssen, nicht Frauen. Wie bei allen Themen und Thesen verdrehte Feminismus die Tatsachen ins Gegenteil.

Im Szenebuch „Häutungen" wird wütend „Zugang" gefordert, den sie Männern nun verweigern. In ihrem Empfindlichkeitstraktat zu einer der zahllosen widersinnigen feministischen Kampagnen beschrieb sie, wie die mit einem Freund gemeinsame Lebenswelt entzogen und zerbrochen wird; in einer WG männerfeindlicher Frauen übte sie danach in einem „mühsamen" Prozeß ihre Umpolung und eine männerfeindliche

Welt, in der diese tatsächlich keinen Zugang haben. Femanzen schließen Männer aus, wobei sie sich gleichzeitig wider die Tatsachen als Opfer und ausgeschlossen wähnen. Täterinnen klagen Opfer an. Dies gilt für alle Kampagnen.

Das ist gleich doppelt widersinnig, weil Frauen aufgrund ihrer Fruchtbarkeit immer dem Zentrum angehörten – Familie ist dort, wo Frauen sind –, Männer dagegen mühsam um Zugang ringen müssen, was nicht allen gelingt – im Schnitt wurden seit Urzeiten 80 Prozent der Männer ausgeschlossen! Eine breite Mehrheit von 80 Prozent! Männer waren, es, die dringend Zugang für alle fordern mußten. Doch Feministinnen besaßen die Frechheit, die enorm Bevorzugten noch radikaler zu bevorzugen. Sie fordern etwas, das sie immer besaßen, um es Männern wegzunehmen: Vorher besaßen Frauen bereits mehr Zugang als Männer, worauf Feminismus mit noch radikalerem Männerausschluß und Abschaffung männlichen Zugangs reagiert. Ihre Forderung nach Zugang ist in Wahrheit ein Entzug von Zugang.

In einem Amoklauf kollektiv entfesselter Massensentimente schlug das Kreischen begeisterter Mädchen bei Beatleskonzerten in wenigen Jahren um zum Wutkreischen von „Frauen"gruppen in studentischen Zirkeln, deren Haß-laute Argumente ersetzten und die Entstehung von Ideologie begleiteten, zum Kreischen feministischen Hasses. Das Kreischen junger Frauen bei Beat- und Rockkonzerten ähnelte strukturell dem Kreischen junger Frauen bei Auftritten von Führer oder Duce, was Feminismus noch überbot, indem das Kreischen erstmals offen Wut und Haß ausdrückte, die damit als massenpsychologische Triebkraft offen sichtbar wurden.

Ich vermute, daß Feminismus dabei einen evolu-tionären Schutzreflex auslöste und mißbrauchte, mit dem „normalerweise" weibliche Artangehörige sich und ihre Kinder gegen wilde Tiere oder „verrückte, durchgedrehte Artgenossen" schützen, die in ihrem „Wahn" (Frauen bevorzugende) biologische Tabus verletzen. Zwar habe ich derzeit keine Belege dafür, doch könnte ein solcher Reflex evolutionär sinnvoll sein und daher möglicherweise existieren. Kollektives Anhassen in Frauengruppen wäre also ein direkter Rückgriff auf „niedere Instinkte" gewesen, und damit noch gefährlicher als Rassismus, der „niedere Instinkte" erst verknüpfen muß, indem etwa eine andere Rasse als „Bedrohung" hingestellt wird.

Genüßlich bohrten Femanzen in allen psychischen Wunden, die ihre Angriffe geschlagen hatten, wühlten mit feindlichen Sentimenten auf, die noch als „herrschaftsfreier Diskurs" bezeichnet wurden, hielten für „authentisch" ihren irrationalen Amoklauf absurder Vorwürfe, priesen als Diskurs der „Nähe schafft" Entfremdung, Abwimmelei, Verweigerung, Entzug, bis hin zur Umdeutung beide Geschlechter verbindender Größen wie Sexualität zu etwas Trennendem, deren „wahre Natur" sie erst ohne Mann, unter wütenden zum Lesbentum bekehrten Feministinnen fänden.

«Das Münchener Frauenzentrum lehnt jede „weibliche Verantwortung (ab), immer für andere, besonders für Männer, mitzudenken". „Das Höchste, was die sog. ‚einsichtigen' Männer bringen, ist, Frauenbewegung zu konsumieren, die Muttermilch zu trinken, sich hinter unseren Schürzenzipfeln zu verstecken, unsere Energie aufzusaugen. Wir brauchen unsere Energie für uns."» (D1) Mitläufer finden offenbar keine Gnade.

Verbindende Strukturen – die geschlechtliche Ergänzung, die beide Geschlechter aufeinander bezog, miteinander verband –, wurde ersetzt duch feministische Strukturen, die männerbekämpfende Frauen von Männern trennen. Verbindendes wird trennend – ein Grundmechanismus des feministischen Systems.

Feministische Doppelmoral und Migration

Seit drei feministischen Wellen und mehreren Generationen gründet Feminismus auf Doppelmoral, die Männern wegnimmt und kaputtmacht, was für Frauen betrieben wird. Männer brauchen es, um Frauen zu gewinnen und wollten es mit Frauen teilen, wogegen feministische Frauen dies umgekehrt nicht für Männer tun. Frauen erhalten Sonderrechte; Männer werden entrechtet. Frauen haben alleiniges sexuelles Wahlrecht; Männer werden diskriminiert und kriminalisiert. Doch das ist uns meist weitgehend unsichtbar, weil Geschlechterfragen einer massiven Verdrängung unterliegen. Agitation, die Emotionen aufpeitscht, wühlt angeborene Frauenbevorzugung und einseitige Schutzinstinkte schon in der Wahrnehmung auf.

Feministische Doppelmoral bemerken wir daher erst, wenn sie auf andere Themenbereiche ausstrahlt, wie die derzeitige Millionenimmigration, die für einen katastrophalen Männerüberschuß oder Frauenmangel im jungen Altersbereich verantwortlich ist.

Während die Unterdrückung hiesiger Männer heute[68] durch eine Strafrechtsreform auf die Spitze getrieben wird, die es Frauen erleichtert, nachträglich einvernehmlichen Sex zur Vergewaltigung zu erklären (das Gesetz soll heute im Eilverfahren durchgewunken werden), werden unkontrolliert ins Land gelassene Millionenfluten so lax behandelt, daß reale und brutale Übergriffe eingeladen werden.

«Ein Migrant, der in der schwedischen Stadt Vimmerby fünf junge Frauen sexuell belästigt hatte, sagte seinen Opfern Sonntag Nacht, „Ich hasse Schweden; ich bin hier nur, um schwedische Mädchen zu ficken."»[69] (Paul Joseph Watson, 27. Juli 2016)

Die unglückliche „Sexualaufklärung" nebst Flirtanleitung und Kondomverteilung für Flüchtlinge laden ebenfalls zu unerwünschtem ein.

---

68 eingefügt am 7.7.2016

«Sex-Übergriff auf Joggerin nahe B1 in Dortmund
Geschrieben von Silvia Rinke am 6. Juli 2016 in Polizei, Tagesthema
Auf einem Fußweg nahe der B1 / Westfalendamm ist gestern Abend eine 37jährige Joggerin Opfer eines Sexübergriffs geworden. Die Dortmunder Polizei sucht dringend Zeugen. ...
Hinter ihr stand ein junger Mann. Er hatte die Hose geöffnet, manipulierte mit den Händen an seinem Glied. Die 37jährige schrie laut um Hilfe und wollte zur Flucht ansetzen. Doch dies verhinderte der Mann, indem er auf sie zueilte, sie am Busen und am Po begrapschte. ...
Die 37jährige beschrieb den Tatverdächtigen wie folgt: junger Mann, eher noch Jugendlicher – ca. 16 Jahre alt, ca. 160 cm groß, Schwarzafrikaner – kurze zu Locken gedrehte Haare, bekleidet mit hellgrauen Baumwollshorts, hellgrauem Kapuzenpullover, er trug eine Beuteltasche – einem Turnbeutel ähnlich.»[70] (Rundblick Unna)

Wie nach der Reichsprogromnacht (früher: „Kristallnacht" 1938) wird von der Regierung überregionale Berichterstattung verhindert, damit das Ausmaß der Ereignisse nicht erkennbar wird und sich einzelne regionale Berichte, die nicht unterdrückt werden konnten, zu keinem realistischen Bild zusammensetzen.

Der ins Land gerufene Millionen-Männerüberschuß macht es Frauen schwer (Übergriffe) und Männern noch schwerer – weil es viel zu wenige Frauen für so viele Männer gibt und viele heimische Männer deshalb leer ausgehen werden. Liebes- und Familienleben werden für die Durchschnittsbevölkerung massiv leiden. Die Privilegierten merken es selbst am wenigsten, weil sie aufgrund ihrer Privilegien bevorzugt behandelt werden. Doch auch privilegierte Prominente wie Karl Dall, Jörg Kachel-

---

69 «A migrant who sexually molested five young women in the Swedish town of Vimmerby on Sunday night told his victims, "I hate Sweden, I'm just here to f**k Swedish girls."» (Paul Joseph Watson - JULY 27, 2016, http://www.infowars.com/migrant-molester-i-hate-sweden-im-just-here-to-fk-swedish-girls/)
70 http://rundblick-unna.de/sex-uebergriff-auf-joggerin-nahe-b1-in-dortmund/

mann, Julian Assange und viele andere fanden ihr Leben von falschen Vergewaltigungsvorwürfen ruiniert.

Das heute[71] verlesene Gesetz wird die Lage weiter verschlimmern.

Überwindet die emotionale Verdrängung dieser Themen, indem ihr meine Bücher lest.

---

71 am 7.7.2016 eingefügt

Wie Gesinnungsmedien uns belügen: Verreißen statt berichten

Obwohl wir von Feministinnen seit mindestens 1968 heftig belogen werden, unter Mitwirkung von Mediën und Staat, wachen deutsche Michel erst seit 2015 und der unkontrollierten illegalen und oftmals abtauchenden Massenflut auf und merken, wie einseitig, schief und verdrehend Mediën berichten. Wer anders denkt, wird als #Nazi verunglimpft, was noch lächerlicher dadurch wird, daß Positionen, die vor Jahrzehnten beide damalige Volksparteiën CDU und SPD teilten, nun plötzlich #Nazi sind, und Sichten, die noch vor Jahren so verleumdet wurden, sich inzwischen als wahr herausstellten, von Mediën und Regierung bemerkt und anerkannt werden.

Bei soviel Gesinnungsdarstellungen in Mediën, die zu einer Art moralischer Selbstjustiz, Mobbing und geistiger Lynchjustiz verkommen sind, die Andersdenkende mittelalterlich verfemt, mag es verwundern, wenn solche Methoden überhaupt noch ernst genommen werden, noch irgend etwas vom einst stolzen Ansehen der einst demokratischen Republik und Mediën übrig geblieben ist.

Das allmähliche Aufwachen von Bundesbürgern bezieht sich leider nur auf bestimmte Themen, bei denen der Gegensatz von Tatsachen und Behauptungen täglich beobachtet wird. Feministische Themen und die Geschlechter gehören kaum dazu, weil tiefverwurzelte Kavaliersinstinkte und biologische Frauenbevorzugung ein Erkennen des gigantischen Ausmaßes der Lügen behindern.

Nicht nur große Mediën sind von rücksichtsloser Gesinnungsdeutung angesteckt, sondern auch kleine Blogs. Zuverlässig wird seit Jahrzehnten kein grundsätzlich feminismuskritisches Buch erwähnt oder gar besprochen, solange es sich totschweigen läßt; anschließend wird nach einem Vorwand gesucht, es hämisch zu verreißen. Die Meute der Zitatverdreher stürzt sich dann auf alles, was sich plakativ mißdeuten läßt. Eines vieler Opfer solch unfairer Verdrehungstaktik war Eva Herman.

Vorhersehbar war, daß auch ein feministischem Zeitgeist unerträglicher Buchtitel „Die Unterdrückung der Männer" die üblichen Taktiken auslösen wird: Verschweigen und verdrehen.

Bemerkenswert ist auch, daß offenbar so gut wie alle Bücher meines Verlages rezensiert werden; ausgerechnet jenes Buch, das sich durch wissenschaftliche Recherche und neue Argumentationsliniën auszeichnet, „die Unterdrückung der Männer", ist von keinem der mit dem Verlag zusammenarbeitenden Publikationen und Journalisten besprochen worden. Das ist ein Armutszeugnis, aber nicht für das Buch, sondern für die Nichtrezensenten.

Als einziger hat ein winziger Blog das Buch besprochen, und zwar nach eigenem Bekunden mit Abneigung und nur, weil sie meinten, das Buch würde bekannt werden. «Da das Buch zurzeit einigen Staub aufwirbelt» Die Vorgehensweise ist typisch für das Vorgehen von Gesinnungsmediën gegen Andersdenkende, ob #AfD, #Migrations- oder #Islamkritiker, #Feminismuskritiker oder nichtlinke #Andersdenkende: erst verschweigen, dann verunglimpfen. Dagegen werden Feministen, Linke und Migranten beachtet und genießen Narrenfreiheit; sogar Morddrohungen aus ihrem „politisch korrekten" Mund werden ignoriert und hingenommen.

Der Blog muß starke Helfer oder gute Optimierer haben, denn seine inzwischen alte Besprechung hat es auf die erste Seite der Google-Trefferliste und ziemlich weit nach oben geschafft, was Verlage abschrecken kann und ein Anlaß für diesen Artikel ist.

Schauen wir uns die Gesinnung der Rezensenten an. Weite Teile beschäftigen sich überhaupt nicht mit Buch und Thema, sondern der eigenen Gesinnung, die zu verbreiten Hauptaufgabe ihres „Journalismus" zu sein scheint, der deshalb mit dem Wort „Gesinnungsjournalismus" am treffendsten bezeichnet wird:

«Bei all dem drohen wir in alte Muster zurückzufallen und Fortschritte über Bord zu werfen. Anstatt uns hinaus zu wagen und erst einmal auszuprobieren, was Gleichberechtigung im Positiven wie im Negativen ausmacht und ob es vielleicht gar nicht so sehr darauf ankommt, ob Mann oder Frau auf die Kinder aufpasst, sondern eher, wer die nötige Zeit dafür aufbringen kann, finden verstärkt konservative Ansichten ihren Weg in den politischen Diskurs, die sich auf die Sicherheit traditioneller Wertvorstellungen berufen (oder vorgeben es zu tun). Die Palette endet dabei natürlich nicht beim Bild einer traditionellen Familie, es geht genauso um Hautfarbe, um Nationalität oder um **Geschlechter, die sich nicht eindeutig in das binäre System aus männlich und weiblich einordnen lassen**. Abschottung statt Vielfalt, das ist die einfache, die bequemere und die auf kurzfristige Lösungen pochende Antwort. Dass es eine der Mechanismen ist, mit denen auf die immer weiter zunehmende Komplexität der Welt reagiert wird, ist logisch, es ist nur die Schnelligkeit mit der diese Ideen in die Mitte der Gesellschaft wandern, die überrascht und schockiert.

Und wo ist Jan Deichmohle **in diesen Überlegungen einzuordnen?**»

Hierbei handelt es sich um ein allgemeines weltanschauliches Bekenntnis, das nichts mit Buch oder Thema zu tun hat. Die Verfasser gehen von ihrer Weltsicht und ihren „Überlegungen" aus, in die sie Buch und Verfasser einordnen. Es wird gar nicht der Versuch unternommen, Buch, Fakten, Argumente und Weltsicht des Buches zu verstehen. Absicht ist die „politisch korrekte" Einordnung in ihr eigenes Weltbild. Der Verweis auf „binäre Weltsicht" zeigt, daß die Rezensenten die Weltanschauung der Genderideologie vertreten. Umwelt und Buch deuten sie aus dem Inneren einer geschlossenen ideologischen Weltanschauung, derzufolge sie selbst „fortschrittlich" seien, Andersdenken aber „rückschrittlich", wozu es reicht, auf eine grundlegende Tatsache des Lebens und der Biologie zu verweisen, nämlich daß es zwei Geschlechter gibt. Im System ihrer Ideologie wird das als „binäres System" und als „Abschottung statt Vielfalt" umgedeutet. Als „Komplexität" gilt innerhalb dieses geschlossenen Ideologiesystems nicht, die Tatsachen zu erkennen und die wirklichen Zusammenhänge, sondern „Komplexität" schreiben

Genderideologen und davon befallene Personen sich selbst zu: Ihre eigene Ideologie halten sie für „komplex", wogegen alle, die mit Tatsachen dagegenhalten, angeblich „in alte Muster zurückfallen", „konservative Ansichten" haben, die zu ihrem Bedauern „ihren Weg in den politischen Diskurs" finden. Kurzum: Andersdenkende sind „konservativ", wenn nicht gleich #Nazi, „Vereinfacher"; Tatsachen gelten zugleich als „traditionelles Bild" (etwa der Familie) und als „Vereinfachung". Das hat mit Fakten und Logik nichts, mit Gefühl und Ideologie viel zu tun.

«Was passiert, wenn enttäuschte Menschen zu lange vom Diskurs ausgeschlossen werden, zeigt der momentane Rechtsruck, egal ob mit Trump oder mit der AfD an der Spitze. Anhänger dieser Bewegungen fühlen sich fast schon systematisch missverstanden und unterdrückt»

Hier verraten die Rezensenten unfreiwillig, daß „enttäuschte Menschen" zu lange vom Diskurs ausgeschlossen wurden, was natürlich „nichts mit nichts zu tun hat" und keine Zensur ist. (Ironie) Im Falle des Feminismus weise ich solchen Ausschluß aller tieferen nichtfeministischen Argumente seit 1968 nach. Der zitierte Absatz zeigt aber auch die Gesinnung der Verfasser.

«Wir sind nun an einem Punkt angelangt, an dem mit Logik nicht mehr viel zu erreichen zu sein scheint und wider aller Vernunft den lautesten Politikern die Stimme gegeben wird.»

Eine Phrase. Tatsächlich sind es die Rezensenten, die nur Gesinnung, aber kein Argument, viel Gefühl und Meinung bringen, aber keinerlei Logik, wie mit Selbstwidersprüchen bewiesen werden wird.

«Aber bis zu dieser Auflösung bleibt die Frage, wie mit einer solchen Position umzugehen ist. **Zahlreiche Literaturblogs haben auf die Rezensionsanfragen** seitens Deichmohle und dessen Verlag **radikal**

ablehnend reagiert und wollten dem Buch keine Plattform bieten. Eine verständliche Haltung »

Unfreiwillig bestätigen die „Rezensenten" damit die Taktik des Verschweigens, mit der feminismuskritische Argumente seit etwa 1968 kaltgestellt werden. Hinzu kommen noch viele andere Methoden, wie Angriffe auf die Person (ad hominem), Verdrehung von Inhalten, die bis zur freiën Erfindung gehen. Diese Methoden begleiten uns seit Esther Vilar, die nach Morddrohungen und feministischer Gewalt in den 1970ern emigrieren mußte. Auch die hier rezensierte Blogrezension enthält viele der genannten typischen Elemente.

Vermerken wir auch, daß die Verfasser die radikale Ablehnung von Besprechung ihnen ungenehmer Inhalte verständlich finden und befürworten. Den „Rezensenten" stellt sich nicht die Frage, ob wahr ist, was sie glauben; sie kämen nicht auf den Gedanken, ihre Weltsicht infrage zu stellen. Vielmehr schreiben sie deutlich, daß die Frage nur sei, wie mit abweichenden Sichten umzugehen sei, oder salopp ausgedrückt, wie der weltanschauliche Gegner zu bekämpfen sei. Dem Abenteuer, ein neues Denken kennenzulernen, verweigern sie sich.

Zu Beginn zielen mehrere Absätze gegen den Verlag, das gemutmaßte Publikum und die unterstellte Gesinnung – das übliche: ad hominem, vorab Person und Umfeld als Prügelknaben hinstellen, bevor das Thema angesprochen wird.

Der erste Satz zum Inhalt – und gleichzeitig der erste nachprüfbare Satz, in dem es nicht um Gesinnung geht – ist gleich eine dreiste Lüge:

«Aber gut, all das lassen wir für einen Moment beiseite und kommen zu seinen Argumenten. In diesem Punkt macht es Deichmohle dem Leser einfach, denn das gesamte, dreihundertvierundsechzig Seiten umfassende Buch fußt **auf genau einem Argument**: Die Unterdrückung des Mannes ist ein biologisches Faktum. ... Sozialdarwinismus im 21. Jahrhundert, der falsch verstandene Namensgeber wird sich ein weiteres Mal im Grab umdrehen.»

Wer so einen Unsinn schreibt, muß sich darauf verlassen, daß Leser des Gesinnungsverrisses das Buch nicht gelesen haben und auch nicht lesen werden, denn sonst wäre der Rezensent als frecher Lügner blamiert.

Im Buch gibt es viele Kapitel mit fast ebenso vielen Themen und Argumenten. Schauen wir wenigstens einmal in das Inhaltsverzeichnis und Buch:

1. Kapitel „Weibliche Wahlmacht und Feminismus"

Aha, sogar im ersten Kapitel geht es nicht nur um biologische Fakten, sondern auch, was Feminismus daraus gemacht hat und weiter tut. Damit haben wir zwei verschiedene Argumentationsliniën, eine evolutionäre und eine gesellschaftspolitische.

Wenn überhaupt, dann sind hier Feministinnen „sozialdarwinistisch" in ihrer Methodik, nicht Feminismuskritik. Nennung biologischer Tatsachen als „Sozialdarwinismus" zu verhöhnen ist ebenso falsch wie niveaulos. Historisch war Sozialdarwinist jemand, der die Verdrängung des Schwächeren durch Stärkere als „Naturgesetz" befürwortete. Dergleichen habe ich niemals vertreten, sondern mich entschieden dagegen ausgesprochen. Die Unterstellung ist – wie üblich – das Gegenteil der Wahrheit. Daß Feministinnen von der ersten Welle bis heute dagegen wiederholt sozialdarwinistisch argumentierten, habe ich in meinen Büchern belegt.

Einfach mit bösen Vokabeln und Dreck um sich werfen, nach dem Motto, irgendwas werde schon kleben bleiben, und Nichtleser des Buches werden den Betrug schon nicht merken. Hat jemand feministische Bücher abgelehnt, weil die feministischen Behauptungen Verschwörungstheorie (nachweisbar), Sozialdarwinismus (bei mehreren Wellen nachweislich), sozialistische Utopie, geschlechtsrassistisch u.s.w. waren und sind? Nein. Feminismus darf alles, Feminismuskritik darf nichts.

Kein Klischee wird ausgelassen:

«Wer muss hier ebenfalls unweigerlich an Aluhüte denken?»

Unsachlichkeit ohne Grenzen. Subjektive Gedankenassoziationen bedürfen keines Beleges, den es auch nicht gibt.

2. Kapitel: Neue Zensurfälle
Das zweite Kapitel hat bereits mindestens den dritten neuen Argumentationsstrang vorgestellt. Wie kann jemand so frech lügen, das Buch beruhe auf „genau einem Argument"? Lügen, mit denen jemand fertiggemacht werden soll, könnten sogar strafbar sein, denn die Verbreitung nachweislich falscher und ehrenrühriger Behauptungen ist moralisch verwerflich und war in Zeiten, als Demokratie und Rechtsstaat noch funktionierten, eine Straftat.

In dem Kapitel geht es um moderne Zensurformen; es wird begründet, weshalb der Name „Zensur" gerechtfertigt ist, dargelegt, wie sie funktioniert: anders als in klassischen Zeiten, als der Staat bestimmte Buchtitel verbieten ließ.

Ganz nebenbei haben die Rezensenten unfreiwillig selbst Belege für mediale Unterdrückung Andersdenkender geliefert, wie bereits zitiert wurde.

Kapitel 4: Jugendbewegungen gegen Feminismusfolgen
Wieder beginnt ein völlig neues Thema und eine neue Argumentation, die nicht mit früheren Argumenten zusammenhängt.
Gäbe es noch einen funktionierenden Rechtsstaat, könnte für fast jedes Kapitel im Buch eine neue Strafanzeige wegen nachweislicher Falschbehauptung gegen die Rezensenten gestellt werden, die wiederholt behaupten, das Buch stütze sich auf „genau ein Argument", um vom Lesen abzuschrecken.

Im Kapitel geht es um die Folgen zerfallender Geschlechterbezüge. Vermutlich war es zu hoch für die Rezensenten, zu anstrengend, oder sie haben gar nicht erst hineingelesen. Oder sie waren so wütend über eine nicht vom Feminismus genehmigbare Sicht, daß gezielt nur nach etwas gesucht wurde, das zum Verreißen taugen könnte, ohne die Inhalte auch nur zu bemerken.

Kapitel 5: Fehler der abendländischen Zivilisation und ihre Folgen
Dies geht offenbar in philosophische Tiefen. Damit es nicht wirken kann, braucht es ganz plumpe Diffamierungen, denn wenn erst einmal gelesen und nachgedacht wird, wäre alles zu spät und verloren.

In diesem Kapitel wird folgendes angesprochen: Misandrie und Frauenverherrlichung ist Jahrhunderte älter als Feminismus, begann vermutlich am Ende der Antike, spätestens in der Renaissance, wuchs seitdem bis zu einem destruktivem Ausmaß – Feminismus ist die Folge einer bereits vorher ausufernden Männerfeindlichkeit und Frauenverherrlichung.

Kapitel 6: Feminismus betrieb Ungleichgewicht und Ungleichheit
Aha. Schon wieder ein neues logisches Argument. Gäbe es Gerechtigkeit, wäre die nächste Anzeige wegen der dreisten Lüge fällig, es gäbe „nur ein einziges Argument".

Inhaltliche Auseinandersetzung mit den geleugneten Argumenten? Fehlanzeige. Der gesamte Rezensionstext ist mit der Absicht verfaßt, schlechtzumachen. Wenn die Inhalte sogar als nicht existent geleugnet werden, ist ein Verständnis schon gar nicht zu erwarten. Wer aber die Augen verschließt und nichts versteht, kann auch keine sinnvolle Besprechung des Nichtwahrgenommenen und Nichtverstandenen schreiben.

Wer qualifiziert solche „Journalisten"? Armes Land, das von solchen Gesinnungsmediën desinformiert wird.

Kapitel 7: Feministischer Haß
Nächste unabhängige Argumentationslinie, mindestens die siebte.

Kapitel 10: Einseitigkeit und Widersinn der Wahrnehmung
Nächste Argumentationslinie. Die Rezensenten können noch so viel spotten: Die Aussagen werden von moderner Evolutionsbiologie be-

gründet. Doch das verstehen die Rezensenten nicht. Statt über biologische Tatsachen nachzudenken und ihre eigene schiefe Wahrnehmung zu hinterfragen, verspotten sie Buch und Verfasser mit Suchabfragen, wie oft das Wort „schief" und „Wahrnehmung" auftauche. Nebenbei bemerkt: ihre eigene schiefe Wahrnehmung haben sie damit bewiesen. Es ist wichtig und notwendig, auf solche angeborene Fehlwahrnehmung wiederholt hinzuweisen, weil diese überwunden werden muß, damit wir uns aus der grassierenden Ideologie befreiën können.

«geht Deichmohle nicht darauf ein, dass die Frau über die tausende von Jahren kaum eine Wahl hatte»

Das ist eine typische feministische Phrase. Die genetische Untersuchung zur Fortpflanzung widerlegt sie mit exakter Wissenschaft, ebenso im Buch zitierte feministische Schriften. Doch die faktenresistenten Rezensenten ignorieren die im Buch vorgestellten Tatsachen und bauen darauf, daß Leser der Rezension Buch und Tatsachen nicht kennen, sie also mit oberflächlichem Dampfgeplauder davonkommen, das feministische Sentiment bedient und so tut, als gäbe es die sie widerlegenden Beweise nicht.

«Da wird eine „Genderideologie" angeprangert, die den Mann weiter unterdrückt und andere Meinungen radikal zensiert. Dass der Autor hier selbst eine ideologisch aufgeladene Idee entwickelt»

Die übliche Verdrehung aller Tatsachen ins Gegenteil. Exakte Wissenschaft sei „Ideologie", feministische Genderideologie dagegen „fortschrittliche" „Wissenschaft". Orwell und seine Dystopie 1984 lassen grüßen.

«Der dazugehörige Lösungsansatz»

Wie der Blaulicht Verlag erfinden die Verfasser munter Positionen, um sie dem Verfasser unterzuschieben, nach dem Motto: Merkt ja keiner, der das Buch nicht kennt. Inseriöser geht es kaum.

Und so weiter. Das Buch macht Ausflüge in die Ethnologie und sich Gedanken über Struktur und Sinn von Kultur. Neben einer gewissen philosophischen Tiefe geht das an den Kern der Beziehungen zwischen Menschen und Geschlechtern. Ein neues Thema. Nicht nur im Buch, sondern in der geistigen Debatte! Ganz neue Argumente, die es noch nicht gab. Doch die Rezensenten sind entweder zu verblendet, zu oberflächlich oder zu dumm, um das zu bemerken – oder sie haben gar nicht erst so weit gelesen.

Das Buch baue auf „nur einziges Argument"? Das ist nicht nur falsch, sondern lächerlich, blamiert die Rezensenten. Denn sie werden wenige Bücher finden, die mit einer solchen Vielzahl neuer Argumente aufwarten. Es gibt eine Menge Bücher, die tatsächlich ein Hauptargument haben oder bereits bekannte Argumente verwenden, ohne deswegen verrissen zu werden. Doch ausgerechnet das mit diesem Vorwand niedergemachte Buch bietet eine solche Vielzahl Argumente, daß die Rezensenten blamiert sind für ihr unsinniges Geschreibe.

Wir sind noch nicht am Ende das Buches, aber ich möchte nicht langweilen und breche die Vorstellung voneinander unabhängiger Argumentationsstränge hier ab. Wer sich das diffamierende Gewäsch von Gesinnungsmediën antut, ist selbst schuld.

Ihre Lüge, das Buch basiere auf nur einem Argument, wird im Laufe des Verrisses mehrfach wiederholt, nach dem Motto: Wenn nur oft und systematisch genug gelogen wird, werden Leser es schon irgendwie glauben:

«Deichmohle reicht es aber, **mit einem Argument** ins Feld zu gehen»

«Autor Jan Deichmohle entwickelt ein über dreihundert Seiten starkes Buch **aus einem einzigen** evolutionsbiologischen „Beweis"»

Die Rezensenten scheinen zu glauben, beständige Wiederholung könne aus einer Lüge eine Tatsache machen. Mindestens dreimal stand diese Falschbehauptung ausdrücklich im Text.

«Schade, dass solch ein Buch heute noch einen Verlag findet»

Klare Ansage. Verreißen war der einzige Zweck des Gesinnungsjournalismusergusses. Sie befürworten die Unterdrückung Andersdenkender mit diesem Satz ausdrücklich und machen ihren Verriß zum Teil dieser Unterdrückung.

«dass es so lange gedauert hat, hat nichts mit „feministischer Zensur" zu tun »

30 Jahre Verzögerung der Argumente können natürlich nichts mit feministischer Zensur zu tun haben, obwohl dies im Buch genau dokumentiert wird. Der Verriß hat selbstverständlich auch nichts mit Gesinnungspresse (im Volksmund ungeschickt oft „Lügenpresse" genannt) zu tun. Ironie aus.

«Wer uns fortan zur Lügenpresse zählen will, sollte sich vor Augen führen, dass das Buch an dieser Stelle eine Kritik erhalten hat, die sich ernsthaft mit den Inhalten auseinandersetzt»

Lächerlich und tollkühn. Die Inhalte wurden so sorgsam ignoriert, daß behauptet wurde, das Buch fuße „ auf genau einem Argument". Eine Auseinandersetzung mit Inhalten, die es laut Falschbehauptung gar nicht gab, fand begreiflicherweise auch nicht statt.

«,die Hauptargumente des Autors darstellt und dazu Stellung bezieht»

Lustig. Hier widersprechen die Verreißer sich selbst. Denn nun werden im Nachsatz plötzlich mehrere Hauptargumente erwähnt, die es laut vorherigen Beteuerungen gar nicht gab, sondern nur ein einziges. Ebenso falsch ist zu behaupten, die geleugneten Argumente seien dargestellt worden. Nur ein einziges Argument wurde erwähnt – natürlich schief verdreht und unverstanden. Ob die Besprecher über wenige Absätze im ersten Kapitel hinausgelesen haben, wird ihr Geheimnis bleiben.

Schauen wir uns das Ende der Rezension im Zusammenhang an. Der letzte Teil ist vollständig zitiert, mit meinen Kommentaren zwischendurch.

«FAZIT: „Die Unterdrückung der Männer" ist ein fast schon klischeehaft schlecht geschriebenes»

Interessant. Mein Stil wird von intelligenten Menschen geschätzt. Klischeehaft schlecht geschrieben ist die Rezension dagegen tatsächlich. Wie auch bei Feministen gilt: Alle Tatsachen werden ins Gegenteil verdreht.

«, eigenwillig aufgebautes»

Unvoreingenommene Geister würden vielleicht „originell" sagen. Doch wer verreißen will, kann alles ins Negative verdrehen.

«, zwischen pseudo-wissenschaftlichem und ideologischem Anspruch schwankendes,»

Verdrehung der Tatsachen ins Gegenteil. Hier werden erstmals harte Fakten der Wissenschaft zusammengesetzt, die jahrzehntelang geleugnet oder übersehen wurden. Pseudowissenschaftlich sind dagegen Frauen- und Genderstudien, nebst verwandten „Fächern", die seit Jahrzehnten exakte, wertneutrale Wissenschaft verdrängt haben. Meine Bücher wenden sich gegen solche Gesinnungspseudowissenschaft und ideologischen Gesinnungsjournalismus. Natürlich sehen Gesinnungsjournalisten und voreingenommene Menschen die Ideologie nicht bei sich selbst, sondern dort, wo sie gerade nicht ist.

«plump provokativ und aggressiv vermarktetes Buch»

Ebenfalls eine Erfindung oder schräge Empfindung. Provokativ und aggressiv werden seit 50 Jahren feministische Traktate vermarktet, was ihnen nie angelastet wurde; vielleicht ließe es sich über die letzten Bücher Pirinçcis sagen, doch über dieses Buch schwerlich. Außerdem ist es gleichgültig, hat mit Wert und Inhalt nichts zu tun.

«, das obendrein auch noch über keine Substanz verfügt.»

Die Verfasser haben bewiesen, daß sie entweder das Buch nicht gelesen haben, oder dreist lügen: Statt angeblich nur „einem einzigen" Argument fanden wir bei einem ersten Blick bereits acht verschiedene, voneinander unabhängige Argumentationsstränge, wobei wir nicht einmal die Hälfte der Kapitel betrachtet hatten. Wer so kraß unwahre Behauptungen schreibt, will oder kann keine Substanz sehen. Das Problem liegt beim Leser, wie im Sprichwort: ‚Wenn beim Zusammenprall eines Hauptes mit einem Buch ein hohler Klang entsteht, braucht dies nicht am Buch zu liegen.'

«Autor Jan Deichmohle entwickelt ein über dreihundert Seiten starkes Buch **aus einem einzigen** evolutionsbiologischen „Beweis"»

Das ist eine Wiederholung der Lüge aus dem ersten Satz, der sich dazu herabließ, sich nach persönlichen Rundumschlägen mit dem Buchinhalt zu beschäftigen. Wir haben bereits gesehen, daß wir eine Vielzahl unabhängiger Argumente und Beweise bereits in weniger als der Hälfte der Kapitelübersicht aufgeführt fanden.

Beweise werden mit den Methoden verschiedener wissenschaftlicher Fachgebiete erbracht. Die Evolution ist nur eines von ihnen.

«, der genauso hanebüchen ist wie die Argumente, die er daraus folgert.»

Evolution ist nicht „hanebüchen", sondern exakte Wissenschaft, seit 150 Jahren gerne angefeindet und von vielen nicht verstanden. Das gilt, wie im Buch erwähnt, besonders für die noch heute zumeist nicht richtig begriffene „sexuelle Selektion". Zu den Nichtverstehern entscheidender Tatsachen des Lebens zählen auch die Möchtegernrezensenten des Buches. Ihre gefühlte Meinung ist unerheblich. Evolutionäre Tatsachen bestimmen das Leben, nicht die abstruse Ideologie von Besserwissern, Gutmenschen oder Gesinnungsjournalisten. Wer bereits die biologischen

Fakten nicht kapiert, ist auch unfähig, meine daraus gefolgerten Argumente zu verstehen. Peinlich für die Gesinnungsjournalisten.

«Anstatt den Feminismus oder die Genderbewegung in den ihren heutigen Formen zu kritisieren»

Die Rezensenten glauben, ohne von der geringsten Fachkenntnis beleckt zu sein, alles besser zu wissen und vorschreiben zu können, was und wie gedacht und argumentiert werden müsse.

Feminismus und Genderbewegung werden in der Buchreihe nicht nur in ihren heutigen Formen, sondern in allen Voraussetzungen (Prämissen) widerlegt und zugleich ad absurdum geführt. Das ist Sinn und Aufgabe der Bücher, geht wesentlich weiter als was Gesinnungsgutmenschen erlauben, die höchstens nur die heutigen Formen zu kritisieren gestatten.

«und wirklich diskussionswürdige Aspekte herauszustellen,»

Gelaber. Wer das Buch nicht liest oder nicht versteht, sämtliche Argumente außer einem einzigen – dazu mißverstandenen – Argument leugnet, kann begreiflicherweise die „diskussionswürdigen Aspekte" nicht erkennen. Verblendung – bei den Rezensenten.

«versteift sich der Autor darauf frauenfeindliche Ressentiments zu bedienen»

Auf diese Phrase können Feministinnen wie Alice Schwarzer stolz sein. Sie haben keinen Beleg, weil es keinen gibt. Aber die Begriffe „frauenfeindlich" und „Ressentiment" müssen unbedingt untergebracht werden. Im übrigen zeigen Feministinnen und staatsfeministische Regierung gerade, wie real frauenfeindlich ihre Massenimmigrationspolitik ist, die Frauen und minderjährige Töchter (und Jungen und Männer) zu Freiwild macht, wobei Probleme medial unter den Teppich gekehrt werden. Die von feministischen Gesinnungspersonen vielgescholtenen normalen Männer sind es, die sich für Belange ihrer Frauen einsetzen. Ressentiment spricht aus jedem Satz der Rezensenten; aus keinem Satz meines Buches. Wer das nicht glaubt, prüfe das selbst im Buch nach. Viel Spaß beim Suchen nach einem einzigen Ressentiment!

«und in Argumentationsketten zurückzufallen, die wir schon Jahrzehnte hinter uns gelassen haben.»

Groteske Verdrehung. Fast alle Argumente sind neu, weltweit neu, existierten auch außerhalb unseres Sprachraums vor meinen Büchern nicht. Doch die jetzige feministisch geprägte Besserwissergesinnung sieht in jeder Kritik etwas „rückschrittliches", weil sie sich selbst als „fortschrittlich" definieren. Das ist eine zirkuläre Schlußweise, die auf Bauchnabelgefühlssicht beruht.

«Das Fazit: Ausschließlich heiße Luft gepaart mit Frauenfeindlichkeit. Punkt!»

Ein zum unwürdigen Geschwafel passendes Ende. Sie haben gelogen, außer einem alle Hauptargumente geleugnet und ignoriert, dieses aber verdreht, außer persönlichen und allgemeinen Ausfällen und Klischees nichts gebracht. Zu solchem Vorgehen gehört seit 1968 auch der ritualisierte Vorwurf angeblicher „Frauenfeindlichkeit", der ebenso unvermeidlich ist wie der „Rassismus"-Vorwurf oder Nazivergleich, der jeden trifft, der es wagt, den Irrsinn unkontrollierter Millionenmigration zu kritisieren.

Mit einem Punkt, der ein Ausrufungszeichen ist, beenden die Besprecher ihre Vermiesung, die mehr über die konfuse Gefühlslage einer indoktrinierten Generation von Gesinnungsjournalisten aussagt als über ein Buch, das sie entweder nicht gelesen, oder nicht verstanden, und dessen Inhalte sie in unwahrer Weise geleugnet haben.

Genauso ließe sich jeder andere Satz der Rezension als wahrheitswidrig und tendenziös widerlegen. Doch genug damit; es wird langweilig. Die Ergüsse sind keine weitere Beschäftigung wert.

Nach jahrzehntelangem Totalverschweigen erfolgte nun unsachliches Verreißen. Nach dem Blaulicht Verlag haben sich auch Normann und Chris in ihrem Blog durch Unsachlichkeit blamiert. Dies muß dokumentiert werden, denn es ist die übliche Methode, Andersdenken im Keim zu ersticken. Zudem sind beide Verrisse offenbar durch fleißiges Verlinken oder sonstwie gute Sichtbarkeitsoptimierung auf die erste Seite der Google-Trefferliste für mich gelangt, wodurch eine schädliche Wirkung entfaltet wird.

Dergleichen darf sich nicht lohnen. Blamiert sind jene, die Andersdenkende bösartig und unsachlich niedermachen. Sie dürfen nicht mit einem Erfolg ihrer Methoden belohnt werden, sondern müssen die gerechte Mindeststrafe tragen, sich selbst peinlich bloßgestellt zu haben als Leute, die gewissenlosen Unsinn verbreiten.

Erst Mädchen, dann Hund, dann Katze geholfen. Junge wird übersehen

In Buch und Blog hatte ich bereits beschrieben, wie staatliche Unterstützung in Australiën beim Thema häuslicher Gewalt an Frauen und Haustiere gerichtet wurde, ausdrücklich aber nicht an Männer, für die vom australischen System nur eine Einstufung als Täter vorgesehen wurde. Das war kein skurriler Einzelfall, sondern es liegt eine Tendenz zugrunde, die unsere Gesellschaft und unsere Wahrnehmung durchdringt.

«Wenn ein Junge, ein Mädchen, eine Katze und ein Hund in einem Park ausgesetzt werden, wer wird zuerst gerettet? Ein soziales Experiment prüft die Reaktionen von Passanten ... mit erstaunlichem Ergebnis
  Das Experiment wurde von DailyMail.com in New York Mitte vorgenommen
  Als erstes erhielt das sechsjährige Mädchen Carly Hilfe von Fremden
  Der Hund wurde als zweites bemerkt, wogegen es doppelt so lange brauchte, bis Vorbeigehende die Katze bemerkten und anhielten.
  Doch nach 45 Minuten war niemand wegen dem sechsjährigen Jungen Sam stehengeblieben.

Von den DAILYMAIL.COM Journalisten
Veröffentlicht: 15:53 GMT, am 19. August 2016
  ... Am überraschensten jedoch war, daß der sechsjährige Junge Sam nicht die Aufmerksamkeit eines Passanten auf sich zog, obwohl er 45-

Miuten mit dem Haupt in seinen Händen dasaß. Sam hatte sogar begonnen zu sagen, ‚Hilf mir. Bitte, helft mir.'»⁷² (Daily Mail)

Wer mir bislang nicht glaubte, daß es eine geschlechtsspezifisch schiefe Wahrnehmung gibt, die Frauen bevorzugt und Männer benachteiligt, und dem gesamten Feminismus zugrunde liegt, wird hier mit einem Experiment eines besseren belehrt. Historische Studiën hatten die Wirksamkeit männerfeindlicher, negativer Sichten auf den Mann und ungerechter Frauenverherrlichung bereits Jahrhunderte vor feministischen Wellen in der abendländischen akademischen Tradition und Weltsicht nachgewiesen.

Wird auf diese Schiefsicht hingewiesen, fallen gerne Trolle ein, die Argument und Bücher im voraus als vermeintlich „unplausibel" verreißen, weil der Hinweis auf angeborene Frauenbevorzugung ihrer angeborenen Frauenbevorzugung widerspricht. Hier schützt das Vorurteil sich selbst, indem einfach nicht gelesen wird, was dem Vorurteil zu widersprechen droht. Ja, die vom Vorurteil betroffenen Zeitgenossen gehen oft sogar noch weiter, machen das ungelesene Buch verächtlich, damit auch

---

72 «If a boy, a girl, a cat and a dog were abandoned in a park who would be rescued first? Social experiment tests the reactions of passersby... and the results may surprise you
Experiment was conducted by DailyMail.com in New York City
Six-year-old girl, Carly, was the first to receive help from a stranger
The dog subject came second, while it took twice as long for a passer-by to notice the cat and stop
After 45 minutes, not one person stopped for six-year-old boy, Sam
By DAILYMAIL.COM REPORTERS
PUBLISHED: 15:53 GMT, 19 August 2016
... Most surprising, however, was that six-year-old boy Sam did not catch the attention of one passer-by, even as he sat with his head in his hands for a long 45 minutes. At one point Sam even started saying: 'Help me. Someone, help me.'» (http://www.dailymail.co.uk/news/article-3749187/If-boy-girl-cat-dog-left-park-rescued-Social-experiment-shows-subject-people-responded-fastest-completely-ignored.html, http://linkis.com/www.dailymail.co.uk/NFG0w)

andere gar nicht erst das Buch lesen und dann möglicherweise dem gemeinsamen Vorurteil verloren gehen.

Dabei arbeiten – scheinbar paradoxerweise – Traditionalisten mit Feministen zusammen. Denn Feministen bestätigen in ihrer männerfeindlichen Sicht indirekt die sonst heftig bekämpfte und abgeschaffte aktive männliche Rolle. Daher stimmen manche Traditionalisten groteskerweise lieber feministischer Vermiesung zu, in der sie „traditionelle Geschlechterunterschiede" entdecken, wenn auch in negativer Verzerrung, als neuen Argumentationen, die ihre gewohnten Denkweisen in Frage stellen. Traditionalisten befürchten instinktiv, meine neuen Argumente könnten die Geschlechter „gleichmachen" wollen, was ein Irrtum ist.

Wird dann – was noch provozierender wirkt – auf Benachteiligung von Männern (hier: Jungen) hingewiesen, steigen viele ganz aus. Manche rasten dann sogar aus. Neulich wurde an solch einer Stelle im Kommentarbereich mit Großbuchstaben gebrüllt, das sei nun Mal Natur, damit müsse man sich abfinden, dürfe keine gleiche Behandlung verlangen. Solche Trolle knöpfen sich nicht den Feminismus vor, der seit 150 Jahren eine ungleich bevorzugende „Gleichheit" verlangt, zuungleich aber massiv biologische und kulturelle Dominanzbereiche der Frau ausbaut. Frauen wird geholfen, auch wenn sie feministisch ungerechtes und unsinniges fordern. Männer werden einfach ignoriert, und wenn sie sich damit nicht abfinden, niedergebrüllt.

Abwimmelei und Hohn aus Verlagen

Thema des Buches Nein! ist Widerlegung der jahrzehntealten feministischen Kampagne, die unsere Welt als männliche, vor allem sexuelle, Gewalt gegen Frauen erklärt. Tatsächlich verhält es sich umgekehrt, wie bei feministischer Propaganda und gängigem Vorurteil üblich.

«AW: Kontroverses, neuartiges Buch NEIN! über weibliche Wahlmacht - Der Abgewimmelte
Moin Herr Deichmohle,
wie kommen sie eigentlich darauf, dass wir bereit wären, ein Werk, welches **in allen Ansätzen unseren Ansichten widerspricht**, in unserem Programm aufzunehmen, weil es uns Aufmerksamkeit verschaffen könnte und gute Absatzmöglichkeiten bietet? Geschmeichelt fühlen wir uns ganz sicher nicht, aber **sicher werden Sie es nicht schwer haben, jemanden zu finden** der sich die Mühe macht. Ich habe keinerlei Zweifel, dass sie **diese Abwimmelung durch eine Frau und Feministin** verkraften werden.
Mit **unfreundlichem** Gruß
Karin ■■■» (Edition Narrenflug, 19.10.2014 um 16:41 Uhr)

Seit 30 Jahren wurde dieses Buch abgewimmelt, oft mit ausfälligen Antworten, die klar belegen, daß damit unbequeme Ansichten zensiert werden. Was die selbsterklärte Feministin behauptet, ist wie üblich das genaue Gegenteil der Wahrheit. 30 Jahre lang war es unmöglich, einen Verlag zu finden, der es herausbringt. 1993 nahm es zwar nach jahrelanger Suche der Betzel Verlag unter Vertrag, erklärte diesen aber später für ungültig und veröffentlichte das Buch nicht.

Leid eines Mannes ist unsichtbar, interessiert niemanden. Sein Leben vergeht; niemand ändert etwas an den Mißständen oder seinem Unglück. Die Behandlung eines männlichen Verlierers ist widerwärtig und gehässig. Sogar seine (vielen) Bücher, die Problem und Ursachen beschreiben, gehen unbemerkt unter, werden mißachtet und ändern nichts an seinem Schicksal. Frauen mit erfundenem, eingebildeten Nachteil dagegen wird sofort geholfen, erhalten unverzüglich volle Aufmerksamkeit; für Frauen werden Gesetze geändert, um eingebildetes Unrecht zu verhindern, wodurch reale Ungerechtigkeiten geschaffen werden, die aber unsichtbar sind, weil sie Männer betreffen.

«Guten Tag. bin hier im Moment für den Versand zuständig und habe zufällig ein bißchen in deinen Texten rumgelesen. **Zum Kotzen!** ... **Jedes Stück Papier scheint mir zu schade für deine Wahrheiten, die Du mit spätpubertärem Gesabbel** wohl eher an den Mann bringen willst. **Antipatriarchale Grüße Mami** (im Versand)» (Pahl-Rugenstein, zwischen 1985 und 1993)

Zensurgleiche Ablehnung aus ideologischen Gründen kommt nur in sehr seltenen Fällen ans Licht, wenn bei der AbwimmlerIn vor Wut der Verstand aussetzt.

«RE: Kontroverses, neuartiges Buch NEIN! über weibliche Wahlmacht - Der Abgewimmelte
Der Stil ist gut, wenn auch stellenweise recht eigenwillig... **Der Inhalt, nein, die Inhalte bereiten mir dagegen mehr Probleme!**» (E. M■■■, veb Verlag, 27.10.2014 um 14:50 Uhr)

Auch diese Abfuhr belegt inhaltliche Gründe - Meinungsgründe. Genau das macht Zensur aus. Ganze Themen sind tabu und werden seit Dekaden verschwiegen. Ein jahrzehntelang ruiniertes Männerleben schert einen feuchten Kehricht. Anteilnahme? Fehlanzeige, auch im Publikum!

«AW: Kontroverses, neuartiges Buch NEIN! über weibliche Wahlmacht - Der Abgewimmelte
Sehr geehrter Herr Deichmohle,
danke für Ihr Exposé des Manuskriptes „Nein!". Ehrlich gesagt **gefallen mir weder das Thema noch der Inhalt** und deshalb wird es auch keine Veröffentlichung im Stieglitz Verlag geben.
Mit freundlichen Grüßen
Brigitte» (Stieglitz Verlag, 28.10.2014 um 10:08 Uhr)

Hunderte von Verlagen und Literaturagenturen lehnten schweigend ab, ohne je zu antworten, tausende schickten nichtssagende Formbriefe, drückten sich um Stellungnahme. Die wenigen Antworten verraten die neue Form der Zensur: Vorab wird aus Meinungsgründen ausgesiebt, obwohl zuweilen bestätigt wird, daß Stoff und Buch Potential haben oder gut geschrieben sind.

«Gesendet: Donnerstag, 20. November 2014 um 17:05 Uhr
Von: Lektorat <lektorat@periplaneta.com>
Betreff: Manuskripteinsendung Nein!
Sehr geehrter Herr Deichmohle,
vielen Dank für Ihr Interesse an unserem Verlag und Ihre Manuskripteinsendung. **Obwohl Ihr Werk ein gewisses Potential hat**, können wir es nicht verlegen. Bitte haben Sie Verständnis dafür, dass **wir die Gründe an dieser Stelle nicht näher ausführen können.**
Wir wünschen Ihnen für Ihr weiteres literarisches Fortkommen viel Glück und Erfolg.
Mit freundlichen Grüßen
Das Lektorat
periplaneta»

Deutlich wird, wie der Verlag sich scheut, die wahren Ablehnungsgründe offenzulegen. Diese Bestätigung unaussprechlicher Gründe sollte jeden wachen Geist alarmieren.

Zuweilen verraten genervte oder spöttische Reaktionen unfreiwillig die Ablehnung aus Meinungsgründen, obwohl jede Stellungnahme feige gemieden wird.

«Gesendet: Freitag, 19. Dezember 2014 um 10:23 Uhr
Von: "■■■, Maren" <Maren.■■■@Rowohlt.de>
Betreff: **Nein! Nein! Nein!**»

In diesem Falle hat die Absenderin nur in die Betreffzeile selbst geschrieben; der Rest ist Floskelsalat, den jeder erhält.

«Gesendet: Dienstag, 18. November 2014 um 12:16 Uhr

Von: "Paul ∎∎∎" <p.∎∎∎@kremayr-scheriau.at>
Sehr geehrter Herr Deichmohle, ...
Leider müssen wir Ihnen mitteilen, dass **eine solche Veröffentlichung bei uns unter keinen Umständen möglich** sein wird. »

Unter keinen Umständen, seien Stoff oder Buch auch noch so wichtig, der Öffentlichkeit unbekannt, gut oder neu überarbeitet, was auch immer geschehe, eine solche Publikation wird es im Verlag niemals geben! Damit hat der Verlag seine eigene Zukunft beschädigt, denn nach dem Zusammenbruch feministischer Zensurdiktatur wird er blamiert dastehen.

Nun fehlt nur noch ein Lektor oder Rezensent, der die Vielzahl Absagen mit zensorischen Motiven für „schlecht geschrieben" oder „langweilig" erklärt! (:P Ironie aus)

«Gesendet: Dienstag, 18. November 2014 um 10:47 Uhr
Sehr geehrter Herr Deichmohle, ...
Da Ihre Thematik offensichtlich grundsätzlich nicht interessant für den Hanser Verlag ist, würde ich Sie bitten, **uns keine weiteren Manuskripte** zuzuschikken.» (Hanser Verlag)

Grundsätzlich wird ignoriert, wie es Männern ergeht. Ihr Leben zählt nicht. Niemand will es wissen. Davon auch nur zu reden, belästigt, stört, nervt, langweilt.

Grundsätzlich veröffentlicht der Hanser Verlag keinen feminismuskritischen Roman. Feministische Romane werden sehr wohl veröffentlicht. Schon vor mehreren Jahrhunderten sind frühe vorfeministische Romanutopien von Schriftstellerinnen gedruckt worden. Frauen und sogar feministisches wurden nie unterdrückt; Männer und Feminismuskritik werden es grundsätzlich und systematisch.

«Das von Eva Herman in ihrem Buch Berichtete illustriert, wie sich mit dem Feminismus in unserer Gesellschaft eine **quasitotalitäre** Kultur etabliert hat. Meinungsfreiheit ist hier nicht mehr vorgesehen: Eine einzelne **Person, die der feministischen Ideologie widerspricht,** und sei es eine allseits bekannte und beliebte TV-Moderatorin, **muss die soziale**

Vernichtung ebenso befürchten wie die Vernichtung ihrer beruflichen Existenz.» (Arne Hoffmann, Wie verantwortungsloser Journalismus die freie Gesellschaft gefährdet)

Männer mit grundsätzlicher Feminismuskritik trifft Zensur und persönliche Bedrohung, unter anderem mit Existenzvernichtung, stärker als Frauen mit partieller Feminismuskritik.

Dreißig Jahre lang wurde dieses Buch, und ebenso Vorläufer von „Kultur und Geschlecht. Feminismus: Großer Irrtum - schwere Folgen" immer wieder abgelehnt. Ein Verlagsvertrag von 1993 wurde gebrochen und für ungültig erklärt. Merkwürdige Dinge geschehen, wenn jemand die Grundlagen feministischer Ideologie erschüttert.

Wenn selten einmal individuell geantwortet wird, verstecken sich Verleger meist vorsichtig, wollen ihre wahren Gründe nicht mitteilen. Was hier zitiert wird, ist nur die winzige Spitze eines tiefen unterseeischen Gebirges, dessen höchster Gipfel um Zentimeter über den Meeresspiegel ragt. Agenturen reagieren meist überhaupt nicht. Von sämtlichen größeren Tageszeitungen im deutschen Sprachraum und allen über Internetsuche gefundenen Presseagenturen berichtete oder rezensierte keine. Anders als bei Verlagen wurde fast nie geantwortet, außer wenigen ausfälligen Erwiderungen.

«Gesendet: Freitag, 30. Januar 2015 um 22:41 Uhr
Von: JM■ <a■@jmlpress.com>
Betreff: Re: Bahnbrechendes Buch: Feminismus. Großer Irrtum - schwere Folgen
Das einzige, was dieses Buch beweist, ist *vermutlich* **Ihre geistige Rückständigkeit**. Und dann müssen Sie auch noch 'Männerhaß' aushalten, **Sie armes Schwein**. Als Mann haben Sie da wirklich mein grosses[73] Mitleid.
Behelligen Sie mich nicht mit solchen idiotischen spam mails.»

---

73 Verdächtigung in Unkenntnis ist lächerlich: „was dieses Buch beweist, ist **vermutlich**" Bewiesen wird nur das Vorurteil des Absenders. Hinzu treten Schreibfehler. Nach klassischer wie der politisch verordneten neuen Schreibung, die unnötige Mehrdeutigkeiten schafft, müßte es „große" heißen.

Beschwerden über massiven feministischen Druck auf Presse und Medien finden sich in der Literatur seit mehr als hundert Jahren. Schon im 19. Jahrhundert wurde die Einseitigkeit der Darstellung ebenso bemängelt wie Rechtslage und Gerichte, die Frauen enorm bevorzugten, entschuldigten, wogegen Männer unter bis auf Geschlecht gleichen Umständen volle Härte eines damals strengen Rechts traf. Bei manchen Delikten war der Mann mit Strafe bedroht, nicht aber die Frau, ganz abgesehen davon, daß gerade im sexuellen Bereich gern zur Straftat erklärt wird, was als männliche, aber nicht weibliche Methode eingestuft wird. Was dagegen für weibliche Methode gehalten wird, erfährt Verklärung, auch wenn es fatale Auswirkungen auf Männer haben kann. Genauso verhält es sich heute, nur noch radikaler.

Subjektivität und tendenziöse Meinung stand schon damals gegen Fakten, in Sachdebatten und bei sexueller einseitiger Verfolgung, wie sie Julian Assange, Karl Dall und andere Prominente erlebten – von nicht prominenten Opfern erfahren wir gar nicht erst. Heute ist wissenschaftlich nachgewiesen, daß zu allen Zeiten Frauen deutlich bevorzugt waren, doch auch dieser Nachweis (Martin van Creveld, Das bevorzugte Geschlecht) wird wie üblich medial geächtet und so unbekannt wie möglich gehalten.

Da ich jedoch nicht als bereits veröffentlichter Autor und Professor Bücher einreiche – Anstellung an einer Universität wäre bei so verfemten Inhalten unmöglich zu erlangen oder halten –, traf mich Zensur und schweigende Verachtung bereits, bevor ein Buch daraus werden konnte. Unsere Epoche hat hunderttausende Möchtegernautoren im Selbstverlag, ist mit Trivialromanen, heutigen Vorurteilen in mittelalterlichen Gewändern oder Sci-Fi-Verkleidung und seichter Muse dermaßen überladen, daß unerwünschte Argumente zusätzlich noch in der Masse ungelesen untergehen. Allein wegen des Themas wenden sich Verleger, Medien, Rezensenten und Leser voller Verachtung ab und unterstellen dem Widerleger feministischer Vor- und Fehlurteile, er könne doch nur ‚Vorurteile' verbreiten. Feministische Ideologie-Schinken dagegen sind Massenerfolge, werden an Universitäten auf Staatskosten verfaßt, verbreitet, in Radio und Fernsehen besprochen, verfilmt, an Schulen und Hochschulen gelehrt, sind offizieller Stoff, dessen Prinzipien im Gesetz festgeschrieben wurden.

«RE: Kontroverses, neuartiges Buch Nein!
Von: blaulicht-verlag@freenet.de 18.01.2015 um 04:01 Uhr

Hallo Herr Deichmohle,

wir haben kein Interesse ihr Buch zu veröffentlichen. Nicht nur weil es literarisch schlecht ist. Nein, das Hauptproblem ist, dass ihre **Thesen und Ansichten** nur einen Schluss zulassen:

Sie haben entweder einen unheimlich kleinen Penis, eine sehr dominante Mama oder einfach nicht den Hauch einer Ahnung, wie man eine Frau mit Respekt, Achtung, Anstand und auf Augenhöhe für sich gewinnen kann.

Vielleicht treffen auch alle Punkte zu. Das würde zumindest erklären, wie man sich jahrzehntelang derart in Selbstmitleid und Minderwertigkeitskomplexen suhlen kann..
Viele Grüße
die männliche Belegschaft des Blaulicht Verlags» (- 10 Stunden Zeitverschiebung wegen anderer Zeitzone)

Nichts verstanden, Verunglimpfer im Blaulicht!

Hätte ich wirklich „einen kleinen Penis" und würde deswegen von sämtlichen Damen geschmäht, wäre das nicht ein trefflicher Grund für Protest gegen ungerechte weibliche Wahl? Ihre beabsichtigte Beleidigung lieferte mir sogar Argumente, wenn die Gehässigkeit Ihrer Ideologie und Menschenverachtung abgestreift wird, die Ihnen den Verstand vernebelt. Und erklären Sie uns bitte, wie es die Damen unbesehen hätten wissen können? Irgendwie ist Ihre Logik faul. :P

Läge es an einer dominanten Mama, was für vorzügliche Argumente hätten Sie mir damit gegeben, gegen eine Erziehung durch dominante Frauen zu protestieren, die ihre Söhne unfähig macht, eine Freundin zu finden oder auch nur Erfahrung beim Annähern und Gewinnen zu sammeln?! Wäre das nicht als Beleidigung formuliert und Sie nicht so bar jeden Mindestmaßes menschlichen Mitfühlens und Anstands, hätte Ihnen auffallen müssen, wie gut die Vermiesung für mich, Ihre Gegenseite sein kann. Fast wünsche ich mir jetzt, den Nachweis einer zu dominanten Mama führen zu können; gäbe es auch mich dem Gespött preis, wäre es gegen Feministen (Sie inklusive) ein überzeugendes Argument.

Und sollte ich nicht den Hauch einer Ahnung haben, wie eine Frau zu gewinnen wäre, so hätte das ein guter Anlaß für Mädel sein sollen, es mir einfach mal zu verraten. Hätten Sie mit ein wenig Verstand gelesen, hätte Ihnen auffallen müssen, daß solche Gespräche und Fragen im Buch dokumentiert werden, es aber niemals eine Antwort darauf gab, außer abwimmelnden feministischen Phrasen und der wissenschaftlichen von weiblicher Wahl hohen männlichen Rangs, der fehlte. Voila. Sie demaskieren sich selbst als jemand, der nichts begreift, aber wütend auf am Boden Liegende eintritt, auf Leute, die den Mut haben, über Schwächen zu schreiben, wogegen Sie feige andere beleidigen und nachtreten.

Wissenschaftlich ist inzwischen erwiesen, daß es eine angeborene schiefe Wahrnehmung gibt, die andere Männer umso negativer wahrnehmen läßt, je geringer ihre Beliebtheit oder ihr Rang ist; männlichen Verlierern wird zu Unrecht noch die Schuld zugeschoben für ihre unfaire Wahrnehmung durch andere. Ähnlich wird dem arbeitslosen Obdachlosen die Schuld gegeben, in manchen US-Städten verboten, ihm Essen zu reichen oder ein Zelt zu errichten; Großkonzerne und Superreiche sind dagegen faktisch von Steuern befreit und haben das Vorrecht, sich in Steueroasen ihren Wohnsitz zu nehmen.

Generell werden Frauen und ihre Belange sehr viel positiver wahrgenommen. Mitgefühl, Empathie gilt Frauen in hohem Maße, auch wenn ungerechtfertigt, männlichen Verlierern dagegen niemals; diese erfahren krasse Verachtung. Starke Tabus verhindern das Erkennen der Tatsachen geschlechtlicher Verhältnisse. Die Überheblichkeit solcher Diffamierungen beruht auf Verdrängungsprozessen.

Frauen dürfen klagen und erhalten sofort ohne Überprüfung der Berechtigung Hilfe; die begründete Klage eines Mannes zerstört sofort sein Ansehen, seinen Rang, macht ihn lächerlich. Die (zu Unrecht) klagende

Frau wird bewundert, als „bahnbrechend" und „vorbildlich" wahrgenommen und dargestellt; der (aus triftigem Grunde) klagende Mann wird verhöhnt, „selbstmitleidig" zu „jammern" und „Minderwertigkeitskomplexe" zu haben.

Solch teilweise angeborenes Vorurteil drückt sich in obigen verlegerischen Beleidigungen genauso aus wie bei alltäglichen Absagen, die ich jahrzehntelang dokumentiert habe. Das Vorurteil läßt solche selbstgerechten Unterdrücker gemeinsam, in versammelter Belegschaft, jeden mutigen Unterdrückten kollektiv auslachen oder verhöhnen, der es wagt, die Wahrheit zu sagen, oder es geschafft hat, trotz aller Tabus und Unterdrückung die Tatsachen zu erkennen.

Solche Beleidiger der Unterdrückten wie in obigem Verlag, und hunderttausenden anderer Institutionen und Gruppen, hätten sich wunderbar als KZ-Wächter gemacht, wären sie in die braune Zeit geboren worden statt in unsere, was lediglich ein Zufall der Geburt ist.

Eine Vielzahl weiterer krasser und vorurteilsverursachter Absagen wurde bereits in „Kultur und Geschlecht. Feminismus: Großer Irrtum - schwere Folgen" im Kapitel 5 über feministische Zensur dokumentiert, das ein breites Spektrum von Unterdrückungsmitteln nachweist, beginnend mit Entmutigung in Kindergarten und Schule; unerwünschte Gedanken werden im Vorfeld behindert, geächtet, lächerlich gemacht, totgeschwiegen, systematisch aus Zeitung und Medien gefiltert, inzwischen sogar Leserkommentaren. Darauf folgt offene Zensur an Universitäten, Verhinderung unbotmäßiger Themen oder gar Inhalte in Forschung und Mediën, von mir dokumentierte Absagen von Büchern feminismuskritischen Inhalts. (siehe alle Bände der Reihe „*Die beiden Geschlechter*", einschließlich Band 5 „*Die Unterdrückung der Männer*") Half auch das nicht, folgt Verschweigen, wird niemand berichten oder rezensieren. Kann Verschweigen Buch oder Argument nicht niederhalten, folgen hämische Verunglimpfung, unsachliche Verrisse, die den wirklichen Inhalt geflissentlich ignorieren. Am Ende der Kette stehen Drohung, schließlich Gewalt, Zusammenschlagen, ins Exil zwingen. Unerwünschte Bücher fehlen oft sogar in Bibliotheken in auffälliger Weise.

Die Wertung als „schlecht geschrieben" ist ebenfalls Diffamierung.

«RE: Kontroverses, neuartiges Buch NEIN! über weibliche Wahlmacht - Der Abgewimmelte
Der Stil ist gut, wenn auch stellenweise recht eigenwillig» (E. M■■■, veb Verlag, 27.10.2014 um 14:50 Uhr)

Wenn der Stil gut ist, so ist das Buch gut (nicht aber schlecht) geschrieben. Eigenwillig ist ein anderes Wort für originell, was literarische Qualität andeutet: keine Nachahmung, sondern etwas neues.

Genauso grotesk verdrehend ist die Unterstellung, Verlierer seien unfähig, wenn sie es nicht schaffen, Frauen „auf Augenhöhe" zu überzeugen. Zunächst beweisen genetische Studien, daß 80 Prozent aller Männer in den letzten 60.000 Jahren von Fortpflanzung ausgeschlossen waren; feministische Quellen nennen die gleiche Zahl von 80 Prozent Männer, die Frauen bei freier Wahl ausschließen. Wissenschaftliche Werke beweisen theoretisch (Evolution, Biologie), statistische Verhaltensstudien und eigene Bücher praktisch und dokumentarisch, daß es „auf" und „unter Augenhöhe" (nach Einstufung weiblicherseits) unmöglich ist, weil Frauen mehr verlangen. Biologische Tatsache ist, daß ausgeschlossen wird, wer als zu niedrig eingestuft wird.

Besonders widersinnig ist ein solcher Vorwurf bei einem langjährigen Vertreter der künstlerischen Hippieszene; nichts könnte falscher sein. Was anständige Behandlung von Menschen beider Geschlechter angeht, könnte der Herr Verunglimpfer einiges lernen. Wann klopft er an für ein paar geduldige Nachhilfestunden?

Das Problem, Frauen zu gewinnen, hat eine Vielzahl Ratgeber und Kurse hervorgebracht. Heute lehren Pick-Up-Artisten, wie sich unter den schlechten und bedauerlichen heutigen Umständen Frauen verführen lassen. Mein Pech war gerade, daß es zu „meiner Zeit", als ich es brauchte, solches Wissen nicht gab, wir von Erziehung, Zeitgeist und Frauenbewegung auf falsche Fährten gesetzt wurden, die Chancen zerstören und erfolglos machen. Um den von Frauen bei sexueller Selektion verlangten Elitestatus zu signalisieren, wäre das Gegenteil dessen nötig gewesen, was Frauenbewegung und indoktrinierte Pudel wie Sie propagieren. Vorhersagbar wird jeder, der solche Wahrheiten ausspricht, dafür gehaßt und diffamiert.

Der geleugnete Zusammenhang mit Feminismus ist direkt mit feministischen Quellen nachweisbar, war auch in Debatten mit Frauen der letzten 35 Jahre über das Problem immer ersichtlich, weil jedes Ansinnen auf Hilfe mit feministischen Phrasen abgelehnt wurde.

«Eine Grundlage für feministische Vorstellung von Matriarchaten schrieb Germaine Greer. „Sex & Schicksal: Die Politik der menschlichen Fruchtbarkeit, London 1984". Genüßlich schildert die radikale Szene Folgerungen aus ihrer Idee: überschüssige Männer werden von Fortpflanzung ausgeschlossen, sterben oder werden [rituell] geopfert.» (Kultur und Geschlecht. Feminismus: Großer Irrtum – schwere Folgen)

«Überschüssige Männer an den Rand drängen ...
Männer sind dazu da, in großen Mengen wegzusterben in der Natur. Sie haben sich in dieser Weise entwickelt, und bei Säugetieren gibt es verschiedene Wege sicherzustellen, daß Männer wegsterben... Jedenfalls, wie **Germaine Greer in 'Sex & Schicksal: Die Politik der menschlichen Fruchtbarkeit'**, spekuliert, bescherte das Ende der Eiszeit, warmes, nahrungsreiches Klima, eine massive Bevölkerungsexplosion. Überschüssige Männer wurden ein echtes Problem. Greer spekulierte, daß Wege und Mittel erfunden werden mußten, mit überschüssigen Männern umzugehen, das **alte ‚Wirf sie in der Pubertät hinaus, damit sie sich verpissen und sterben' Trick schien nicht länger zu funktionieren...** von **Mitteln frauen-dominanter Gesellschaften, zu versuchen, mit männlichem Überschuß fertigzuwerden, Opferungen von Männern,** Spielen u.s.w., **der ‚Gewinner' erhält Zugang zum gesellschaftlichen sozialen Leben und zur Vermehrung** u.s.w. ... Wie auch immer, meine Schlußfolgerung in diesem alten Universitätsaufsatz war, daß die Menschheit nicht mit *Menschen* überbevölkert ist, son-

dern wir eine *männliche* Überbevölkerung haben.»⁷⁴ (Rain, 15.9.2008, Women's Lives Matter & Women's Life Matters, ein geheimes feministisches Forum, gehackt und offengelegt von Agent Orange)

Die Peinlichkeit dieses faschistischen Arguments wird noch vergrößert durch das Ergebnis genetischer Analysen: vor gut 8000 Jahren, also am Ende der Eiszeit, zur von Germaine Greer genannten Zeit, konnte sich nur ein Mann je 17 Frauen fortpflanzen! Nur einer! Die Ursachen des katastrophalen Mißverhältnisses sind bis heute ungeklärt. Die Öffentlichkeit begreift gar nicht, was feministische Wellen tatsächlich verbreiten. Mein jahrzehntelanges Leiden war ein Vorgeschmack auf die Folgen feministischer Ideologie; ich hatte das Pech, als einer der ersten erwischt zu werden. Doch ihr, die ihr über mich mein Leben lang gelacht habt, solltet euch nicht zu sicher fühlen! Jeden von euch kann es treffen, oder eure Söhne, Enkel oder Kindeskinder, wenn feministische Ideologie nicht überwunden wird!

Feministinnen beklagten angeblichen „Männerüberschuß" (in einer Gesellschaft, in der Frauen bereits die Mehrzahl bilden) als großes Problem; mindestens 80% der Männer werden von manchen als für die

---

74 «Tangentialising Excess Males ...
Males are meant to die off in largeish numbers in nature. They are evolved that way, and in mammals, there are various ways of ensuring males die off... Anyway, as **Germaine Greer** speculated in **'Sex & Destiny: Politics of Human Fertility'**, the end of the Ice-Ages, warm food-rich climates, meant a massive population explosion. Excess males became a real problem. Greer speculated that ways and means had to be invented to deal with the excess males, **the Old 'throw them out at puberty to Fuck Off and Die' trick, didn't seem to work anymore... of ways for women-dominant communities trying to deal with excess males, male sacrifices**, Games etc, **the 'winner' got to be included in the communal social life and breeding pools** etc... Anyway, my final point in that old uni paper, was that humans aren't over-populated with *people*, its *male* overpopulation.» (Rain, 15.9.2008, Women's Lives Matter & Women's Life Matters, dokumentiert in: Feminismus: Großer Irrtum - schwere Folgen)

Fortpflanzung überflüssig bezeichnet und sollten gefälligst akzeptieren, nicht erwünscht zu sein.

«Gerade habe ich auf einer feministischen Seite gelesen, daß ‚alle in der Lage sein sollten, zu wählen, wen sie heiraten': Das ist ein Widerspruch in sich, wenn alle Frauen wählen würden, wen sie heiraten, **würden wir alle die gleichen 20% der Männer wählen... wenn Männer die Auswahl nicht bestehen, sollten sie es akzeptieren**»[75] (helzeph, 22.7.2009, Women's Lives Matter & Women's Life Matters, ein geheimes feministisches Forum, gehackt von Agent Orange)

«Die Unmenschlichkeit weiblicher Wahl, wie Feministinnen sie radikal betreiben, wird damit deutlich ausgesprochen: Frauen haben freie Wahl, 80 % der Männer sollen alleine und ohne Zugang zu Frauen bleiben. Ihr Schicksal ist egal. Männer haben keine Wahl und kein Recht auf Liebe oder ein erfülltes Leben.» (Feminismus: Großer Irrtum – schwere Folgen)

Weibliche Wahl wird vom Feminismus als Prinzip überspitzt. Männer haben kein Recht auf erfülltes Leben. Dabei übertreibt Feminismus bereits biologisch und gesellschaftlich – kulturell angelegte Ungerechtigkeit und Ungleichheit zugunsten von Frauen und zulasten der Männer.

Gleichheit und „Augenhöhe"? Von Anfang an nur Phrasen und Vorwand! Feminismus betrieb das Gegenteil: Verstärkung uralter weiblicher Privilegien, Verschärfung ebenso alter Unterdrückung einer Mehrheit von Männern.

Vielfältige Beweise siehe Buchreihe: „Die beiden Geschlechter", Band 1 bis 5.

---

[75] «I have just read on a feminist site, that 'everyone should be able to choose who they marry': It is a contradiction in terms, if all women were to choose who they want to marry, **we would all choose the same 20% of men... If men don't make the grade, they should accept it**» (helzeph, 22.7.2009, Women's Lives Matter & Women's Life Matters, dokumentiert in: Feminismus: Großer Irrtum – schwere Folgen)

Nach Veröffentlichung erhielt ich folgende Beleidigung eines Nichtlesers - die Antwort wurde am gleichen Tag verschickt wie meine Mitteilung, ohne das Buch erhalten, bestellt oder gar gelesen zu haben:

«Gesendet: Freitag, 30. Januar 2015 um 22:41 Uhr
Von: JM■ <a■@jmlpress.■■>
Betreff: Re: Bahnbrechendes Buch: Feminismus. Großer Irrtum - schwere Folgen
Das einzige, was dieses Buch beweist, ist **vermutlich Ihre geistige Rückständigkeit**. Und dann müssen Sie auch noch 'Männerhaß' aushalten, **Sie armes Schwein**. Als Mann haben Sie da wirklich mein grosses Mitleid.
Behelligen Sie mich nicht mit solchen **idiotischen spam mails**. Und werden Sie erwachsen.

Am 30.01.2015 um 00:23 schrieb xxx@xxx.xxx:
Einen wunderschönen guten Tag,
neue wissenschaftliche Erkenntnisse entziehen dem Feminismus seine Grundlage. Das im nexx Verlag neu erschienene Buch widerlegt alle grundlegenden Annahmen des Feminismus und beweist das Gegenteil. Das Buch ist brisant und beweist viele verblüffende Fakten. Selbstverständlich handelt es sich um eine reguläre Veröffentlichung in einem echten Verlag, der keinerlei Zuschüsse nimmt.»

Wenn schon ein sachliches, wissenschaftliches Werk solche Beleidigungen auslöst, so wird ein persönliches Buch wie dieses bei beiden Geschlechtern noch ungemein heftigere Gehässigkeit auslösen, die eine wissenschaftliche Erkenntnis abermals vor Augen führt: Die menschliche Intuition ist angeboren schief, bevorzugt Frauen, benachteiligt Männer, umso unfairer, je niedriger ihr Ansehen. Wer als Mann klagt oder den Feminismus kritisiert, hat keinerlei Ansehen, ist ganz untendurch, erhält die gemeinsten Beleidigungen, wogegen Frauen in sehr viel weniger unglücklicher Lage enormes Mitgefühl erhalten. Dies ist ein angeborener Mechanismus, auf dem Feminismus fußt.

Solch gehässige Verhöhnung noch des Berichts über Gehässigkeit im wirklichen Leben beleuchtet die Verhältnisse. Die gleiche Schiefsicht und angeboren falsche Intuition, die Unglück, Ungerechtigkeit, mangelndes Mitfühlen im Leben auslösen, sorgen für eine solche Reaktion auch in Debatten, beim Abtun ungelesener Argumente und Bücher über solche Ungerechtigkeit, oder beim Verreißen des Autors und Buches, ob sie sich nun zum Lesen bequemen oder nicht. Denn gegen biologisch verankertes Vorurteil kommen die besten Argumente kaum an.

Ähnlich wurde Charles Darwin vorgeworfen, vom Affen abzustammen. Dabei beweisen die Nichtversteher der Evolution oder meiner Feminismuswiderlegung, wie instinktgebunden – und daher dem Tier näher – die NichtversteherInnen sind. Wer Dinge wie Evolution oder die tatsächlichen Fakten des Lebens dagegen entdeckt oder versteht, ist wesentlich vernünftiger als Nichtversteher*In_nen.

«Von: V■■■ S■■■ <■■■@satyr-verlag.■■>
Gesendet: Montag, 24. Oktober 2016 17:48
An: Jan Deichmohle
Betreff: Re: brisantes Buch über Massenmigration & Feminismus
  Können Sie mich bitte mit **derlei Dreck** in Ruhe lassen! Löschen Sie meine Mailadresse umgehend aus Ihrem Verteiler!
V.S.»

Sind Sie sich darüber im klaren, Herr S■■■, daß es sich bei der Bezeichnung „derlei Dreck" um eine Beleidigung handelt, die sogar strafrechtlich relevant sein könnte, und die in Buch „Nein!" geschilderte Empathieunfähigkeit geradezu klassisch vorführt?

Die in diesem und anderen meiner Bücher beschriebene Gehässigkeit und verbreitete Unfähigkeit zu elementarem menschlichen Mitgefühl für einheimische Männer drückt sich auch in solchen bösartigen Antworten aus, wie ich sie seit drei Jahrzehnten als Reaktion immer wieder erhalte. Genauso erging es mir bei Versuchen, mit Frauen über solche Probleme zu sprechen, was regelmäßig mit Empörung oder feministischen Phrasen niedergemacht wurde. Empathielosigkeit für einheimische Männer ist die seelische Pest, extreme kollektive Krankheit der Epoche. Eure Gleichgültigkeit und euer Hohn in allen erwachsenen

Jahrzehnten meines Lebens richtet euch selbst: Gewogen und zu leicht befunden. Versagt. Ihr seid die Versager. Ihr versagt mir, was jeder Mitmensch verdient. Ihr versagt moralisch. Ihr versagt charakterlich. Euer Urteil über mich wird auf euch selbst zurückfallen; eure weltanschauliche Verirrung wird keine Entschuldigung sein.

Nichtversteher beiden Geschlechts, Ihr seid Teil des Problems. Ihr müßt eure Wahrnehmung schärfen, euch die schiefe Wahrnehmung bewußt machen, die euch Frauen bevorzugen, einheimische Männer und besonders Verlierer benachteiligen läßt. Wenn ihr das nicht tut, werdet ihr mitsamt dem Feminismus hinweggefegt werden.

Persönliche Beleidigung, Verleumdung, Falschbehauptungen und Geschäftsschädigung statt Argumenten:

Die neue Eskalationsstufe der deutschen Öffentlichkeit

Inzwischen hat der Blaulicht-Verlag noch öffentlichen Rufmord begangen. Dergleichen hat es im deutschen Verlagswesen wohl noch nicht gegeben: Ein Verlag begnügt sich nicht mit der Ablehnung eines Manuskripts, nicht einmal mit einer beleidigenden Absage, sondern begeht öffentlich Rufmord am Verfasser, seinen anderen ungelesenen Büchern, am Menschen, kollektiv an Andersdenkenden und am Andersdenken überhaupt. So versucht er, einen Schriftsteller zu vernichten, und hält andere Verleger davon ab, seine Bücher überhaupt zu lesen, auch wenn sie ganz andere Themen haben. Ein solcher Haßausbruch, derartiges persönliches Zertreten von Menschen ist ein Tiefpunkt des deutschen Verlagswesens, wobei der Blaulicht-Verlag, genau wie Feministen, seinem Opfer das fälschlich unterstellt, was er selbst tut und hat, z.B. seinen Haß.

Jemanden persönlich fertigzumachen ist kriminell. Mit sachlichen Argumenten, wie sie sich in meinen Büchern finden, hat es nichts zu tun, auch nicht mit Meinungsfreiheit, die so unterdrückt wird, indem Kritiker gezielt persönlich erledigt werden. Persönliche Verunglimpfung ist ein Straftatbestand, drückt eine Verrohung der Gesellschaft aus und verhindert echte inhaltliche Debatten.

«Sie haben entweder einen unheimlich kleinen Penis, eine sehr dominante Mama oder einfach nicht den Hauch einer Ahnung» «dass es solche Typen einfach nicht wert sind»

«Man möchte einfach nur kotzen, wenn man diesen Müll gesehen hat.»

Hier wird persönlich verunglimpft. Anstelle sachlicher Argumente bringt der Blaulicht Verlag persönliche Tiefschläge, und dies öffentlich, was den Tatbestand des Rufmords erfüllt.

«Liebe Leserinnen, Freundinnen und Kolleginnen des Blaulicht Verlags, heute richten wir uns ganz speziell an euch. Gestern erhielten wir das Manuskript eines gewissen Jan Deichmohle.»

„..innen, ..innen und ..innen" ist unter Feministen gebräuchlich, ebenso wie Tiefschläge à la „kleiner Penis"; in feministischen Debatten habe ich das mehrfach über ihnen ungenehme Andersdenker gelesen. Unsachliche Unterstellungen gegen Kritiker sind nicht erst heute gebräuchlich; schon vor über hundert Jahren wurde diese Methode bei FeministInnen bemängelt. Männer werden sprachlich ebenso ausgeschlossen wie sein Fühlen außerstande ist, das geringste notwendigste Gefühl für einen männlichen Verlierer zu empfinden. Seine Frauenbevorzugung hat ein totalitäres Maß an Einseitigkeit erreicht, das zu unmenschlichen Reaktionen verleitet. Feministen beweisen so ihren Mangel an Anstand und Gefühl, was sie disqualifiziert.

Absichtlich öffentliche Verbreitung verschlimmert das Vergehen. Hinzu treten Vorurteil und Intoleranz. Allein die Tatsache, daß jemand zum Thema Feminismus abweichende Meinungen vertritt, beweist nach Ansicht intoleranter, vorurteilsbeladener Personen ihre „moralische Verworfenheit", ein Mechanismus, der seit langem bekannt ist und auch heute unverändert wirkt. Anstatt sich mit sachlichen Argumenten auseinanderzusetzen, wird der Andersdenkende öffentlich bloßgestellt, am Boden zerstört.

Das ist besonders grausam und niederträchtig bei einem Menschen, der seit dem Ende der Kindheit ausgelacht, verspottet, geschnitten und ausgeschlossen wurde, und das jahrzehntelang. Meine ehemaligen Klassenkameraden werden sich erinnern und das bezeugen können; in der Studienzeit habe ich es bereits in Büchern wie dem verrissenen beschrieben; Freunde und Bekannte jener Zeit tauchen unter veränderten Namen in den Büchern auf und können die Echtheit der Darstellung meines weiter bestehenden Ausschlusses bestätigen. Sie haben meine Dokumentation damals zeitnah gelesen und das dargestellte selbst miterlebt.

Wäre ich eine Frau, so wäre solch eine miese Behandlung von frühester Jugend an ein riesiger Skandal, würde das solch miese Behandlung beschreibende Buch gefeiert, Entsetzen und Betroffenheit beim Publikum auslösen, das sofort etwas zur Änderung der Zustände unternähme. Denn solche bevorzugte Wahrnehmung und kavaliersmäßige Behandlung von Frauen gehört zum angeborenen Vorurteil, das wie wissenschaftlich bewiesen Frauen bevorzugt und Männer benachteiligt, nicht wie von Feministen und Unwissenden wie beim Blaulicht Verlag unterstellt umgekehrt. Frauen der feministischen Ära wurden zuhauf für die Beschreibung eingebildeter Benachteiligung gefeiert; Männer werden mit der Beschreibung tatsächlicher Benachteiligung heftig und dauerhaft unterdrückt.

Da ich jedoch keine Frau bin, sondern ein Mann, gilt meine Darstellung nicht als heldenhaftes Überstehen eines schlimmen Dauerzustands von Mobbing, Verarschung und Ausschluß, der andere, weniger starke Persönlichkeiten in den Wahnsinn getrieben hätte; nein, weil ich ein Mann bin, ist es „zum Kotzen", wird als angeblich „widerwärtig" öffentlich verhöhnt, wird die seelische Grausamkeit fortgesetzt mit Unterstellungen, frei erfundenen Inhalten, die das Vorurteil des Verlegers beschreiben, nicht aber meine Bücher und Argumente.

Wäre ich eine Frau, würde das Buch als Pflichtlektüre gelten, gefeiert, bejubelt, an Schulen und Universitäten im Unterricht behandelt, hätte der Staat die Zustände massiv mit neuerlassenen Gesetzen, politischer Bewußtseinsarbeit und neuen Lehrinhalten bekämpft.

Weil ich ein Mann bin, wird mir die Schuld zugeschoben, werde ich als Mensch öffentlich mit voller Absicht und Unterstützung der Meute weitergemobbt, infamer Rufmord begangen. Das Schlimmste daran: der

Pöbel johlt begeistert. Solches öffentliches Fertigmachen trifft niedere Instinkte, die losgelassen und genossen werden.

Diese Methode kollektiven Rufmordes wurde auch bei bekannten Persönlichkeiten verwendet: Thilo Sarrazin, Klaus Rainer Röhl, Neil Lyndon, Akif Pirinçci u.s.w. Eva Herman drehte jemand eine Äußerung im Munde herum; das aus dem Zusammenhang gerissene und so entstellte Zitat wurde dann von allen anderen übernommen. Warum? Weil sie politisch inkorrekte Meinungen vertreten hat. Es spielt keine Rolle, ob ich ihre Ansichten teile oder gut finde: Solche Art, Andersdenkende fertigzumachen ist ein Grundübel der Republik, bezeugt, daß wir längst keine funktionierende Demokratie mehr sind, sondern auf dem Wege zu einer Diktatur neuen Typs, oder dort schon angekommen.

«Aber bei näherer Recherche zeigte sich, dass Männer wie Deichmohle sich in Foren zusammenschließen und ihre völlig verquere Ideologie hier mit Hass, Leidenschaft und mehr als plumpem Frauenhass vorantreiben. Man möchte einfach nur kotzen»

Wie üblich eine Verdrehung aller Fakten ins Gegenteil. Verquer ist tatsächlich die den Buchinhalt völlig entstellende Falschdarstellung des Verlegers. Haß zeigen seine persönliche Diffamierung eines Andersdenkenden, sein öffentlicher Rufmord.

«dass es solche Typen einfach nicht wert sind»
«Sie haben entweder einen unheimlich kleinen Penis»

Nie würde ich über andere Menschen etwas derart gehässiges schreiben. Wenn Hasser anderen, die eben nicht hassen, sondern Opfer von Haß sind, das vorwerfen, was sie alleine selbst tun, ist bei soviel Verdrehung wirklich eine deutliche Klarstellung nötig – besonders wenn nur die Verdrehung von der Öffentlichkeit wahrgenommen wird, weil sie auf den Seiten eines Verlages publiziert, das Buch aber unverlegt ist. Ich habe mich in Leben wie Schriften um Liebe zu Menschen, Frauen und Männern bemüht.

Haß gegen Andersdenkende, Männer und besonders männliche Verlierer ist dagegen weitverbreitet unter Mobbern wie beim Blaulicht Verlag – und bei allen, die angeboren schiefe Wahrnehmung zulasten von Männern und besonders männlichen Verlierern nicht begriffen haben als ein Fakt wie die Tatsache der Evolution, oder daß sich die Erde um die Sonne bewegt. Alle diese drei Erkenntnisse stießen anfangs auf viel wütenden Protest Unwissender und brauchten viele Generationen, um sich durchzusetzen. Doch Aufhalten läßt sich die Wahrheit auf Dauer nicht.

Alles, was ich zu sagen habe, ob Sachargumente oder Beschreibung eines Elends, das die Mobber vom Blaulicht Verlag nicht hätten langjährig verkraften oder überleben können, alles was ein Mann sagen kann, ist verächtlich, wird als „weinerliches Selbstmitleid" und „schlecht geschrieben" verhöhnt – aus einem einzigen Grund: Weil ich ein Mann bin, keine Frau. Das ist mein Fehler und der meines Buches. Ändern Sie die Geschlechter, bieten Sie es als Roman über schlechte Behandlung von Frauen durch Männer an, und es wird ein Bestseller, feministischer Klassiker, Kassenknüller, von allen Mediën hofiert, verfilmt, gelobt. Dann ist es plötzlich nicht mehr „selbstmitleidig", sondern bewundernswert. Das liegt an der schiefen Wahrnehmung, die gerade Thema meiner Bücher ist. Sie haben mit Ihrem Geschmiere meine Aussage bestätigt, Mobber vom Blaulicht.

Denn auch das ist ein Befund meiner Bücher wie moderner Wissenschaft: Frauen dürfen klagen. Auf weibliche Klagen wird mit Hilfe und Verständnis reagiert, auch wenn ihre Klagen falsch und unberechtigt waren. Männer dürfen nicht klagen. Ein Mann, der klagt, hat dadurch sofort jedes Prestige verloren, ist in der „männlichen Dominanzhierarchie" untendurch, eine lächerliche, von allen verhöhnte Gestalt. Auch von den Blaulicht - Mobbern. So die Evolutionsbiologie. Frauen bevorzugt, Männer benachteiligt. Je stärker feministischer Einfluß, der solche Schiefsicht als Existenzberechtigung fördert, umso krasser wird das Ungleichgewicht. Meine Bücher schilderten die Lage bereits Jahrzehnte, bevor moderne Evolutionsbiologie diese Fakten nachwies. Dieses Buch stammt im wesentlichen aus den 1980er Jahren, wurde vom Betzel Verlag 1992/3 als „Abgelehnt" unter Vertrag genommen, aber vertragswidrig nicht veröffentlicht. Auch das hatte etwas mit feministischen und instinktiven Abwehrmechanismen zu tun, die ich beschreibe.

Nun setzen die Mobber des Blaulicht Verlages die jahrzehntelange Verarschung fort, im Ungeist einer Haßideologie, die seit Jahrzehnten Hetze statt Liebe verbreitet. Noch die literarische Beschreibung über Mobbing, Verarschtwerden und Ausschluß wird weggemobbt. öffentlich verarscht und abgewimmelt. Niederträchtiger geht es kaum. Doch an moralische Mindeststandards zu appellieren ist bei intolerantem und verbohrtem Mob zwecklos. Gegen derart gravierende Vorurteile, wie sie die Unterstellungen und Inhaltsverdrehungen des Blaulicht Verlages zeigen, ist mit Sachargumenten und Mitmenschlichkeit kein Ankommen.

Im Verdrehen waren Feministen beiden Geschlechts immer schon Spitze und behaupteten immer das Gegenteil der Tatsachen. Alice Schwarzer warf ihrer Kritikerin Esther Vilar in einer Debatte, in der Schwarzer nur verdrehte Statistiken und Desinformation zu bieten hatte, so daß Esther Vilar kaum nachkam mit dem Widerlegen jeder einzelnen Behauptung Schwarzers, gar Bezug zum Faschismus vor. Das war ein Tabubruch. Zum ersten Male wurde eine Persönlichkeit aus einer jüdischen Emigrantenfamilie im deutschen Fernsehen in Zusammenhang mit Faschismus gestellt, in völliger Umkehrung der Tatsachen. Auch das bediente dumpfe, latente kollektive Vorurteile, genau wie der Blaulicht Verlag es heute tut. Tatsächlich war Alice Schwarzer die Führerin einer neuartigen Form geschlechtsrassistischer Hetze, die Männer verunglimpft, als genetisch verkrüppelt und böse hinstellt, siehe Artikel über xx, xy, xyy u.s.w. Chromosome in der Emma. Sie hat Valerie Solanas Männervernichtungspamphlet ohne Distanzierung gehuldigt, und es waren ihreAnhängerinnen, die Esther Vilar auf einer Damentoilette zusammenschlugen, mit Mord bedrohten, auch ihr Kind. Daher mußte die jüdischstämmige Esther Vilar vor Morddrohungen gegen sich und ihr Kind aus Deutschland flüchten. Wer war faschistisch? Bestimmt nicht Esther Vilar, das Opfer, sondern der feministische Mob, den Alice Schwarzer in der Fernsehdebatte aufgestachelt hatte.

«Aber bei näherer Recherche zeigte sich, dass Männer wie Deichmohle sich in Foren zusammenschließen und ihre völlig verquere Ideologie hier mit Hass, Leidenschaft und mehr als plumpem Frauenhass vorantreiben.»

Das Gegenteil ist wahr. Ich habe seit Jahrzehnten die Stimme der Liebe vertreten, auf Liebe gründendes Zusammenleben, Liebe zu Frauen und allen Menschen, die niemanden ausschließt, die mitfühlt, hilft. Der Haß galt mir. Ich wurde ausgeschlossen und fortgehaßt.

Eine völlig verquere Ideologie und plumpen Haß vertraten Feministen beiderlei Geschlechts, den Blaulicht Verlag inbegriffen. Wer nicht verblendet ist, sollte die Plumpheit der persönlichen Angriffe erkennen. Trotz der Schärfe des Streites würde ich niemals persönlich schlechtmachen, sondern inhaltliche, sachliche Argumente bringen, die Feministen und Blaulicht Verlag nicht haben. An deren Stelle treten persönliche Tiefschläge, Verleumdungen, Vorurteil und Unterstellung, sogar gegen Menschen, die gerade ihr Leiden an Tiefschlägen, Verleumdungen, Vorurteil und falschen Unterstellungen literarisch beschrieben haben.

Moralisch umso verwerflicher ist es, jemanden, der jahrzehntelang ausgeschlossen, gehänselt und verspottet war, für seinen literarischen Bericht darüber nochmals zu verhöhnen, das Mobben gar auf eine neue Stufe zu heben.

Zurück zu sachlicher Debatte:

Charles Darwin wurde vor 150 Jahren angefeindet für seine Entdeckung der weiblichen Selektion, einer Grundtatsache des Lebens, die so stark vom Bewußtsein verdrängt wird, daß sie bis heute nicht in ihrer vollen Bedeutung verstanden wird. Man verspottete ihn, vom Affen abzustammen, griff ihn persönlich an. Es schien der Erfahrung zu widersprechen, so wie Jahrhunderte früher die Behauptung, die Erde drehe sich um die Sonne, wo doch „jeder sehen könne, daß die Sonne sich um die Erde drehe".

Seit 750 Millionen Jahren ist weibliche Diskriminierung gegen unerwünschte männliche Artangehörige treibende Kraft der Evolution, Tatsache des Lebens, und für die Verlierer der Selektion fatal. Was das mit

Feminismus zu tun hat, beweisen meine Bücher mit Zitaten bekannter feministischer „Wissenschaftlerinnen" und Aktivistinnen, feministischen Kampagnen und dokumentierten Ereignissen.

Fakten und Beweise ignoriert die Verleumdung aus dem Blaulicht vollständig. Wie in der Propagandasendung „schwarzer Kanal" des einstigen DDR-Fernsehen wird trickreich diffamiert, Inhalt bis zur Unkenntnis verdreht.

Diese Methode der Unterdrückung Andersdenkender hat ein Doppelgesicht. Es wird nicht nur nach außen die andere Meinung unterdrückt, sondern auch das Nachdenken in sich selbst. Das habe ich in „Kultur und Geschlecht" bereits beschrieben: Der „unterdrückte Unterdrücker" ist nicht nur damit beschäftigt, den Andersdenkenden zu unterdrücken, sondern auch eine Wahrheit in sich selbst, die weder der „Sudel-Moderator" des „schwarzen Kanals", noch Feministen und Umfeld wahrnehmen wollen. Unterdrückung nach außen (von anderen) ist bei solch intoleranten Mobbern gepaart mit Unterdrückung von Wahrheit und Gefühl auch nach innen.

Lachen ist nicht immer positiv und lebensbejahend; es kann auch ein Auslachen, ein Weglachen, ein Unterdrücken sein, das Vorurteile bestätigen will, und alles verlacht, Mensch oder Tatsache, was ihrem Vorurteil widerspricht. Um ein solches repressives Gelächter handelt es sich bei Feministen und beim Blaulicht Verlag.

Gemoser von Leuten, die voller Vorurteile stecken, sagt nichts über wissenschaftliche Tatsachen aus, und auch nichts über deren literarische Beschreibung.

Die Darstellung des Inhalts durch den Blaulicht Verlag ist eine wirre Folge völlig verdrehter Unterstellungen, die nichts über Buch oder Verfasser aussagen, umso mehr über kollektive Vorurteile im Blaulicht Verlag und bei einigen anderen Zeitgenossen. Es ist nicht statthaft, etwas falsch darzustellen, um es der Lächerlichkeit preiszugeben; da sich alles auf der Welt falsch darstellen läßt, hat dies offenkundig keine Aussagekraft über den falsch dargestellten Gegenstand.

«Es gibt tatsächlich Typen, die im 21. Jahrhundert der Meinung sind, dass Frauen kein Recht haben sollten, sich ihren Partner, Liebhaber, Mann oder Lebensgefährten selbst auszusuchen.»

Auch das ist wirre, verdrehende Erfindung, die unterstellt wird. Wer keine Argumente hat, verleumdet.

Wenn jemand sich auf Gleichheit beruft, sollten Männer gleiche Rechte und Möglichkeiten haben, oder nicht? Indoktrinierte und intolerante Feministen beiderlei Geschlechts machen jeden Andersdenkenden nieder, da Ablehnung feministischer Ideologie bereits als Beweis für persönliche Verworfenheit und Niedertracht gewertet wird, wie es schon viele verleumdete Kritiker feststellten. Anschließend schreiben Indoktrinierte lauter falsche Unterstellungen, erfinden sich eine gegnerische Position, die niemand vertreten hat, und vergessen bei angeblicher Gleichheit immer eine Seite:

Wenn Frauen diese Möglichkeit haben, sollte das für Männer genauso gelten. Oder etwa nicht? Weshalb sollten Frauen etwas erhalten, das Männern verweigert wird? Wenn aber Dominanz der Frau auf diesem Gebiet biologisch gegeben oder weiter erwünscht sein sollte, stellt sich die Frage, wie ein Ausgleich geschaffen werden kann. Welche Seite bietet hier eine Diskrepanz? Die gibt es bei Feministinnen und im Zeitgeist, aber nicht bei mir. Verübelt wird mir, auf eine ungerechte Diskrepanz hinzuweisen. Sie nur zu nennen ruft bereits Empörung hervor.

Tatsächlich gilt hier, wie üblich: Frauen haben Rechte ohne Pflichten, Männer Pflichten ohne Rechte. Frauen erhalten Mitgefühl, wenn sie ein Anliegen haben, bei Männern, besonders männlichen Verlierern, wird nachgetreten, die Schuld zugeschoben, Rufmord begangen.

Verdrehung von Inhalten ist peinlich für den, der etwas verdreht. Persönliche Verunglimpfung und Geschäftsschädigung darf nicht erfolgreich sein, sondern muß auf die Verursacher zurückfallen, damit die Gesellschaft nicht weiter verroht.

«Ist ja logisch, meint Deichmohle! Wer Dir die Liebe und den Sex versagen kann, ist eindeutig der Boss in der Welt. So weit, so krude.»

Motzen ist kein Argument. Dumpfe Demagogie vermeintlicher Besserwisser gegen Tatsachen der Biologie. Die Folgen der Selektion sind drastisch, wissenschaftlich bewiesen. Aber um sachliche Debatte ging es nie bei dem Charaktermordanschlag, sondern um demagogisches persönliches Vermiesen.

Vielen Zeitgenossen sind die Auswirkungen einiger Grundtatsachen des Lebens, um die es in den Büchern geht, nicht bewußt. Das ist kein Wunder, denn diese Fakten werden von einem angeborenen Verdrängungsmechanismus ausgeblendet, was ein Thema der Bücher ist.

Die sinnentstellenden Ergüsse aus dem Blaulicht Verlag sagen nichts über die wissenschaftlichen Tatsachen, noch über die literarische Dokumentation, noch dessen Verfasser aus. Vorurteilstriefende Häme blamiert jene, die sie verbreiten.

«Außerdem sei die Zurückweisung der Männer und ihrer Gelüste eine Art Verbrechen»

Einen Jugendlichen und jungen Erwachsenen jahrzehntelang auszuschließen, zu hänseln, verspotten und damit zu mobben, ist in der Tat ein Verbrechen, zeigt Verrohung, Ungerechtigkeit und allgemeine Gefühllosigkeit. Dieses Mobbing verlängert der Blaulicht Verlag noch durch publizistischen Rufmord. An den Pranger gehört solche Grausamkeit, und damit auch der Blaulicht Verlag. Die Ausfälligkeit ist intolerant und peinlich, auch für die applaudierende Meute.

«eine Art Verbrechen von besonderer seelischer Grausamkeit»

Das trifft genau auch auf die Blaulicht Verleger mit ihrem Rufmordartikel zu.

«dass es solche Typen einfach nicht wert sind»

Ein klassischer Logikfehler, den die Römer „ad hominem" nannten. Der Blaulicht Verleger bringt keine Argumente, sondern drischt mit Vorurteilen persönlich auf Menschen ein.

Was das mit Feminismus zu tun hat? Das wird wissenschaftlich bewiesen in „Kultur und Geschlecht", hier literarisch geschildert.

Biologische Tatsache des Lebens nicht nur beim Menschen ist Diskriminierung gegen manche Männer, und eine schiefe Sicht in Geschlechterfragen, die Frauen bevorzugt und Männer umso schlimmer behandelt, je mehr sie Verlierer sind. Das sind Fakten der Wissenschaft und des Lebens. Abgemildert wurde das von die Geschlechter verbindenden Kulturen, oder durch die Liebesphilosophie der Hippies in der Zeit sexueller Befreiung, bevor diese vom Feminismus in ihr Gegenteil verdreht wurde. Feminismus hat seit jeher bestehende weibliche Dominanz und Privilegien ins Extreme übersteigert und radikalisiert, und damit auch Diskriminierung männlicher Verlierer radikalisiert, auf ein zuvor nie dagewesenes Maß. Auch das beweisen meine Bücher.

In traditionellen Kulturen wurde versucht, Ausgleich und Gleichgewicht zu schaffen, obwohl weibliche Bevorzugung universaler Bestandteil war.

Zu Zeiten der sexuellen Revolution war die Dominanz weiblicher Wahl weniger drükkend; es ist sowohl plausibel als auch von Quellen belegt, daß dies Grund für FeministInnen war, die Freiheit für Männer ganz rasch wieder zu unterdrücken, um die schwindende biologische Übermacht der Frau wiederaufzubauen und auf ein zuvor ungekanntes Maß zu übersteigern.

Niedertreten des seit jeher Niedergetretenen ist arrogant, dumm, Machtmißbrauch und Nachweis eigener Gefühlslosigkeit oder Gefühlsverirrung. Selbst wenn es in einem Buch beschrieben wird, können oder wollen sie sich nicht vorstellen, was es bedeutet, als Jugendlicher und junger Erwachsener jahrzehntelang auf eine Mauer des Spottes, der Verachtung und des Ausschlusses zu stoßen, und verlängern diese Gemeinheit noch durch Nachtreten und Rufmord. Das ist abscheulich und hat nichts mit legitimen Geschmacksurteilen oder sachlicher Debatte zu tun.

Der Spott des Blaulicht Verlages ist faschistoiden Typs. In einem Buch der braunen Zeit las ich, wie ein Kapitän ein nazikritisches Flugblatt öffentlich als Witzblatt vorgelesen und dann kollektiv mit der versammelten Mannschaft des Kriegsschiffes ausgelacht hat. Der Blaulicht Verlag hat dies in heutiger Zeit getan, das Werk eines Systemkritikers öffentlich verhöhnt und verspottet.

Es ist das Prinzip, den Boten zu strafen, der die schlechte Botschaft bringt, der auf einen Systemfehler hinweist, der verdrängte Tatsachen des Lebens bewußt machen will, die das Bewußtsein aber nicht wahrhaben möchte, und deshalb nicht nur die Fakten, sondern auch den Boten energisch unterdrückt.

Es ist das dumpfe Lachen der Vorurteilsbeladenen, die sich über den Boten der Erkenntnis durch öffentliches Auslachen lustig machen.

«Verlag Andreas Reiffer
Vielen Dank, liebe Kollegen für die schöne Reaktion! Bei mir hat er es heute auch versucht:

„Einen guten Tag,
ich habe Ihnen ein interessantes und neuartiges Buch über …..philosophie anzubieten. Der nexx Verlag veröffentlichte im Dezember mein Buch ‚Kultur und Geschlecht'. Bei Interesse schicke ich Ihnen das Buch als PDF oder DOC."
Gut, dass ich noch nicht geantwortet habe - werde ich auch nicht tun»

Diese Reaktion weist einen realen Schaden auch für andere Bücher nach. Der Verleger versucht mit unqualifizierten Verdrehungen jegliche Veröffentlichung von Büchern auch in anderen Verlagen zu anderen Themen zu verhindern, leider erfolgreich, wie die Reaktion aus einem anderen Verlag beweist.

Im übrigen belegt die Reaktion der Verleger und ihres geistigen Umfeldes eine weitere Aussage des Buches, ein wissenschaftliches Fakt, in den letzten Jahren nachgewiesen: Es gibt eine intuitive Bevorzugung von Frauen und eine intuitive Benachteiligung von Männern, umso stärker, je niedriger ihr Ansehen oder Rang. Ein männlicher Verlierer wird verspottet, man gibt ihm die Schuld. Eine Frau wird bemitleidet, ihr wird geholfen. Mitgefühl oder Empathie gelten Frauen, nicht Männern, und am allerwenigsten niedrig stehenden Männern, die allgemeine Verachtung trifft, denen man noch die Schuld gibt an der Verachtung, mit der sie gestraft werden.

Feministische Ideologie hat diese Schiefsicht benutzt und radikal verschlimmert.

«nämlich die Auffassung vertritt, dass die Feministen darauf hinwirken, dass alle Frauen lesbisch werden. Und das tun sie, indem sie die klassischen Felder der Männer besetzen»

Wieder eine schräge Erfindung des Blaulicht - Verlegers, der keine Belege hat, sondern frei phantasiert.

Das korrekte Argument zum Thema lesbischer Agenda wird aus Schriften führender Gründerinnen des Feminismus und aus Originalquellen der feministischen Szene in *„Kultur und Geschlecht"* sowie in *„Ideologiekritik am Feminismus: Krieg gegen Mann, Natur und Kultur"* entwickelt und bewiesen. Nur hat das nichts mit den kruden Unterstellungen der Blaulicht-Verleger zu tun, die Positionen frei erfinden, dem Gegner unterschieben, um diese Phantomgespinste dann mit persönlichen Tiefschlägen, Vorurteil und Beleidigungen zu verunglimpfen, weil sie offenbar kein sachliches Argument haben.

Erschreckend ist auch, wie viele Leser dem Rufmordmobbing sofort zustimmen, es gar feiern, statt sich zuerst richtig zu informieren und nachzudenken.

Wenn beim Zusammenstoß von Kopf und Buch ein hohler Klang entsteht, braucht das bekanntermaßen nicht am Buch zu liegen; meist verursacht ein leerer Kopf den hohlen Ton.

«Blaulicht Verlag
18. Januar um 03:50 ·

Liebe Leserinnen, Freundinnen und Kolleginnen des Blaulicht Verlags, heute richten wir uns ganz speziell an euch. Gestern erhielten wir das Manuskript eines gewissen Jan Deichmohle. Ein Pseudonym, wie sich nach kurzer Recherche herausstellte. Der Mann bot uns sein Buch mit folgender Nachricht an:

„Einen wunderschönen guten Tag,

dieses Buch ist anders und brisant: Es beschreibt literarisch die Abwimmelung von Männern durch die seit Charles Darwin bekannte weibliche sexuelle Wahl. Es ist literarisches Neuland, kontroverse Feminismuskritik, tauglich zu einem Skandal, was Ihnen gute Absatzchancen bietet.

Geben Sie meinem Buch die Chance, bieten Sie ihm eine Plattform. Mir ist bewußt, daß es kontrovers ist, und möglicherweise nicht Ihrer subjektiven Meinung entsprechen mag. Doch dies bietet Ihnen eine Chance: Die Chance, Aufmerksamkeit zu erregen, in einer heute so überladenen Bücherwelt! Mein Buch ist anders, und doch so wichtig für die heutige Zeit.

Vita:
Ich wurde in eine Zeit des Umbruchs geboren, sah deren Tiefen und Abgründe. Da Universitäten und Leben von Ideologie geprägt waren, suchte ich mir neutrale Fächer wie Mathematik, Naturwissenschaft und Technik, in denen objektive Fakten zählen, die nicht von Meinungen abhängen. Der nexx-Verlag veröffentlichte mein Buch ‚Kultur und Geschlecht – Feminismus: großer Irrtum, schwere Folgen' am 1.12.2014.

Dieses Buch ist Teil eines Zyklus, der in jedem Buch auf anderem Wege den Feminismus widerlegt, unsere Welt auf eine andere Weise beschreibt und Ausblicke gibt für eine bessere Entwicklung in eine bessere Zukunft.

Mit freundlichen Grüßen,
Jan Deichmohle"

Wir haben uns sodann das Vorwort und einzelne Kapitel dieses selbsternannten brisanten Buches angesehen und mussten für einige Zeit den Brechreiz unterdrücken. Noch niemals zuvor wurde uns ein Manuskript angeboten, welches derart frauenverachtend und wehleidig daherkommt und dabei noch so schlecht geschrieben ist.

Im Kern geht es darum, dass Herr Deichmohle es für die gesamte Menschheit (also eigentlich nur für den männlichen Teil der Bevölkerung) als fatal und falsch empfindet, dass sich Frauen die Männer (bzw. die Frauen) frei auswählen können und diese Auswahl von bestimmten Kriterien abhängig machen, die sie für sich selbst als sinnvoll erachten. Dies führe nach Herrn Deichmohles Meinung zu einer massenhaften Ansammlung von zurückgewiesenen, verlassenen und unbeachteten Männern, die ihre Bedürfnisse nicht mehr ausleben könnten und jammernd in der Ecke sitzen. Eine Zumutung für die Gesellschaft, meint der Autor. Durch diese Auswahl besäßen die Frauen nun wiederum viel mehr Macht als die Männer. Ist ja logisch, meint Deichmohle! Wer Dir die Liebe und den Sex versagen kann, ist eindeutig der Boss in der Welt. So weit, so krude. Lustig wird es dann aber auch noch, weil Herr Deichmohle nämlich die Auffassung vertritt, dass die Feministen darauf hinwirken, dass alle Frauen lesbisch werden. Und das tun sie, indem sie die klassischen Felder der Männer besetzen, so dass diese orientierungslos und nutzlos in einer neuen Welt herumhängen.

Sie glauben das ALLES nicht? Haben wir auch nicht! Aber bei näherer Recherche zeigte sich, dass Männer wie Deichmohle sich in Foren zusammenschließen und ihre völlig verquere Ideologie hier mit Hass, Leidenschaft und mehr als plumpem Frauenhass vorantreiben. Man möchte einfach nur kotzen, wenn man diesen Müll gesehen hat.

Es gibt tatsächlich Typen, die im 21. Jahrhundert der Meinung sind, dass Frauen kein Recht haben sollten, sich ihren Partner, Liebhaber, Mann oder Lebensgefährten selbst auszusuchen. Nach eigenen Kriterien, eigenen Wertmaßstäben, eigenem Empfinden. Deichmohle und seine Gefährten vertreten den Standpunkt, dass der Feminismus Frauen in das ‚Lesbentum' dränge. Außerdem sei die Zurückweisung der Männer und ihrer Gelüste eine Art Verbrechen von besonderer seelischer Grausamkeit und müsste im Grunde vor einem Weltgericht verhandelt werden.

Okay.

Wir hätten jetzt eine ausführliche, eloquente, wohlfeile Antwort formulieren können. Doch nach einigem Überlegen, sind wir zu der Überzeugung gelangt, dass es solche Typen einfach nicht wert sind, dass wir uns so viel Mühe geben.»

Bedenklich ist der Mob, der die Verdrehungen nicht nachprüft, sondern Verunglimpfung Zustimmung johlt:

«   64 Personen gefällt das.
3 mal geteilt
Sven Hensel wunderbare Reaktion
Gefällt mir · Antworten · 1 · 18. Januar um 03:56
Verlag Andreas Reiffer Vielen Dank, liebe Kollegen für die schöne Reaktion! Bei mir hat er es heute auch versucht:

„Einen guten Tag,...Mehr anzeigen
Gefällt mir · Antworten · 1 · 18. Januar um 04:15 · Bearbeitet
Michael Bresser Schöne Antwort. Ich denke, Herr Deichmohle kennt Frauen nur aus der Praline.
Gefällt mir · Antworten · 1 · 18. Januar um 04:12
Michael Bresser http://nexx-verlag.de/?page_id=8743 Er könnte bedroht werden. Aha.
Unsere Autoren
[vc_column_inner wi...
nexx-verlag.de
Gefällt mir · Antworten · 18. Januar um 04:17
Thomas Nast Coole Antwort.
Gefällt mir · Antworten · 18. Januar um 04:24

Verlag Andreas Reiffer Ganz „interessant" ist übrigens auch das FB-Profil des GeschäftsFührers des nexx-Verlages Joachim xxxx:
https://www.facebook.com/xxx.yyy
Jo Fe
Jo Fes Foto
Jo Fe
Gefällt mir · Antworten · 4 · 18. Januar um 04:30
Carina Fechter Hammerbombengeil !!!!
Thumbs up
Gefällt mir · Antworten · 18. Januar um 05:52
 SaJo Pagan Das war die einzig richtige Antwort, die solch ein Manuskript erhalten sollte!
Daumen hoch für eure Mitarbeiter!
Gefällt mir · Antworten · 18. Januar um 05:57
 Kersten Flenter Sehr schön, Dominik. Ich hätte wahrscheinlich wie Andreas gar nicht geantwortet und auch nicht so weit gelesen und recherchiert.
Gefällt mir · Antworten · 18. Januar um 18:57
Jana Heinicke Bester
Gefällt mir · Antworten · 19. Januar um 01:18
Michl Jakob 10,0 für die Antwort!
Gefällt mir · Antworten · 1 · 19. Januar um 03:56
Ute Weidinger Danke für die Antwort!
Gefällt mir · Antworten · 19. Januar um 04:06
Oliver Frey Super Text! Also, eurer jetzt.

 Kleine Kritik: „Sie haben entweder einen unheimlich kleinen Penis, eine sehr dominante Mama"...Mehr anzeigen
Gefällt mir · Antworten · 19. Januar um 08:03
 Blaulicht Verlag Lieber Oliver, da hast Du völlig recht! Diese Formulierungen haben wir aber genau aus diesem Grund bewusst ausgewählt. Es ist nämlich die einzige Sprache und Denkweise, die solche „Männer" verstehen werden.
Gefällt mir · Antworten · 4 · 19. Januar um 08:37
Nils Rusche Ganz groß, lieber Blaulicht Verlag!»

Es fehlt noch die Phase von Verleumdung, falschen Beschuldigungen und Verdrehungen:

«Zuerst ignorieren sie dich, dann lachen sie über dich, dann bekämpfen sie dich und dann gewinnst du.» (Mahatma Gandhi)

Falsche Versprechungen

Gleich nach dem sehnlichsten uralten Menschheitstraum von Unsterblichkeit und ewiger Jugend folgt der Traum freier Liebe auch für Männer, der im Koran als Lockmittel benutzt wird mit dem Versprechen von Jungfrauen im Paradies. Nie seit Entstehen der Menschheit, von Hominiden, ja männlichen Tieren überhaupt, ging dieser Traum in Erfüllung, denn Männer waren wie männliche Tiere abhängig von weiblicher Wahl, der stärksten Kraft der Evolution, mächtiger noch als natürliche Auswahl.

Die Liebesgeneration versprach im Sommer der Liebe 1967, diesen Traum zu erfüllen, freie Liebe für alle, auch alle Männer, free acid love. Die Love Generation wurde bewundert von den einen, besonders Jugendlichen, gefürchtet und verachtet vom Rest der Welt. Ihre Acid Love Parties waren berühmt unter jenen, die dabei waren, berüchtigt und Anlaß heftiger Unterdrückung bei anderen.

Schon im Jahr nach dem Sommer der Liebe, 1968, übernahm schrille Anfeindung von Männern, Bekämpfung von Männlichkeit, Unterdrückung ihrer Sexualität einen neuen, radikalen Anlauf, als ideologisierte Frauen übersahen, seit Urzeiten enorm bevorzugt zu sein, im Wahn schwelgten, benachteiligt zu werden. Sie mißverstanden alle Tatsachen des Lebens und der Wissenschaft vom Leben: der Biologie, außerdem Sinn und Bedeutung kultureller Differenz. Sie unterdrückten Männer und männliche Sexualität, die seit Entwicklung der Zweigeschlechtlichkeit vor 750 Millionen Jahren unfrei und abhängig waren, stärker als je zuvor. Der kurze Traum einer Befreiung und einer Welt der Liebe für alle platzte unter schrillem feministischem Gezeter, einer irrationalen Hysterie und Massenpsychose, die Unwahrheiten bis heute im Bewußtsein der Menschheit festschrieb. Solcher Mißbrauch zeigt uns Heutigen, wieso die Dinge in allen Kulturen anders geregelt waren und geregelt sein mußten – Feministinnen haben unfreiwillig den Nachweis erbracht.

Die Verheißung freier Liebe für alle war schon untergegangen, als ich mit zwölf Jahren davon träumte, ein Prophet der Liebe zu werden, einer zugleich sinnlichen und geistigen Liebe, die alle Menschen erreicht, eine Bewegung freier helfender Liebe zu schaffen, die alle herkömmlichen Religionen ersetzt mit sinnlicher, sexueller, spiritueller und psychedelischer freier Liebe, die jedem selbstverständlich geschenkt wird, zugänglich ist, geteilt wird, innere Reifung erlaubt und Veränderung von Selbst und Wahrnehmung, und der Beziehungen zwischen Menschen. Der neue Glaube auf Basis der Philosophie der Blumenkinder sollte ein mehr an Freiheit, ein offeneres Bewußtsein ermöglichen.

Ich scheiterte daran, zu schwach zu sein, mich bei Frauen durchsetzen zu können: ein zu magerer Körper und zu wenig Konkurrenzkraft. Der Philosoph sexueller Liebe zwischen den Geschlechtern sein wollte, war nicht imstande, auch nur eine Frau auf freiem Wege des Kennenlernens abzubekommen, Gewinner weiblicher Selektionsspiele zu werden, die sein Glaube abschaffen wollte. Das war ein tragisches Ende des Glaubens der Liebe und meines Jugendtraums.

Weibliche Wahl funktioniert schlecht

Frauen können, wenn sie wollen, nach Belieben sexuellen Spaß haben, sich wie Henriette Hell rund um die Welt in allen Ländern massenweise und von ausgesuchten Experten des Begattens flachlegen, rannehmen, in allen denkbaren, sie überraschenden Stellungen vögeln lassen und sich das Glied in alle möglichen, ungeahnten Arten und Weisen in allerlei Löcher stopfen, massieren, kneten und sonst was lassen. Frauen dürfen das, und vor allem Bücher darüber schreiben, „Achtung, ich komme! In 80 Orgasmen um die Welt", und es wird von einem der größten – oder dem größten – Verlag weltweit (Random House) veröffentlicht werden, in die Schlagzeilen geraten; Erfolg ist fast garantiert, weil sie eine Frau ist. Lüsterne Leser beiderlei Geschlechts werden zum Kaufe geneigt sein.

«„Ja! JAAA! Ja-haaah! OH GOOOOOTT!", stöhnte ich, während Dorjee über mir keuchte und mich in immer wieder neue Positionen bewegte. Stellungen, von denen ich gar nicht gewußt hatte, daß es sie gab. Fast glich der Sex mit ihm seiner verrückten Show. Er war überraschend anders und absolut geil. (...) Später wollte er dann wissen, ob wir jetzt fest zusammen waren. Mist.
„Ähm, du, nein, das geht nicht", stotterte ich. „Wir kennen uns doch noch gar nicht"
Blöderweise sah Dorjee das ein wenig anders. „Wenn eine Frau mit einem Mann schläft, dann bedeutet das IMMER etwas", sagte er und schaute mich verzweifelt an. „Aber wenn du mir deine Gefühle bloß vorgespielt hast ..." Er brach ab, schlug die Hände vors Gesicht und schluchzte. „Du hast mich nur benutzt, stimmt's?"»[76] (Focus.de)

Eine Frau darf in krasser Weise tun, was heftig verübelt würde, wenn sich ein Mann auch nur ansatzweise so verhielte, und zu einer wü-

---

76 http://www.focus.de/reisen/reisebuch/exklusive-buch-auszuege-in-80-orgasmen-um-die-welt-achtung-ich-komme-henriette-hells-sex-abenteuer-in-indien_id_4522217.html

tenden feministischen Kampagne führen. Bei einer Frau jedoch wird ein Erfolgsbuch daraus, über das der Focus regelmäßig vorab von immer neuen Eskapaden mit einem anderen Liebhaber im nächsten Land berichtet. So viel Berichterstattung – eine ganze Serie Vorabberichte in einem der beiden bekanntesten Nachrichtenmagazine des Landes – wird kaum je einem anderen Buch zuteil. Bücher von Männern, die ein ernsthaftes Problem mit weiblicher Wahl beschreiben, wurden jahrzehntelang überhaupt nicht gedruckt; da nützten nicht einmal kafkaeske Träume. Bei einer Frau reicht oberflächliche Sprache und etwas Sex; ein Mann würde für ein vergleichbares Werk von der Öffentlichkeit verbal gelyncht; eine Beschreibung von Abfuhren ist noch radikaler tabu – so radikal verschieden sind die Maßstäbe bei Frau und Mann!

Wer nicht selbst jahrzehntelanges Totgeschwiegenwerden mit grundlegenden Lebensproblemen am eigenen Leib erlebte, hat keinerlei Vorstellung von dem ungeheuren Ausmaß der Ungerechtigkeit, die Feminismus verbreitet hat.

«Wenn das ein Mann geschrieben hätte...oje oje...
von Markus Maier
„Macho-Chauvi-Schwein" wäre dann wohl noch eine der harmloseren Formulierungen. Und das Geschrei aus dem stets gut organisierten Feministinnen-Lager wegen „sexueller Ausbeutung der Frauen in der dritten Welt" kann ich mir lebhaft vorstellen»[77] (Kommentar, Focus.de)

Frauen können ebenso umherziehen, sich richtig „entjungfern" zu lassen, und massenweise Kandidaten finden, die ihnen nur meist nicht gut genug sind. Frauen können darüber ein Buch schreiben, wie Iris Bahr es gleich in mehreren Büchern tat, weil die Masche so erfolgreich war.

«Wo ich doch als Sergeant und frustrierte Pseudojungfrau so viel an Lebensfreude aufzuholen hatte.

---

77 http://www.focus.de/reisen/reisebuch/exklusive-buch-auszuege-vorab-in-80-orgasmen-um-die-welt-achtung-ich-komme-henriette-hells-sex-abenteuer-in-indien_id_4540069.html

Meine Nahentjungferungserfahrung hatte darin bestanden, einem marokkanischen Fallschirmspringer namens Patrick **zu gestatten, sein Glied** vom Umfang einer Suppendose **einzuführen**, was ich genau eine Sekunde aushielt und die Verwendung der Bezeichnung ‚Pseudo' erklären dürfte. Ich steckte deshalb inmitten einer hysterischen Krise epischen Ausmaßes, in der ich mich zwanghaft in potentielle Begattungssituationen begab, nur um mir immer wieder zu bestätigen, daß ich den dazu gehörigen Geschlechtsakt weder körperlich noch emotional vollziehen konnte. Wieso sollte ich etwas dagegen haben, dieses Muster hinter mir zu lassen und in etwas ganz Neues abzutauchen?» (Iris Bahr, Schlampen im Schlafsack: Auf der Moomlatz-Route durch Südamerika)

Bei einer Frau geht es darum, einen Mann zu finden, dem sie gestattet, „sein Glied einzuführen", um bei der Ausdrucksweise Iris Bahrs zu bleiben. Bereit dazu wären unzählige, die Frage müßte eher lauten, welcher junge Mann denn nicht dazu bereit wäre? Doch diese Frage stellt sich gar nicht.

Ein Buch braucht inhaltlich gar nicht mehr zu bieten; geht es um Frauen, wird die Welt davon hören wollen, und schnell ein Bestseller daraus, ein Kassenschlager, ein Buch, von dem man spricht, ein Thema auf Nachrichtenseiten, vielleicht ein Skandälchen, aber ein absatzförderndes.

Als Mann konnte ich jahrzehntelang erleben, abgewiesen und ausgeschlossen zu sein, was die Welt einen „Scheißdreck" schert. Und wenn einem sein ganzes Leben verpfuscht wird? Wenn es sehr viel drastischere Folgen hat, als die kleinen Wehwehchen oder Lustspiele, die bei Frauen ein Massenpublikum aufmerksam machen? „Das interessiert niemanden!" erklärte mir schon in den 1980ern vehement ein Verlagsmitarbeiter, als Feminismus noch nicht so radikal fortgeschritten war wie heute, und die sexuelle Revolution noch nicht so vergessen, unterdrückt und feministisch ins Gegenteil verdreht. Geradezu Empörung klang mit: „DAS INTERESSIERT KEINEN!" „Das ist doch Privatsache!"

Richtige Wut, Empörung, Verachtung und radikales Desinteresse löst ein Mann aus, wenn er, wie in diesem Buch, mit sehr viel gravierenderen, echten, von Frauen der Epoche verursachten Problemen erzählt, die Leben kaputtmachen, die niederschmettern, erhebliche, drastische Auswirkungen auf sein Leben hatten und haben, und auf die Leben anderer Menschen.

Doch wenn eine Frau von sehr viel belangloseren Wehwehchen oder Lüstchen erzählt, die harmlos sind, eigentlich nicht wert, zum öffentlichen Thema zu werden, dann finden sie rasch die Aufmerksamkeit einer breiten Öffentlichkeit. Medien weisen das nicht als „Privatsache" zurück, sondern bringen es groß heraus.

Noch dazu wage ich zu behaupten, daß diese Verfasserinnen Massenware liefern, ohne – sagen wir mal – gehobene literarische Ansprüche. Niemand verlangt ihnen ab, wie Franz Kafka oder Heinrich von Kleist zu schreiben. Die Ansprüche an einen Mann sind natürlich wesentlich höher – bei solchen Themen unerfüllbar. Das Thema selbst garantierte Ablehnung ohne Ansehen des Stils: ein Mann darf so etwas nicht schreiben. Bei einem Mann nützt wesentlich originellere Sprache heute nichts, kafkaeske Träume verpuffen ebenso wie jeder andere Kniff; tiefere Sichten, echtere Probleme, neuere Themen und mehr sprachliche Raffinesse können den Grundfehler nicht beheben, ein Mann zu sein, kulturell, evolutionär und feministisch massiv unterdrückte und tabuisierte Probleme zu schildern. Bei Frauen bedarf es keiner Mühe auf keinem dieser Gebiete – sie finden sofort Sympathie und breite Öffentlichkeit.

Lukratives Geschäft ist es für jede Frau, private Späßchen breitzutreten, ohne die Ansprüche, die an Männer gestellt werden, um sie bei Erfüllen dann trotzdem empört und verächtlich abzulehnen.

Einseitigkeit und Unterdrückung sind kraß, sehr kraß. Frühe feministische „Werke" sind oft sehr unausgegoren, inhaltlich sowieso.

«„Lesbische Nation", ein persönliches und politisches Traktat, aber kein einheitlicher Text. In meinem nächsten Buchprojekt, meinem zweiten Versuch, eine Autobiographie zu schreiben, wählte ich Literatur, um zu versuchen, **das dritt-unlesbarste Buch des Jahrhunderts zu schreiben**»[78]

Dieses „Werk", das als Begründung einer neuen Richtung bejubelt wurde, „Lesbian Nations: The Feminist Solution", gilt sogar unter FeministInnen selbst als nahezu unlesbar wirr.

«Im Rückblick auf Klassiker biographischen Schreibens aus der ersten Phase des 1970er Feminismus **werde ich getroffen von der Darstellung von Chaos and Konflikt** (äußerlich wie innerlich), der Furcht und zuweilen **etwas, das sich wie Wahnsinn anfühlt** (Kate Millett, Jill Johnston, Robin Morgan).»[79] (T&S Issue 37, Summer 1998)

Im Rückblick fällt auch FeministInnen auf, wie schlecht viele ihrer Werke doch waren, spüren sogar die Gegenwart des Wahnsinns. Leider beschränkt sich ihre Einsicht bislang meist auf schlechte Sprache, obwohl der schlechte Inhalt viel gravierender ist.

Eine Nebenbemerkung: Es war Wahnsinn, der leider ernstgenommen wurde; sonst wäre wenig Schaden entstanden, hätten alle vernünftigen Menschen die Welle als den Wahnsinn erkannt, der sie war, der auch Feministinnen im Rückblick in einem verborgenen Hinterstübchen ihrer Erinnerung aufdämmert. Nun ist es zu spät, sind wir alle geschädigt.

---

78 «"Lesbian Nation," a personal and political tract but not a unified text. In my next book venture, my second attempt at writing an autobiography, I opted for literature, aiming to write **the third unreadable book of the century**» (www.danceinsider.com/jill_johnston/j012411.html)

79 «Looking back over classics of autobiographical writing from the first phase of 1970s feminism, **I am struck by the representation of chaos and conflict** (external and internal), the fear and sometimes **the presence of what feels like madness** (Kate Millett, Jill Johnston, Robin Morgan).» (T&S Issue 37, Summer 1998, http://www.troubleandstrife.org/articles/issue-37/a-navel-of-one%E2%80%99s-own/)

«Dies war ein sehr radikales und kreatives Buch, **obwohl es schwer zu lesen war** zuweilen»[80] (über: Lesbian Nation: The Feminist Solution)

Doch solche Werke wurden dankbar aufgegriffen und zu neuen geistigen Richtungen, wenn sie nur feministisch waren. Dagegen waren die Ansprüche an Männer unerfüllbar hoch, und selbst, wenn alle Ansprüche erfüllt wurden, schlug die Zensur zu, Selbstzensur und Angst, politisch korrekter Kadavergehorsam, ideologische Verblendung, die es nicht wahrhaben und nicht zum Buch werden lassen wollte, schon gar nicht „in unserem Verlag", die nicht darüber berichten wollte, „schon gar nicht in unserer Zeitung". Ja, gerade wenn ein Buch gut war, originell, qualitativ hochwertige Ideen oder Argumente gegen Feminismus vorbrachte, mußte es erst recht massiv unterdrückt werden, weil es „gefährlich" erschien, als „unangenehme" Meinungsäußerung empfunden wurde, die nicht „statthaft" war, „schon gar nicht in unserem Hause"!

Neuanfänge können fast nie perfekt sein; je neuartiger eine Idee, je unbekannter das Gelände, desto behutsamer tastend werden neue Begriffe geschaffen, aus denen allmählich eine neue Weltsicht entsteht. Wer absolute Perfektion verlangt, würgt jede Neuerung ab; wurde sie jedoch erreicht, schlug empörte Zensur zu. Feministische Ideologinnen kannten solche Probleme nicht; sie konnten betroffen, subjektiv und das Leben gründlich mißverstehend daherphantasieren, haßgeborene Thesen schwätzen, die sich später als falsch erwiesen, damit neue Richtungen begründen, die alsbald die ganze Gesellschaft überrollten: So kraß entgegengesetzt war bereits die Aufnahme von Gedanken und Manuskripten, je nachdem, ob von feministischer Frau oder nichtfeministischem Mann. Daraus entstand eine ideologische Diktatur, und darin zeigte sie sich.

Daher war es 30 Jahre lang nicht möglich, ob literarisch oder als Sachbuch, auf massive Schieflage und Probleme hinzuweisen, die weibliche Wahl auslöst. Kommen wir zu einem wichtigen Punkt: Weibliche Wahl funktioniert schlecht; sie läßt ungeeignete Männer begeistert zu,

---

80 «This was a very radical and creative book, **despite being difficult to read** at times» (über: Lesbian Nation: The Feminist Solution, http://www.librarything.com/work/612172)

während gute, verläßliche Männer mit ebenso erlesener Gehässigkeit vergrault und ausgeschlossen werden.

«**Wenn ein Mann eine Freundin möchte, dann muß er ‚das Spiel spielen' und der reflexartigen weiblichen Bevorzugung für Strolche und Trottel nachgeben.** Alternative ist ein Leben wie von James Holmes, der dem ‚intellektuellen' Pfad folgte und nur unfreiwilliges Zölibat erlebte für seine Bemühungen. Es braucht nicht viel Hellsicht, um zu merken, daß die **dysfunktionale weibliche Partnerwahl Hauptgrund männlichen Versagens bei der Ausbildung ist.**»[81] (Stephen Jarosek, Tyrants of Matriarchy, 2015)

Wer sich nicht als Modegangster oder Modetrottel zu geben weiß, wird von weiblicher Wahl leicht fertiggemacht. Wer sich gut verhält, wird vom Leben bestraft, ebenso, wer als Mann fleißig lernt und arbeitet - kein Wunder, wenn immer mehr jugendliche Männer sich von Schule, Universität oder Arbeitsleben immer weniger erwarten und von den dort hineingeförderten Frauen verdrängt werden. Bildung und Beruf können Männern in der feministischen Gesellschaft nicht mehr den vorgesehenen Erfolg bei jungen Frauen geben, ebensowenig die Mittel, die Ansprüche ihrer Freundinnen oder Ehefrauen zu erfüllen. Daher drängen sie hinaus in Ersatzmoden, sich zu beweisen - eben ins „Bösebubentum", das viele junge Frauen so stark bevorzugen.

Gute Männer geraten durch weibliche Wahl leicht unter starken Existenzdruck, fallen aus Fortpflanzung und erfülltem Sozialleben, wogegen unverantwortliche, modische „böse Buben", sogar berühmte Kriminelle und Mörder bevorzugt werden. Junge Frauen kreischten auch bei Hitler begeistert.

---

81 «**If a guy wants a girl-friend he has to 'play the game' and pander to the reflexive female preference for thugs and morons.** The alternative is found in the life of James Holmes: he followed the 'intellectual' path and experienced only involuntary celibacy for his pains. It doesn't take much smarts to see that **dysfunctional female mate-preference is the primary cause of male educational failure**» (Stephen Jarosek, Tyrants of Matriarchy, 2015)

«Denise [Mina] führt weitere Beispiele **notorischer Krimineller mit Berühmtheitsstatus** auf, so wie Richard Ramirez (der nächtliche Nachsteller, der in den 1980ern 13 Menschen ermordete und zerstückelte, heiratete 1996 im Gefängnis), und Ted Bundy (verdächtigt, 35 junge Frauen ermordet zu haben) – und vermerkt, **daß diese Gruppen bewundernder Groupies anzogen,** die geduldig ihre Gerichtsverfahren absaßen. Carlos the Jackal verlobte sich 2002 mit seiner Anwältin. Und John Wayne Gacy, mit der Vorgeschichte, 30 Männer in Chicago unter Drogen gesetzt, vergewaltigt und ermordet zu haben, **heiratete, während er die Todesstrafe erwartete.**»[82] (Stephen Jarosek, Tyrants of Matriarchy) (Mina, Denise, "Why Are Women Drawn to Men Behind Bars?", The Guardian, January 14, 2003)

---

82 «Denise [Mina] provides further examples of **notorious, celebrity-status criminals** such as Richard Ramirez (the Night Stalker who murdered and dismembered 13 people in the 1980s was married in 1996 in prison), and Ted Bundy (suspected of murdering 35 young women) – noting **that they attracted gangs of admiring groupies** who sat patiently through their court cases. Carlos the Jackal became engaged to his lawyer in 2002. And John Wayne Gacy, with a history of drugging, raping and murdering 30 men in Chicago, **married while he was awaiting the death penalty.**» (Stephen Jarosek, Tyrants of Matriarchy) (Mina, Denise, "Why Are Women Drawn to Men Behind Bars?", The Guardian, January 14, 2003, http://www.guardian.co.uk/world/2003/jan/13/gender.uk)

MIGRANT CRISIS IN EUROPE

Syrian migrant rapist who attacked a schoolgirl escapes Swiss jail and goes on the run with female prison guard who fell for him

Swiss police have released photos of prison guard Angela Magdici (pictured right), who they say is on the run with her lover Hassan Kiko (left) - a Syrian rapist jailed for attacking a 15-year-old girl in 2014. Kiko moved to Switzerland from Syria in 2010 after he fled his home country claiming he had been imprisoned by Bashar al-Assad's regime, but was jailed after luring the girl to a car to carry out the brutal rape.

Auf diese Weise pflanzen Frauen überdurchschnittlich oft die Gene von Mördern und Vergewaltigern fort. Wenn es also solches Verhalten fördernde Gene gäbe, so läge das an der Wahl von Frauen, denn ohne weibliche Bevorzugung von Verbrechern wären solche Gene längst verschwunden, da die Gesellschaft sie seit jeher hart bestraft, was ihre Fortpflanzungsmöglichkeiten beschränken sollte. Gleiches gilt für Modegecken und „böse Buben" im Alltag, die nicht gleich kriminell sein brauchen.

Unabhängig von genetischer Zuchtwahl der schlechtesten Art übt solche weibliche Wahl einen enormen Anpassungsdruck auf junge Männer aus, die begreiflicherweise eine Identität suchen, mit der sie Erfolg bei Frauen und ein erfülltes Liebesleben haben. Diese Männer werden von solchen weiblichen Wahlweisen in schlechtestmögliche Richtung getrieben.

«Doch Realität ist, daß **dies allzu häufig passiert**, wie der Artikel in *The Guardian* erläutert. Es geschieht in einem Ausmaß, bei dem Verbrecher manchmal eine Art Berühmtheitsstatus erhalten – beispielsweise Ian Huntley, der Mann aus Soham, **angeklagt, die Schulmädchen** Jessica Chapman und Holy Wells **ermordet zu haben, und jede Woche Bündel an Fanpost von Frauen erhielt.**»[83] (Stephen Jarosek, Tyrants of Matriarchy)

Meine Bücher aus dem 1980er Zyklus über weibliche Wahlmacht schilderten literarisch, wie kalt und gehässig junge Frauen mir gegenüber waren, einem damals jungen, schüchternen, unerfahrenen Mann, dagegen freundlich zu albernen, aber etablierten Protzen taten. Persönliches Erleben bestätigt das noch heute; nichts hat sich geändert. Weiterhin sind junge Frauen „scheißfreundlich" zu Typen, die Saufspiele machen, ein Verhalten an den Tag legen, das ich als „white trash" einstufe, dagegen ausgesucht gehässig gegenüber eher vergeistigten Menschen wir mir.

In den Büchern hatte ich dies nicht mehr geschildert, denn ich wollte keinen Streit unter Männern auslösen, nicht unsolidarisch sein, sondern die Ursache des Problems darlegen: weibliche Wahlmacht.

«Und dies ist der bei weitem wahrscheinlichste **Grund, weshalb Feministinnen dazu neigen, das schlechteste bei Männern zu sehen**

---

83 «Yet the reality is that **this happens all too frequently**, as The Guardian article explores. This happens to the extent where criminals sometimes attain some kind of celebrity status - for example, Ian Huntley, the man from Soham, **who was charged with the murders of schoolgirls Jessica Chapman and Holy Wells, receives bundles of fan mail from women every week.**» (Stephen Jarosek, Tyrants of Matriarchy)

und besessen davon zu sein, während die anständige, verantwortliche und gütige Mehrheit unsichtbar für sie ist. Es scheint daher, daß es bei den schlechtesten Männern etwas gibt, das Frauen erregend finden ... vielleicht ist es der Übergreifer in weiblichen Vergewaltigungsphantasien, den viele Frauen geneigt sind, auf Männer zu projizieren.»[84] (Stephen Jarosek, Tyrants of Matriarchy)

Man hat diesem Buch vorgeworfen, das habe nichts mit Feminismus zu tun. Doch, es hat, auf viele Weisen. Die feministische Perversion ihrer Ideologie, die in anderen meiner Bücher nachgewiesen wird („Ideologiekritik", „Zensiert seit Jahrzehnten", „Kultur und Geschlecht"), gründet auf schiefer Wahrnehmung der Geschlechterverhältnisse, die teilweise biologisch bei beiden Geschlechtern angeboren ist, teilweise aber mit falscher weiblicher Wahl zu tun, einer weiblichen Disposition, die vom Feminismus aus Liebe in Haß verdreht wurde. Was immer Frauen lieben – auch das Gute, wird von Feministinnen gehaßt und kaputtgemacht. Jedes gute Gefühl zu Männern wurde zerbrochen oder in Anfeindung verdreht. Das gilt sowohl für natürliche Gefühle, als auch für ihre kulturelle Verfeinerung, und die Strukturen, die Gefühle erst reifen lassen. Doch dieser Haß ist eine Haßliebe, eine Besessenheit, ins negative verdrehte Energie, die natürlicherweise positiv wäre – und damit eine Perversion.

Die Kälte, die ich erlebte, war von einer Haßideologie geschaffen worden, die Gefühle pervertiert oder zerbricht, weibliche Wahl zum absoluten Prinzip übersteigert hat, zugleich aber Männern wütend alles wegnahm und verbot, was dazu gedient hatte, ihnen zu ermöglichen, weibliche Wahl zu bestehen. Das ist eine ganz wichtige Feminismusfolge, die nicht übersehen werden darf.

---

84 «And this is most likely **the reason why feminist women are inclined to notice and obsess about the worst of men, while the majority of men who are decent, responsible and kind are invisible to them.** It would thus appear that there is something about the worst of men that many women find arousing... perhaps it is the violator in women's rape fantasies that many women are inclined to project onto men.» (Stephen Jarosek, Tyrants of Matriarchy)

Feministische Doppelmoral und Migration – Teil 2

Der Bevölkerungsaustausch schreitet voran. Täglich wird neuer Männerüberschuß ins Land gelassen und mit einem weltweiten Spitzengehalt für Landnahme, Eroberung durch Immigration gelockt. Bezahlt wird der Spaß von den verdrängten Deutschen, vor allem den vom Männerüberschuß bedrängten und überflüssig gemachten deutschen Männern.

Am 7. Juli 2016 wurde die seit Generationen laufende Unterdrückung heimischer Männer weiter auf die Spitze getrieben, die Möglichkeit nachträglicher Umdeutung einvernehmlichen Geschlechtsverkehrs in Vergewaltigung weiter erleichtert.

«07.07.2016, 21:28
Der Bundestag hat einer radikalen Verschärfung des Sexualstrafrechtes in Deutschland zugestimmt. Dies wird gravierende Auswirkungen haben. ... An die Stelle von Zuneigung und Lust werden Mißtrauen und Frust treten. Der radikale Feminismus hat auf ganzer Linie gesiegt.

Es geht bei der Verschärfung des Sexualstrafrechts nicht mehr um Rechtssicherheit, sondern um Ideologie. Eine Ideologie, die im Mann nichts anderes als den potentiellen Vergewaltiger und Schläger zu sehen vermag. Das lemurenhaft wiederholte „Nein heißt nein" unterstreicht dies und zeugt zudem von einer zunehmenden Infantilisierung gerade auch der männlichen politischen Klasse in Deutschland.

... eine Vergewaltigung liegt auch vor, wenn der Vergewaltiger Sex gegen den „erkennbaren Willen" des Opfers ausgeübt hat. Woran dieser Wille erkennbar sein soll, ist nebulös und im Grunde schnurz. Nach der nun bald geltenden Rechtslage kann Frau so auch nach offensichtlich einvernehmlichen Sex am nächsten Tag zu der Auffassung kommen, daß dies bei Tage betrachtet eigentlich wohl doch gegen ihren Willen war und ihren Sexpartner anzeigen. Wie dies funktioniert, sieht man in Schweden am Fall Assange. Dieser hatte mit zwei Schwedinnen Sex. Anschließend feierte man zusammen Partys, frühstückte zusammen und erst Wochen später ... entschlossen sich die beiden, ihn wegen Vergewaltigung anzuzeigen.»[85] (Tobias Tobler)

Die Schwedin hatte zuvor auf Twitter von Julian Assange und ihrer Zeit mit ihm geschwärmt. Anschließend ging die Frau nach einem feministischen Racheratgeber vor, den sie ins Internet gestellt hatte. Demnach ist es möglich, einen unschuldigen Mann fälschlich zu bezichtigen, ohne selbst das Risiko einzugehen, für die Falschaussage belangt zu werden.[86] Einmal in Gang gesetzt, mahlen die Mühlen feministischer Unrechtsjustiz in Schweden ohne Beteiligung der Falschbezichtiger; Julian Assanges Leben ist ruiniert; er muß sich seit Jahren in einer ausländischen Botschaft verstecken.

Inzwischen gibt es auch unter sich „konservativ" nennenden Altparteien keinerlei Vernunft oder Vorbehalt mehr – die beschlossene Kriminalisierung von Männern und das über jeglichem Geschlechtsverkehr drohende Damoklesschwert nachträglicher Kriminalisierung wurde **einstimmig beschlossen**. Radikalfeministischer Irrsinn, der noch in den 1970ern einigen der heute amtierenden Politikern übel aufgestoßen wäre, gilt heute als Staatsdoktrin und „moralisch selbstverständlich", so daß es einstimmige Zustimmung ergab. Dermaßen wirksam war die ideologische Gehirnwäsche, die uns seit ungefähr 1968 überrollt hat.

«07.07.2016 ... Berlin (dpa) - In Deutschland gilt künftig ein strenges Sexualstrafrecht ... **Dieser Grundsatz wurde einhellig mit allen 599 Stimmen von großer Koalition und Opposition verabschiedet.**»[87] (Cannstatter Zeitung)

Während einheimische männliche Sexualität noch stärker kriminalisiert, von grundloser Strafverfolgung bedroht wird, wie bei Julian Assange, Karl Dall, Jörg Kachelmann, wobei die nicht prominenten Fälle

---

85 https://www.fischundfleisch.com/tobias-tobler/ein-sieg-des-radikalen-feminismus-22819
86 Belege für diesen Fall stehen in „Hippiephilosophie" von John C. Mileahed
87 http://www.cannstatter-zeitung.de/deutschland-und-welt/thema-des-tages_artikel,-koalition-einig-beim-nein-heisst-nein-_arid,2058759.html

gar nicht erst bekannt oder zu Unrecht verurteilt worden sind, werden Gesetze nicht angewendet und reale Vergewaltigungen vertuscht, wenn es sich um die neuen Herren der laufenden demographischen Eroberung handelt.

«Lieber schweigen als Migranten in Verruf bringen? ...
Sie haben viel zu lange geschwiegen. Sie haben es einfach über sich ergehen lassen. Drei junge Frauen, zwischen 16 und 18 Jahre alt, Schülerinnen der Kasseler Herderschule, haben es sich gefallen lassen, daß Männer ihnen viel näher gekommen sind, als sie es wollten. ... Wie die „Hessische Niedersächsische Allgemeine Zeitung" (HNA) schrieb, haben sie deshalb so lange geschwiegen, weil sie nicht zu einer Diskriminierung von Flüchtlingen beitragen wollten. ...

Das Schweigen der Kasseler Schülerinnen zu Mißbrauch und verbaler Gewalt durch Migranten ist kein Einzelfall. Anfang des Jahres war bekannt geworden, daß Selin Gören, Bundessprecherin der Linksjugend „Solid", des Jugendverbandes der Partei Die Linke, von drei Männern mit vermutlich arabischem Hintergrund vergewaltigt wurde. ...

Außerdem bestätigte die Organisation, daß die sexuellen Übergriffe durch die zahlreichen männlichen Migranten zugenommen haben.»[88] (Welt.de)

Die Dunkelziffer nicht im Zeitungsartikel erwähnter, nicht bekanntgewordener ähnlicher Fälle dürfte hoch sein. Der ideologische Druck zu politisch korrekter Gesinnung ist hoch; wer für die Massenimmigration ist, steht unter dem seit 1968 bekannten hohen Gesinnungsdruck der linken und feministischen Szenen. Daher gelingt nur sehr wenigen der Ausstieg, auch wenn sie selbst übles erlebt oder gesehen haben. Deshalb ist es aus psychologischen Gründen zu erwarten, daß sehr viel mehr Menschen massive Probleme aufgrund der jüngsten Massenimmigration gesehen oder selbst erlitten haben, ohne damit an die Öffentlichkeit oder zur Polizei zu gehen, weil dies als Verrat an eigener Überzeugung empfunden würde.

---

[88] http://www.welt.de/vermischtes/article156779199/Lieber-schweigen-als-Migranten-in-Verruf-bringen.html

Beim Thema Feminismus und Emanzipation wird die Wirklichkeit noch viel stärker verzerrt; dabei liegen hier die Ursachen der zu niedrigen Geburtenrate, was die Immigration erst beflügelt und zum Problem macht.

Was Zeitgenossen nicht bewußt ist: Bei Themen wie Immigration oder anderen politischen Themen wirkt nur „politisch korrekte" Ideologie, um unsere Wahrnehmung schief zu machen. Daher durchschauen wir das am leichtesten. Themen, die mit den Geschlechtern zu tun haben, unterliegen dagegen einer teils angeborenen Verdrängung, die ein evolutionärer Schutzmechanismus ist.[89] Daher wird uns nicht einmal bewußt, wie stark unsere Wahrnehmung angeboren Frauen bevorzugt und rangniedere Männer stark benachteiligt.

Auch die Ablehnung meiner Themen und Bücher geht meist auf solche angeborenen und ideologisch verstärkte Verdrängungsmechanismen zurück. Wer hämische Bemerkungen macht, meine Argumente mit persönlichen Tiefschlägen, durch Verrisse mit allerlei unsachlichen Gründen lächerlich zu machen versucht, ist oft von Emotionen und irrationalen Vorbehalten getrieben, die auf den erwähnten evolutionären Verdrängungsmechanismus zurückgehen. Dieser Mechanismus wirkt bei allen, nicht nur Anhängern etablierter Parteien, sondern auch bei Kritikern von Gender und Massenimmigration. Deshalb wird die Thematik auch in „populistischen Kreisen" verdrängt. Warum und wie erklären meine Bücher.

---

89 siehe Sachbuchreihe „Die beiden Geschlechter"

Landnahme unter der Gürtellinie

Auch auf die Gefahr hin, angefeindet oder lächerlich gemacht zu werden, möchte ich auf Probleme hinweisen, auf Vorfälle und Propaganda, die Teil unserer Wirklichkeit sind. Wegschauen und verdrängen löst keine Probleme.

Ich behaupte nicht, die Bilder seien typisch und weiß nicht, wer hinter solcher perfider Propaganda steckt. Dennoch ist es wichtig, darüber zu informieren.

Kolja Bonke @BonkeKolja · 23 Std.
Schengenfahnder nehmen einen Algerier fest, der stellt einen Asylantrag und "onaniert auf den Tisch". #Folklore

Algerier onaniert in Polizeianhaltezentrum
Am Salzburger Hauptbahnhof nahmen Schengenfahnder Donnerstagabend einen vorerst unbekannten Mann fest. Im Polizeianhaltezentrum stellte er einen Asylantrag u...
salzburg24.at

↰   ⇄ 59   ♥ 50   •••

Elis Andersz @ElisAndersz · 17 Min.
@BonkeKolja Nachdem der "#Flüchtling" auf den Tisch wixxte, war die #Testosteronbombe frei und konnte ungehindert auf #Freiwild-Jagd gehen?

Aus Asylpornographie:

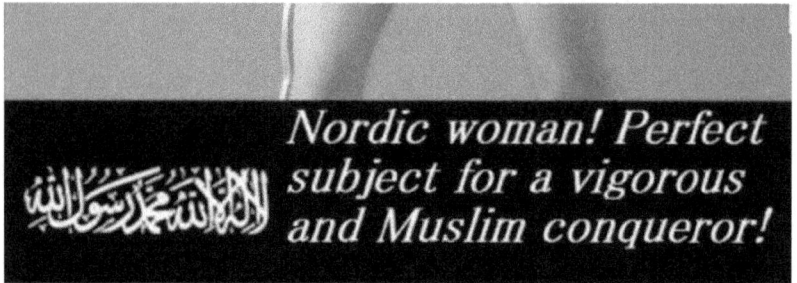

As I said before, Muslim will conquer the Nordic women! God willing!

Europa ist in solchen Phantasien das Land der nicht durch islamische Tabus geschützten, sexuell wie in einem Gratispuff zugänglichen Frauen, die zu schwängern gleich noch eine gute Tat ist: Die Pornoseite will damit Europa islamisieren und die „weiße Rasse" Europas abschaffen.

> Allah Please
> Bless me with what i Need
> Muslim Seed
>
> My Womb To Breed
> My Breast To Feed
>
> Allow me to concieve
> For Islam to succeed

Aufgrund früherer Migrationswellen sind Frauen fruchtbaren Alters bereits in Unterzahl[90], so daß nicht alle hart arbeitenden heimischen Männer eine abbekommen können, die Vollversorgung, Nichtstun und Flirtkurse für illegal eingereiste Männer bezahlen, die sie sexuell verdrängen können, während die heimischen Lastesel arbeiten.

Vorher waren die eigenen Männer jahrzehntelang vom Feminismus entrechtet, unterdrückt, ihre Männlichkeit verunglimpft und bekämpft worden. Viele Männer wurden aus Ehen und Freundschaften geworfen, mußten dann teils lebenslang als Zahlsklave hart schuften, um hohe, staatlich erzwungene Zahlungen an die sie ausschließenden Frauen leisten zu können. Kindesentzug wurde belohnt. Feministsein und Berufsfrausein, der Geschlechterkrieg gegen Männer wurde von den entrechteten Männern bezahlt. Nun wird dieser Ausbeutung noch eine neue millionenfache Ausbeutung draufgesetzt: Das Durchfüttern von Millionen Landnehmern, die ihnen demographisch die Frauen wegnehmen.

Schwängern die Migranten, die kein Einkommen haben, einheimische Frauen, während sie arbeiten und Steuern zahlen, so müssen die zum Kuckold gemachten deutschen Männer abermals bezahlen und die Kinder mit staatlichem Kindergeld durchfüttern, so daß sich das Modell

---

90 Aufgrund der bei uns stärkeren Massenflut könnte unser Überhang von Jungen im Vergleich mit Mädchen noch größer sein als in Schweden, wo er schon katastrophale 20 Prozent beträgt.
«Ein entscheidender Punkt dieser Krise wurde bislang zu oft übersehen: Der Anteil von Männern, die unter den Flüchtlingen sind.
Unverhältnismäßig viele Migranten sind junge, unverheiratete Männer
…
Die internationale Datenbank *Census Bureau's International Database* zeigt, daß es so zu einer Gesamtzahl von 121.914 Männern in Schweden im Alter von 16 und 17 Jahren kommt sowie 99.079 Frauen der gleichen Altersgruppe.
Das sich ergebende Verhältnis ist erstaunlich. Die Berechnungen deuten darauf hin, daß es Ende 2015 wie folgt aussieht: **Auf 123 16- und 17-jährige Jungen treffen 100 Mädchen im gleichen Alter.**» (http://www.huffingtonpost.de/valerie-hudson/europa-maenner-ueberrannt_b_8977792.html)

islamische Großfamilie mit vielen Kindern (von bis zu vier Frauen) so richtig lohnt. Nebenbei werden manche Kinder dann noch islamistisch erzogen.

Oswald Schritter hat einen Link geteilt.
9 Std.

Arbeiterwohlfahrt bringt Flüchtlingen Flirten bei

Die Arbeiterwohlfahrt (AWO) in Essen hat einen Flirt-Kurs für Asylsuchende angeboten. Für Asylsuchende sei es schwierig, eine Frau in Deutschland kennenzulernen, weil viele Deutsche abweisend auf Flüchtlinge reagierten....

VON JUNGEFREIHEIT.DE

Europa ist nach diesen Sexphantasiën ein fruchtbares Land, außer für europäische Männer, die stören und ausgetauscht werden.

Deportiert alle Weißen, heißt es in diesem Asylpornobild:

Europäische Männer wurden als Kuckold dargestellt.

Die Freiheit kann zum Teufel gehen.

Ach ja, wir bringen ihnen flirten bei, auf Kosten der Steuerzahler, die hart arbeiten, während ihnen Millionenzufluß staatlich gefördert entspannt die Frauen ausspannt, die in der fruchtbaren Altersgruppe aufgrund früherer Migrationen ohnehin schon zu knapp sind, so daß nicht alle eine finden können.

Kolja Bonke @BonkeKolja · 1 Std.
Für "Flirtcoach" Horst Wenzel sind deutsche Frauen und ihre Vorurteile an allem schuld.
welt.de/print/die_welt...

Roland Peters @roland783
@BonkeKolja Hätten die Deutschen nicht soviele Vorurteile könnte er es mit flirten probieren u müßte nicht onanieren

Kolja Bonke @BonkeKolja · 1 Std.
"Ich bleibe ein flirtender Sozialdemokrat"
Dicke Überraschung: Deutschlands Flüchtlingsflirtcoach ist bei der #SPD.

Der Flirtstratege der Genossen
Horst Wenzel (24) hat sich selbstständig gemacht – und hört mit der Politik auf.
derwesten.de

Sichere Herkunftsländer wurden durchquert, weil es nur bei uns ordentlich Geld zu kassieren gibt.

«‚Dieses Land ist ZU ARM' Eine schockierende Menge Migranten lehnt Serbiën trotz warmen Willkommens verächtlich ab
EXKLUSIV: TAUSENDE von Migranten weigern sich, in Ländern zu bleiben, die ihnen die Chance eines neuen Lebens bieten – weil sie „zu arm" seien.
Von Zoie O'Brien
VERÖFFENTLICHT: 17:07, Sa., 10. Sept. 2016
Schockierende Zahlen zeigen, wie sichere Länder innerhalb und um die EU an den Grenzen belagert, aber von Migranten ignoriert werden, weil Migranten in begehrenswertere Länder wie Deutschland, Frankreich und GB weiterreisen können.
Syrische Flüchtlinge verrieten, daß sie viele der Länder, durch sie sie auf ihrem Wege nach Europa ziehen mußten, als „zu arm" ansahen, um dort zu bleiben, obwohl sie gerade ihr kriegsverwüstetes Land verlassen hatten. Hunderttausende sind aus Syriën, Irak und Afghanistan in die Türkei, durch Griechenland, Mazedoniën und Serbiën gereist, um die EU an der ungarischen Grenze zu erreichen.

Aber die Mehrheit hat keine Absicht, jemals in einem der Länder zu bleiben, durch die sie gereist sind.»[91] (The Express)

Derweil fehlen in den Herkunftsländern Männer, die ihre Frauen, Kinder, Familiën, Mütter im Krisengebiet zurückließen, statt sie zu schützen, zu verteidigen und ihr Land durch eigene Arbeit aufzubauen. Desertiert aus der Verantwortung für ihr eigenes Volk und ihre eigene Familië, kassieren sie bei uns und machen sich Hoffnung auf unsere knappen Frauen, die bereits ohne nochmalige Immigration nicht für alle einheimischen Männer reichen können aufgrund des demographisch für Männer schlechten Zahlenverhältnisses[92].

«Sonntag, 11. September 2016
„Uns fehlen junge Menschen"
Karsai ruft Flüchtlinge zur Rückkehr auf

---

91 «'This country's TOO POOR' Shocking scale of migrants snubbing Serbia despite warm welcome
EXCLUSIVE: THOUSANDS of migrants are refusing to remain in countries offering them the chance of a new life – because they are "too poor".
By Zoie O'Brien
PUBLISHED: 17:07, Sat, Sep 10, 2016
Shocking figures show safe nations in and around the EU are being battered at the borders, but are ignored as migrants can cross to more desirable nations including Germany, France and the UK.
Syrian refugees have revealed they view many of the nations they must walk through to reach Europe "too poor" to stay in, despite just leaving their war-ravaged homeland.
Hundreds of thousands have travelled from Syria, Iraq and Afghanistan to Turkey, through Greece, Macedonia and Serbia to reach the EU at the Hungary border.
But the majority have no intention of ever staying in any country they pass through.» (http://www.express.co.uk/news/world/709357/Migrants-shunning-Serbia-despite-warm-welcome-too-poor)

92 Bereits frühere Immigrationen verursachten Männerüberschuß, der heimische Männer belastet, ihre Chancen verdirbt, die Ansprüche von Frauen ausufern ließ.

Der ehemalige Präsident Afghanistans appelliert an die Flüchtlinge aus seinem Land. Er bittet sie inständig, zurückzukehren. Der Exodus müsse ein Ende haben, so Karsai.»[93] (NTV)

Ergebnis ist Jagd auf 13jährige, Mädchen, Frauen, Jungen, Kinder, Kleinkinder, z.B. in Schwimmbädern. Männer werden häufiger ausgeraubt und zusammengeschlagen oder getötet.

Uwe Wolff @UweWolff966 · 51 Min.
Auch in Österreich, 5000 km Flucht durch sichere Staaten um Mädchen zu jagen. Respekt sagt @CDU @ManuelaSchwesig

So nicht! @XYEinzelfall
Garsten: Flüchtling belästigt zwei 13-jährige Mädchen beim Baden im Fluss
- will Sex mit ihnen
pressreader.com/austria/kronen...
#Einzelfall

In zum Feminismus analoger Täter-Opfer-Verdrehung suggeriert die Regierung, unsere Kinder würden in öffentlichen Bädern etwas falsch machen.

Eddie Graf @Eddie_1412
So argumentieren sonst Kinderschänder @balleryna
Staatsanwaltschaft: Kinder animieren Flüchtlinge zu Annäherungen
philosophia-perennis.com/2016/09/09/sta...

⬅ ⟲ 79   ♥ 105   •••

Die #Aufschrei-Feministinnen verhöhnen Opfer und bedrohte Bevölkerung.

---

93 http://www.n-tv.de/politik/Karsai-ruft-Fluechtlinge-zur-Rueckkehr-auf-article18611871.html

Romowe

Irina @balleryna · 5 Std.
Wo bleiben da die #Aufschrei-"Feministinnen"? Ekliges victim blaming durch #rapefugees-Sympathisanten! #Opferschutz

> Auch #refugees haben Geschmack. Du brauchst Dir also keine Gedanken machen das Du Opfer wirst.

> Irina @balleryna
> .@hannover Ich gehe wählen, weil nur #AfD sich für Opferschutz statt Täterschutz einsetzt! #kwnds #hannwahl16 #Petry

Black Lives Matter und Feminismus hängen übrigens zusammen:

GoodnightVienna @CallingEngland · 11 Min.
#BLM leader received £50k taxpayers' cash to fund feminist courses & missed last week's anti-air travel demo as ...

Black Lives Matter leader got £50k taxpayer cash for feminist courses
Natalie Jeffers, from Brighton, is the 'co-founder' of Black Lives Matter UK and runs Matters of the Earth, which has been funded by a £50,000 grant ...
dailymail.co.uk

Noch ein paar Wixvorlagen mit Immigrationsaufrufen, die uns verdeutlichen, womit wir uns gerade selbst „beschenken":

Dabei wird eine in Afrika laut dem syrischen Islamwissenschaftler Tibi weitverbreitete Vorliebe für blonde Frauen angesprochen.

«**Arabischer Professor: Asylbewerber kommen wegen blonder Frauen nach Deutschland**
04.08.2016 – 15:52 Uhr
Deutschland. Der deutsch-syrische Islamwissenschaftler Prof. Bassam Tibi erklärt in einem Interview, warum die hunderttausenden arabischen Asylbewerber ausgerechnet nach Deutschland kommen. Neben wirtschaftlichen Gründen spielt vor allem der **Wunsch nach einer blonden Frau eine große Rolle.** ...
Wenn man bei Google auf Arabisch „Deutsche Frauen" eingibt, kommt als **zweithäufigster Suchbegriff „Deutsche Frauen und Sex".**
...
„Im Zug sitzen junge syrische Männer, die **mit einer uralten Masche angelockt werden – Geld und Frauen. Es werden Bilder von hübschen Blondinen verteilt** und man sagt sich, daß schwedische Frauen demonstrieren, weil sie Männer fordern", schreibt die Zeitung.»[94] (Freiezeiten.net)

Schwängerungsabsicht wird von der Pornoseite deutlich empfohlen. Jede Schwangerschaft halte einen Immigranten im Land, heißt es, und setze neue Muslime in die Welt.

„Mach mit bei der Revolution" wirbt das Pornoplakat für „Eurabia"

---

94 http://freiezeiten.net/arabischer-professor-asylbewerber-kommen-wegen-blonder-frauen-nach-deutschland

Dieses Plakat gibt es in mehreren noch pornographischeren Varianten auf der Seite. „Beendet das ‚Weißenproblem'" heißt es.

Unsere „Willkommenskultur" nimmt häßliche und selbstzerstörerische Formen an, unabhängig von solchen grotesken Bildern, die auch dann, wenn sie eine untypische Verirrung einiger Internetseiten darstellen sollten, bildlich zeigen, wie verkehrt das gutgemeinte Willkommensklatschen aufgenommen werden und wirken kann. Parallelen zum öffentlichen Onanieren und Belästigen, mit dem einige Neuankömmlinge der jüngsten Massenflut auffielen, sind jedenfalls vorhanden, ob zufällig oder nicht.

Diese Bilder drücken Gefahren auch dann aus, wenn sie abwegig sind und nicht die Motivation der allermeisten wiedergeben.

Thema in Blog und Büchern ist vor allem Feminismus, doch wäre es unverantwortlich, sich bei akuten dummen Fehlentscheidungen nicht zu Wort zu melden und mitzuhelfen, katastrophale Verirrungen zu vermeiden, die feminin-feministische Betroffenheitspolitik uns beschert.

Wo bleibt das Mitgefühl für die eigenen Männer, die seit Jahrzehnten entrechtet, aus Familiën und Beziehungen geworfen, oder wegen Männerüberschuß verdrängt und abkassiert werden? Heimische Männer dürfen sich nicht zu Wort melden, wenn sie Probleme haben, werden verhöhnt, verspottet, beschuldigt und ignoriert. Sie altern jahrzehntelang, ohne daß jemand zuhört oder die Probleme abgestellt werden. Sie vergeuden ihr Leben. Alle Aufmerksamkeit, Sympathie und Hilfsbereitschaft galt erst den Feministinnen, und jetzt den landnehmenden Migranten. Unsere eigenen Männer werden von feministisch geprägten Frauen wie Dreck behandelt und oft achtlos weggeworfen, finanziëll ausgequetscht wie Zitronen.[95]

---

95 Karikieren ließe sich der Ablauf so: Eine Sklavenhalterinnengesellschaft ist entstanden, der es zu langweilig wurde mit ihren Zahlsklaven, weshalb sie sich neue Herren ins Land geladen hat.

Die Republik hat sich verändert: Der Rutsch in Diktatur & Katastrophe ist rasend schnell geworden

«Die euphorischen Worte von Katrin Göring-Eckardt vom vergangenen Herbst klingen uns noch heute in den Ohren: Deutschland werde sich durch die oriëntalische Masseneinwanderung „drastisch verändern", so die Fraktionsvorsitzende der Grünen im Bundestag damals, die dazu schwärmte: „Ich freue mich darauf!"

Bei jedem größeren Fest gehen die Behörden mittlerweile davon aus, daß „Gruppen von Männern sich an Frauen ‚herantanzen', sie bedrängen, beleidigen und unsittlich berühren", berichtet die „FAZ". Beim Frankfurter Museumsuferfest sei man in diesem Jahr „am Limit dessen, was man für ein Volksfest überhaupt an Sicherheitskräften mobilisieren kann", zitiert das Blatt einen städtischen Tourismus-Manager.

Frauen aus ganz Deutschland berichten davon, daß sie sich nachts nicht mehr allein in die Gassen ihrer vor wenigen Monaten noch beschaulichen Heimatstädte trauen.[96] (Preußische Allgemeine, Journalistenwatch)

Wer geglaubt hat, Feministinnen würden für Frauen eintreten, dem werden nach Generationen endlich die Augen geöffnet. Feminismus hat niemals, zu keinem Zeitpunkt, die Interessen gesunder Frauen vertreten. Alle feministischen Wellen haben zu ihrer Zeit natürliche, Frauen leicht aber erträglich bevorzugende Kultur zerstört, durch eine militant männerhassende, ideologisierte Massengesellschaft mit radikaler Frauenbevorzugung ersetzt. Dies beweist „Zensiert: Flaschenpost in die Zukunft" und die Reihe „Die beiden Geschlechter".

Bislang galt Vergewaltigung für Feministinnen als gut und wurde verteidigt, ja als „Befreiung" bejubelt, wenn Frauen Täterin waren, min-

---

96 http://www.preussische-allgemeine.de/nachrichten/artikel/drastisch-veraendert.html

derjährige Mädchen etwa dem Mann entfremdet, nach Verabreichung von Alkohol zu einem feministischen und lesbisch oder autoerotisch geprägten Leben verführt wurden, sich darüber freuten, auch sexuell „keinen Mann mehr zu brauchen". Glauben Sie das nicht? Das wird u.a. in den „weltberühmten" oder vielmehr „weltberüchtigten" „Vagina-Monologen" beschrieben, die an Universitäten aufgeführt wurden. Es gibt viele Fälle, bei denen Frauen dasselbe tun, damit durchkamen, oder sogar noch gefeiert wurden dafür. Gesetz und Stimmungsmache richteten sich gegen Männer. Das Thema war Teil feministischer Schmutzkampagnen gegen Männer. Beweise siehe: „Feminismuskritik: Krieg gegen Mann, Natur und Kultur".

Wo Frauen erstmals wirklich Hilfe brauchen, steht Feminismus auf Seiten derer, die heutige Gefährdung ins Land gerufen haben und weiter ins Land rufen. Eine Feminismus (sogar Alice Schwarzer) etablierende Frau (Merkel) hat der Flut alle Schleusen geöffnet und hält sie gegen alle Proteste weiter offen. Traditionelle Männer sind es, die Frauen helfen und die Interessen gesunder Frauen vertreten. Feminismus ist eine unsinnige Ideologie, die Interessen durchgeknallter „Brandstifter" vertritt, die Kultur, Zivilisation und Heimatland in Asche legen. Läßt man sie eine Generation gewähren, ist das ehemalige Staatsvolk unumkehrbar untergegangen, durch eine brisante, von explosiven Konflikten geprägte „Buntheit" ersetzt worden, die sich Richtung oriëntalischem Bürgerkrieg und Islamismus entwickelt. Wir werden zum Schlachtfeld des IS und dem an Bürgerkrieg zerbrechenden Staat von morgen gemacht.

Galten „Vergewaltigungen" bis jetzt als „gut", wenn sie von Frauen ausgingen und andere Frauen lesbisch und feministisch gegen den Mann „bekehrten", so werden sie nun „unter den Teppich gekehrt", wenn sie von der ebenfalls privilegierten Gruppe ins Land gerufener Landnehmer verübt werden. Bestehende und ausreichende Gesetze wurden nicht, oder zu selten, oder in übertriebener Milde angewendet, die Landnehmer zu weiteren Übergriffen ermuntert. Stattdessen zielte das Gesetz unsinnigerweise auf heimische Männer, Männlichkeit und den Mann an sich.

Dabei wird eine aus evolutionären Gründen schiefe Wahrnehmung der Geschlechter ausgenutzt, die ich in meinen Büchern beschrieben habe. Auch die vor kurzem beschlossene Strafrechtsverschärfung erfolgte aufgrund dieser verzerrten Wahrnehmung, die Feminismus seit Jahrhunderten ausnutzt und noch stärker einseitig verzerrt. Die Gesetzesänderung war Teil des einseitigen Geschlechterkrieges gegen den Mann und baut darauf, daß es Frauen nicht treffen werde, weil unsere Intuition Männer anders als Frauen behandelt:

«„Ein weiteres Problem der neuen Rechtslage: Ein Paar liegt im Bett, sie will Sex. Er sagt, er sei zu müde. Sie gibt nicht auf und streichelt seinen Penis, bis er doch Lust hat. Ist das künftig strafbar, weil sie sein Nein ignoriert hat?

Das Verhalten der Frau mag zwar den Tatbestand des neuen Gesetzes erfüllen. Aber ich bitte Sie, welcher Mann zeigt seine Partnerin nach einer solchen Situation an?"[97] (Taz)

Das muß man sich mal auf der Zunge zergehen lassen: Die Professorin und Expertin für Sexualstrafrecht räumt hier ein, daß eine einfache Anzeige dazu führen würde, daß jemand verurteilt wird für eine Handlung, die kein vernünftiger Mensch als strafwürdig betrachtet.[98] (Blog ‚Der Jüngling')

Unsere schiefe Wahrnehmung sieht den Fall deshalb nicht als „Vergewaltigung" an, weil es sich um eine Frau als „Täterin" und einen Mann als „Opfer" handelt. Umgekehrt würden Feministinnen „Vergewaltigung!" schreien. Feministinnen vertrauen darauf, angeboren schiefe Wahrnehmung werde Frauen vor diesem Irrsinnsgesetz schützen.

Die diktatorische Politisierung und Kriminalisierung natürlichen privaten Lebens ist vollendet. („Das Private ist politisch" – es sei denn, Alice Schwarzer hat etwas zu verstecken und prozessiert gegen ein Buch, wie in diesen Tagen.) Beschwert sich jedoch ein Kritiker, so wird sein Pech als „Einzelfall" und „persönliches Problem" empört zurückgewiesen: Der übliche feministische Selbstwiderspruch. Feminismus betreibt alles und das Gegenteil, wie es gerade paßt. Feminismus verdreht alle Tatsachen in ihr Gegenteil.

---

97 https://www.taz.de/!5315782/
98 http://der-juengling.blogspot.de/2016/08/sexualstrafrecht-keine-vernunftiger_27.html

Die Gesellschaft wird von einem sexualisierten feministischen Geschlechterkrieg gegen Männer geprägt, bei dem Männer massiv mithelfen. Das verrückte, höchst ungerechte Geschlechtskriegsgesetz wurde einstimmig (!) beschlossen. Sämtliche Altparteiën haben einstimmig zugestimmt. Umgekehrt hat es das niemals gegeben. Frauen wurden zu allen Zeiten bevorzugt und waren biologisch dominant.

Feministinnen haben mehr als eine Generation lang vorgegeben, Interessen von Frauen zu vertreten, um ihre Zustimmung zu erlisten, haben aggressive Schlammschlachten gegen die eigenen heimischen Männer geführt, sie entrechtet, mundtot und unfähig gemacht, sich zu wehren. Doch die angebliche „Vergewaltigungskultur" hatte es niemals gegeben, war das Produkt schlechter feministischer Phantasie – und geheimer, unterdrückter Sehnsüchte der Feministinnen, die sie ins Negative und in Haß pervertierten. Doch Feministinnen haben genau die Vergewaltigungskultur geschaffen, die sie zu bekämpfen vorgaben. Sie haben traditionelle Kulturen zerstört, auch im islamischen Bereich, alle Mittel, die Ausgleich schaffen und zivilisieren. Ergebnis ist ein entwurzeltes Proletariat junger Männer, die zu Hause keine Chance haben, anständige Arbeit zu finden oder gar die hohen Anforderungen für eine Heirat oder von Frauen zu erfüllen. Diesen durch Femanzipation entwurzelten Mob, zusätzlich verroht durch Krisen und Kriege, haben Feministinnen nach Europa eingeladen.

Auf diese Weise wurde das radikalfeministische Schweden zum Vergewaltigungszentrum Europas, glitten ganze Gegenden in Bandenkriminalität ab, wurden zu „Geh-nicht-hin-Zonen". Wie die schwedische feministische Partei machten sich ihre Schwestern im Ungeist auch bei uns für grenzenlose und wehrlose Offenheit stark, haben eine Millionenflut ausgelöst, die uns in Probleme versenken wird, die noch schlimmer als die Schwedens sein werden.

Feminismus hat genau die „Vergewaltigungskultur" geschaffen, die sie zu bekämpfen vorgaben, die es vor dem Feminismus nicht gegeben hatte. Sie haben Frauen betrogen und verraten, die gesamte Gesellschaft gewaltig auf den Holzweg geführt – und das mit allen ihren Kampagnen.

Ähnliches gilt bei allen Themen: Natürliche Kultur glich aus, weckte liebevolle Gefühle, verband Menschen. Erst die Zerstörung natürlicher Kultur hat die schrecklichen Mißstände ermöglicht, die zu bekämpfen Feminismus vorgibt, während sie tatsächlich von jener Ideologie erst ermöglicht und verbreitet werden.

Traditionelle Männer und Kultur sind es, die Frauen schützen, helfen und die Interessen gesunder Frauen vertreten. Feminismus verbreitet Zerstörung. Männerrechtler tun mehr für Frauen als alle Feministinnen zusammen.

Leider haben die Zeitgenossen der feministischen Wellen das niemals klar genug begriffen. Die Aussage gilt für alle feministischen Wellen.

Die Transformation der BRD in einen Gesinnungsstaat

Die Transformation der BRD in einen Gesinnungsstaat läuft seit 1968; seit dieser Kulturrevolution wird jene grundsätzliche Feminismuskritik mit unfairen Mitteln, vom Verschweigen bis zum psychologischem Terror, aus der Öffentlichkeit gehalten und unterdrückt: Teilweise mit subtilen, emotionalen Mitteln, die so lange kaum auffallen, wie die Gesinnung und emotionale Haltung von einer breiten Mehrheit geteilt wird.

Anhand von anderen, weniger stark tabuisierten Themen, fällt diese Entwicklung nun auf, die inzwischen so weit fortgeschritten ist, daß die Gewaltenteilung, Grundlage jeder demokratischen Ordnung, von Unrechtsminister Maas ausgehebelt wurde.

«Vom Rechtsstaat zum Gesinnungsstaat
  Die Staatsanwaltschaft bestätigt: Deutschland schafft sich ab
  Von Tomas Spahn, Mo, 22. August 2016 ...
  Der Minister und seine Parteigenossin Stefanie Hubig (damals Staatssekretärin) haben ihre Auffassung in dem Verfahren gegen die Blogger vom öffentlich geförderten „netzpolitik.org" sehr wohl „im Wege der Weisung durchgesetzt". Mit anderen Worten: Ober schlägt Unter – Politik schlägt Justiz – Minister schlägt Rechtsstaat. Von der postulierten Gewaltenteilung, in der die Unabhängigkeit der Justiz gegenüber der Politik eines der entscheidenden Kriterien eines freiheitlich-demokratischen Staats ist, kann also nicht mehr die Rede sein.
  Das ist aber noch nicht alles, was in der Verfügung der Staatsanwaltschaft steht. Auf Grundlage der von ihr eingesehenen Akten und öffentlichen Stellungnahmen der Beteiligten wird unumwunden gesagt: Der Minister der Justiz hat bewußt gelogen. Er hat gelogen, als er die Öffentlichkeit Glauben machen wollte, eine Dienstanweisung an den vom ihm in die Wüste geschickten Generalbundesanwalt Harald Range habe es nie gegeben. ...

Fazit: Maas hat den bundesdeutschen Rechtsstaat nicht erst mit der Mind-Police zu einem Gesinnungsstaat gemacht. Der Verfassungsminister hat seinen Amtseid außer Acht gelassen und die in Artikel 24 des Grundgesetzes festgeschriebene Bindung an die „Grundsätze des republikanischen, demokratischen und sozialen Rechtsstaates" ausgehebelt.

Die Bundesrepublik Deutschland ist vom verfassungsmäßigen Rechtsstaat zum weltanschaulichen Gesinnungsstaat mutiert. Die Feststellungen der Staatsanwaltschaft bedeuten nichts anderes als die definitive Erklärung: Jene von John Locke und Montesquieu postulierten Grundlagen einer Republik freiër Bürger gehören in Deutschland der Vergangenheit an. ...

Thilo Sarrazin hat recht – Deutschland schafft sich ab. Jenes Deutschland, welches die Väter der bundesdeutschen Verfassung 1949 aus den Trümmern der nationalsozialistischen Diktatur aus der Taufe hoben, wird durch eine DDR 2.0 ersetzt. Und ausgerechnet der Bundesverfassungsminister , dem dabei niemand in die Arme fällt, ist bei dieser Transformation der Hauptakteur.»[99] (tichyseinblick)

Seit den 1980ern sammle und veröffentliche ich Beweise, daß Verlage und andere Mediën aus feministischen Gesinnungsgründen Schriften ablehnen, gar nicht erst zu Büchern oder Artikeln werden lassen, oder Verfasser (nicht ganz so brisanter) veröffentlichter Bücher bedroht, gemobbt und zum Schweigen gebracht werden sollen, oder einstige Verkaufserfolge klammheimlich aus Bibliotheken verschwinden, oder von feministischen Gruppen absichtlich geklaut werden und klammheimlich verschwinden. Glauben Sie das nicht? Jedes meiner Sachbücher enthält ein Kapitel mit Nachweisen feministischer Zensur.

Doch das Thema gehört, wie so vieles, zum Tabubereich, der mit ungläubigem Staunen abgetan wird, über den gar nicht erst nachgedacht wird, weil sich das vermeintlich nicht lohne. Tatsachen werden als „Spinnerei" abgetan, als vermeintliche „Verschwörungstheorie", obwohl jedes Zitat eines von vielen Fakten ist, die sich zu einer beweiskräftigen Masse addieren. Tatsächlich ist es umgekehrt: Feminismus war seit der ersten Welle Verschwörungstheorie, weil es das unterstellte „Patriarchat"

---

99 http://www.tichyseinblick.de/daili-es-sentials/die-staatsanwaltschaft-bestaetigt-deutschland-schafft-sich-ab/

im feministischen Sinne so wenig gab wie den antisemitischen „Rat der Weisen von Zion", vielmehr weibliche Dominanz biologisch nachweisbare Grundkraft der Evolution war, die eines Gegengewichts bedarf.

Hinzu kommt eine unsägliche Abscheu davor, Männer als „Opfer" wahrzunehmen, und zwar bis in die Reihen der winzigen Gruppe sogenannter „Männerrechtler", die meist geistig ein Anhängsel des Feminismus sind und tiefere Fragen scheuen, sich also nicht aus diesem Zustand befreien, wozu meine Bücher dienen. Jedes meiner Sachbücher enthält ein Kapitel über feministische Zensur und feministischen Haß.

Doch das ist unsichtbar, wird gar als „Gejammer" abgetan, weil es konträr zu unserer Wahrnehmung steht, die bereitwillig Frauen als „schützenswert" und „schwach" hilft, jede Angelegenheit von Männern aber empört zurückweist.

Haben Frauen ein Problem, gelten sie als „benachteiligt" und werden noch stärker bevorzugt als zuvor bereits.

Haben Männer ein Problem, gelten sie als „jammerndes Weichei", werden entrüstet niedergemacht und zum Schweigen gebracht, von Männern genauso brutal wie von Feministen.

«Deutschland ist eine Erziehungsdiktatur
September 10, 2016
Der deutsche demokratische Versuch hat ein Richtungsproblem. Er funktioniert in der falschen Richtung. Nicht von unten nach oben, sondern von oben nach unten. Politiker dirigieren Bürger und nicht etwa umgekehrt. Die politische Obrigkeit, also die Politiker, die sich dafür halten, machen für sich einen Alleinvertretungsanspruch geltend: Sie wissen, was für die Bürger gut ist. Sie fördern bestimmte Verhaltensweisen in Bürgern. Sie wollen Bürger zu staatsdienlichen und vor allem gehorsamen und unauffälligen Bürgern erziehen. ...

Kurz: Deutschland ist eine Erziehungsdiktatur, in der nur geduldet wird, wer den staatstragenden Kanon auswendig und ohne darüber nachzudenken, aufsagen kann. ...

... desto wichtiger werden die Einflußnahmen der politischen Erziehungsdiktatoren an anderer Stelle, z.B. über die Curricula von Schulen, die immer weniger Wissen und immer mehr Ideologie vermitteln. Das ist ein Grund dafür, daß Schüler in der Regel aufsagen können, daß die AfD eine rechtspopulistische Partei ist, aber keine Ahnung haben, was Rechtspopulismus eigentlich ist oder wie man den Satz des Pythagoras ausspricht [Bevor hier Kommentare kommen, das war ein Witz!].»[100] (sciencefiles)

Staat und Erziehung bringen Kindern und erwachsenen Wählern bei, was sie denken, wie sie leben und wählen sollen. Demokratie ist aufgrund der 1968er Kulturrevolution und feministischer Bewußtseinskontrolle zur leeren und täuschenden Fassade geworden.

«So wird der Citoyen in allen Belangen für unmündig erklärt. Er ist nicht Ausgangspunkt der Gesellschaft, sondern Teil einer sozialen Verwaltungsmasse. Und als solcher hat er allen Steuerungsversuchen Folge zu leisten. Egal ob als „verantwortungsvoller Verbraucher" oder Wahlbürger, dem es aufgrund vergangener „falscher" Entscheidungen verboten sein soll, in Referenden selbst zu entscheiden; der Staatsbürger wird als einer unter vielen gesehen, dessen Bestimmung es sei, den politisch-sozialen Zielsetzungen zu gehorchen.»[101] (novo-argumente)

Das Abgleiten in den Unrechtsstaat begann 1968 mit der feministischen und linksradikalen Kulturrevolution. Seitdem funktioniert nichts mehr, nicht nur im Staat, sondern in unserer eigenen Wahrnehmung. Auch die kollektive Empfindung der Gesellschaft ist gestört, indem mit unglaublicher Grausamkeit Angelegenheiten von Männern ignoriert werden, was diese in die Problemlage zurückstößt: friedliche, zivilisierte heimische Männer werden zynisch und radikal bereits auf emotionaler Ebene unterdrückt.

Dafür werden jedoch aggressive, von kriegerischen Umständen und Verhältnissen verrohte Massen ins Land gelassen, die unsere friedlichen Männer verdrängen. Die Landnehmer aus Kriegsgebieten verunsichern mit Belästigungen und Gewalt die gesamte Republik, werden bevorzugt, entschuldigt, kaum strafverfolgt, teils aus Überlastung, teils aus bewuß-

---

100 https://sciencefiles.org/2016/09/10/deutschland-ist-eine-erziehungsdiktatur/
101 https://www.novo-argumente.com/artikel/eigentum_statt_paternalismus

tem Unter-den-Teppich-Kehren, um keine für die Regierenden abträgliche Statistiken zu erzeugen.

Damit werden abermals die seit Generationen unterdrückten heimischen männlichen Verlierer verhöhnt, die ihr Leben lang ignoriert, ausgelacht, verspottet, vermiest, angeprangert und beschuldigt wurden, aber niemals zu Wort kamen. Wenn ich diese verbreitete Empathieunfähigkeit mit KZ-Wächtern vergleiche, ist dies keineswegs übertrieben. Gerade erreichte mich folgende Absage eines sich für besser haltenden Unmenschen, der seine krankhafte Gefühlslosigkeit im Verriß dokumentiert:

«Ron ■■■ <ron.■■■@caro■■-verlag.de> 03.0.9.2016 um 8:04
An Jan Deichmohle
CC Shibafox Informationsservice
Guten Tag,
ich schreibe nur sehr selten so direkt: Ihr Buch ist geistiger Dünnschiss. Ich bitte dringend darum, von Ihnen nicht mehr mit einem solchen Müll belästigt zu werden. Sparen Sie sich weitere Kontaktaufnahmen oder Antworten, wir werden keine weitere Lebenszeit an Sie verschwenden.
Ron ■■■
Caro■■■ Verlag Gruppe»

Etlichen unabhängigen Verlagen gefiel das Buch übrigens; es ist nur ein schwer zu bewerbendes Thema.

Solche Ausfälle sind typisch, Alltag, treffen jeden, der sich unbotmäßig mit neuen Ideën äußert. Seit den ersten feministischen Wellen vor 150 Jahren ist das gesellschaftliche Gleichgewicht völlig umgestoßen worden. Seitdem gilt ein krasses Mißverhältnis:

Frauen, jedenfalls Feministinnen, dürfen beliebig absurd und provozierend wirkende neue Ideën äußern, auch wenn sie noch so „verrückt" sind. Sie werden gehört, beachtet, für ihren Mut bewundert und gelobt. Kavaliersinstinkte und etablierte Frauenbevorzugung, der Charme guter Erziehung werden sie annehmen und verbreiten. Hinzu kommt noch der Versuch weißer Ritter, sich bei Frauen einzuschmeicheln, um ihr Ansehen und ihre Chancen zu erhöhen. Es spielt keine Rolle, ob sich die Ideën der feministischen Frauen regelmäßig als Irrtümer, Vorurteil, angeborene Schiefsicht oder gehässige Unterstellung herausstellen. Der Siegeslauf ihrer Ideën bleibt davon unberührt, unantastbar, so schädlich und verdreht sie sind.

Sollte jedoch ein, im schlimmsten Falle männlicher, Kritiker mit neuen Ideën melden, so wird er voller Verachtung beschimpft, niedergemacht, dem Spott preisgegeben oder einfach ignoriert. Denn Männer und Feminismuskritiker dürfen das nicht. Neue Ideën vortragen zu dürfen ist ein feministisches Vorrecht seit 150 Jahren. Ein Mann redet „Dünnschiß", weil der Leser es nicht versteht. Die Feministin beeindruckt mit wirklichem Dünnschiß, denn weil es für eine als „gut" geltende Sache ist, wird ihm hoher geistiger Wert beigemessen. Dabei ist es unerheblich, wenn der Mann wissenschaftliche Beweise für seine Aussagen hat. Das ist ebenso ohne Belang wie nachweisliche Falschheit der feministischen Behauptungen.

Männer dürfen niemals in Geschlechterfragen neue, feminismuswidrige Ideën vortragen. Das widerspricht ungeschriebenen Regeln, dem Tabu. Männer dürfen höchstens vorsichtig auf Gewohntem verharren, doch auch dafür werden sie massiv angefeindet und beschimpft. Denn eigentlich dürfen Männer nur eins: nach Kräften feministischer Ideologie und bei ihrer eigenen Unterdrückung helfen.

Daher ist es unausweichlich, daß die Gesellschaft seit 150 Jahren auf einer schiefen Ebene in den Abgrund rutscht, bei ständiger Beschleunigung. Denn nur eine Seite, dazu die destabilisierende, kulturrevolutionäre, darf neue Ideën haben und verbreiten. Die Gegenseite darf es nicht.

Hinzu kommt, daß auch die wenigen Männerrechtler nicht gewohnt und gewillt sind, tiefer nachzudenken, sondern sich mit vom Feminismus übernommenen Forderungen wie nach „echter Gleichheit" zu wehren versuchen, womit sie bereits im Netz feministischer Ideologie gefangen sind, tiefergehende Probleme nicht einmal bemerken. Daher gilt auch ihnen ein Denker, der tiefer gräbt, als Störenfried.

Doch das ist noch lange nicht alles. Hinzu treten evolutionär-biologische, also angeborene Frauenbevorzugung in der Wahrnehmung, ebenso angeborene Benachteiligung männlicher Verlierer in der Wahrnehmung. Wer Feminismus kritisiert, steht auf der Verliererseite. Also werde ich sogar von vermeintlichen „Unterstützern", von oberflächlichen, nicht tiefer nachbohrenden „Männerrechtlern", als „brillianter Verlierer" verhöhnt. Mit Glossen, die nichts als Meinung sind, aber nicht wissenschaftlich durchdacht, glauben sie den Nerv der Zeit zu treffen (was durchaus zutreffen könnte), es damit besser zu machen als eine systematische Analyse (worin sie sich heftig irren).

Bereits emotional sind wir voreingenommen, was 150 Jahre Feminismus kräftig verstärkt und radikalisiert haben. Wiederum dürfen feministisch gesinnte Frauen alles; sie erhalten Sympathie und Hilfe der Gesellschaft. Ihnen wird applaudiert, die „geistige Leistung" ihrer Ideologinnen gefeiert, und wenn sie noch so gehässig, misandrisch, widersprüchlich und für die Gesellschaft schädlich ist.

Ein Mann dagegen wird emotional geschlachtet, wenn er neue Ideën aufbringt, die den Konsens in Geschlechterfragen aushebeln. Er wird zum „Dummkopf" abgestempelt, zum „miesen" Menschen; jedwede Verachtung wird über ihn ausgekübelt. Man brüllt ihn in Großbuchstabenausrastern an, hat wochenlang nichts besseres zu tun, als ungelesene Schriften zu verreißen und andere zu überzeugen, sie genauso wenig zu lesen wie man selbst.

Es erinnert ein wenig an linke Häme und Haß, mit der jahrzehntelang Symbolfiguren wie der katholische Papst überschüttet wurden. Keine Häme unter der Gürtellinië war zu dreckig, um nicht im bundesdeutschen Blätterwald in großem Stile ausgewalzt zu werden. Da tobt sich seit Jahrzehnten ein Gesinnungszwang, Meinungshaß und eine totalitäre Einseitigkeit aus, die bis in unsere Wahrnehmung reicht, und sehr viel krasser ist als die angeborene Frauenbevorzugung, deren evolutionärer Sinn ist, Mütter und damit künftige Generationen zu fördern.

Die „seelische Belastung" und der Profit der Täterin

Soeben wurde Gina Lohfink wegen Falschbezichtigung gegen zwei Männer zu einer Geldstrafe von 20.000 Euro verurteilt, was ein Klacks ist gegen lebenslange Rufschädigung, die Existenzen ruinieren und Leben belasten kann – doch die Opfer sind ja nur Männer, und Männer zählen nicht. So verhält es sich seit 150 Jahren Feminismus und mehreren Ideologiewellen. Zu allen Zeiten waren Frauen nachweislich bevorzugt, bauten Feminismen solche Bevorzugung aus.

Unter Berufung auf den Fall Gina Lohfink wurde kürzlich das Sexualstrafrecht weiter verschärft, was Falschbezichtigungen weiter erleichtert als bisher bereits. Ganz nebenbei wurden gleichzeitig echte und teils brutale Vergewaltigungen eines landnehmenden Millionenheeres unnötig ins Land Gelassener aus Staatsraison unter den Teppich gekehrt. Die Mafia von Altparteïen, die den Kontakt zu Realität und Landsleuten verloren haben, und Feministinnen dachte nicht daran, Frauen gegen Gewalt zu helfen, wo es wirklich nötig ist. Das Argument wurde immer nur zu Unrecht gegen verteufelte eigene Männer geschlechtskämpferisch mißbraucht.

Ging es um einheimische Männer, fiel das Votum zur Falschbezichtigungen herausfordernden Strafrechtsverschärfung gar einstimmig (!) aus. Weder in der Regierung noch in der Opposition gab es eine einzige Gegenstimme bei einem schlechten Gesetz, das schwedische Verhältnisse und Fälle wie Julian Assange näherbringt. Julian Assanges Leben wurde von einer völlig haltlosen, aus Eifersucht nachträglich erfundenen indirekten Bezichtigung nach einem feministischen Racheleitfaden, den dieselbe Frau im Internetz veröffentlich hatte, ruiniert. Seit Jahren muß er sich in einer ausländischen Botschaft wie ein Gefangener verstecken. Trotzdem kam niemand auf die Idee, gegen ein solch fatal schlechtes Gesetz zu stimmen.

So radikal wirkt sich die Wahrnehmungsverzerrung aus, die angeboren und feministisch verstärkt Frauen bevorzugt und Männer benachteiligt. Dieses Fakt moderner Evolutionsbiologie belege ich regelmäßig mit solchen Meldungen, doch glauben will mir fast niemand. Allenfalls drehen Feministen in billigen Retourkutschen meine Argumente um und versuchen, jede ihnen ungenehme Meinung in Kommentardebatten mit meinem Begriff „Wahrnehmungsverzerrung" niederzumachen, obwohl das entgegen die nachgewiesene biologische Richtung geht.

«gmx.net, aktualisiert am 23. August 2016, 13:50 Uhr
Nach dem Schuldspruch wegen falscher Verdächtigung gegen Gina-Lisa Lohfink ist das Model nach Angaben ihres Anwalts **emotional angeschlagen.**

„Das war schon eine enorme psychische Belastung", sagte Verteidiger Burkhard Benecken am Dienstag der Deutschen Presse-Agentur. ...

Lohfink war am Montag zu einer Geldstrafe von 20.000 Euro verurteilt worden, weil sie zwei Männer laut Urteil zu Unrecht der Vergewaltigung beschuldigt und wissentlich gelogen hatte.»[102]

Der Vorgang war kraß. Ein „Nein" bezog sich eindeutig auf das Filmen zu einem bestimmten Zeitpunkt, wogegen der Sex ununterbrochen freudig fortgesetzt wurde. Auch Bilder vom Sex waren Gina genehm, nur eine Szene wurde auf ihren Wunsch gelöscht, worauf sie freudig weitervögelte.

Wer das Pech hat, keine beweiskräftige Filmaufnahme zu haben, kann künftig jederzeit mit falschen Anschuldigungen verknackt werden. Frauen können nunmehr jederzeit versuchen, Männer nach Belieben einzukerkern, weil subjektive Empfindung der Frau und andere unbeweisbare Umstände eine Rolle spielen. Solche Gesetze schaffen eine Welt der Schmutzfinken.

Gäbe es Gerechtigkeit in diesem Land, so müßte nach diesem Ausgang die unsinnige Verschärfung einstimmig zurückgenommen und

---

102 http://www.gmx.net/magazine/panorama/prozess-gina-lisa-lohfink-prozess-emotional-angeschlagen-berufung-31823106

durch ein Gesetz gegen Falschbezichtigungen ersetzt werden. Doch das wird nicht geschehen. Rechtsänderungen laufen seit Generationen gegen Männer und für Feministen, niemals aber umgekehrt, was undenkbar ist.

Feministische Solidarität gilt, wie üblich, der Täterin. Sogar Geld wird für sie gesammelt, obwohl Gina Lohfink durch ihre falsche Schmutzfinken-Bezichtigung Bekanntheit genug hatte, im Dschungelcamp untergebracht zu werden, wofür sie laut Pressemeldungen 150.000 Euro zu erwarten hat, womit sich die läppischen 20.000 leicht begleichen lassen. Für sie war die Straftat also profitabel.

Uneinsichtigkeit gehört bei feministisch geprägten Frauen zum Handwerk. Sie soll laut Pressemeldung ihre gerichtlich als falsch nachgewiesene Beschuldigung öffentlich (Frühstücksfernsehen) bekräftigt haben. Daß ihr Versuch, sich von ihrer Lüge durch Beharren reinzuwaschen zwei Opfer ihrer Lügen weiter in den Schmutz zieht, ist ihr gleichgültig.

Obendrein werden sie und Männer allgemein bedroht:

«23.08.16, 11:10 Aktualisiert: 23.08.16, 13:01, Beate Lakotta, Berlin ...
Draußen warten die Unterstützerinnen vom #TeamGinaLisa, sie rufen: **„Bildet Banden, macht sie platt, Macker gibt's in jeder Stadt."**»[103] (watson.ch)

In dieser Gesellschaft zählt die „psychische Belastung" der Täterin, wird in Pressemeldungen groß herausgestellt. Niemand berichtet von echten psychischen Belastungen männlicher Opfer. So krank ist diese Gesellschaft in ihrer Wahrnehmung. Das ist eine Art kollektiver Psychose, die faschistoïd zu nennen gerechtfertigt wäre. Denn gesunde Menschen einer gesunden Gesellschaft müßten Anteilnahme mit Opfern empfinden, diese Tätern aber entziehen. Doch Mitgefühl wird statt nach Sachverhalt nach Geschlecht vergeben: Frauen bevorzugt, Männer be-

---

103 http://www.watson.ch/Deutschland/Justiz/952582564-Staatsanw%C3%A4ltin-rechnet-mit-Gina-Lisa-ab--%C2%ABFrau-Lohfink-sieht-sich-als-Opfer--Das-ist-Unfug%C2%BB

nachteiligt. Dies gilt sogar für die meisten „Männerrechtler", die hämisch reagieren, wenn ich wieder mal von aggressiven Kräften angegriffen werde, weil ich Mitgefühl für männliche Verlierer fordere. Manche, die sich für „Männerrechtler" halten, stimmen den aggressiven Kräften sogar zu und diffamieren jede Erwähnung von weiblicher Selektion geschaffener männlicher Probleme als angebliches „Gejammer". Feministen jammern erfolgreich seit 150 Jahren, obwohl sie von Anbeginn unrecht hatten und menschliche biologische Fakten mißverstanden, ja ins Gegenteil verdreht haben. Wer Männern verbieten will, über Probleme und erlittenes Unrecht zu berichten, handelt selbst als Feminismusprofiteur und Unterdrücker.

«Während Frau Lohfink sich nämlich medial als Opfer einer Sexualstraftat inszenierte und auf diese Weise gar eine unrechtmäßige Vorverurteilung der vorgeblichen Täter durch namhafte Politiker erreichte, versuchte die Verteidigung vor Gericht klarzustellen, daß der Vorwurf der Vergewaltigung überhaupt niemals geäußert wurde, weswegen eine Verurteilung wegen einer entsprechenden Falschbeschuldigung auch nicht in Frage komme. ...
Die Bundesministerin für Familie und Frauen, Manuela Schwesig (SPD), hat durch ihre Einmischung in das laufende Gerichtsverfahren gegen Lohfink ein Zeichen dafür gesetzt, was Feminismus heute bedeutet, nämlich Frauen um jeden Preis durchzuwinken, die Äußerungen einer Frau aufgrund ihres Geschlechts grundsätzlich als Fakten aufzuwerten und Männern ein Dauer-Abonnement aller erdenklichen Täterschaften zu verabreichen. ... Frau Schwesig hat sich nicht nur öffentlich für eine Unschuld der Angeklagten ausgesprochen, somit auch für eine Täterschaft der nun erwiesenermaßen unschuldigen Männer, sondern war sogar medienwirksam dem #TeamGinaLisa beigetreten. ... Das Verhalten der Bundesministerin für Frauen ist ein Schlag ins Gesicht eines jeden deutschen Bürgers, der gerne noch an einen Rechtsstaat Deutschland glauben möchte.»[104] (Biologe.Wordpress)

Mit der Falschbezichtigerin hatte sich eine Politikerin solidarisiert, die auch bei den Kampagnen gegen Regierungsgegner, denen Hasser

---
104 https://biologe.wordpress.com/2016/08/22/familienministerin-schwesig-spd-blamiert-lohfink-in-zweiter-instanz-verurteilt/

„Haß" vorwarfen, bereits blamiert hatte. Es ist kraß, wenn der wirkliche und massive Haß ausgerechnet aus den Kreisen kommt, die im Sinne von Herrn Maas gegen „Haß" vorgehen sollen.

Der Zynismus des amtlichen Hasses ist kaum überbietbar. Die Antonio Stiftung müßte sich als erste und einzige Amtshandlung selbst verbieten, gäbe es in dieser Republik Gerechtigkeit.

«20.07.2016 | 18:23 Uhr
Ministerin Schwesig
Extremismus, einseitig betrachtet
Kommentar Bundesfamilienministerin Manuela Schwesig will die Ausgaben für Extremismusprävention verdoppeln. Wie bei einer Vertreterin des linken SPD-Flügels nicht anders zu erwarten, ignoriert sie dabei die Gefährdung des Rechtsstaats durch den gewalttätigen Linksextremismus. Die CSU befürchtet, daß linksradikale „Antifa"-Gruppen künftig wieder viel „Staatsknete" für ihren „Kampf gegen Rechts" erhalten. ... CSU-Innenexperte Uhl kritisiert insbesondere, daß „durch staatliche Programme und Fördermittel teils fahrlässig, teils bewußt ein linksradikaler Hegemonieanspruch gefördert" werde. „So **kooperiert der Mißbrauchsbeauftragte der Bundesregierung mit der Amadeu-Antonio-Stiftung, einer Organisation, die sich unter Führung der ehemaligen Stasi-IM Anetta Kahane** unter dem Vorwand der Rechtsextremismusbekämpfung **offensichtlich dem Kampf gegen die plurale Gesellschaft verschrieben hat.**" ... Wenn nun diese Amadeu-Antonio-Stiftung und andere von Schwesig ernannte „Extremismusexperten" ähnlichen Kalibers an der Auswahl mitwirken, welche Gruppen und Projekte künftig Geld vom Staat erhalten, besteht die reale Gefahr, daß – wie schon in der rot-grünen Regierungszeit von 1998 bis 2005 – alle möglichen suspekten linksradikalen und autonomen Initiativen öffentliche Unterstützung für ihren „Kampf gegen rechts" erhalten.»[105]
(Bayernkurier)

---

105 https://www.bayernkurier.de/inland/15636-extremismus-einseitig-betrachtet

Das Totalversagen von Regierung und Etablierten: Ursache die Zerstörung, die mit der linken und feministischen Kulturrevolution 1968 begann

Millionen Menschen, meist muslimische Männer, die unter prekären Verhältnissen in Krisengebieten verroht sind, haben nach Merkels schwerer Fehlentscheidung dieses Land und Europa überflutet. Der Strom ist ungebrochen. Ich habe bereits berichtet, wie das die seit Jahrzehnten vom Feminismus entrechteten, vielfach um ein erfülltes Leben betrogenen heimischen Männer noch weiter verdrängt. Ebenso wurde berichtet, wie sexuelle Verdrängung Teil perfider Immigrationspropaganda im Internet ist, andererseits durch staatlich geförderte Kurse weiter erleichtert wird. Die Regierung handelt in allen Fällen gegen ihr eigenes Volk, besonders gegen ihre eigenen Männer.

«Hunderte IS-Kämpfer kehren nach Europa zurück

6000 Islamisten aus Europa zogen nach Syrien und in den Irak in den Krieg. Zuletzt erlitt der IS herbe Verluste. Nun warnen die Sicherheitsbehörden: Immer mehr Kämpfer machen sich auf die Heimreise.

von Florian Flade

Deutsche Sicherheitsbehörden warnen vor einer steigenden Zahl an „Dschihad-Rückkehrern". Wegen zunehmender Verluste der Terrormiliz Islamischer Staat (IS) in Syrien und im Irak sei mit einer verstärkten Rückkehr von ausländischen Kämpfern aus der Region nach Europa zu rechnen, berichtet die „Welt am Sonntag" unter Berufung auf europäische Sicherheitskreise.

Rund 6000 Dschihadisten aus Europa sollen sich zeitweise in der Kriegsregion aufgehalten haben – bis zu einem Drittel soll inzwischen wieder in die Heimatländer zurückgekehrt sein.

„Dschihad-Rückkehrer stellen ein Sicherheitsrisiko dar. Vielfach sind sie extrem radikalisiert, militärisch geschult und durch Kriegs- und

Kampferfahrungen verroht", sagte Holger Münch, Präsident des Bundeskriminalamtes (BKA), der „Welt am Sonntag" und warnte vor der Vernetzung der heimgekehrten Islamisten.
„Dschihadisten lernen sich in Syrien oder im Irak in den Kriegsgebieten kennen und unterhalten enge Kontakte und Beziehungen. So bilden sich islamistische Netzwerke, die die Dschihadisten auch nach ihrer Rückkehr weiter aufrechterhalten", so Münch. Die Netzwerkbildung gehe über Grenzen hinweg und hat laut Münch „längst Europa erreicht". Ein Beleg dafür seien die Reisebewegungen und Kontakte der Attentäter von Paris und Brüssel.»[106] (Welt)

Typisch für die Berichterstattung offiziëller Mediën, die in Sachen Feminismus seit etwa 1968 wie Gesinnungsmediën einseitig berichten, was nun auf alle Lebensbereiche ausgedehnt wurde, ist bereits die Überschrift, die verharmlosend von „Hunderten" spricht, obwohl die darunter erwähnte Zahl 6000 beträgt. Ein Drittel davon sind nach Adam Riese (altes Sprichwort) immer noch 2000, also Tausende. Hätten wir Grenzen und eine Politikerkaste, die nicht total den Verstand und jeden Kontakt zur Wirklichkeit verloren hat, würden Dschihadisten automatisch ausgebürgert und dürften nicht wieder einreisen. Feminismus hat politische Korrektheit durchgesetzt und eine irrationale, an feminin-feministischer Mentalität orientierte Betroffenheitspolitik, die unter anderem Täter schützt statt Opfer.

«Bei Tichy schreibt übrigens ein Gastautor, wie das so ist als Ladenbesitzer in Berlin. Man wird gnadenlos bestohlen und ausgeplündert. Den Dieben passiert nichts. Aber wehe dem Ladenbesitzer, wenn der was dagegen unternimmt. Dann kommt sofort der Staat und sagt, das ist verboten, dafür wirst Du bestraft. Inakzeptable Ausgrenzung aus rassistischen Gründen nennen sie das. Es ist aber eine paradoxe Rechtsumkehr: Dem kriminellen Straftäter passiert nichts, er wird für Straftaten faktisch nicht mehr bestraft. Der rechtstreue Bürger jedoch, der sein Recht in Anspruch nehmen will, der wird sofort und streng bestraft. Der Rechtsstaat ist ins Gegenteil umgeklappt und führt sich selbst ad absurdum. Bemerkenswert, daß die, die jetzt die Ladeninhaber bestrafen, so-

---

106 http://www.welt.de/politik/deutschland/article158046581/Hunderte-IS-Kaempfer-kehren-nach-Europa-zurueck.html

was vor kurzem noch als „victim blaming" angeprangert haben. So schnell ändert sich die Windrichtung.»[107] (Hadmut Danisch)

Auch wenn populistische Islamkritiker das nicht wahrhaben wollen, ist dies nicht vorrangig ein Problem mit dem Islam, sondern mit unserer eigenen, vom Feminismus in den Zusammenbruch getriebenen Zivilisation, die nicht mehr fähig ist, sich gegen Angriffe zu verteidigen. Mit dieser Lahmlegung, die mit dem HIV oder Aids-Virus verglichen werden kann, wollten Feministinnen ursprünglich das (verschwörungstheoretisch unterstellte) „Patriarchat" bekämpfen, jegliche Gegenwehr gegen die allgemeine Indoktrination unmöglich machen, die schon Schulkinder und Jugendliche politisch korrekter Gehirnwäsche mit feministischer Ideologie und Genderung unterzieht. Diese Gehirnwäsche sollte ursprünglich die natürliche Kultur und Geschlechterergänzung ausmerzen, danach schon Kleinkinder „gendern", ihre natürliche Sexualität verunsichern, alle kulturellen und sozialen Bezüge zwischen den Geschlechtern aufheben, und damit das gesamte kulturelle System abschaffen. Das war schließlich gemeinsamer Nenner, Kernaufgabe und Hauptziel aller feministischen Wellen.

Diese Zerstörung hat nicht nur unser Leben seelisch verarmt, weil wir die natürlichen Bezüge, und mit ihnen reifende Gefühle, gar nicht mehr kennenlernen. Sie hat sich auch in andere Lebensbereiche ausgebreitet. Genauso wird nun auch gegen politisch Andersdenkende agitiert. Wie in Diktaturen werden schon Schulkinder und Jugendliche an staatlichen Einrichtungen wie Schulen und Universitäten gehirngewaschen, damit sich Meinungen, die von der Sicht der politischen Machthaberkaste abweicht, gar nicht erst entwickeln können. DDR 2.0 oder Drittes Reich 2.0, im „antifaschistischen" Gewand mit der Antifa und fAntifa als linker und feministischer Variante der SA?

«September 8, 2016 ...
Je mehr die etablierten Parteiën damit zu kämpfen haben, daß sie Boden und somit Steuergelder aus den Mitteln z.B. der Parteiënfinanzie-

---

107 http://www.danisch.de/blog/2016/09/10/die-kulturelle-bereicherung-deutschlands/, http://www.tichyseinblick.de/gastbeitrag/leben-in-no-go-areas-diebstahl-beim-nachbarn/

rung verlieren, desto intensiver versuchen sie, die freië Meinungsbildung von Schülern in ihrem Sinne zu manipulieren. ...
   Sehr instrumentell sind hier Vereine wie „Schule ohne Rassismus – Schule mit Courage". Der eingetragene Verein vermittelt den Eindruck, von Spenden zu leben, hat jedoch unter seinen Förderern die Bundeszentrale für Politische Bildung, das neue Propagandaministerium, das derzeit als Bundesministerium für Familie, Senioren, Frauen und Jugend[108] posiert, die GEW, das Bundesamt für Migration und Flüchtlinge und eine Reihe weiterer Interessengruppen, deren Ziel darin besteht, Einfluß auf das Denken von Schülern unter dem Deckmantel des Kampfes gegen Rassismus zu gewinnen. ...
   Aktion Courage und ihre Vasallenorganisation „Schule ohne Rassismus" lassen sich perfekt instrumentalisieren, um sich im Kampf um Wählerstimmen durch Manipulation der Generationen, die gerade die staatlichen Bildungsanstalten durchlaufen, einen Vorteil zu verschaffen, um neuen Parteien mit neuen Ideen das Wasser abzugraben, ehe die entsprechenden Parteien dauerhaft im politischen System Deutschlands Fuß fassen können.
   Wir haben schon öfter über die Korruption geschrieben, die Ministerien und Bundesämter, die zur Neutralität verpflichtet sind, ein Erbe übrigens der Erfahrungen aus dem Dritten Reich, die diese Ministerien und Bundesämter unter dem Feigenblatt des Kampfes gegen den Rassismus Steuergelder nutzen sieht, um den politischen Gegner zu bekämpfen – im vorliegenden Fall die AfD. Es ist dieser Umstand und die Beobachtung, daß das BMFSFJ[109] immer an der Vorfront der entsprechenden ideologischen Indoktrination und Korruption zu finden ist, die uns veranlaßt hat, das BMFSFJ als neues Propagandaministerium zu bezeichnen.»[110] (Sciencefiles)

   Eine Folge der massiven Indoktrination ganzer Generationen von Kindern, Jugendlichen und Erwachsenen, der durchgängigen Gehirnwä-

---
108 faktisch „alles außer Männer"
109 Da als Zielgruppe „Frauen" genannt sind, war dieses Ministerium seit Jahrzehnten Schwerpunkt feministischer Kräfte und Kampagnen. Die Entwicklung in ein „Propagandaministerium" war deshalb folgerichtig.
110 https://sciencefiles.org/2016/09/08/in-schulen-stimmung-machen-sciencefiles-deckt-korruptionsnetzwerk-auf/

sche mit staatlicher Unterstützung, ist ein Klima der Intoleranz, die sich inzwischen nicht nur gegen Männer richtet, wie seit Generationen, sondern auch gegen mehrheitsfähige Positionen, die vor noch nicht langer Zeit von CDU, SPD und FDP, also allen bürgerlichen Parteien, vertreten worden sind, jetzt aber aufgrund der ideologischen Entgleisung einer ganzen Gesellschaft plötzlich als „extremistisch" gelten.

«„In vielen Städten gibt es schwere Gewalt und Brandstiftungen von Links, was aber scheinbar die Merkelregierung, die Bundesländer und Medien wenig interessiert. Gerade wurden die Mittel gegen imaginäre Rechte im Bundeshaushalt 2017 verdoppelt, von 50 auf 100 Millionen Euro. Für die Bekämpfung dieser tatsächlichen linken Gefahr ist nichts vorgesehen. Man hört nicht einmal eine klare Stellungnahme von Maas, Schwesig, de Maiziere, Schäuble, Gabriel und Merkel dazu. Und das Schweigen der sogenannten Oppositionsparteien im Bundestag, die Grünen und die Linken, ist besonders laut. Auch in der Presse liest man wenig oder nichts, Fernsehen und Radio ist auch still!"
Linksautonome bekennen sich zu Brandanschlag | MDR.DE
Nach dem Anschlag auf Polizeifahrzeuge in Magdeburg ist im Internet ein Bekennerschreiben aufgetaucht. Linksautonome schrieben, sie hätten die Autos»[111] (Rundertisch tgf)

Diese Gewalt richtet sich auch gegen die AfD, die letztlich das vertritt, was noch vor wenigen Jahrzehnten Bekenntnis von CDU und CSU gewesen ist. Im Grunde mißbrauchen beide Parteien ihren alten Namen für eine feministische und linksgrüne Politik, die sie vor nicht langer Zeit empört als undemokratisch und irrational bekämpft hätten.

«Berlin – In Neukölln haben am Samstagmittag sechs Unbekannte einen AfD-Wahlstand in der Uthmannstraße angegriffen. Laut Zeugenaussagen sollen sie einem 48 Jahre altem Wahlwerber der Alternative für Deutschland zuerst ins Gesicht geschlagen und ihn dann mit Pfefferspray besprüht haben.

---

111 https://rundertischdgf.wordpress.com/2016/09/10/extrem-linke-gewalt-alle-schweigen-und-keiner-handelt/

Wie die Polizei mitteilt, mußte der Mann ambulant behandelt werden. Die Täter flüchteten in unbekannte Richtung. (BLZ)»[112] (Berliner Zeitung)

Andere werden in Seitenstraßen zusammengeschlagen, weil sie als AfD-Mitglied der Schlägertruppe Antifa nicht genehm sind. „Die Unterdrückung der Männer" erwähnt solche Fälle, z.B. in Göttingen.

Staatliche Indoktrination und die Schlägertruppen von Antifa und fAntifa (feministische Antifa) arbeiten zusammen, jegliche Opposition zu unterdrücken, die einen Kurswechsel schaffen und den Selbstmord Deutschlands und Europas verhindern könnte. Wie die Nazis unterdrücken die jetzigen Machthaber auf dem Weg in den Untergang, in den sie außer der BRD die ganze Europäische Union mitziehen, jegliche Information und Opposition, die noch in der Lage wären, uns zu retten.

Daß so gut wie niemand in der Massenflut Anspruch auf Schutz vor Verfolgung hat, das überholte Asylrecht, ganz besonders staatliche Zahlungen und Leistungen an Asylanten, abgeschafft, und die zu Unrecht ins Land gelassenen und Unterstützten in ihre Heimat zurückgebracht werden müssen, zeigt folgender Artikel:

«Flüchtlinge machen Urlaub, wo sie angeblich verfolgt werden
Anerkannte Asylbewerber melden sich hierzulande ab, um für kurze Zeit ausgerechnet in das Land zu reisen, aus dem sie geflüchtet sind. Dies könnte ein Indiz sein, daß keine Verfolgung vorliegt.
Asylberechtigte kehren zu Urlaubszwecken vorübergehend in jenes Land zurück, aus dem sie offiziell geflüchtet sind. Das ergaben Recherchen der „Welt am Sonntag". Die Zeitung erfuhr von anerkannten Asylbewerbern, die arbeitslos gemeldet sind und für kurze Zeit in Länder wie Syrien, Afghanistan oder den Libanon reisen. Anschließend kommen sie wieder nach Deutschland.
Demnach hat es entsprechende Vorfälle in Berliner Arbeitsagenturen gegeben. Personen, die mit den Vorgängen vertraut sind, gehen aber davon aus, daß dies auch in anderen Regionen in Deutschland passiert. ...

---

112 http://www.berliner-zeitung.de/berlin/polizei/neukoelln-afd-wahl-kampfhelfer-geschlagen-und-mit-pfefferspray-angegriffen-24721062

Der Datenschutz verhindert die Weitergabe der Infos»[113] (Welt)

Damit treffen „politisch inkorrekte" Bezeichnungen wie „Sozialschmarotzer" und „trojanische Pferde einer Landnahme" statt des offiziëllen Begriffs „Flüchtlinge" die Lage. Integration scheitert; ganze Stadtviertel und Städte werden von Mafia und mafiösen Großfamiliën und Clans übernommen. Wir zerstören unser eigenes Land. Das Sozialsystem wird überlastet. Schmarotzen und gegen den Staat agitieren lohnt sich, oft sogar mehr als harte Arbeit. Ähnlich lohnt sich seit Generationen das hauptberufliche Feministsein. Das zerstört die freiheitliche Ordnung und die Demokratie.

Das Geschlechterverhältnis zwischen Frauen und Männern wird radikal gestört. Einmal numerisch, weil die überwiegend männlichen Flüchtlinge den durch Feminismus entrechteten und geschwächten Einheimischen Frauen wegnehmen. Außerdem durch eine übergriffige Mentalität. Zwar hat Feminismus ein Eigentor geschossen, weil die einzige Gegenkraft ins Land gerufen wurde, die ihn noch aufhalten kann. Doch nützt uns dies nichts, weil Islamismus mit seinem Haß auf Ungläubige und „weiße Männer" einheimische Männer noch radikaler unterdrücken würde als Feministinnen bereits. In diesem Punkt (und einigen anderen) sind Feminismus und Islamismus keine Widersacher, sondern haben gemeinsame Grundzüge. Islamismus ist eine Folge der Kulturzerstörung durch Emanzipation und Feminismus. Beide Ideologien streiten allerdings um die Macht. Wir dürfen keiner von beiden die Macht lassen, denn das wäre das Ende von Freiheit und Abendland.

Die Masseneinwanderung droht aber sogar, Deutschland und Europa in einen Bürgerkrieg zu stürzen.

«Islamwissenschaftler warnt
„Die Lage soll sich zu einem Bürgerkrieg entwickeln"
Freitag, 09.09.2016, 10:34»[114] (Focus)

---

113 http://www.welt.de/politik/deutschland/article158049400/Fluechtlinge-machen-Urlaub-wo-sie-angeblich-verfolgt-werden.html

114 http://www.focus.de/politik/ausland/islamwissenschaftler-warnt-die-lage-soll-sich-zu-einem-buergerkrieg-entwickeln_id_5915310.html)

Ebenso wird offenkundig, daß wir eine Welle der Gewalt und Straftaten „geschenkt bekommen" haben. Wie Herr Konzelmann schrieb, „Wer halb Kalkutta nach Deutschland holt, rettet nicht Kalkutta, sondern macht uns zu Kalkutta".

«Die Zahl der von arabischstämmigen Jugendlichen begangenen Straftaten ist in Berlin in der Vergangenheit dramatisch nach oben geschnellt. Die von den jeweiligen Landesregierungen zu verantwortenden Kürzungen im Sicherheitssektor sowie der von der Merkel-Regierung zu verantwortende unbegrenzte Migrantenzustrom machen sich in Berlin, wie auch in vielen anderen Regionen und Metropolen der Republik, in der Zunahme von Straftaten gerade dieser Gruppe deutlich bemerkbar.»[115] (Freiewelt.net)

Feministinnen können sich freuen. Die neue Gewalt, der neue Haß und Islamismus sind inzwischen „politisch korrekt" mit einer Frauenquote von annähernd fünfzig Prozent. Feministisch und islamistisch gehen wir zugrunde.

«Seit Ende 2014 verzeichnet die Beratungsstelle Radikalisierung des Bundesamtes für Migration und Flüchtlinge (Bamf) einen starken Anstieg der Beratungsfälle, in denen es um die Radikalisierung von Mädchen geht. Waren in der Vergangenheit in etwas mehr als einem Viertel der Beratungsfälle Mädchen betroffen, seien es 2015 bereits knapp die Hälfte aller Fälle gewesen, teilte das Bamf unserer Redaktion mit. Der Trend habe sich in diesem Jahr fortgesetzt. Seit der Schaltung ihrer Hotline 2012 gingen bei der Beratungsstelle mehr als 2500 Anrufe ein.
Auch der Religionspädagoge André Taubert, der in der Hamburger Fachstelle für religiös begründete Radikalisierung „Legato" arbeitet, schätzt den Anteil der dortigen Beratungsfälle, die Mädchen betreffen, auf etwa 50 Prozent.»[116] (NOZ)

---

115 http://www.freiewelt.net/nachricht/couragierter-berliner-von-arabischen-jugendlichen-zusammen-geschlagen-10068472/
116 http://www.noz.de/deutschland-welt/politik/artikel/772187/islamwissenschaftler-maedchen-radikalisieren-sich-im-stillen-1

Angesichts der Gefahren wäre es unverantwortlich, lachend zuzusehen, wie die von Merkel und Feministinnen ins Land gelassenen und geförderten Immigrantenfluten den Feminismus Schritt für Schritt abschaffen und Frauenrollen etablieren, die wesentlich rigider sind, als unsere eigenen jemals waren. Ein Stratege könnte einfach schweigend abwarten, bis Feminismus sich mit seinem Eigentor selbst abgewickelt hat. Doch das hieße, des Teufels Großmutter mit einer Meute von Beelzebub und Luzifer auszutreiben.

Beide Ideologiën müssen überwunden werden, oder das abendländische Experiment der letzten 2000 Jahre ist als Irrweg gescheitert.

Sexueller Dschihad gegen Europa

«Verlaßt das Land, damit ihr nicht vergewaltigt werdet!»[117]

---

[117] http://www.israelvideonetwork.com/do-not-stop-sharing-this-until-every-woman-has-seen-it/

«Meiner Ansicht nach sind alle Freiwild für Araber, und es ist nichts falsch daran ...» (a.a.O.)

«Junge arabische Männer sollten israelische Mädchen sexuell belästigen.» (a.a.O.)

Dies entspricht einer auch bei uns grassierenden (mindestens unterschwelligen) Einstellung mancher Asylforderer. Willkommenshelferinnen mit vielfach linkem und feministischem Weltbild treffen bei der Migrantenflut auf Phantasievorstellungen leicht verfügbaren Geldes und ebenso williger blonder Frauen in Deutschland, Schweden und ähnlichen Ländern.

«Arabischer Professor: Asylbewerber kommen wegen blonder Frauen nach Deutschland
04.08.2016 - 15:52 Uhr
Deutschland. Der deutsch-syrische Islamwissenschaftler Prof. Bassam Tibi erklärt in einem Interview, warum die hunderttausenden arabischen Asylbewerber ausgerechnet nach Deutschland kommen. **Neben wirtschaftlichen Gründen spielt vor allem der Wunsch nach einer blonden Frau eine große Rolle.**
Prof. Bassam Tibi in einem Interview mit der „Kulturzeit".
Der Basler Zeitung sagte er, daß arabische Männer oft mit hohen Erwartungen nach Deutschland kämen. Sie würden schon in ihren Herkunftsländern sehen, daß es in Deutschland „**tolle Wohnungen, blonde Frauen und den Sozialstaat**" gibt.
„Ein Mann, der in Kairo heiraten will, muß dem Vater des Mädchens nachweisen, daß er eine Zweizimmerwohnung hat", erklärte Bassam Tibi.
Hier in Göttingen kenne er jedoch 16-jährige Araber, die für sich alleine eine Zweizimmerwohnung **auf Kosten der deutschen Steuerzahler haben.**
Auch Ibrahim Adam weiß über die Beweggründe, die viele seiner Landsleute nach Deutschland strömen läßt. Er ist Vorsitzender des Vereins „Colonia Ägyptischer Club", der sich um die Integration von Ägyptern in Deutschland bemüht.
„**Viele Ägypter glauben nämlich immer noch, blonde Frauen warten nur darauf, von einem Ägypter geheiratet zu werden**", sagt er der Kölner Rundschau. ...

Wenn man bei Google auf Arabisch „Deutsche Frauen" eingibt, kommt als **zweithäufigster Suchbegriff „Deutsche Frauen und Sex"**.

In einer Stichprobe konnten wir innerhalb von drei Minuten dutzende arabische und pakistanische Internetseiten finden, auf denen deutsche Frauen durchgängig als blauäugige Blondinen dargestellt werden. Diese Seiten wurden oftmals tausende Male auf Facebook geteilt. ... **Ähnlich wie auf den Seiten über Deutschland werden den Arabern blonde Freundinnen versprochen, wenn sie den Weg bis nach Nordeuropa schaffen.**

„Im Zug sitzen junge syrische Männer, die mit einer uralten Masche angelockt werden – Geld und Frauen. Es werden Bilder von hübschen Blondinen verteilt und man sagt sich, **daß schwedische Frauen demonstrieren, weil sie Männer fordern**", schreibt die Zeitung.»[118] (Freiezeiten.net)

Wir werden sehen, wie solche Vorstellungen benutzt werden. Kommen wir zu einer unterschwelligen Gemeinsamkeit von Feminismus und Islamismus, und sehen anschließend, wie sich beide Motive verbinden.

Extremen feministischen Männerhaß als eine grundlegende Triebkraft führender Feministinnen wiesen meine von Mediën totgeschwiegenen Bücher für alle Wellen nach, seit dem 19. Jahrhundert bis heute. Andere Triebkräfte sind ebenso irrational; hinzu treten grundlegende Irrtümer.

«Sie wurde eine der populärsten Feministinnen des Landes.»[119] (Suzanne Moore, The Guardian)

Eine der bekanntesten Feministinnen Großbritanniëns schrieb kürzlich:

«Suzanne Moore: Warum ich mich bei Männern irrte

---

[118] http://freiezeiten.net/arabischer-professor-asylbewerber-kommen-wegen-blonder-frauen-nach-deutschland

[119] «she became one of the most popular feminist writers in the country.» (https://www.theguardian.com/lifeandstyle/2010/apr/30/suzanne-moore-independent-candidate)

von Suzanne Moore, 5. September 2016
Du kannst sie nicht alle hassen, nicht wahr? Doch, ich kann.
Männer. Mit ihnen kannst du nicht leben. **Du kannst sie nicht erschießen. Nun, du kannst,** aber dies ist der *New Statesman*.
Du kannst sie nicht individuell hassen, nicht wahr? Weißt du was? Ich kann es. Bitte verwechsel das nicht mit Bitterkeit. Ich bin mit meinen Emotionen genug im Einklang, um den Unterschied zwischen persönlicher Verletzung und Klassenhaß zu kennen. Als eine Klasse hasse ich Männer. Ich habe meine Meinung geändert. Ich bin nicht länger vernünftig. Ich möchte diese Klasse zerbrochen sehen. ...
Jetzt denke ich, jede intelligente Frau haßt Männer. ...
Je mehr ich Männer hasse (#YesAllMen), umso weniger scheren sie mich individuell»[120] (New Statesman)

Solcher Haß und solche geistigen Methoden haben nicht nur auf das menschliche Leben eine unheilvolle Wirkung gehabt, sondern das Gleichgewicht der Geschlechter umgestürzt, die gesamte Geschlechterkultur, Gesellschaft, Staat, Familië, Männlichkeit, weibliche Liebesfähigkeit, Anteilnahme, die Männer und das Leben vieler systematisch kaputtgemacht. Eine Folge dieses Zerstörungsprozesses ist, daß die entmannte Gesellschaft wehrlos ist. Kluge und opferbereite Männer wurden fertiggemacht, ausgeschaltet, mundtot gemacht, konnten nicht mehr nachwachsen, verschwanden mit ihren vorfeministischen Generationen.

---

120 «Suzanne Moore: Why I was wrong about men
by Suzanne Moore, 5 September 2016
You can't hate them all, can you? Actually, I can.
Men. You can't live with them. You can't shoot them. Well, you can, but this is the New Statesman.
You can't hate them individually, can you? You know what? I can. Please don't confuse that with bitterness. I am in touch with my emotions enough to know the difference between personal hurt and class hatred. As a class, I hate men. I've changed my mind. I am no longer reasonable. I want to see this class broken. ..
Now, I think that any intelligent woman hates men. ...
The more I hate men (#YesAllMen), the more I don't mind individual ones» (http://www.newstatesman.com/politics/feminism/2016/09/suzanne-moore-why-i-was-wrong-about-men)

Nun sind wir Feinden und Torheiten feministisch gesinnter Machthaber (darunter viele Frauen) ausgeliefert.

Eine vieler verhängnisvoller Folgen ist auch der jüngste Irrsinnsanfall Frau Merkels, eine Millionenflut überwiegend islamisch gesinnter Männer ins Land zu lassen, deren Bild vom Abendland, „weißen Männern" und „weißen Frauen" wir anhand einer Pornoseite mit rassistischer politischer Haßpropaganda gegen den Westen untersuchen wollen. Bei dieser Quelle mögen manche die Nase rümpfen, doch es wäre verfehlt, die Augen vor Tatsachen zu schließen: Es gibt solche Vorstellungen und Gelüste, die leider ziemlich genau dem entsprechen, was medial meist verschwiegene Berichte über die jüngste Welle sexuëll getönter Verbrechen an Verhaltensweisen und Vorstellungen offenbaren. Hinzu treten natürlich Raub und Gewaltverbrechen, deren Opfer meist hiesige Männer sind.

Pornographische Propaganda im Internet gaukelt eine sexuëlle Willkommenskultur in Deutschland vor, die in Weltgegenden mit islamischer Moral und ohne legale Sexualität außerhalb der Ehe eine starke unerwünschte Wirkung haben kann. Die Absurdität der Darstellung sollte nicht darüber hinwegtäuschen, daß solche pornographischen Verdrehungen und wirre Falschbehauptungen die Weltsicht Unwissender bestätigen, schlimmstenfalls prägen kann.

Die folgenden Zitate entstammen einer dubiosen, pornographischen Quelle, deren Hintergründe unbekannt sind. Doch auch wenn es sich um verwirrte Einzelne handeln sollte, die nicht für eine Strömung stehen, verraten sie Mentalitätsprobleme und Gefahren, von denen wir überrollt werden, für die Begriffe wie #Taharrusch und SexJihad geprägt wurden.

«Für deutsche Mädchen ist es eine Pflicht und ein Vergnügen, ihnen zu helfen, sich zu Hause zu fühlen – indem sie mit ihren schönen, warmen, weichen Körpern willkommen heißen.»[121] (Vorsicht, Pornographieseiten: Muslims conquering Europe)

---
121 «For german girls it's a duty and a pleasure to help them feel at home – welcoming them with their beautiful, warm, soft bodies.»(http://muslimsconqueringeurope.tumblr.com)

Wir betreten jetzt einen Bereich, der nichts für schwache Nerven ist. Wiederholte Propagierung sexueller Gewalt gegen „Weiße", möglicherweise teils minderjährige Phantasievorlagen für feuchte Träume muslimischer drittgeborener Söhne, krasser Rassismus gegen „Weiße" bis hin zu eingeschmuggelten Euthanasievorstellungen gegen alles, was männlich und hellhäutig ist, eine Menge Haß, Wunschvorstellungen moslemischer Weltherrschaft werden sich mit Pornographie mischen.

Doch uns würde ein Teil der Wahrheit entgehen, wenn wir über den groben Linien nicht auch feinere sähen, in dem blühenden Unsinn mögliche Körnchen trauriger Wahrheit.

«Mein Körper ist ein Behälter, der den Schwachen verschlossen ist. Ich fühle ihn sich der Kraft der Fremden öffnen. Seine dunkle Kraft, seine göttliche Eroberung meines Landes, meiner Rasse, meines zitternden Körpers, meiner christlichen Seele. Das Öffnen meines Körpers spiegelt sich als Erschütterung meines Geistes; mein Glaube wird bis ins Mark zerbrochen. Füll mich mit deiner überlegenen Macht. Befrucht mich, muslimischer Krieger. (converttomuslimbbcslut»[122]

Diese islamistische Pornopropaganda trifft etwas, das auch Wissenschaftler bei Feministinnen festgestellt haben: Eine heimliche Faszination, ja Besessenheit von dunkler männlicher Stärke, einem gewalttätigen Sieger, war die wirkliche Antriebskraft ihrer jahrzehntelangen Hysterie, die Welt als „sexualisierte Gewalt gegen Frauen" fehlzudeuten, ihrer Schmutzkampagnen gegen anständige heimische Männer, ihres Krieges gegen Männer und Männlichkeit, die sie überall am Werk witterten und verteufelten. Jene gefühlten Bedrohungen waren irreal. Was sie Männern anlasteten, gab es nicht in der Wirklichkeit, wohl aber in der Psyche der Feministinnen selbst. Sie haben ihre eigene Sehnsucht nach star-

---

[122] «My body is a vessel, closed to the weak. I feel it open to the strength of the foreigner. His dark power his divine conquest of my land my race my shuddering body my Christian soul. The opening of my body echoes as the trembling of my spirit, my faith shaken to the core. Fill me with your superior might. Breed me, Muslim Warrior. (converttomuslimbbcslut Source: dorisconquered)»

ken Männern unterdrückt mit mehreren feministischen Wellen. Es war eine emotionale Perversion, die einen großen, haßgetragenen Geschlechterkrieg auslöste gegen etwas, das sie in Wirklichkeit ersehnten[123], weil es ihnen fehlte. Schon vor den feministischen Wellen waren westliche Männer zu schwach und verweichlicht, um tiefe weibliche Instinkte auszulösen, die sich in den vergangenen Jahrhunderttausenden steinzeitlicher Kultur evolutionär entwickelten. Feministinnen haben also genau das angehaßt und vernichtend angegriffen, was ihnen selbst fehlte, was sie vermißten.[124]

«Die geheime Waffe des Islams, um Europa zu erobern. [Pornobild mit Glied]

Europa gehört jetzt den Muslimen.

Die weißen Männer haben kapituliert... Und weiße Frauen sind fruchtbar!»[125] (Muslim Conquering Europe)

Die islamistisch-obszöne Propaganda bemerkt die Schwäche westlicher Männer, die Folge des Feminismus ist, und nützt sie aus.

«„Deutschland? Ist das nicht das Land der Dichter und Denker?"
–„Nicht mehr, mein Liebes! Heute ist es das Land der Schwächlinge und Huren!"»[126] (a.a.O.)

Ob sie uns nun in einem Krieg mit Waffen überrennen, oder als aggressivere und durchsetzungsfähigere Männer, kommt auf dasselbe her-

---

123 Das wird im Buch „Feminismuskritik: Krieg gegen Mann, Natur und Kultur" belegt und beschrieben. Evolutionspsychologie und Untersuchungen heutiger Frauenliteratur (von Frauen für Frauen geschrieben) zeigen die Gültigkeit der Aussage.
124 siehe: Feminismuskritik: Krieg gegen Mann, Natur und Kultur
125 «Islams secret weapon for conquering Europe. [Pornobild mit Glied]
Europe belongs to Muslims now.
White men have surrendered... And white women are fertile!»
(http://muslimsconqueringeurope.tumblr.com)
126 «"Germany? Isn't that the country of poets and philosophers?"
-"Not any more, my love! Today, it's the country of weaklings and whores!"»

aus: Frauen halten sich evolutionär an den Sieger. Wir haben das Pech, so dumm gewesen zu sein, auf die feministischen Hysteriewellen hereinzufallen, denn es hat niemals eine Benachteiligung von Frauen gegeben. Ein Fakt exakter Wissenschaften, darunter der Evolution, ist dagegen die Unterdrückung der Männer, siehe gleichnamiges Buch. Jede Zivilisation wird aufgrund angeboren falscher Wahrnehmung immer frauenbevorzugender, bis sie untergeht. Feminismus war unser Todesstoß. Jetzt sind wir wehrlos und feministischen Machtfrauen ausgeliefert, die keinerlei Rücksicht nehmen auf die Belange einheimischer Männer.

Nachdem nun das Zerstörungswerk vollendet ist, die abendländische Männlichkeit völlig zertreten ist, Land und Gesellschaft wehrlos, öffnen Frauen, vom Feminismus herangezogene Wirrköpfe und ihre Helfer die Tore den aggressivsten Invasoren der Welt, die jene unterdrückten weiblichen Instinkte wecken. Die Pornopropaganda wälzt genüßlich den Umstand aus, daß die meisten Helfer weiblich seien, im gleichen Maße, wie die meisten Landnehmer männlich sind.

Weil westliche Männer zu schwach waren, die feministische Perversion zu besiegen, werden sie gegen kriegerische, sexgierige „Sieger" ausgetauscht. Vom Feminismus bekriegte Vernunft und Männlichkeit sind untergegangen, sind durch Selbsthaß „weißer" und deutscher Männer, und Fremdhaß auf „weiße" und deutsche Männer ersetzt worden.

«Vernunft hat hier keine Autorität. Gegen alle Argumente, gegen alle Ängste, gegen jedes Urteil spricht meine Seele eine tiefere Wahrheit. Mein Begehren nach der heiligen Schändung meines christlichen Körpers, die Unfähigkeit, dieser gesegneten Kapitulation zu widerstehen, das Vergnügen an dem verräterischen Dienst, den Schwachen den Rücken zuzukehren und die Lust des Starken zu werden. Es gibt keine

Vernunft in der Seele, nur eine so tiefe Wahrheit, daß mein weiblicher Geist ihr nicht widerstehen kann.»[127]

Der starke siegreiche Krieger soll sie schwängern.

«Mit jedem Stoß seines erobernden fremden Fleisches kapituliert meine christliche Seele, bedauert, akzeptiert wieder und wieder. „Schwänger mich, Krieger."»[128]

Rücksichtslos werden in dieser pornographischen Phantasie – wie auch in der bundesrepublikanischen Politik – die eigenen Männer dem Schicksal ihrer Niederlage geopfert, nachdem Feminismus sie entmachtet, entmännlicht und zerbrochen hatte.

«Sie vermochte nicht zu ergründen, was schlimmer war – ihren **Gatten und jungen Sohn euthanisiert zu sehen,** weil sie das **Muslimische Überlegenheitsgesetz** durch eine heimliche Taufe gebrochen hatten, oder der dicke muslimische *** der ihren jungfräulichen *** zerriß, weil sie bekannten Christen geholfen hatte. Natürlich heilt Zeit alle Wunden – und es brauchte nicht lange, bis sie mit ihrem neuen afrikanischen Muselmanen viel glücklicher war.»[129]

---

[127] «Reason has no authority here. Against all argument, against all fear, against all judgement my soul speaks a deeper truth. My desire for the blessed defilement of my Christian body, the inability to resist this blessed surrender, the pleasure of this traitorous service of turning my back on the weak and becoming the pleasure of the strong. There is no reason in the soul, only a truth so deep my female spirit cannot resist it.»

[128] «With every thrust of his conquering foreign flesh my Christian soul surrenders, resents, and accepts over and over. "Breed me, warrior."»

[129] «She couldn't figure out what hurt worse – watching her **husband and young son euthanized** for violating the **Muslim Supremacy Act** for having a secret baptism, or the thick Muslim *** tearing her virgin *** apart for aiding and abetting known Christians. Of course time heals all wounds – and it didn't take long for her to be much happier with her new African Muslim man.»

Euthanasie, Ermordung weißer Männer wird erträumt, die Auslöschung der weißen Rasse, nicht nur durch Rassenmischung, sondern auch durch Hinrichten und Ermorden weißer Männer, nachdem zunächst die Vorstellung erotisch ausgekostet wurde, ihnen die Frauen wegzunehmen und sie aus dem Kreislauf der Fortpflanzung zu werfen. Diese Phantasiën und sogar religiös-politischen Forderungen durchziehen die Pornographie, werden stärker und extremistischer, je weiter Leser von oben nach unten vordringen; sie werden gleichsam durch Pornographie angelockt, um dann immer tiefer in Haßpropaganda gezogen zu werden.

Eine Weltmachtphantasie wird pornographisch propagiert:

«Erst Europa, dann die Welt!»[130]

Als Mittel zur Weltherrschaft wird wiederholt Vergewaltigung propagiert:

«Schwedische Mädchen wurden dazu geboren, von starken und kräftigen muslimischen Männern vergewaltigt zu werden»[131]

Wie üblich wird jeder Widerstand, hier gegen Vergewaltigung, mit der Rassismuskeule gebrochen:

«Das tolerante Mädchen hält das rassistische in Position, während der Muslim sie vergewaltigt.»[132]

«Gute Mädchen dienen Muslimen. Nur Rassisten weigern sich.»[133]

Sogar Mädchen werden als willkommenheißende Beute für muslimische Eroberer dargestellt.

---

130 «First Europe, then the world!»
131 «Swedish girls were born to be raped by strong and powerful Muslim men»
132 «The tolerant girl holds the racist in position while the Muslim rapes her.»
133 «Good white girls service Muslims. Only racists refuse.»

«Deine Tochter ist bereit, ihre neuen muslimischen Freunde willkommen zu heißen. Bist du es? [Bild mit offenem Geschlechtsteil] Dschihad sexueller Samen. AI Eurabia TV 24/ Die neuesten Nachrichten des Weiße-Mu***-Dschihad»[134]

Die Betreiber solcher Seiten frohlocken, die seit dem Mittelalter mehrfach militärisch gescheiterte muslimische Invasion Europas werde nun, nach der (feministischen) Ausschaltung der „weißen Männer", endlich unter der Gürtellinië gelingen.

«Der Unterschied ist, daß die islamische Eroberung damals vor Wien aufgehalten wurde, wogegen sie sich jetzt ausbreitet (mit der freien Einladung westlicher Länder), um den ganzen Kontinent zu bedecken, die ganze Strecke vom Atlantik bis zur Arktik.»[135]

Weißes Leben wird grundsätzlich verächtlich gemacht als etwas, das entweder getötet wird, oder durch Mischung auszumerzen ist.

«whitehumiliation: Weißer Genozid = Glücklicher Genozid»[136] (a.a.O.)

«Unsere Leben sollten nicht zählen. Wir sind Weiße.»[137]

«whitemurdernow: Töt es für immer!»[138]

Auch in diesem Punkt stimmen Feministinnen mit der hier untersuchten islamistischen Propaganda überein:

---

[134] «Your daughter is ready to welcome her new muslim friends. Are you? [Bild mit offenem Geschlechtsteil] Jihad sexual seed. AI Eurabia TV 24/ Up to date news on the White Pussy Jihad»

[135] «The difference is that then the Islamic conquest stopped at Vienna, whereas now it is extending (by the free invitation of western countries) to cover the entire continent all the way to the Atlantic and the Arctic.»

[136] «whitehumiliation: White genocide = Happy genocide» (a.a.O.)

[137] «Our lives shouldn't matter. We're white.»

[138] «whitemurdernow: Kill it, forever»

«Die weiße Rasse ist das Krebsgeschwür der menschlichen Geschichte. Es ist die weiße Rasse und sie alleine – ihre Ideologien und Erfindungen»[139] (Susan Sontag)

schrieb Susan Sontag, ein feministisches Rollenvorbild, das sich in wenige Kategoriën einordnen wollte, außer der feministischen:

«Sontag war ein feministisches Rollenvorbild, das oft über die Prinzipien der Geschlechtergleichheit schrieb. Als die Paris Review sie fragte, ob sie sich selbst als Feministin sehe, erwiderte sie, „Das ist eine der wenigen Bezeichnungen, mit denen ich zufrieden bin."»[140]

Solcher feministischer Haß auf „weiße heterosexuelle Männer" ist eine übliche Begründung, mit der alles und jedes abgelehnt oder begründet wird; ganze wissenschaftliche Fächer und Epochen werden als ‚Ausgeburt' „weißer Männer" angefeindet.

«Von Lukas Mikelionis | 9:02 3. November 2016
Wenn du gedacht hast, Lena Dunham könne nicht noch lächerlicher werden, schlägt sie vor, **weiße Männer sollten ausgerottet werden** ...
Letzte Nacht twitterte sie ein Video mit ihrer Stimme, die einen Mann fragt, wie er die „Ausrottung weißer Männer" finde:
Der Mann im Clip sagt, „Nun, weiße Männer sind ein Problem ... weiße heterosexuelle Männer sind ein großes Problem, das ist sicher."»[141]

Ein erheblicher Unterschied besteht jedoch zwischen der Behandlung weißer Frauen, die als Zuchtmütter künftiger Mischlingsmuslime in der pornographischen Phantasie hochbegehrt sind, geradezu der paradiesische Feuchttraum sexuëll ausgehungerter, nach islamischer Moral er-

---

139 «The white race is the cancer of human history. It is the white race and it alone - its ideologies and inventions» (Susan Sontag, https://en.wikipedia.org/wiki/Susan_Sontag)
140 «Sontag was a feminist role model, who often wrote about principles of gender equality. When The Paris Review asked her if she though of herself as a feminist, she replied, "That's one of the few labels I'm content with."» (http://hellogiggles.com/susan-sontag/)

zogener Männer, und der brutalen bis mörderischen Verachtung und Drohung gegen Männer, denen solche Vorstellungen baldigen Tod wünschen.

«Emigriert nach Europa. Willige christliche Luder warten auf dich.»[142]

«Laßt sie hinein [Pornobild]
Flüchtlinge Willkommen: Übung für weibliche Flüchtlingshelfer. Wie neuangekommene männliche Flüchtlinge zu begrüßen sind: [Pornobild]»[143]

Die Bevorzugung der begehrten weißen Frau gegenüber den eher zu tötenden Männern spiegelt die unterschiedliche Einstellung und evolutionäre Lage der Geschlechter. Männer verdrängen andere, wenn es um Fortpflanzung geht. Daher haben starke Männer mit klarem Verstand das Bedürfnis, ihre Gruppe, Familië, Stamm, Nation zu verteidigen, damit sie einen Platz in Leben, Familië, bei Frauen und Kindern haben, nicht aus dem Strom des Lebens gerissen werden und ihre Gene aussterben sehen. Frauen jedoch sind als fruchtbar begehrt und daher von einer Niederlage ihrer Männer nicht unbedingt betroffen. Im Gegenteil, sie sehnen sich evolutionär nach einem Sieger mit guten Genen zum Zeugen von Kindern. Nachdem nun Feministen die Männer eigener Zivilisation fertiggemacht hatten (in ihrem Wahn, sie seien von den Männern

---

141 «By Lukas Mikelionis | 9:02 am, November 3, 2016
   Just when you thought Lena Dunham couldn't get any more ridiculous, she suggests white straight men should go extinct ...
   Last night, she tweeted a video featuring her voice asking a man how he feels "about the extinction of white men":
   The man in the clip says, "well, white men are a problem ... white straight men are a big problem, that's for sure."» (http://heatst.com/culture-wars/lena-dunham-wants-to-improve-men-by-making-white-straight-men-extinct/)
142 «Immigrate to Europe. Easy christian sluts are waiting for you.»
143 «Let Them In [Pornobild]
   Refugees Welcome: Training for female refugee helpers. How to greet newly arriving male refugees: [Pornobild]»

unterdrückt gewesen, eine krankhafte Hysterie), waren diese Männer unfähig, sich und das Land zu schützen. Daher werden die Feministinnen ihnen untreu, verraten ihr Land, öffnen die Schleusen, lassen einen sexgierigen Strom herein, den die Feministinnen seit jeher heimlich ersehnten, während sie wütend gegen Männlichkeit ihrer eigenen Männer kämpften. Das ist, kurz gefaßt, die zugrundeliegende Psychologie der Verirrungen feministischer Ideologie.

«Frauen sind glücklich, ihre eigene Rasse zu zerstören!»[144] (a.a.O. Den Begriff „Rasse" verwendet die Pornoseite, nicht ich. #Zitatverdreher raus.)

Die islamistisch-pornographische Propaganda hat darin nicht ganz unrecht: Da Frauen auch mit den Eroberern Mütter werden, Kinder der starken Sieger austragen können, haben sie weniger Hemmung, ihren eigenen Stamm, ihr Volk, ihr Land, Rasse oder was auch immer zu verraten und untergehen zu lassen. Sie haben dann eben Kinder eines neuen Stammes. Ihre Männer sind es, die untergehen: In diesem Falle die seit Jahrzehnten gehaßten „weißen Männer". Männer sind die Bedrohten solch einer Phantasie oder Entwicklung.

«(NSFW 18+) **Christliche Männer werden aussterben.** Ihre Frauen und Töchter konvertieren zum Islam und pflanzen sich mit stolzen muslimischen Kriegern fort. **Alles, was sie tun können, ist voller Schrecken zuzusehen, wie ihre Religion und ihre Blutlinie ausgelöscht wird.** Die glücklicheren sehen ihr Heim zerstört, **die Unglücklicheren werden ihren Kopf einbüßen.** (NICHT UNTER 18 JAHREN ANSCHAUEN. Dieser Blog ist ein fiktives Werk und vertritt keine Gewalt aus irgendeinem Grund.)»[145] (muslimsdestroychristianpussies)

Feministinnen könnten darin gar die Erfüllung einer Hoffnung ihrer Ideologie sehen: Ihr Haß hätte gesiegt, ihre eigenen „weißen Männer" wären für immer fertiggemacht.

Der Preis dafür wäre, sexuëlle Beute der Landnehmer zu werden. So stellen das die Betreiber der pornographischen Propaganda dar:

---

144 «woman are happy to destruction their own race!» (a.a.O.)

«Bald werden Muslime ganz Europa übernehmen und ihre Frauen zwingen, eine neue Generation von Muslimen auszubrüten. ...
Dies ist die Folge der **muslimischen Eroberung** von Europa. Alle Frauen Europas müssen sich vor ihren muslimischen Herren verbeugen. ...
Muslimische Macht auf Schweinefleisch. [Pornobild mit weißer Frau] ...
Wenn du ein richtiger Mann bist (SCHWARZ, ARABER ...) und wenn du ein unterwürfiges weißes Mädchen willst: **WILLKOMMEN IN EUROPA** ...
Eine Phantasie, die bald Wirklichkeit wird. ...
Laßt die Invasion beginnen! So Gott will, werden **alle französischen Frauen von arabischen muslimischen Männern in Besitz genommen.** ...
Wie ihre arabischen Gegenspieler werden die **schwarzen afrikanischen Muslime die weißen christlichen deutschen Frauen erobern.** So Gott will. ...
Muslime werden alle französischen Frauen und Mädchen nehmen. ....
Das Schicksal der Frauen in den USA und in Europa. ...
L'Européenne est un tapis de la prière pour maîtres Musulmans („Die Europäerin ist ein Gebetsteppich für ihre musulmanischen Herren") ...
Auf der linken Seite siehst du eine gut und anständig gekleidete Frau. Einfach schön, bereit auszugehen, und gut behandelt zu werden. Auf der rechten Seite siehst du eine deutsche Nutte, bereit gef** und weggeworfen zu werden ... Lobt Allah!»[146]

---

145 «(NSFW 18+) **Christian men are going extinct.** Their wives and daughters are converting to Islam and breeding with proud Muslim warriors. **All they can do is look on in horror as their religion and bloodline are wiped out.** The lucky ones will see their homes destroyed, **the unlucky ones will lose their heads.** (DO NOT VIEW IF YOU ARE UNDER 18 YEARS OF AGE. This blog is a work of fiction and does not condone/endorse violence for any reason.)» http://muslimsdestroychristianpussies.tumblr.com/post/141869602545/it-was-hardly-a-surprise-when-the-(convent-ran-into)

Europäische Männer werden unter der Gürtellinië verhöhnt, mit angeblichen Eroberungen geprahlt.

«Er war erst eine Woche im Land und hatte mehr schwedische Mädchen gev*** als es der durchschnittliche schwedische Mann jemals tun wird.»[147] (a.a.O.)

Es wird phantasiert, weiße Männer zum Hahnrei, zum Cuckold zu machen, ihre Frauen zu schwängern, damit diese Muslime großziehen, die das Land übernehmen. Der Befruchtungs- und Bekehrungsauftrag durchzieht diese Propaganda durchgehend. Insofern ist das mehr als nur Pornographie: Es ist psychologische Kriegsführung.

«Preist Allah, denn es ist das Recht jeden Irakers, jene amerikanischen Frauen für sich zu beanspruchen!!!»[148] (muslimsf***europeanwomen)

---

146 «Soon muslim will take over Europe and force their women to breed a new generation of muslims. ...
This is aftermath of **Muslim conquest** on Europe. All women of Europe will bow to their muslim masters. ...
Muslim power on pig meat. [Pornobild mit weißer Frau] ...
If you are a real men (BLACK, ARAB ...) and if you want a submissive white girl: **WELCOME TO EUROPE** ...
A fantasy soon become a reality. ...
Let the invasion begin! God Willing, so **all French women will be claimed by Muslim** Arabs men. ...
Like their Arabic counterpart, the **Black African Muslims will conquer the white Christian German women.** God willing. ...
The Muslim will take all French women and girls. ....
The fate of both USA and Europe Women. ...
L'Européenne est un tapis de la prière pour maîtres Musulmans ...
On the left you see a well and proper dressed woman. Just beautiful and ready to go out and treated well. On the right you see a dressed German c**t, ready to be f***ed used and thrown away ... Praise Allah!» (a.a.O.)
147 «He's only been in the country a week and he's f***ed more Swedish girls than the average Swedish man ever will.» (a.a.O. http://muslims-conqueringeurope.tumblr.com/)

Geile Männer ruft die Pornopropaganda auf, in Massen nach Europa zu ziehen, um europäische Frauen zu befruchten.

«Drängt tausende geiler Muslime zu flüchten und nach Europa zu gehen. Für einen wahren Zweck: europäische Frauen zu befruchten. ... Und meine Pu*** ist für Muslime. Schwänger mich.»[149] (a.a.O.)

Während die Frauen und Töchter als Freiwild dargestellt werden, die angeblich islamische Befruchtung ersehnen und weiße Männer hassen (letzteres dürfte bei Feministinnen sogar zutreffen, wenigstens unterschwellig und ideologisch), wird die Rassismuskeule genutzt, um jede Kritik mundtot zu machen. Selbst aber betreiben sie heftigen, wirklichen und extremistischen Rassismus:

«whitehumiliation: Dieses Mädchen glaubt, die neu angekommenen Immigranten bräuchten ein Willkommen. Tatsächlich brauchten sie nur ein Pißbecken.» (a.a.O.)[150]

In der pornographischen Propaganda wird dazu aufgerufen, weiße Männer von Sex und Befruchtung auszuschließen. Gewalt- und Mordpropaganda gegen weiße Männer folgt später.

«Ein multikulturelles Europa ... Aber keine der [Frauen] wird den erbärmlichen weißen Jungen gehören! Flüchtlinge Willkommen»[151] (a.a.O.)

---

148 «Praise Allah, for it is right for Iraqi men claim those American women as theirs!!!»
http://muslimsfuckeuropeanwomen.tumblr.com/post/136602193508/praise-allah-for-it-is-right-for-iraqi-men-claim
149 «force thousands of horny muslim men to flee and come to europe. For one true purpose: to breed european women. ... And my pussy is for Muslim. Convert me.» (http://muslimsconqueringeurope.tumblr.com/)
150 «whitehumiliation: This girl thought that newly arrived Immigrants need a welcome. In fact, they just need a urinal.» (a.a.O.)
151 «A multicultural Europe ... but none of the [women] will belong to the pathetic white boys! Refugees Welcome» (a.a.O.)

Hier mischt sich wieder seit Jahrzehnten betriebener feministischer Männerhaß, besonders gegen „weiße heterosexuelle Männer" mit islamistischem Haß gegen „christliche weiße Männer".

«Liberale Studentinnen wollen mehr Flüchtlinge. Deportiert alle weißen Männer.»[152] (a.a.O.)

Haß und Vernichtungswille gegenüber der „weißen Rasse" verbindet sich wiederum mit dem Aufruf, die Frauen zu befruchten (nachdem die Männer besiegt worden sind).

«Engrossez nous. Exterminer notre race.» („Befruchtet uns. Löscht unsere Rasse aus.", a.a.O.)

Solche Pornographie ist keine harmlose Unanständigkeit, sondern politisch, enthält messerscharfe Propaganda, die den Regeln psychologischer Kriegskunst entspricht. In Konflikten und Kriegen gilt es, Gegner moralisch zu lähmen, gern auch unter der Gürtellinie zu treffen. Gewöhnliche Pornographie ist einfach nur primitiv und albern, wie diese auch, doch zusätzlich sind extremistische Botschaften verpackt. Ganz gleich, wer dafür verantwortlich ist: Solche rassistische Propaganda ist geistige Brandstiftung.

«Das alles ist für meine muslimischen Brüder da draußen. Ein deutsches Mädel bewegt ihren Hintern für einen muslimischen ***.»[153]

So kommt unsere Willkommenskultur unter der Gürtellinie an, wird von den Seitenbetreibern emsig auf rüde und verhängnisvolle Weise ausgenützt.

«Würden all diese Mädchen ihre Willkommenszeichen auch dann hochhalten, wenn sie wüßten, daß sie bald vergewaltigt werden? Natür-

---

[152] «Liberal college girls want more refugees. Deport all white men.» (a.a.O.)
[153] «This is all my Muslim brothers out there. A German chick twerking her ass for muslim ***.» (a.a.O.)

lich. Die Hälfte von ihnen mag es bereits wissen. Und deshalb wird Europa von den Muslimen GEF***T.»[154]

Es spielt kaum eine Rolle, daß Pornographie, wie so oft, ein unsinniges Bild vorgaukelt, das nicht der Wirklichkeit entspricht. Wirken tut sie trotzdem. Außerdem könnte aufgrund der Massenpsychologie des Feminismus und evolutionär angelegter weiblicher Instinkte zuweilen sogar ein Körnchen unbewußter Wahrheit in dieser gehässigen Sicht stecken.

So sehen es die Pornographen und vermutlich manche Besucher ihrer Seiten:

«Bis zu diesem Augenblick haben muslimische Männer schwedische Frauen jeden Tag erobert und gef***, **und die Regierungen sind zu verängstigt, etwas dagegen zu unternehmen. Lobt Allah!**»[155]

Daß diese Sexualprotzerei aus der Luft gegriffen ist, hat kaum Einfluß auf ihre Wirksamkeit. Auch absurde Falschbehauptungen beeinflussen Menschen, wenn sie elementare Kräfte ansprechen. Sie bejubeln die Unfähigkeit unserer Regierungen, wirksam gegen Vergewaltigungen, Belästigung und eindringenden Männerüberschuß vorzugehen, die zur Vertuschung schwerer Fehler der Regierungen – etwa die Massenflut überhaupt ins Land zu lassen – lieber unter den Teppich gekehrt werden.

Platte Lügen sind in Pornographie und Propaganda Stilmittel, das etwas über die ausgedrückte Geisteshaltung verrät.

«Hier geht ein syrischer Flüchtling mit seinem vom Staat bestellten weißen Sklavenmädchen.»[156] (a.a.O.)

---

154 «Would those girls still hold up those signs if they knew they were going to get raped? Of course. Half of them already do know. And that's why Europe is getting FU***D by the Muslims.» (a.a.O.)
155 «To this very moment, Muslim men are conquered and f***ing Swedish women everyday and their government are too afraid to do a single thing about it. Praise Allah!» (a.a.O.)
156 «Syrian refugee walking. His new state appointed white slave girl.» (a.a.O.)

Die angestachelte Gier, das Gefühl, etwas im eigenen Lande undenkbares zu verpassen, kann dazu anstacheln, das vermeintliche sexuëlle Paradies Europa anzusteuern. Einige Zitate der Seite rieten gar, Wertsachen und Schmuck zu verkaufen, nur um nach Europa zu gelangen und dort weiße Frauen v*** zu können.

Die Bilder sind geeignet, in afrikanischen muslimischen Ländern, wo Frauen verschleiert sind und Sex außerhalb der Ehe kaum denkbar, enorm zu provozieren und außerordentlich starke Gelüste zu wecken, das Hirn zu vernebeln, und ein Traumeuropa in der Vorstellung zu erzeugen, das einem Gratispuff für Fremde gleichkommt, den zu erreichen sie tausende von Kilometern zurücklegen. In solcher Straßenwerbung für Auswanderung ist Deutschland genaugenommen sogar ein inverser Puff, der Asylsuchende über Sozialhilfe fürstlich dafür belohnt, blonde Europäerinnen flachzulegen, was eine gigantische Sogwirkung auf entsprechende Gemüter ausübt. Qualifizierte Fachkräfte machen meist einen Bogen um unser Land.

Derlei Einstellungen erklären das Verhalten mancher Flüchtlinge, die wahllos Frauen begrapschen, zum Sex überreden wollen oder zwingen, öffentlich onanieren und als Rechtfertigung angeben, auch endlich Sex zu wollen.

«Weshalb auf 72 Jungfrauen warten, wenn Europa Millionen hat? Kommt ins Paradies. Kommt nach Europa.» (a.a.O.)[157]

Solche Aufrufe werden auf diesen Seiten ständig mit Sexbildern wiederholt. Oft wird auch ausdrücklich Islamisierung Europas mit der Waffe Glied statt dem Schwert angesprochen, dem Pornokonsumenten untergeschoben, außerdem das Schwängern möglichst vieler Frauen, um sich Aufenthaltsrecht und Gelder zu sichern, die „weiße Rasse" abzuschaffen, „weiße Männer" zu verdrängen und ein islamisches Europa heranzuziehen.

---

157 «Why wait for 72 virgins, when Europe has millions? Come to Paradise. Come to Europe.» (a.a.O.)

«Heute ist es so einfach, Mitgefühl zu zeigen. Jede Schwangerschaft hält einen Flüchtling in Europa.» (a.a.O.)[158]

«Muslimischer Samen bewirkt, daß Asylsucher in Schweden bleiben.» (a.a.O.)[159]

Andere Quellen rechnen vor, was jedes Kind so an staatlicher Stütze einbringt, bis hauptberuflich untätige Islamverbreiter für keine Beschäftigung außer Islamisierung mehr Geld erhalten als viele hart arbeitenden Deutschen. Das funktionierte nach dem Vorbild feministischer Berufsfrauen, Gleichstellungsbeauftragten, Frauen- und Gender„forscherinnen", die seit Jahrzehnten dafür bezahlt werden, ideologische Viren zu reproduzieren, und die mit ihrem Staatsfeminismus westliche Männer, Staat, Gesellschaft und Zivilisation so kaputtgemacht haben, daß dieser nun wehrlos ist gegen Herausforderungen wie die laufende Invasion, die vorwiegend von Frauen, Helferinnen und Verblendeten ermöglicht und begrüßt wird – ein Umstand, den die pornographisch-islamistische Propaganda ausschlachtet.

Wie es den verdrängten einheimischen Männern ergeht, ist der Gesellschaft sch*egal; sie werden zusätzlich noch verhöhnt, wie in folgender Verlagsabsage:

«Von: Katja ■■■, Eckhaus Verlag <■■■@rogge-weimar.■■■>
Gesendet: Sonntag, 18. September 2016 13:37
An: Jan Deichmohle
Betreff: Re: Brisantes, hochaktuelles Buch
Herr Deichmohle,
da Sie es gewohnt zu sein scheinen, von Frauen abgewimmelt zu werden, schließen wir uns – erneut – an und bestätigen gern Ihre festgefahrenen Klischees: Ihr Buch und Ihre frauenfeindlichen Einstellungen interessieren den Eckhaus Verlag nicht.
Mit Grüßen,

---

158 «Showing mercy is so simple these days. Every pregnancy keeps one refugee in europe» (a.a.O.)
159 «Muslim semen will make Muslim asylumseekers stay in Sweden» (a.a.O.)

Katja ■■■»

Einheimische Männer: der Gesellschaft wurscht, solange sie zahlen. Feministinnen und privilegierte Geld-und-Sex-Kassierer werden rundumversorgt. Ausgeschlossene einheimische Männer werden als „frauenfeindlich" beschimpft, wenn sie über den erlittenen Ausschluß nur sprechen, den Frauen ihnen antun. Ihnen zu helfen, was die einzige gesunde Reaktion wäre, fiele Frauen wie Katja nicht im Traume ein. Außerdem müssen diskriminierte einheimische Männer, deren Leben verpfuscht wird, Berufsfeministinnen und Berufsasylanten über Steuern auf ihre harte Arbeit bezahlen.

Eine Bildquelle solchen Propagandapornomaterials nennt sich „Dschihad sexueller Samen".

«Deutsche Mädel tun alles für illegale schwarze Immigranten aus Afrika ...
Hey Jamal! Dies ist meine Tochter Julia und sie wartet auf dich. ..
Tu was immer du willst, aber bitte schwänger sie. Hab Spaß. :) ...
Flüchtlinge Willkommen. Deutschlands Tore sind offen ... besonders für muslimische Immigranten. Dschihad sexueller Samen» (a.a.O.)[160]

Ein anderes pornographisches Bild eines besamten weiblichen Geschlechtsteils ist betitelt:

«Schwänger mich mit deinem muslimischen Samen... Kommt nach ...»[161]

Auch dies ist eine pornographische Immigrationsaufforderung in ein europäisches Land. Schon sehr junge Mädchen werden als Hure für

---

160 «German girls do everything for illegal black immigrants from Africa
...
Hey Jamal! This is my Daughter Julia and she is waiting for you. .. Do whatever you want to do but please make her pregnant. Have fun. :) ...
Refugees Welcome. Germany's doors are open ... especially for muslim immigrats. jihad sexual seed» (a.a.O.)
161 «impregnate me with your muslim semen... Come to ...» (a.a.O.)

Muslime angepriesen, mit einem Balken arabischer Schrift vor den Augen. Aufgrund des jung wirkenden Alters könnte das strafbar sein, nur kümmert sich niemand darum. Maas und seine Handlanger sind damit beschäftigt, demokratische Opposition mundtot zu machen, jede Alternative zu ihrer Immigrationspolitik zu verunglimpfen. Für wirkliche Probleme, Verbrechen und echten Haß – und schon gar nicht bei privilegierten „politisch korrekten Minderheiten" – bleibt kein Augenmerk.

Die starke magnetische Anziehungskraft Europas könnte auch aus solchen falschen Vorstellungen gespeist sein, vor allem aber das unanständige Benehmen, das wir täglich erleben, über das uns Medien und Machthaber zu belügen versuchen. Ob die Pornographie nur ausdrückt, was ohnehin von manchen gedacht wird, oder solche Vorstellungen teilweise erst geschaffen hat, ist ohne Untersuchung kaum ergründbar. Das Wirken solcher Vorstellungen ist nicht unser einziges Problem.

Auch jene, die nicht übergriffig werden, verdrängen heimische Männer, wenn sie sich mit unseren Frauen und Mädchen befreunden. Demographisch ist die Lage eine Katastrophe, für die Verantwortliche zur Verantwortung gezogen werden sollten.

«Frohen Valentinstag des Islams an alle christlichen Frauen weltweit!!! [Pornobild]
whitehumiliation: „Du wolltest Immigranten helfen, christliche Hure?! Sag „Allah ist groß", während du mir das Vergnügen gibst, das ich verdiene."»[162] (muslims***europeanwomen)

Die Ereignisse von Köln feiert die islamistische Pornopropaganda:

---

162 «Happy Valentine's Day from Islam to all Christian women around the world!!! [Pornobild]
whitehumiliation: "You wanted to help Immigrants, christian slut ?! Say "Allah is great" as you're giving me the pleasure I deserve."» (http://muslimsfuckeuropeanwomen.tumblr.com/post/139227414793/happy-valentines-day-from-islam-to-all-christian)

«generationcucked: Migranten hören kein „nein" – Hat „Nein"sagen sie in Köln aufgehalten?»[163]

Als zynischer Kommentar zu den Übergriffen in der Kölner Silvesternacht wird damit geprahlt, jemand sei weniger als einen Tag in Deutschland gewesen und habe in dieser Zeit vier Mädchen gev***.

«djaam-white: Eurabiafrika mit Kölner Gruß. Er war in Deutschland weniger als einen Tag. Dies war sein viertes Mädchen.» (muslims***europeanwomen , a.a.O.)[164]

Zynischerweise wird auch eine GIF mit sexuëller Gewalt gezeigt, bei der mehrere nackte Muslime sich an einer nackten Frau zwischen ihnen vergreifen.

Die Verhaltensweisen mancher auffälliger Migranten, die öffentlich onanierten, die Hose runterließen, Frauen wahllos angrapschten, ihnen gespendete Kondome aus der Tasche fallen ließen, belästigten oder vergewaltigten, paßt zu sehr zu solcher Pornographie, um keinen Zusammenhang vermuten zu lassen.

«Lust auf Frauen führte Vergewaltiger nach OÖ
14.09.2016
Am Dienstag fand vor dem Landesgericht Linz der erste Verhandlungstag im Prozeß gegen den illegal in Österreich befindlichen Algeriër statt, der im April an der Donaulände in Linz versucht haben soll, eine Frau zu vergewaltigen. ...

So hat der Beschuldigte auf die Frage, warum er nach Österreich gekommen sei, geantwortet: „Ich bin nach Österreich gekommen, um hier die Frauen zu f***en." Er ist bereits in Frankreich und Österreich mehrfach vorbestraft, hatte sogar einen abgelehnten Asylbescheid sowie ein Einreiseverbot. Im November 2015 versuchte er bereits eine Frau zu

---

163 «generationcucked: Migrants don't hear "no" – Did saying "no" stop them in Cologne?»
164 «djaam-white: Eurabiafrica the Cologne greeting. He'd been in Germany less than a day. This was his fourth girl.» (muslims***europeanwomen , a.a.O.)

vergewaltigen. Eine weitere begangene Körperverletzung wird separat am Bezirksgericht Linz verhandelt. ... Offenbar führt der Algeriër mehrere Identitäten. ... Die traumatisierte Frau hat schwere Verletzungen an der linken Gesichtshälfte, da sie bei der Tat brutal niedergeschlagen wurde.»[165] (Wochenblick.at)

Das ist nicht der einzige Fall, bei dem sexuëlle Motivation[166] für Migration offen ausgesprochen wird.

«Ein Migrant, der in der schwedischen Stadt Vimmerby fünf junge Frauen sexuell belästigt hatte, sagte seinen Opfern Sonntag Nacht, „Ich hasse Schweden; ich bin hier nur, um schwedische Mädchen zu ficken."»[167] (Paul Joseph Watson, 27. Juli 2016)

Offen bleibt freilich, ob die Pornographie nur vorhandene Mentalität darstellt (und verstärkt), oder solche falschen Vorstellungen bewußt hervorbringt.

Der Bezug auf Islamismus und Islamisierung des Westens als politisches und sexuëlles Ziel, zuweilen ausdrücklich als „Kriegsziel" bezeichnet, ist allerdings offensichtlich. In Europa findet ein sexueller Dschihad statt.

«Sharia für die Niederlande. Islam wird überlegen sein. Islam wird die Welt dominieren. Die Freiheit kann zur Hölle gehen.» (a.a.O.)[168]

---

165 https://www.wochenblick.at/lust-auf-frauen-fuehrte-vergewaltiger-nach-ooe/
166 «„Sie sagten mir, in Europa geben sich Frauen leicht hin"
Il clandestino stupratore: „Mi hanno detto che in Europa le donne si concedono facilmente"» (http://www.ilgiornale.it/news/mondo/clandestino-accusato-stupro-sono-venuto-europa-scopmi-donne-1306654.html)
167 «A migrant who sexually molested five young women in the Swedish town of Vimmerby on Sunday night told his victims, "I hate Sweden, I'm just here to f**k Swedish girls."» (Paul Joseph Watson - JULY 27, 2016, http://www.infowars.com/migrant-molester-i-hate-sweden-im-just-here-to-fk-swedish-girls/)

Vielleicht drückt diese Pornographie einfach nur eine bereits vorhandene Mentalität und Stimmung aus; solche Propaganda, die sich auch von Mund zu Mund weiterverbreiten könnte, trägt zu dem Streben junger Menschen bei, nach Europa zu gelangen, wo sie ohne Gegenleistung Geldsummen erhalten, die zu Hause höchstens reiche Männer schwer erarbeiten, und um Frauen zu vernaschen, die nicht durch islamische Verbote geschützt und verborgen, sondern frei zugänglich zu sein scheinen. Das von solchen Vorstellungen geprägte Verhalten einiger wird von Polizei und Staat mühsam unter den Teppich gekehrt.

Umso grausamer ist die lebenslange Unterdrückung heimischer männlicher Verlierer, die trotz hoher Bildung und Qualitäten aus unerfindlichen Gründen durch das Raster weiblicher sexueller Selektion fallen, vielleicht körperlich zu dünn, oder was auch immer. Unerträglich ist die grausame Abweisung eigener Männer, bei gleichzeitiger Förderung von Migrationsfluten, die aufgrund des Zahlenverhältnisses vieler junger Männer zu wenigen jungen Frauen heimische Männer verdrängen müssen, wobei zusätzlich eine muslimische Eroberermentalität gegenüber Frauen und Männern importiert wird. Wieso gibt es keine Anteilnahme für deutsche Männer, die zeitlebens unwillkommen sind?

Wer immer hinter solchen Seiten stecken mag oder auch nicht: Für Politiker gilt wie für Künstler: „Gut gewollt ist schlecht gekonnt". Oder sprichwörtlich: „Der Weg zur Hölle ist mit guten Absichten gepflastert." Rede sich niemand der Willkommensklatscher mit guten Absichten heraus. Es gibt auch Redewendungen, die Begriffe wie „nützliche Idioten" enthalten.

Eine ideologische Verbindung zur feministischen Gender-Agenda wird deutlich:

«Halt! Schweig! Hör zu! Du bist weiß. Fundamentale Transformation verlangt Dekonstruktion und Zerstörung weißen Dünnschiß-Denkens.»[169]

---

168 «Sharia for the Netherlands. Islam will be superior. Islam will dominate the world. Freedom can go to hell.» (a.a.O.)

Dekonstruktion ist eine feministische Methode. Richtete diese sich ursprünglich gegen ein verschwörungstheoretisch unterstelltes „Patriarchat", so hat sich diese Ausrichtung seit einigen Jahrzehnten auf den „weißen Mann" verändert. Männermordphantasiën verbreiten sowohl alle feministischen Wellen wie auch diese islamistische Pornographie. Der Unterschied liegt darin, daß Islamismus die Frauenbewegung als treibende Kraft abgelöst hat. Auch „fundamentale Transformation durch Zerstörung" und „weißes Denken" haben die Duftmarke feministischer Propaganda, die hier einer neuen Zielgruppe angewandelt zu sein scheint.

Die Seiten beginnen derzeit mit pornographischen Botschaften, die zur Einreise aufrufen. Eingestreut ist antiweißer Rassismus, der bis zu militantem Haß und Ausrottungsgelüsten reicht, die in pornographischer Form ausgedrückt werden. Die Bandbreite der Phantasiën reicht von Entrechtung durch versklavendes Gesetz über Gewalt bis zu Mord und Euthanasie.

«Einst pflegte die Polizei einen **Muslim, der einen christlichen Mann getötet hatte**, ins Gefängnis zu werfen. Nun aber können sie erwarten, daß die Polizei sie nicht nur nicht bestraft, **sondern ihnen tatsächlich gratuliert**. Viele Bezirke treiben dies einen Schritt weiter und haben Programme eingerichtet, im Rahmen derer Polizistinnen jene Männer bl* und v*, die am meisten Christen in ihrem Bezirk erledigt haben! – Es wird geschätzt, daß etwa 10 % der **christlichen Männer vor diesen Programmen der Liquidation entkommen waren, doch sind nunmehr weniger als 2% noch am Leben**.» (muslimsconqueringeurope)[170]

Hauptopfer auch solcher Phantasiën sind Männer, die in ihnen getötet werden. Wer dagegen protestiert, wird mit der üblichen „Rassismuskeule" mundtot gemacht:

---

169 «Stop! Shut up! Listen! You're white. Fundamental transformation demands deconstructing and destroying white-think bullshit.» (a.a.O. muslimsconqueringeurope)

«Bevor du darüber nachdenkst, wie du entkommen kannst, frag dich dieses: Zählt euer Schmerz wirklich mehr als die Befriedigung von Muslimen? Denk sorgfältig nach vor deiner Antwort, denn Europa verfährt nicht gnädig mit Rassisten.»[171]

Das mag schwachsinnige Phantasterei einiger verirrter Seitenbetreiber sein, doch zeigt es trotzdem die Selbstlähmung des Abendlandes durch Rassismuskeule und „politische Korrektheit", darüber hinaus Gefahren und Abgründe in der Vorstellungswelt von Neuankömmlingen, die uns illegal „geschenkt" wurden, unsere Heimat verderben, einen Verrohungsprozeß auslösen, die Grundlagen unserer Gesellschaft und des Geschlechterfriedens zersetzen werden.

---

170 «It used to be that if a **Muslim man killed a Christian man**, then the police would throw him in prison. Now they can expect the police to not only not punish him, **but actually congratulate him**. Many departments take it one step further, and have programs in place for female police officers to s**k and f*** the Muslim who can off the most Christian sissies in their precincts! It's been a resounding success - it's estimated that as much as 10% of **Christian men had escaped liquidation before these programs began, but it's thought that fewer than 2% now remain alive.**» (http://muslimsconqueringeurope.tumblr.com/)
171 «Before you start thinking about trying to escape, ask yourself this: does your pain really matter more than the Muslims being satisfied? Think carefully before you answer, Europe doesn't take kindly to racists.» (a.a.O.)

 **Texas Lone Star**
@SouthLoneStar

≗ Folgen

Top Islamic preacher calls to "conquer the West by raping American, Italian, German and French women".
Liberals will defend it.

«Nehmt die Flüchtlinge auf! Wir werden sie bald im Namen des kommenden Kalifats versammeln»[172]

«Muslimischer Imam: Schwängert Europäerinnen, um Europa zu erobern!»[173]

---

172 «Take the refugees! We shall soon collect them in the name of the coming Caliphate.» (https://www.youtube.com/watch?v=Bgrc1QIDLOo)
173 «Muslim Imam: Breed with Europeans to conquer them!» (https://www.youtube.com/watch?v=Bgrc1QIDLOo)

Texas Lone Star
@SouthLoneStar

Folgen

Top Islamic preacher calls to "conquer the West by raping American, Italian, German and French women".
Liberals will defend it.

Original (Englisch) übersetzen

Was haben entwurzelte Männer im Feminismus Frauen zu bieten? Meist sehr wenig. Die fleißig lernen und arbeiten, gelten als „langweilige Nerds", werden von Mädchen abgeblitzt, die lieber mit jungen Protzern, Gewalttätern, hippen Gangstern und Drogendealern, modischen Nichtstuern ins Bett gehen – gerade ein Metiër der „geschenkten" Millionen. Gut Ausgebildete machen einen Bogen um Deutschland.

Taharrusch, sexuëlle Zudringlichkeit und Wegwerfsex werden sich ausbreiten aufgrund des Feminismus. Die Millionenflut hat dieser Entwicklung nur eine brutale, verrohte Dimension gegeben. Anständige und gut gebildete junge Männer werden seit 1968 verhöhnt, bekämpft, verteufelt, um ihr Liebesleben und Erfüllung betrogen.

Ein untauglicher Bodensatz eigener Entwurzelter und der Neumillionen hat seinen Spaß; arbeitende, denkende, erfindende, begabte Männer werden von den zu wenigen Frauen fruchtbaren Alters, bei denen nun wohl schon Millionen fehlen, abgeblitzt, grausam aus dem Leben ausgeschlossen, fertiggemacht. Doch gibt es keinen realistisch denkenden Menschen mit Herz und Charakter mehr, der die Zusammenhänge verstünde, öffentlich zu Wort käme, und die eigenen Männer vor gräßlichem Unglück, Erniedrigung und Ausschluß aus erfülltem Leben retten könnte.

Die Menschen sind verblendet von modernen Ideologiën, die sie groben Unfug erfinden lassen wie eine Wahnvorstellung, wogegen sie nicht bemerken, was tatsächlich vorgeht. Es gibt kein Mitgefühl für deutsche Männer, keine Liebe zu ihnen, keine Sympathie, keine Hilfsbereitschaft. Sie werden ausgeschlossen, abgeblitzt, finanziëll ausgeplündert, müssen Feministinnen bezahlen, die Geschlechterkrieg gegen sie führen, Frauen dafür königlich entlohnen, daß sie von ihnen aus ihrem Leben gestoßen werden, für den Entzug ihrer Kinder, und nun auch noch für verrohten Millionenüberschuß aus Afrika, der zu Hause desertierte, Frauen und Kinder in Krisengebieten zurückließ, um hier fett Geld abzukassieren und Frauen flachzulegen, was alles der deutsche Mann mit harter Arbeit bezahlen muß, der selbst immer häufiger keine Frau mehr findet, weil es nicht genug sind bei so viel zugewandertem Männerüberschuß.

Verarschung nach Strich und Faden, Verarschung seit Jahrzehnten, Verarschung in jeder Hinsicht, grausamer Betrug am Leben.

Das sind Tatsachen, ist täglich erlebtes Leid und Unglück, tägliches Altern, ohne am Leben teilzunehmen, täglicher Mangel, weil Frauen einfach wegschauen, es ihnen egal ist, wie es den eigenen Männern ergeht, ob ihnen etwas fehlt, ob sie vielleicht abblitzen und glücklos sind. Fremde aber, die von ihren eigenen Frauen desertierten, eifersüchtig und brutal gegen sexuelle Kontakte von Ungläubigen mit Muslima vorgehen, sie in Armut oder Kriegsgebieten zurückließen, erhalten hier Vollversorgung und unverdientes Mitleid, das den eigenen Männern seit vielen Jahrzehnten verweigert wird.

Da spielt es keine Rolle mehr, ob die zitierte Asylpornoseite verirrter Unsinn Vereinzelter war oder eine unterschwellige Einstellung widerspiegelt. Was wäre wohl passiert, wenn wir die Rollen von „Weißen" und „muslimischen Afrikanern" auf diesen Seiten tauschen würden? Es gäbe ein gewaltiges feministisches Geschrei, das von „krankhaften Eroberungsgelüsten böser patriarchalischer weißer Männer" zetern würde. Es gäbe riesige Umerziehungskampagnen, um solche Vorstellungen entrüstet auszutreiben.

Doch so ist es nicht. Geht es gegen „weiße Männer", sind es Gelüste von Feministinnen oder Migranten, die auf Pornoseiten dargestellt werden, so schaut man weg und findet nichts daran; dann wird derjenige beschuldigt, der auf den rassistischen Propagandaporno hingewiesen hat. Ein Recht für Frauen und privilegierte „Minderheiten", das entgegengesetzte Recht für hiesige, heterosexuelle Männer. Ein Recht für die gesamte Welt außer Deutschland; ein entgegengesetztes nur für Deutschland.

So geht es nicht. Das ist ungerecht. Es war nötig, auf diese verdrehte Asylpropaganda hinzuweisen, die bei umgekehrter Zielrichtung ein Skandal wäre. Außerdem war es wichtig, feministischen Fehldeutungen zuvorzukommen.

Die zitierten Seiten mögen lächerlich sein; das besprochene Problem ist real: Hiesige Männer werden tatsächlich unfair ausgenutzt und um ihr Leben betrogen, und das seit Generationen, mindestens seit 1968. Derzeit läuft die nächste Steigerung dieses ungeheuren Betruges.

Der inzwischen krasse zahlenmäßige Überschuß junger Männer gegenüber jungen Frauen verdrängt viele einheimische Männer, die ihre eigene Verdrängung noch wie ein Kuckold bezahlen müssen. Während die Einheimischen hart arbeiten und Steuern zahlen, werden illegale Eindringlinge gemästet, können aufgetakelt, modisch frisiert Mädel und

Frauen verführen oder aufreißen, die aufgrund früherer Migrationen und Feminismus ohnehin schon zu wenige waren, so daß nicht jeder Einheimische eine abbekommen konnte. Dieser seelisch grausame Mißstand radikalisiert sich weiter durch die Millionenflut überwiegend unbegleiteter männlicher Sozialgeldforderer. Doch schon seit 1968 waren weibliche Liebesfähigkeit und natürliches Mitgefühl zusammengebrochen, durch eine Perversion von Haß, Anfeindung, Entrechtung und zynischer Ausnutzung ersetzt worden. Echte Anteilnahme war schon vorher zerbrochen, von egoistischen frauenbezogenen und selbstbezogenen Kampfsentimenten verschüttet worden.

Die entmännlichten, kaputtgemachten heimischen Männer waren Femanzen langweilig geworden; nur die aggressiven Eroberer, die sie ins Land ließen, denen sie willkommen klatschten, können von feministischem Haß begrabene weibliche Urinstinkte ansprechen.

Eine Ähnlichkeit der Migrations- und Eroberungspornos mit Wahlplakaten der Grünen soll nicht vorenthalten werden:

Uns wimmeln sie ab. Einheimische Verlierer weiblicher Selektionsdiktatur haben sie zeitlebens unterdrückt, diskriminiert und um ein erfülltes Leben betrogen. Doch mit den Eroberern treiben sie's so bunt, daß die Geschlechtskrankheiten mit der Migrationswelle zunehmen, wie Ärzte warnen.

«Helferinnen haben Sex mit Migranten als Zeichen der ‚Toleranz'»[174]

Übrigens sieht ein Historiker die leichte Verfügbarkeit westlicher Frauen für Oriëntalen als eine der Ursachen von Radikalisierung von Muslimen zu Terroristen an. Weibliches Entgegenkommen schädigt also nicht nur die diskriminierten einheimischen Männer – die benachteiligt werden, denen Solidarität und Empathie verweigert wird, um sie stattdessen illegal eindringenden Invasoren zu schenken, und gebiert sodann statt einheimischen Kindern muslimische Mischlinge, sondern könnte, wenn der Historiker recht hat, sogar Terrorgefahren heranzüchten.

«Leichte Verfügbarkeit von Frauen als Schwäche des Westens
Der britische Historiker J.B. Kelly schreibt laut dem Ökonom Deepak Lal (In Praise of Empires), daß ein **Faktor für die Konvertierung von Muslimen zu Terroristen in ihren Erfahrungen mit Frauen besteht**, die sie bei ihren Reisen in den Westen machen.
„Und wenn sie selbst, was viele bei ihren Reisen in westliche Länder nun getan haben, die leichte Verfügbarkeit von westlichen Frauen erleben, **dann wird ihre Verabscheuung des westlichen Christentums als eine Zivilisation, die ihre Frauen so gering achtet, daß sie ihnen erlaubt, sich Männern von einer fremden Ethnië und einem feindlichen Glauben anzubieten, absolut.**" (S. 93).»[175]

In linksgrünfeministischer Szene schmücken sich Frauen seit Jahrzehnten gern mit Migranten, die ihnen das bieten, was sie einheimischen Männer strengstens verbieten. Nachdem die eigenen Männer überflüssig

---

174 https://www.unzensuriert.at/content/0024202-Schweden-Helferinnen-haben-Sex-mit-Migranten-als-Zeichen-der-Toleranz
175 https://feuerbringer.wordpress.com/2011/04/20/sollten-frauen-sex-mit-muslimen-haben/

und kaputt gemacht wurden, ihre unterdrückten weiblichen Instinkte nicht mehr ansprechen können, sucht feministische Perversion das Fehlende bei aggressiven Invasoren, die sie daher auch aus Eigeninteresse hereinlassen. Nicht nur wollen sie Verbündete gegen den gemeinsam gehaßten ‚weißen Mann' gewinnen, sondern auch ihre unterdrückten Instinkte, Lüste und Gefühle durch ihren Verrat befriedigen.

Deshalb sind sie bereit, ihre eigenen Männer, einheimische Kinder und deren Zukunft zu verraten. Sie reden von ‚Gleichheit', was bedeutet, Deutschland zum Sozialamt und inversen Puff der ganzen Welt zu machen, weil wir jeden dafür bezahlen und mit praktisch lebenslangem Bleiberecht belohnen, der illegal mit falscher Angabe seiner Identität eindringt. Doch nicht einmal eine solche selbstmörderische grenzenlose ‚Gleichheit' meinen sie ernst, sondern benachteiligen systematisch die eigenen Landeskinder.

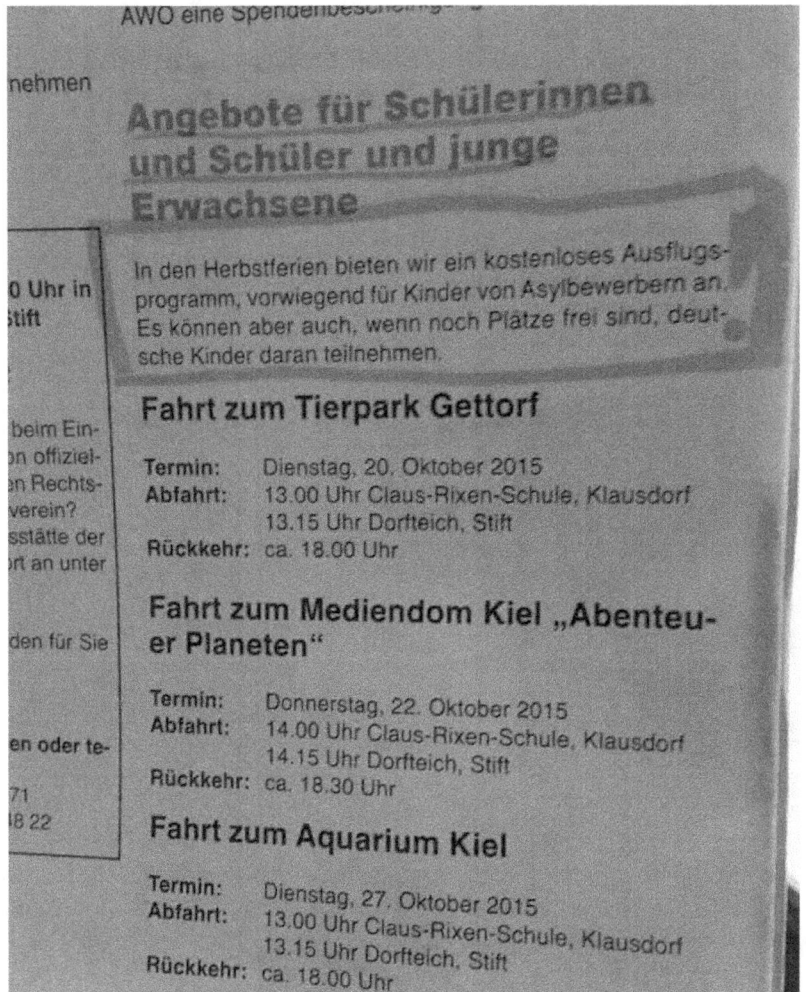

«Marxistische Feministinnen erzogen Männer als Frauen – begrüßen muslimische Machos

17. Januar 2016 von Anders

... ob der feministische Krieg gegen Männlichkeit die zugrunde liegende Ursache der Schwäche der europäischen Kultur sein könnte ...

Die amerikanische Autorin Suzanne Venker sagt, daß Männer ihre mangelnde Lust zum Heiraten mit der Beobachtung erklären, daß „Frauen keine Frauen mehr sind". Der Feminismus hat die Frauen dazu programmiert, Männer als Feinde zu sehen.
Als Ergebnis sind Männer in postmoderner westlicher Kultur überflüssig gemacht worden.»[176]

Geschlechter*Rolle*Ich*
– Theaterpädagogischer Workshop zu den Themen Heteronormativität und Homo- und Transphobie

Im Jahr 2015 hatte das Schultheater-Studio Frankfurt die Möglichkeit durch die Unterstützung des Hessischen Ministeriums für Soziales und Integration einen neuen theaterpädagogischen Workshop zu den Themen Heteronormativität und Homophobie zu entwickeln: „GeschlechterRolleMensch". Der Workshop wurde von Lehrkräften und Schüler_innen sehr positiv aufgenommen. Ein Zitat eines Jahrgangsteams einer Gesamtschule hebt dies hervor:

Der Workshop GeschlechterRolleMensch bot unseren Schüler_innen die Möglichkeit, sich mit der eigenen Identität und dem eigenen Verständnis von

Abendländische Männer wurden nicht nur strukturell überflüssig gemacht von feministischer Emanzipation, sondern ihnen alles genommen, was Frauen ersehnen, und Männer daher benötigen, um für Frauen interessant zu sein. Auch die zerstörte kulturelle Geschlechterergänzung fehlt ihnen. Daher unterwerfen sich viele Feministinnen aufgrund ihrer Perversion am Ende freiwillig Islamisten und der von ihnen verbreiteten radikalen, aggressiven Zerrform von Kultur, statt zur Vernunft zurückzukehren, die von ihnen zerstörte abendländische Kultur wieder aufzubauen.

---

176 https://new.euro-med.dk/20160117-europas-unheil-marxistische-feministinnen-erzogen-manner-als-frauen-begrussen-muslimische-machos-nun-werden-frauen-freiwild.php

(Beten vor dem Kanzlerinnenamt)

«Feminismus-Kritikerin: Unterwerfung europäischer Frauen hat längst begonnen

... In diesen Seminaren werde auch vermittelt, daß man in Deutschland Frauen ohne Scheu auf Sex ansprechen könne, da Frauen hierzulande offen dafür seien. Das richtige Verwenden von Kondomen werde dabei an Plastikpenissen geübt und schließlich bekommt man dann auch noch Kondome mit auf den Nachhauseweg. All dies selbstredend auf Kosten des Steuerzahlers.»[177]

Gleichzeitig indoktrinieren feministisch geschulte Erzieher*In_nen, deren Lehrpläne, Schulbücher, Methoden und Ziele seit Jahrzehnten ständig genau geprüft werden, ob sie auch feministisch, geschlechtsneutral, umgendernd genug sind, in Frühsexualisierung nichtheterosexuelle Agenda und Lebensweisen schmackhaft machen, genüßlich unsere Kinder.

---

177 https://www.unzensuriert.at/content/0022541-Feminismus-Kritikerin-Unterwerfung-europaeischer-Frauen-hat-laengst-begonnen

(Lehrerin freut sich darüber selbstgefällig)

Dazu zählt nun Gewöhnung unserer Kinder an Islamisierung. Ganze Schulklassen werden gezwungen, sich in Moscheën zu verbeugen. Aufnahmen sich im Gebet niederwerfender Kinder zeigen, wie Lehrerinnen dabei zufrieden strahlend Bilder der sich islamisch zu Boden werfenden Schüler auf dem Gebetsteppich der Moschee aufnehmen. (Das arabische Wort für ‚Schüler' lautet übrigens ‚Talibun'. Daher wäre es sprachlich korrekt, von Talibanisierung unserer Töchter und Söhne zu sprechen.)

Übt sich früh Verbeugung blonder Mädchen vor Muslimen?

Wessen Kind nicht daran teilnimmt, ist schon dafür bestraft worden. Frage: Wie viele Kirchen gibt es in Saudi Arabiën? 0. Ist dort der Besitz einer Bibel erlaubt? In wie vielen islamischen Ländern ist beides verboten? Ist jemals von muslimischen Kindern verlangt worden, zu Unterrichtszwecken eine Kirche zu besuchen, um Toleranz zu lernen? Wurden jemals muslimische Kinder dazu aufgefordert, in Kirchen oder Synagogen zu beten oder sich mit betender Geste zu verbeugen, um sie zu religiöser Toleranz zu erziehen? Nein? Wieso nicht? Weshalb solche Einseitigkeit? Warum werden jene, die Terroranschläge hervorbringen, nicht von Kindheit an zu Toleranz erzogen, stattdessen jene, die keine Attentate auf Andersgläubige machen, zu Toleranz gegenüber denen, die mit religiösem Terror ‚bereichern'?

Wie in allen feministischen Wellen üblich, läuft alles ausschließlich exakt verkehrt herum.

Aktion Familie & Kind • Keibelstraße 36 • 10178 Berlin

Aktion Familie & Kind
Keibelstraße 36
D - 10178 Berlin

☏ 030 / 332 30 03
📠 030 / 332 30 06

aktionfamiliekind@gmx.de
www.aktionfamilie.tk

Datum: 05.10.2016

Betreff: Ihre Anfrage zur Freizeitausfahrt

Sehr geehrter Herr ▬▬▬,

Vielen Dank für Ihr Interesse an unserer Freizeitausfahrt ins „Belantis". Dieses Angebot richtet sich in erster Linie an syrische und afghanische Flüchtlingskinder und deren Familien. Die Kosten werden vollständig durch einen staatlichen Förderfond übernommen und belaufen sich inkl. An- & Abfahrt, Verpflegung, 2x Übernachtungen und Eintrittskarten auf eine Summe von insg. **242,28€ pro Person**.

Bitte haben Sie Verständnis dafür, dass wir Ihre Kinder nicht mit auf den Ausflug nehmen können. Wir haben uns nach reiflicher Überlegung dazu entschlossen, ausschließlich Flüchtlingskindern und deren Eltern dieses Angebot zu ermöglichen. Deutsche Kinder mit ihren Familien werden aufgrund der kulturellen Unterschiede in diesem Zusammenhang als störend empfunden.

Bitte schauen Sie in unregelmäßigen Abständen auf unsere Internetseite oder kommen Sie zu einem Familiennachmittag. Wir möchten in Zukunft noch eine weitere Freizeitausfahrt planen bei der die Kosten jedoch leider nicht übernommen werden können.

Deutsche Kinder stören nun in Deutschland, laut Anschreiben der „Aktion Familie & Kind". Kulturelle Unterschiede sind genau dann freudig zu akzeptieren, wenn es um ‚Integration' illegal eindringender Masseninvasion geht; sobald es sich um deutsche Kinder handelt, werden deren kulturelle Unterschiede zum auszuschließenden Störfaktor. Die logische Struktur des Arguments bedeutet, daß dieser Staat einen Kulturkrieg gegen sein eigenes Ursprungsvolk führt, dessen kulturelle Eigenart im Streitfalle als störend abgelehnt wird, dieser Kulturkrieg jedoch für die meist illegalen Einwanderer geführt wird, deren kulturelle Eigenart im Konfliktfalle als hinzunehmen geboten wird.

Dem können wir entnehmen, daß die besprochene Pornographiepropaganda etwas in Staat und Gesellschaft vorhandenes widerspiegelt und zynisch ausnützt, aber nicht erfindet.

Flut schlechter Nachrichten

Wir werden überflutet, unser Sozialsystem wird sinnlos ausgenutzt, weil wir illegales Eindringen mit Geldsummen belohnen, die unwiderstehlichen Anreiz ausüben.

«„Flüchtlinge" in Italien: Wir wollen nur nach Deutschland, weil wir dort Geld bekommen
13. 09. 2016
In Como, wenige Kilometer von der Schweizer Grenze entfernt, harren seit Wochen hunderte Boots-„flüchtlinge" aus. Viele wollen durch die Schweiz weiter nach Deutschland. Doch die hat die südliche Grenze fast dicht gemacht. Sie wollen unbedingt nur nach Deutschland, weil sie dort Geld bekommen. Italien und die Schweiz werden als Asylland abgelehnt. Das sollen traumatisierte, vom Krieg verfolgte Menschen sein? Niemals, es geht nur um Geld und weitere versprochene Leistungen, die in Deutschland warten.»[178] (unser-mitteleuropa)

Ergebnis ist eine gigantische Zahl Untergetauchter, die Kriminalität, mafiose Strukturen und den Dschihad mit Terroranschlägen gegen unser Volk füttern werden.

«EXKLUSIV: Die deutsche Regierung gibt zu, nicht zu wissen, wo 600.000 ihrer 1,1 Millionen Asylsucher geblieben sind – von denen viele mehrfache Identitäten benutzen könnten, um durch Europa zu reisen
2016-01-25 | Daily Mail»[179]

---

178 http://unser-mitteleuropa.com/2016/09/13/fluchtlinge-in-italien-wir-wollen-nur-nach-deutschland-weil-wir-dort-geld-bekommen/
179 «EXCLUSIVE: German government admits it cannot account for 600,000 of its 1.1million asylum seekers – and many could be using multiple identities to travel across Europe
2016-01-25 | Daily Mail»
(https://cqrcengage.com/act/app/document/11549795)

Welche Terrorgefahr und was für eine Ausnutzung der Sozialsysteme von einem Untertauchen in solchem Ausmaß ausgeht, das der Völkerwanderung vor 1500 Jahren gleicht, oder diese in absoluten Zahlen noch übersteigt, ist jenseits unseres Vorstellungsvermögens.

«Paris warnt: 15.000 radikalisierte Personen in Frankreich
Von Detlef Kossakowski / 12. September 2016 / Aktualisiert: 12. September 2016 15:55
Frankreich stünde unter maximaler Terror-Bedrohung, so der französische Premier Valls. Etwa 15.000 radikalisierte Personen wären unter Beobachtung. Gegen 1.350 Personen werde ermittelt.

Frankreich warnt vor erneuten Terror-Angriffen im Land, so der französische Premier Valls laut „Deutschen Wirtschafts Nachrichten". Erst letzte Woche seien zwei Anschläge in Paris vereitelt worden. Letzten Sonntag habe die Polizei ein Auto mit Sprengstoff nahe der Kathedrale Notre Dame entdeckt.

Ungefähr 15.000 mutmaßliche, in Frankreich lebende Radikale stünden unter Beobachtung.»[180] (epochtimes)

Solch dumme Politik bringt mafiose Banden hervor, die ganze Stadtviertel übernommen haben, und noch wesentlich mächtiger werden, bis es selbst einem gewählten Parlament nicht mehr gelingen kann, das Problem wieder zu lösen. Einmal an der Macht, wird die Mafia auch die politischen Parteien durchdringen und unbesiegbar werden. (Zyniker könnten anmerken, dies sei bereits imgange.)

«Muslimische Banden übernehmen die Kontrolle von 55 Zonen in Schweden
TheLipTV, veröffentlicht am 05.11.2014
Muslimische Verbrecherbanden haben die Kontrolle über 55 „Geh-nicht-hin"-Zonen übernommen, gemäß einem von der schwedischen Polizei veröffentlichten Bericht, der die Bereiche aufzeichnet, in denen der Gesetzesvollzug aufgegeben wurde. Diese Bereiche wurden vom organisierten Verbrechen und Drogenhandel überrannt; Polizisten sind häufig offenen Angriffen ausgesetzt, wenn sie versuchen, solche Bereiche

---

180 http://www.epochtimes.de/politik/europa/paris-warnt-15-000-radikalisierten-personen-in-frankreich-a1933599.html

zu betreten. Wir betrachten, wie diese Banden die Zonen von der Strafverfolgung übernommen haben, und wie staatlichen Autoritäten machtlos waren, die Entwicklung nicht umdrehen konnten, in diesem Nachrichtenvideo mit Elliot Hill und Mark Sovel.»[181]

Ein anderes zu erwartendes Ergebnis dieser rückgratlosen und hochgradig dummen Politik:

«Schönborn: Europa verspielt sein christliches Erbe ...
Wird es eine islamische Eroberung Europas geben?
Der Wiener Erzbischof ging in seiner Predigt auf den historischen Ursprung des kirchlichen Festes „Maria Namen" ein, das als Dank für die Befreiung Wiens vor den Osmanen vor 333 Jahren eingeführt wurde. „Wird es eine islamische Eroberung Europas geben? Viele Muslime wünschen das, und sagen: Europa ist am Ende", gab der Kardinal zu bedenken und verwies darauf, daß „Europa drauf und dran ist, sein christliches Erbe zu verspielen". Schon jetzt könne man diesen Verlust spüren, „nicht nur wirtschaftlich, sondern vor allem menschlich und religiös".»[182] (Erzdiözese Wien)

Nachdem wir innerlich durch eine starke islamische und teils islamistische Bevölkerungsgruppe, oder gar eine künftige Mehrheit Muslime geschwächt sind, werden kriegerische islamische Völker Nordafrikas oder Zentralasiens Europa gewaltsam erobern. Dann sind die willkommensklatschenden Verantwortlichen aber nicht mehr im Amt.

---

181 «Muslim Gangs Take Control of 55 Zones in Sweden
TheLipTV, Veröffentlicht am 05.11.2014
Muslim criminal gangs have taken control of 55 "no-go zones," according to a report released by Swedish police, which mapped out the areas law enforcement has handed over. The areas are overrun by organized crime and drug dealing and officers frequently face direct attacks when trying to enter them. We look at how the gangs have secured these zones from criminal authorities, and how authorities have been powerless to change the tide in this Lip News clip with Elliot Hill and Mark Sovel.» (https://www.youtube.com/watch?v=thXCb1VUBDg)
182 https://www.erzdioezese-wien.at/site/home/nachrichten/article/52118.html

«Aktualisiert am 14. April 2016, 10:54 Uhr

Ein Interview sorgt für Aufregung: In spätestens 30 Jahren werde die Hälfte der europäischen Frauen einen Hijab tragen, prophezeit der syrisch-orthodoxe Bischof für die Schweiz und Österreich, Dionysios Isa Gürbüz. Er sieht bereits den Beginn der Christenverfolgung in Europa. ... „Was heute Tausende von Terrorgruppen von IS, Taliban oder al Qaida anrichten, ist die Verlängerung des Genozids von 1915", sagt er.

Damals kamen fast zwei Millionen Christen ums Leben, Millionen konvertierten zum Islam. Von Beginn an, bereits vor 1.300 Jahren sei es die „Agenda des Islam", Christen mit Terror aus dem Mittleren Osten zu vertreiben.

Gürbüz blickt sorgenvoll in die Zukunft. In der Heimat seiner Kirche, heute Syrien und Irak, würden seine Glaubensgenossen schon heute verfolgt, ähnliches befürchtet er in Europa.»[183] (Web.de)

Die Religionsverfolgung wird den abendländischen, deutschen, männlichen Selbsthaß fortsetzen, der von feministischen, grünen und linken Kräften verstärkt wurde. Bereits jetzt wird jeder andersdenkende Mann auf unflätige Weise verhöhnt, als #Populist, #Nazi, #Chauvi oder #veraltet gescholten, wenn er es wagt und ihm gelingt, geistig von vorgeschriebener Ideologie abzuweichen.

«Nation und Männerrechte
Man kann den Rülps auch einfach ignorieren
... Vergeßt diese Leute! Und macht Euch besser Gedanken über die wirklichen Probleme der Menschheit.

Eine Kolumne von Sibylle Berg

... Maskulisten, Identitäre, AFD, Pegida, Lega, Populismus-Gewinnler, die Volksverblödungsbücher schreiben, zu kurz gedacht in Ermangelung eines brillanten, weitsichtigen Geistes. Salafisten und Fundamentalisten aller Länder, vereinigt euch und bezieht Höhlen unter der Erde.»[184] (spiegel.de)

---

183 http://web.de/magazine/politik/bischof-20-30-jahren-zweite-europa-hijab-31492338
184 http://www.spiegel.de/kultur/gesellschaft/maskulisten-und-identitaeren-ruelps-einfach-ignorieren-a-1111483.html

Eingebrockt haben uns die Misere vor allem feministische Kräfte, die seit 1968 alle Abwehrkräfte der Demokratie lahmgelegt, alle vernünftigen Männer mundtot gemacht und indoktrinierte, gegenderte Generationen herangezogen haben, die von früh auf an staatlichen Ausbildungsstätten ideologisiert der Verblendung ihrer Machthaber und Erzieher anheimfallen.

Von solchen unfairen Haßschwaflern ist keine faire Besprechung geistiger Durchbrüche und Neuerungen zu erwarten. Volksverblödung betreibt sie selbst, indem sie Bücher mit tiefgreifenden Argumenten nicht liest, in Unkenntnis als „blöde" diffamiert. Tragisch ist, daß auch die winzige „eigene Szene" Bücher und Urheber ignoriert, was die Arbeit erheblich behindert, Verlage abschreckt, die wichtigsten meiner Bücher herauszubringen, von denen die meisten ungedruckt, die übrigen so gut wie ungelesen sind. Davon profitieren Feministen und Schleusermafia.

Derweil werden wir von vermeintlich schutzsuchenden Migranten nicht nur ausgenutzt, sondern auch bespöttelt.

«12.09.16 – 06:36 Im Gewerbepark Lindach
Brandalarm in Asylunterkunft löst Großeinsatz der Rettungskräfte aus
Zu einem vermeintlichen Zimmerbrand in der Burghauser Asylbewerberunterkunft im Gewerbepark Lindach wurden in der Nacht auf Montag kurz nach 0 Uhr Feuerwehr, Rettungsdienst, Einsatzleiter Rettungsdienst und Polizei gerufen.

Wie sich schnell herausstellte, hatte ein Feuermelder in der Küche des ersten Obergeschosses ausgelöst. Der Grund hierfür war angebranntes Essen.

Eigentlich ein Routineeinsatz für die Hilfskräfte, doch so manche Asylbewerber fanden den Einsatz der Hilfskräfte offenbar recht lustig, wie ein Reporter vor Ort berichtet. Eine Frau und ihr Mann, die mit vier Kindern auf einem Stein vor der Unterkunft saßen, belächelten den Feuerwehreinsatz nach Empfinden unseres Reporters regelrecht.

Andere Asylbewohner filmten den Einsatz fleißig mit dem Handy mit, traten dabei sogar bis zu einem Meter an Einsatzkräfte heran. Selbst eine Ermahnung der Polizei schreckte sie nicht ab.»[185] (innsalzach24.de)

Über solchen derzeit aktuellen Problemen und Themen wird die seit Generationen laufende Verarschung und Ausbeutung deutscher Männer durch Feministen verdrängt, überlagert von scheinbar neueren und aktuelleren Fragen, obwohl die Fehlentwicklung damit begann, dies der Motor der Entgleisung einer Gesellschaft, der Zerstörung aller Widerstandskräfte und aller gesunden Kräfte überhaupt ist.

Wer denkt bei solchen Meldungen, die nach Jahrzehnten feministischer Desinformation und frauenbewußten Jammerns unsere Ohren erreichen, noch daran, daß Männer um ihr Leben, Liebesleben und Zukunft betrogen wurden, seit Generationen nun schon, und nunmehr in noch höherem Maße betrogen werden – nur sind die profitierenden Nutznießer nicht länger nur feministische Frauen, sondern Millionenscharen, die unser glitzernder Wohlstand und unsre unverschleierten Frauen anzogen?

Die eigentlichen Opfer, die um ihr ganzes Leben betrogen wurden, werden erst recht ignoriert, seit solche Themen über uns hereingebrochen sind.

---

185 http://www.innsalzach24.de/innsalzach/region-burghausen/burghausen-ort481637/burghausen-brandalarm-asylunterkunft-gewerbepark-loest-grosseinsatz-rettungskraefte-6739582.html

Die netten Sozialtouristen von Calais und ihre feministischen Helfer

Gewaltsam eröffnen „Flüchtlinge" sich im sicheren Aufenthaltsland Frankreich den Weg in ein vermeintlich profitableres Aufenthaltsland Großbritannien. Massive Sachbeschädigung, Verletzungen oder gar Tote werden in Kauf genommen.

«Ein weiterer Tag, ein neuer Überfall in Calais: Migranten bauen provisorische Blockaden auf Straßen, um Fahrer abzulenken, im Zuge einer neuen Taktik bei ihrem Bemühen, die britische Insel zu erreichen.

Bilder zeigen, wie Migranten ‚Straßensperren' errichten, um Fahrer aus ihren Lastwagen zu zwingen, die Hindernisse wegzuräumen.

Migranten versuchen, in die Lastwagen einzudringen, während der Fahrer – der aus dem Fahrzeug gestiegen ist –, von der Straßensperre abgelenkt ist.

Bilder tauchten auf, die einen Kleinkrieg zwischen Polizei und Migranten zeigen, die beim Dschungelcamp in Calais Steine schmeißen.»[186] (Daily Mail)

---

186 «Another day, another lorry ambush in Calais: Migrants creating makeshift roadblocks to distract drivers in new tactic as they try to reach Britain
Pictures have emerged of migrants creating 'road blocks' to force drivers out of their lorries to remove obstacles
Migrants try to break into the truck while the driver – who has got out the vehicle – is distracted by the road block
Pictures emerged as police fought running battle with migrants throwing rocks at the Jungle camp in Calais»
(http://www.dailymail.co.uk/news/article-3653404/Another-day-lorry-ambush-Calais-Migrants-creating-makeshift-roadblocks-distract-drivers-new-tactic-try-reach-Britain.html)

Migranten drohen mit Messern, greifen mit Hämmern, Baseballschlägern und Schußwaffen an, werfen Zementblöcke.

«Die Angst der Lastwagenfahrer, die im Migrantenmob von Calais Spießruten laufen: Spediteure sagen, Fahrer könnten sterben, da sie täglichen Angriffen mit Hämmern, Baseballschlägern und Schußwaffen ausgesetzt sind

Lastwagenfahrer berichten, sie seien ‚beispiellosen Graden der Aggression' ausgesetzt.

Migranten bedrohen Fahrer mit Messern und werfen Zementblöcke.

Ein Lastwagenfahrer behauptet, Migranten hätten eine Umleitung geschaffen, um Lastwagen Richtung Hafen aufzuhalten.

Spediteure beschweren sich, die französische Polizei tue nichts gegen das Problem.»¹⁸⁷ (Daily Mail)

Eine gewaltsame Invasion versucht auch nach Großbritannien zu gelangen, dort die staatliche Versorgung und Geldtöpfe anzuzapfen, und Zugang zu den knappen einheimischen Frauen zu erlangen.

---

187 «Fear of truckers at Calais running the gauntlet of migrant mob: Hauliers say a driver could die as they face daily attacks with hammers, baseball bats and guns
Lorry drivers claim they are facing 'unprecedented levels of aggression'
Migrants are threatening drivers with knives and throwing concrete blocks
One trucker claimed migrants set up a diversion to stop port-bound lorries
Hauliers complain French police are not doing anything about the problem» (http://www.dailymail.co.uk/news/article-3371193/Fear-truckers-Calais-running-gauntlet-migrant-mob-Hauliers-say-driver-die-face-daily-attacks-hammers-baseball-bats-guns.html)

«Lastwagenfahrer sagen, sie seien täglichen Angriffen ausgesetzt, darunter mit Messern, Hämmern, Eisenstangen, Baseballschlägern und sogar Schußwaffen.

Gefährliche Taktiken schließen auch das Werfen von Betonteilen auf die Straße ein, sowie Fahrer mit Verletzung zu bedrohen, wenn diese sie nicht in ihre Fahrzeuge lassen.»[188] (The Express, Calais Migranten Krise: Lastwagenfahrer fürchten Tod)

«GROßE MAUERN AUS FEUER

Erschreckender Moment: Die Migranten von Calais entzünden lodernde Straßensperren

---

188 «Truckers say are suffering daily attacks involving knives, hammers, iron bars, baseball bats and even guns.
Bold tactics also include dropping lumps of concrete on to the motorway and threatening injury unless drivers let them inside their vehicles.» (http://www.express.co.uk/news/world/629016/Calais-migrant-crisis-lorry-drivers-fear-death)

ERSCHRECKENDE Bilder sind aufgetaucht von Flammen, die in Calais quer über eine Straße rasen bei einem der jüngsten Versuche von Migranten, Lastwagen anzuhalten.

Das dramatische Video einer Amaturenbrettkamera zeigt Lastwagen, die gezwungen werden, durch lodernde Flammen zu eilen, damit die entschlossenen Männer nicht auf die Fahrzeuge klettern können. ... Viele Lastwagen bremsen, als sie sich den Flammen nähern, und einige Wagen können gesehen werden, die am Straßenrand angehalten haben.

Die Feuerlohen erstrecken sich quer über die ganze Straße mit Rauch, der in die Nacht aufsteigt, während eine Anzahl Männer über den Fahrweg flitzen. ... Die schockierende Szene ist nur der letzte Versuch von Migranten in diesem Sommer, Fahrzeuge zu blockieren.

Randalierende Migranten wurden letzten Monat angeklagt, Lastwagenfahrer mit einer Motorsäge zu bedrohen und eine Straße mit Benzin zu begießen, bevor sie es entzündeten. ... Im August griff ein Mob von Migranten auch Fahrzeuge an, schlug Fenster mit Brechstangen und Baseballschlägern ein bei einem Versuch, in Fahrzeuge mit Ziel GB zu gelangen, was sogar Entführung von Fahrzeugen einschloß.»[189] (The Sun)

Todesfälle gab es auch bei der ständigen Belagerung von Lastwagen, die wie von Piraten gekapert werden, um nach Großbritanniën zu gelangen, wo mehr Geld winkt als in Frankreich. Weder Schutz noch Asyl war Grund für die Tötung, sondern Gier nach mehr Geld.

«Von Flüchtlingen nahe Calais errichtete Barrikade verursacht tödlichen Unfall
AFP 20. Juni 2017 ...
Das Fahrzeug mit polnischem Kennzeichen ging in Flammen auf, der Fahrer verbrannte. Neun Flüchtlinge aus Eritrea wurden festgenommen. ...
In der Gegend um Calais errichten Flüchtlinge immer wieder Barrikaden auf Autobahnen, unter anderem mit Baumstämmen. Sie wollen

---

[189] «GREAT WALLS OF FIRE Terrifying moment Calais migrants spark BLAZING roadblocks
TERRIFYING footage has emerged of flames streaking across a Calais road in the latest attempt of migrants to stop lorries.
The dramatic dashcam video shows trucks being forced to steam through the blaze so the determined men can't clamber aboard the vehicle. ... Many lorries slow as they approach the flames and some cars can be seen halted at the side of the road.
The blaze stretches across the entire road with smoke rising into the night as a number of men dash across the carriageway. ... The shocking scene is just the latest attempt by migrants to block vehicles this summer.
Rioting migrants were last month accused of threatening a lorry driver with a chainsaw and dousing a road in petrol before setting it alight. ...
In August mobs of migrants also attacked vehicles and smashed windows with crowbars and baseball bats in a bid to board UK bound vehicles, even going as far as hijacking cars.»
(https://www.thesun.co.uk/news/1772208/terrifying-moment-calais-migrants-spark-blazing-roadblocks/?CMP=spklr-_-Editorial-_-TWITTER-_-TheSunNewspaper-_-20160913-_-News-_-581596471)

damit Lastwagen zum Bremsen zwingen und dann an Bord der Lkws versteckt nach Großbritannien gelangen.

Solche Barrikaden waren beinahe Alltag, als in Calais ein als „Dschungel" bekanntes Flüchtlingslager stand. Das Lager mit tausenden Bewohnern wurde im vergangenen Herbst aufgelöst, die Flüchtlinge in Aufnahmelager im ganzen Land gebracht.

Zuletzt sind aber wieder zahlreiche Flüchtlinge in der Region angekommen - sie hoffen auf ein besseres Leben in Großbritannien.»[190] (Yahoo)

Diese netten „Flüchtlinge" locken wir mit Asylgeld und Sozialleistungen an, füttern sie zur Belohnung durch, bieten ihnen Flirtkurse, Gratiskondome und Sex. Ein sexueller Dschihad gegen Europa findet dank Merkels „Bereicherung" in unseren Straßen statt. „Geschenkt" wurde unseren Männern ihre Verdrängung durch Invasoren, die sie durchfüttern müssen, denen in Flirtkursen beigebracht wird, wie sie uns die wegen früherer Migrationswellen bereits vorher zu wenigen Frauen wegschnappen können.

Zu Hause in Afrika oder Arabiën ließen die Asylgeldkassierer fast alle ihre Frauën und Mädchen zurück, so daß Afrikaner dortigen Frauënüberschuß polygam genießen. Bei uns aber verursachen sie enormen Frauënmangel, verlangen nach unseren Frauën, die den sie bezahlenden arbeitenden Steuerzahlern fehlen. Sehr freche klagen dann gar „sie seiën noch Jungfrau", um uns zu den Falschen solidarische Mädchen auszuspannen und zu schwängern, statt ihre eigenen Frauën in Afrika zu beglücken. Hier hinterlassen sie dann fremden Nachwuchs ihrer meist minderen Begabung bei wenig Affektkontrolle oder Anstand, der so zur Zukunft unsres Landes wird.

Unseren Frauen wird Belästigung und Vergewaltigung „geschenkt". Unseren Feministinnen wird die nächste Stufe der Ausbeutung und Erniedrigung hart arbeitender heimischer Männer „geschenkt", eine Verhöhnung, die noch tiefer geht als jene, die Feminismus allein geschafft hätte.

---

190 https://de.nachrichten.yahoo.com/flüchtlingen-nahe-calais-errichtete-barrikade-verursacht-tödlichen-Unfall-090040292.html

«Polizeipräsidium Mittelfranken
POL-MFR: (1653) Exhibitionist entblößte sich vor Kindern – Zeugensuche
13.09.2016 – 10:53
Ansbach (ots) – Wie der Polizei erst jetzt bekannt wurde, trat bereits am späten Samstagnachmittag (10.09.2016) auf einem Spielplatz in Neuendettelsau (Landkreis Ansbach) ein Exhibitionist auf. ... Ca. 16 Jahre alt, etwa 170 cm groß, schlank, kurze schwarze Haare, dunkler Oberlippenbart, dunkler Hauttyp.»[191] (Presseportal)

Alle anständigen und vernünftigen Menschen verlieren und müssen zusammenhalten. Nur durch feministische und linke Ideologie verbohrte Wirrköpfe können so einen Wahnsinn betreiben und glauben, damit etwas gutes zu tun. Die zum Abkassieren meist durch viele sichere Länder zu uns Gekommenen, oder vom Staat Eingeflogenen, die sich hier sexuell herausnehmen, was zu Hause undenkbar wäre, haben meist ihre Frauen, Kinder und Familien in Krisen- oder Kriegsgebieten zurückgelassen, sind vor ihrer Pflicht desertiert, ihre eigene Heimat aufzubauen, ihre eigenen Frauen zu schützen. Stattdessen nutzen sie unsere arbeitende Bevölkerung aus, beuten uns nach Strich und Faden aus, oder tun uns gar sexuelle Gewalt an. Sie müssen schleunigst nach Hause zurückkehren und lernen, dort verantwortlich zu handeln und etwas produktives zu tun: ihr eigenes Land aufzubauen, ihre eigenen Familien zu schützen und mit eigener Arbeit zu versorgen.

Wie können Menschen so verbohrt sein, das Bezahlen aggressiver Eroberhorden für „moralisch gebotene Hilfe" zu halten? Die politische Kaste und Etablierten haben kollektiv den Verstand verloren, wie im Dritten Reich und in der DDR. Für die wirklichen Opfer gibt es seit Jahrzehnten nur Spott und Hohn, aber keinerlei Mitgefühl oder Hilfe.

«Trio fordert 16-Jährige im Hauptbahnhof Essen zum Sex auf | WAZ.de
13.09.2016 | 14:02 Uhr

---

191 http://www.presseportal.de/blaulicht/pm/6013/3428295

... Dabei hätten die Verdächtigen sie verbal zu sexuellen Handlungen aufgefordert und ihr dabei ein Kondom gezeigt.»[192] (Der Westen)

Auch die den Flüchtlingen gespendeten Gratiskondome werden kreativ verwendet. Genauso bei 13jährigen, kleinen Kindern, Kleinkindern, Jungen, Müttern, Großmüttern. Kommt es dann zu Zeugung von Nachwuchs, wird dieser mit erhöhter Wahrscheinlichkeit entweder islamistisch erzogen, oder aufgrund seiner kulturellen Entwurzelung anfällig für Bekehrung zu islamistischer Ideologie.

«Sie schauen Enthauptungs-TV und wollen Dschihadist werden
Geheimdienst warnt vor Haß-Kindern, 10.09.2016
FRANKFURT – Der deutsche Staatsschutz warnt vor einem neuen Phänomen: Immer mehr Kinder werden im Westen auf „Ungläubige" abgerichtet.

Wolfgang Trusheim ist Leiter der Staatsschutz-Abteilung im Polizeipräsidium Frankfurt. Was er und seine Mitarbeiter beobachten, ist beunruhigend. Immer mehr Kinder werden von klein auf zur Ablehnung aller „Ungläubigen" und zu Haß auf die Gesellschaft erzogen. Das berichtet die „hessenschau.de".

Die Kinder weigerten sich, mit „Ungläubigen" Fußball zu spielen. Stattdessen zeigen ihnen die Eltern zu Hause Videos, in denen „Ungläubige" geköpft oder verbrannt werden. Den Kleinen wird eingetrichtert, daß die Leute diese Strafe verdient hätten.

In der Schule erzählen die Kinder, daß sie einmal Dschihadist werden wollten. Und ihren Schulkollegen drohen sie: „Ich werde dich später einmal umbringen."

Noch handelt es sich laut Trusheim um Einzelfälle. Aber der Staatsschützer warnt vor einem zunehmenden Problem. Weil salafistische Paare gemäß ihrer Ideologie viele Kinder wollten, werde die Zahl der Haß-Kinder in Zukunft steigen. ...

Trusheim verweist auch auf die Untätigkeit der deutschen Behörden. Ein Haßprediger, der auch seine Kinder schlägt, hätte schon längst ausgeschafft werden müssen.»[193] (Blick.ch)

---

192 http://www.derwesten.de/staedte/essen/trio-fordert-16-jaehrige-im-hauptbahnhof-essen-zum-sex-auf-id12190668.html

Schon jetzt rufen Dschihadisten zu Gewalt auf. Neueste Idee ist, Essen und Trinken zu vergiften.

«Drei französische Dschihadisten rufen in einem neuen Propagandavideo dazu auf, „ins Gesicht der Feinde Allahs zu spucken und mit dem Auto über ihre Körper zu fahren 2. Das Video ist sieben Minuten lang und wurde von einer Art Medienorganisation der Terrormiliz „Islamischer Staat" veröffentlicht. Die Terroristen verbrennen darin ihre französischen Pässe und rufen zum Terror in der Heimat auf. Ein maskierter Mann sagt dazu auf Französisch: „Ihr habt uns unterdrückt und unsere Religion bekämpft und unseren Propheten beleidigt. Und jetzt glauben wir nicht mehr an euch und eure Pässe, und wenn ihr hierher kommt, werden wir euch bekämpfen".

Besonders perfide ist ein angeblicher Mordplan: **Man könne Feinde auch umbringen, indem man Wasser oder Essen vergifte**, heißt es in dem Video. Ziel müsse sein, die Menschen im Westen nicht mehr schlafen zu lassen, weil sie Angst vor Terror hätten.»[194] (Focus.de, koptisch)

«15.09.2016, 09:07

Die Dschihadistenmiliz „Islamischer Staat" (IS) rekrutiert einem Medienbericht zufolge über das Internet systematisch neue Anhänger in Deutschland und unterstützt sie online bei der Planung von Anschlägen. Wie ein Rechercheverbund aus „Süddeutscher Zeitung", „NDR" und „WDR" berichtete, sucht die Sonderkommission „Juli" des bayerischen Landeskriminalamts seit Wochen nach den Hintermännern sowie nach den Angeworbenen.»[195] (Krone.at)

---

193 http://www.blick.ch/news/ausland/sie-schauen-enthauptungs-tv-und-wollen-dschihadist-werden-geheimdienst-warnt-vor-hass-kindern-i-d5458433.html

194 http://www.focus.de/politik/videos/propaganda-aus-syrien-is-ruft-im-video-dazu-auf-wasser-der-feinde-zu-vergiften_id_4289229.html;
https://koptisch.wordpress.com/2014/11/21/kog-is-ruft-zum-wasservergiften-auf/9

195 http://www.krone.at/digital/is-rekrutiert-im-netz-gezielt-deutsche-attentaeter-bka-alarmiert-story-529638

Schauen wir uns einmal die Verbindungen gewalttätiger Landnehmer mit dem Feminismus an:

«Weltfrauen*tag 2016
Unser Feminismus ist antirassistisch – Reclaim feminism
Kein Mensch ist illegal
Wir stehen hier fassungslos angesichts der aktuellen asylpolitischen Situation in Deutschland und Europa. Während an der griechisch-mazedonischen Grenze in Idomeni tausenden Refugees das herzlose Gesicht der Festung Europa gezeigt wird, hat der Bundestag mit großer Mehrheit kürzlich im Hauruck-Verfahren das Asylpaket II beschlossen. Mit dem Asylpaket II haben es die Politiker*innen seit der Quasi-Abschaffung des Asylrechts 1993 geschafft, das Asylrecht noch weiter auszuhöhlen.
… Die Maßnahmen der aktuellen europäischen Politik zielen nicht darauf ab, Menschen in ihrer Schutzbedürftigkeit anzuerkennen! Sie zielen darauf ab, Flüchtende abzuschrecken, sich der Verantwortung zu entziehen und sich weiter abzuschotten. Die Festung Europa tötet! Fortress Europe kills!
Die Maßnahmen der deutschen Asylpolitik zielen nicht darauf ab, Ankommenden einen Platz in diesem scheiß-reichen Land zu geben!
BLEIBERECHT ÜBERALL»[196] (reclaimfeminism)

---

196 https://reclaimfeminism.org/kein-mensch-ist-illegal/

Wie in allen feministischen Kampagnen üblich, arbeitet Feminismus mit Hochdruck daran, die Probleme dieser Welt mit voller Kraft zu vergrößern. Dies war bei allen Wellen so und endet in einem Zusammenbruch der Gesellschaft. Bezahlen müssen die Rechnung vor allem jene vom immigrierten Männerüberschuß bei Frauen verdrängten einheimischen Steuerzahler.

«Feministiskt initiativ
Feministiskt initiativ (deutsch: Feministische Initiative; Abkürzungen: Fi oder F!) war ursprünglich eine politische Vereinigung in Schweden. Der Verein wurde am 4. April 2005 gegründet. Im September 2005 wurde daraus eine Partei gebildet, um an den schwedischen Reichstagswahlen 2006 teilnehmen zu können. Sprecherinnen der Partei sind Gudrun Schyman, Sissela Nordling Blanco und Stina Svensson.
... Eine Forderung der Partei war ebenfalls die **Einführung einer Männersteuer** ... Weiter setzt sich die Partei für eine **liberale Migrationspolitik, die Amnestie aller sich in Schweden befindlichen Flüchtlinge ... ein.**»[197] (wikipedia)

Außer radikalfeministischem Geschlechterkrieg, etwa einer geschlechtsrassistischen Steuer nur für Männer, vertritt die schwedische feministische Partei liberale Immigration und Anerkennung aller illegal Eingereisten. Aktivistinnen fordern grenzenlose und unbegrenzte Einreise.

«Trotz der massiven Polizeioperation erschien plötzlich eine Gruppe von etwa 30 Frauen in der Flughafenhalle, schrieën „Kein Mensch ist illegal" und „Keine Grenzen" und trugen große Banner. Diese ... Aktion wurde von ‚Globaler Frauenstreik' (globalwomenstrike.net) organisiert, und der ‚All African Women's Group'.»[198] (calaismigrantsolidarity)

---

197 https://de.wikipedia.org/wiki/Feministiskt_initiativ
198 «Despite the massive police operation, a group of around 30 women suddenly appeared in the concourse, chanting "No human is illegal" and "No borders", and carrying large banners.
This ... action was organised by 'Global Women's Strike' (globalwomenstrike.net), and 'All African Women's Group'.» (https://calaismigrantsolidarity.wordpress.com/tag/this-border-kills/)

Diese feministisch inspirierten Willkommenshelferinnen treffen auf Phantasievorstellungen leicht verfügbaren Geldes und ebenso williger blonder Frauen in Deutschland, Schweden und ähnlichen Ländern.

«Arabischer Professor: Asylbewerber kommen wegen blonder Frauen nach Deutschland
04.08.2016 - 15:52 Uhr
Deutschland. Der deutsch-syrische Islamwissenschaftler Prof. Bassam Tibi erklärt in einem Interview, warum die hunderttausenden arabischen Asylbewerber ausgerechnet nach Deutschland kommen. **Neben wirtschaftlichen Gründen spielt vor allem der Wunsch nach einer blonden Frau eine große Rolle.**

Prof. Bassam Tibi in einem Interview mit der „Kulturzeit".

Der Basler Zeitung sagte er, daß arabische Männer oft mit hohen Erwartungen nach Deutschland kämen. Sie würden schon in ihren Herkunftsländern sehen, daß es in Deutschland **„tolle Wohnungen, blonde Frauen und den Sozialstaat"** gibt.

„Ein Mann, der in Kairo heiraten will, muß dem Vater des Mädchens nachweisen, daß er eine Zweizimmerwohnung hat", erklärte Bassam Tibi.

Hier in Göttingen kenne er jedoch 16-jährige Araber, die für sich alleine eine Zweizimmerwohnung **auf Kosten der deutschen Steuerzahler haben.**

Auch Ibrahim Adam weiß über die Beweggründe, die viele seiner Landsleute nach Deutschland strömen läßt. Er ist Vorsitzender des Vereins „Colonia Ägyptischer Club", der sich um die Integration von Ägyptern in Deutschland bemüht.

„Viele Ägypter glauben nämlich immer noch, blonde Frauen warten nur darauf, von einem Ägypter geheiratet zu werden", sagt er der Kölner Rundschau. ...

Wenn man bei Google auf Arabisch „Deutsche Frauen" eingibt, kommt als **zweithäufigster Suchbegriff „Deutsche Frauen und Sex".**

In einer Stichprobe konnten wir innerhalb von drei Minuten dutzende arabische und pakistanische Internetseiten finden, auf denen deutsche Frauen durchgängig als blauäugige Blondinen dargestellt werden. Diese Seiten wurden oftmals tausende Male auf Facebook geteilt. ... **Ähnlich wie auf den Seiten über Deutschland werden den Arabern blonde**

Freundinnen versprochen, wenn sie den Weg bis nach Nordeuropa schaffen.
„Im Zug sitzen junge syrische Männer, die mit einer uralten Masche angelockt werden – Geld und Frauen. Es werden Bilder von hübschen Blondinen verteilt und man sagt sich, **daß schwedische Frauen demonstrieren, weil sie Männer fordern**", schreibt die Zeitung.»[199] (Freiezeiten.net)

Angelockt wurden viele von falschen Wunschvorstellungen, die unsere Politiker jahrzehntelang genährt haben, weil sie lieber mutmaßliche (und meist männliche) „Fachkräfte" importieren, als die eigenen Kinder ausreichend zu fördern, für ein überlebensnotwendiges Maß an Geburten zu sorgen. Außer Überfremdung hat das auch das Zahlenverhältnis von Männern zu Frauen in jungen Altersgruppen in ein für Männer katastrophales Mißverhältnis gebracht. Doch erst, wenn außer Männern auch Frauen durch Übergriffe leiden, beginnt die für Probleme einheimischer Männer taube Gesellschaft aufzuwachen.

Aufgrund der bei uns stärkeren Massenflut könnte unser Überhang von Jungen im Vergleich mit Mädchen noch größer sein als in Schweden, wo er schon katastrophale 20 Prozent beträgt.

«Ein entscheidender Punkt dieser Krise wurde bislang zu oft übersehen: Der Anteil von Männern, die unter den Flüchtlingen sind.
Unverhältnismäßig viele Migranten sind junge, unverheiratete Männer ...
Die internationale Datenbank *Census Bureau's International Database* zeigt, daß es so zu einer Gesamtzahl von 121.914 Männern in Schweden im Alter von 16 und 17 Jahren kommt sowie 99.079 Frauen der gleichen Altersgruppe.
Das sich ergebende Verhältnis ist erstaunlich. Die Berechnungen deuten darauf hin, daß es Ende 2015 wie folgt aussieht: **Auf 123 16-**

---

199 http://freiezeiten.net/arabischer-professor-asylbewerber-kommen-wegen-blonder-frauen-nach-deutschland

und 17-jährige Jungen treffen 100 Mädchen im gleichen Alter.»[200]
(Huffington Post)

Doch auch jetzt begreifen Regierung und Etablierte nicht, was sie schlimmes angerichtet haben, und versuchen das von ihnen geschaffene Problem nach erprobter Manier auszusitzen, bis niemand mehr davon spricht, statt gegenzusteuern. Doch das wird ihnen nicht gelingen. Eine Katastrophe wird die Folge sein.[201] Auch die einheimischen Männer werden sich erheben, um die Sklaverei durch Feminismus, Zahlungsverpflichtung an Ex-Frauen, Gleichstellungsfeministen und nun noch immigrierte Millionen, die ihnen die Frauen wegschnappen, abzustellen. Frauen werden endlich erkennen, daß Feministinnen ihre Interessen nicht vertreten und niemals vertreten haben, sondern sie einem aus Krisen- und Kriegsgebieten importierten Mob ausliefern.

Sogar die wenigen Männerrechtler erkennen die Zusammenhänge nicht; viele Männer bedauern zwar die seit Emanzipation und Feminismus ausfernden Ansprüche vieler Frauen, die für die meisten Männer auch mit viel Fleiß und Geschick nicht mehr erfüllbar sind, doch sehen sie nicht eine wesentliche Ursache: zu viele Männer müssen sich um zu wenige fruchtbare Frauen bemühen. Allein aufgrund des Zahlenverhältnisses müssen die Ansprüche an Männer überhand nehmen, was auch jene belastet, die das Glück haben, von Frauen für Sex, Liebe, Freundschaft oder Familie „selektiert" zu werden. Manche hängen weltanschaulichen Hirngespinsten an, schwärmen von einem „freien Markt beim Flirten" oder dem „freien Spiel der Natur", ohne zu begreifen, welchen Schaden sie mit ihrer Ideologie sich selbst und anderen Männern zufügen: zur Natur gehören auch männliche Stärken und Gegengewichte, die uns weggenommen wurden. Ein fairer Zustand, in dem Ausgleich möglich wäre, existiert nicht. Was wir stattdessen haben, ist ein Sklavenmarkt.

---

200 http://www.huffingtonpost.de/valerie-hudson/europa-maenner-ueberrannt_b_8977792.html

201 Überspitzt gesagt, werden die 20 Prozent überzähligen Jungen so lange auf Leben und Tod um eine Chance bei Mädchen kämpfen, bis 20 Prozent tot sind und jeder eine abbekommen kann.

Sie müssen die Zusammenhänge erkennen und solidarisch werden, denn bessern kann es sich nur, wenn die Ursachen begriffen und abgestellt werden. Es darf kein Männerüberschuß mehr ins Land gelassen oder dort belassen werden. Einseitiger Selektion nur von Frauen an Männern müssen die Grundlagen entzogen werden.

Selbst die Mehrheit Migranten, die nicht zu Terror oder sexueller Gewalt greift, verdrängt aus demographischen Gründen einheimische Männer am Arbeitsmarkt und bei Frauen. Reguläre Arbeitsplätze gibt es nicht genug, stattdessen oft höchstens prekäre oder befristete Arbeitsverhältnisse.

«Die Arbeitswelt derer, die mit ihren Händen Geld verdienen
Knapp eine Million Leiharbeiter gibts zur Zeit in Deutschland, wie aus der Antwort auf eine kleine Anfrage der LINKE hervor geht. Auf der Achse wurde auch berichtet, wie viele Flüchtlinge von besonders großen DAX-Konzernen eingestellt worden sind. Es sind nicht einmal hundert. Was haben diese beiden Aussagen miteinander zu tun? Mehr als es auf den ersten Blick scheint. Würden die Firmen genötigt, mehr Flüchtlinge einzustellen, **ginge das logischerweise zu Lasten der Leiharbeiter**, von denen sich fast jeder Hoffnung auf eine Festanstellung im Ausleihbetrieb macht. **Die Chancen auf Übernahme wären noch geringer als ohnehin schon.** Daß solche schlichten Zusammenhänge von Die LINKE oder auch von der SPD nicht wenigstens einmal angesprochen werden, zeigt nur, wie weit sie sich von den Leuten entfernt haben, deren Rechte sie zu verteidigen vorgeben. Oder denen sie erzählen, sie würden versuchen, deren Situationen zu verbessern.»[202] (achgut)

Obwohl Immigration nicht mein Thema ist, bin ich verpflichtet, unsere Männer und Frauen bei dieser katastrophalen Fehlentwicklung nicht im Stich zu lassen, damit alle gemeinsam retten, was zu retten ist. Die Verantwortlichen sollten den Hut nehmen und zurücktreten, bevor alles noch schlimmer wird.

---

[202] http://www.achgut.com/artikel/die_arbeitswelt_derer_die_mit_ihren_haenden_ihr_geld_verdienen

Wir müssen die eigenen Kinder, unsere Zukunft fördern, nach den katastrophalen Folgen der feministischen Kulturrevolution eine funktionsfähige Kultur wiederaufbauen, warme und menschliche Bezüge und Gefühle zwischen beiden Geschlechtern und gegenseitige Verantwortung wieder herstellen, einen Tausch, eine Gegenseitigkeit, ein Füreinander. Dazu dienen meine Bücher.

Gesinnungszensur: Wie Intolerante Andersdenkende fertigmachen wollen

Stärkster Auslöser für Wut und Unterdrückungswillen ist ein Tabubruch im zentralen Bereich, der Frauen bevorzugt und männliche Verlierer mundtot macht, ihnen Anteilnahme verschließt. Es ist eine evolutionär angelegte Kraft, die auf Dauer jede Zivilisation in Richtung Feminismus zu treiben scheint.

Kurzfristig sind auch andere privilegierte Gruppen wie erfundene Gender und wilde Massenmigration hinzugekommen.

Männliche Verlierer trifft oft empörte Unterdrückungswut, weil sie ein evolutionäres und feministisch verschärftes Tabu brechen, das Mitgefühl für männliche Verlierer verhindern soll.

Nachträglich ergänzte Verlagsantworten

Während der Verlagssuche bewarb sich eine weitere Antwort für die Liste der gehässigsten Absagen, Drohungen und Bemühungen, Gesinnungszensur auszuüben. Aus diesem Anlaß habe ich den Posteingang der letzten Monate nochmals durchgesehen und die vielsagendsten Reaktionen herausgefischt.

Frauen werden für ihren Mut gepriesen, wenn sie über ihre Lage sprechen, sich unberechtigt als vermeintliche Verlierer wähnen; Frauen werden bedauert, mit Handkuß und Charme durchgewunken und gefeiert. Könnten wir die Geschlechter im Buch tauschen, wäre es eine allseits bejubelte Sensation, auf die Feministen beider Geschlechter stolz wären.

Doch da ich ein Mann und Verlierer bin, darf es für mich weder faire Behandlung noch faire Wahrnehmung geben, darf ich diskriminierende Behandlung durch Frauen nicht erwähnen, weil dies einem tiefen evolutionären Tabu widerspricht. Männliche Verlierer werden beleidigt und bedroht, wenn sie sich zu Wort melden.

«Von: R▮ <▮@carow-verlag.▮>
Gesendet: Sonntag, 4. Dezember 2016 08:26
An: Jan Deichmohle
Cc: ▮@carow-verlag.▮
Betreff: Re: hochaktuelles, brisantes Buch über Massenmigration, männliche Verlierer und Feminismus
unterlassen Sie es, uns mit weiteren Mails zu behelligen.
Betrachten Sie sich als abgemahnt. Die nächste Abmahnung wird kostenpflichtig sein.
SIE und Ihren Blödsinn werden wir niemals veröffentlichen.
Carow Verlag Gruppe»

Inzwischen gibt es nicht nur bösartige reagierende Personen, sondern auch vernünftige Menschen.

«Von: N▮ <stiftverlag@▮▮>
Gesendet: Sonntag, 23. Oktober 2016 21:51
An: deichmohle@▮
Betreff: Re: "brisantes Buch über Massenmigration & Feminismus"
Hallo.
Wir finden das Thema sehr interessant»

Vorurteile, vorgefaßte Meinungen, die zu unsinnigen Unterstellungen führen, gehören häufig zu den Ablehnungsgründen:

«Von: M▮ <▮@kiwi-verlag.▮>
Gesendet: Donnerstag, 1. September 2016 14:22
An: deichmohle@▮
Betreff: WG: Brisantes, hochaktuelles Buch, zu Hd. ▮
Lieber Herr Deichmohle, wir sagen zu Ihrem Vorschlag **nein**. Der Grund: **Biologismus. Hatten wir schon...**
▮ M▮»

Andere Verlage sind ideologisch festgefahren wie die ANTIFA:

«Von: <▮@mandelbaum.▮>
An: Jan Deichmohle
Gesendet: 11:28 Donnerstag, 27.Oktober 2016
Betreff: Re: brisantes Buch über Massenmigration & Feminismus
Sehr geehrter Herr Deichmohle,
wie kommen Sie auf die Idee, dass wir in unserem Verlag, der **explizit feministische** und antirassistische Literatur im Programm führt, islamophobe und antifeministische **Machwerke** herausgeben würden. **Bitte belästigen Sie uns nicht weiter.»**

Viele formulieren vorsichtiger, wohinter sich ähnliche Motivation verbergen dürfte:

«▮ <▮@satzwerk.▮> Okt 24 um 2:23 PM
An: Jan Deichmohle
Sehr geehrter Herr Deichmohle,
bitte nehmen Sie uns **unverzüglich aus Ihrem Verteiler.**

Vielen Dank und beste Grüße,
R▮»

Eine freundliche Reaktion, die leider kein Angebot nach klassischem Verlagsprinzip enthielt:

«Pilum Literatur Verlag <▮@pilumliteratur.▮> Sep 7 um 2:14 PM
An: Jan Deichmohle
Sehr geehrter Herr Deichmohle,
ich wünsche Ihnen viel Erfolg und Durchhaltevermögen gegen die – meiner Meinung nach – wirklich entbehrlichen bösartigen Rezensionen. Da ich Ihnen kein anderes Geschäftsmodell als das meine anbieten kann, kommen wir wohl nicht zusammen.
Viel Erfolg weiterhin.»

Ein Verlag zeigte Interesse, jedoch leider kein Verständnis für einen nötigen Schutz der Privatsphäre:

«▮ <▮@neunplus1.▮> Sep 6 um 12:55 PM
An: Jan Deichmohle
Guten Tag, mir scheint das Manuskript recht erfreulich und spannend.
Deshalb bitte ich Sie mich in dieser Woche gegen 11 Uhr mal anzurufen,
herzlichen Dank»

Manche Verlage sind trotz Absage zu vernünftigem Urteil fähig, diesmal über ein anderes meiner Bücher derselben Reihe.

«F▮ <▮@eulenspiegelverlag.▮> Aug 16 um 4:05 PM
An deichmohle@▮
Sehr geehrter Herr Deichmohle,
haben Sie vielen Dank für die Vorstellung Ihres Buchprojekts und die Einsendung Ihres Manuskripts „Beziehungsentzug". Sicher ein interessantes Themenfeld, das Sie da beackern, auch der Schreibstil hält

Überraschendes bereit, doch leider sehe ich keine Möglichkeit, Ihr Buch in unserem Verlag zu veröffentlichen.»

Immer wieder geben Meinungsgründe den Ausschlag.

«Amrun Verlag <███@amrun-verlag.███> Aug 15 um 7:55 PM
An: Jan Deichmohle
... **Zudem lehne ich ihre in den Schriftstücken geäusserte Meinung ab.**
Damit hat es sich für mich erledigt.»

Nicht nur ein Skript wird abgelehnt, sondern gerne dem Verfasser empört verboten, andere Bücher einzureichen. Ganz gleich, worüber und was der Autor noch schreiben wird, soll es aus Gesinnungsgründen ignoriert werden.

«Von: ███ <███.hager@███>
Gesendet: Donnerstag, 30. März 2017 07:34
An: Jan Deichmohle
Betreff: AW: hochaktuelles, brisantes Buch über Massenmigration, männliche Verlierer und Feminismus
 Sehr geehrter Herr Deichmohle!
 Bitte schicken Sie mir keine weiteren Manuskripte. Ich habe nicht vor, diese zu veröffentlichen!»

Oft rasten flüchtige Leser aus, brennen geistige Sicherungen durch, wird wütend vorverurteilt, was das übliche Vorurteil in Frage stellt: der Hang zur Gesinnungsdiktatur bringt zur Empathie unfähige Leute dazu, andere niederzukeulen und sich dabei gar moralisch „überlegen" zu dünken:

«Am 8. Januar 2017 um 16:01 schrieb Jan Deichmohle:
Einen wunderschönen Tag Herr H███

Von: ███ H██ <███@prosodia.███>
An: Jan Deichmohle
Gesendet: 19:11 Sonntag, 8.Januar 2017

Betreff: Re: hochaktuelles, brisantes Buch über Massenmigration, männliche Verlierer und Feminismus
Sehr geehrter Herr Deichmohle,
Den Geboten moralischer Integrität entsprechend, teilen wir Ihnen mit, dass wir an einer Zusammenarbeit nicht interessiert sind. Als überzeugte Vertreter von Pluralität und ethischer Verantwortung werden wir jeden weiteren Kontakt zu Ihnen kategorisch ablehnen.»

Diese beleidigende Degradierung verrät viel über den Urheber: „ethische Verantwortung" wird mit rigoroser lebenslanger Unterdrückung männlicher Verlierer gleichgesetzt, mit denen jeglicher Kontakt abgelehnt wird. Tatsächlich ist das radikale Verantwortungslosigkeit und Unfähigkeit zu einem Mindestmaß an Anstand und Empathie. „Pluralität" wird gleichgesetzt mit lebenslanger Diskriminierung und Ausschluß der Mehrzahl eigener Männer; nur ideologische Minderheiten wie Feministen und illegal ins Land gelockte Gruppen hätten ein Recht auf Leben und Gehör. Andersdenkende werden mit der Gesinnungsmoralkeule niedergemacht. Monotone Gesinnungsdiktatur, nicht „Pluralität" ist das in Wirklichkeit. Die Unfähigkeit zu Mitgefühl und die Weigerung, über Probleme nachzudenken, wird noch als „moralische Integrität" hingestellt, mit der gleichen Berechtigung, wie ein Nazi-Scherge den Ausschluß Andersdenkender als „moralisch integer" hindrehen könnte.

Das ist unmoralisch, eine moralische Verrohung, die mit feministischer Hysterie begann und nun die gesamte Gesellschaft erfaßt hat. Kontakt mit einer Person wie H█, die sich pedantisch seelischer Grausamkeit schuldig macht und darauf noch etwas einbildet, ist tatsächlich wenig angenehm.

«Von: Ammianus <█ammianus.█>
Gesendet: Montag, 16. Januar 2017 11:32
An: Jan Deichmohle
Betreff: Re: hochaktuelles, brisantes Buch über Massenmigration, männliche Verlierer und Feminismus
Guten Tag Herr Deichmohle,

es wird Sie vermutlich nicht überraschen, dass Ihr Buch hiermit von weiblichen Lektorinnen und Verlagsmitarbeiterinnen abgelehnt wird.
Mit besten Grüßen
das Team des Ammianus-Verlags»

Was immer die Mitarbeiterinnen des Verlages damit aussagen wollten – damit haben Sie keine Ehre für ihre Sache eingelegt, sondern gezeigt, daß sie eine schlechte Sache vertreten.

«Am 03.03.2017 um 10:22 schrieb Jan Deichmohle:
Einen wunderschönen Tag
...
Von: edition AZUR <███@edition-azur.██>
An: Jan Deichmohle
Gesendet: 10:34 Freitag, 3.März 2017
Bitte enternen[203] Sie mich von Ihrer Mailingliste, die ich nie abonniert habe, und **behelligen Sie mich nicht mit solchem Müll!**
Helge ███
edition AZUR
Lesen macht unsicher!
...
Jan Deichmohle Heute um 11:16
An edition AZUR
Sie sind auf keiner „Mailingliste". Das war eine einzelne Manuskriptzusendung. Ihre Bezeichnung „Müll" ist eine Beleidigung, in jedem Falle unanständig und ein Zeichen schlechten Charakters. Sie sollten sich was schämen.»

Bei Büchern geht es nach Ansicht vieler nicht um Qualität, Originalität, neue geistige Durchbrüche, sondern um Meinungen und Ansichten. Entspricht etwas nicht den vorgefaßten Ansichten der Gesinnungsverleger, sind sie nicht gesinnt, es zu verlegen:

«Von: W██ <██@waro-verlag.██>
Gesendet: Montag, 30. Januar 2017 13:00
An: Jan Deichmohle

---

[203] sic

Betreff: Re: hochaktuelles, brisantes Buch über Massenmigration, männliche Verlierer und Feminismus

Sehr geehrter Herr Deichmohle,

Ihre Nachricht, auch die vom vergangenen Herbst, habe ich durchaus erhalten und gelesen, allerdings steht (und stand) außer Frage, daß unser Verlag **am Inhalt Ihrer Bücher kein Interesse hat, weil sie mitnichten die Meinung des Verlages, auch nur ansatzweise vertreten.** Deshalb bitte ich Sie auch in Zukunft von einer Anfrage bei uns Abstand zu nehmen.»

Niemand kommt darauf, in neuen, ungewohnten Ideën die Qualität der Neuërung zu sehen, den Durchbruch zu neuen Argumenten, Beweisen und Sichten. Stattdessen wird es niedergetrampelt, weil es ‚ungewohnt' und ‚störend', ja ‚verstörend' wirkt auf jene, die ihre vorgefaßte Weltsicht, also ihr Vorurteil, ihre Ideologie, nicht in Frage gestellt sehen wollen. Auf diese Weise hält sich seelische Grausamkeit, gewissenlose Mißachtung der Rechte einheimischer Männer auf ein erfülltes Leben, an der Macht.

Ihre Verurteilung meiner Bücher dient dem Machterhalt einer grausamen, zynischen Ideologie und der Bequemlichkeit aller, die in jener Ideologie aufgewachsen sind. Ich klage euch an wegen lebenslanger seelischer Grausamkeit. Nicht einmal meinen Bericht über eure seelische Grausamkeit habt ihr in 30 Jahren veröffentlicht, und somit das Leiden durch Ignorieren viele Jahrzehnte unnötig aufrechterhalten, die ihr mir geraubt habt. Ihr Nichtverleger und Nichtleser seid mitschuldig!

«Von: ███ <█@meerauge.at>
An: Jan Deichmohle
Gesendet: 9:34 Montag, 8.Mai 2017
Betreff: Re: hochaktuelles, brisantes Buch über Massenmigration, männliche Verlierer und Feminismus

Sehr geehrter Herr Deichmole!

Wie ich Ihnen bereits mitgeteilt habe paßt Ihr **Denkmodell in keiner Weise in unser Programm** und ich ersuche Sie **von weiteren Einreichungen Abstand zu nehmen.**
Mit freundlichen Gruessen
Ahim»

Unverblümt gibt er zu, was seit über 30 Jahren deutlich wird: Meine Bücher werden – wie alle echte Feminismuskritik – wegen ihrer Denkrichtung, also aus Meinungsgründen abgelehnt. Dabei ist egal, daß die Ablehner sich damit der seelischen Grausamkeit schuldig machen, Mißachtung elementarer Lebensinteressen und Rechte männlicher Verlierer mit Füßen treten. Erst ihre Weigerung, die grausamen Folgen feministischer Zerstörung zu veröffentlichen, hat es ermöglicht, die geschilderten Probleme massiv zu verbreiten und noch schlimmere Schandtaten erfolgreich im gesamten Kulturkreis zu begehen, wie die jüngste Massenverdrängung.

«Von: Dörfler Verlag GmbH <███@doerfler-verlag.de>
An: 'Jan Deichmohle'
Gesendet: 9:03 Montag, 8.Mai 2017
Betreff: AW: hochaktuelles, brisantes Buch über Massenmigration, männliche Verlierer und Feminismus

Manuskriptabsage
Sehr geehrter Herr Deichmohle,
vielen Dank für die Übersendung Ihres Manuskriptes.
Leider müssen wir Ihnen mitteilen, daß wir derzeit keine neuen Manuskripte **in diesem Segment** umsetzen.»

Diese raffinierte Formulierung ist so zu lesen: Es gibt kein Segment echter Feminismuskritik. Das ist ‚verboten' seit feministische Wellen die Macht ergriffen. Deshalb kann es auch nirgends in einem Publikumsverlag ein passendes Segment geben. Die Absage geschieht, wie fast alle, aus Gesinnungsgründen.

«Von: Arisverlag <███>
An: Jan Deichmohle

Gesendet: 22:02 Montag, 28. August 2017
Betreff: Re: hochaktuelles Buch über männliche Verlierer von Feminismus und Massenmigration

Guten Tag
Der Arisverlag teilt ihre Auffassung nicht und kann darum das Buch auch nicht veröffentlichen.
Mit freundlichen Grüssen»

Ihr Absager seid mitschuldig an den täglichen Folgen. Moralisch gehört ihr vor ein Tribunal wegen seelischer Grausamkeit und unverantwortbarem Handeln.

Traumatisierte

Zu den krassesten und lächerlichsten Ungerechtigkeiten der Welt gehört, daß Radikalfeminismus 50 Jahre lang massenweise eigene Männer massiv traumatisiert und diskriminiert hat, was wir aber nicht wahrnehmen können, weil ein starkes evolutionäres Prinzip jedwedes Mitgefühl für männliche Verlierer verhindert, unterdrückt, stattdessen für zusätzlichen Hohn, Verachtung und Beschimpfung sorgt: „Mimimi!" Das ist eine teilweise angeborene, durch Feminismus radikal verschärfte ungerechte Fehlreaktion, emotionale Pest, seelische Grausamkeit.

Genauso wird massiv die evolutionär angeborene Frauenbevorzugung und nachteilige Sicht auf Männer, umso negativer, je niedriger ihr Ansehen ist, aus unserem Bewußtsein verdrängt. Denn Männer niedrigen Ansehens sollen sich nicht fortpflanzen. Ihre Gene und Anlagen sollen aussterben, weil das männliche Geschlecht in der Biologie als „Filter für Gene" dient. Nicht das weibliche! Frauen sollen sich aus Sicht der Evolution fortpflanzen können, damit die Art, der Stamm, die Gemeinschaft erhalten bleibt. Diese folgenreiche Diskriminierung, die Frauen in der Natur an Männern vornehmen, prägt die Entwicklung und Entstehung von Arten, ist für die Entwicklung der Geschlechtsunterschiede beim Menschen verantwortlich – nicht die absurde Verschwörungstheorie eines ‚mächtigen Patriarchats', wie von Feministinnen aller Wellen fälschlich unterstellt.

Die eigenen männlichen Verlierer werden empört abgewiesen und öffentlich verhöhnt. Noch heute erhalte ich giftige Antworten zum Buch „NEIN!", das seit den späten 1980er Jahren Verleger – damals besonders feministische Verlegerinnen – zum Ausrasten bringt, weil die geschilderten Wahrheiten eine Zumutung sind für feministisches Bewußtsein. Heute sind es sogar meist Männer, die aggressiv und bösartig ausrasten, weil inzwischen die Indoktrination der Männer so weit fortgeschritten ist, daß sie – wieder einmal, wie nach früheren Wellen – zu den ‚besten Feministen' geworden sind und ‚nicht mehr richtig ticken'.

«Von: Verlag FWC <███@cordierverlag.███>
Gesendet: Freitag, 17. Februar 2017 16:43 ...
Betreff: AW: hochaktuelles, brisantes Buch über Massenmigration, männliche Verlierer und Feminismus

… Ich habe Ihren Text angelesen und bin einigermaßen erschüttert, sowohl vom Stil als auch von Ihren Anschichten. Im Einzelnen werde ich mich damit nicht auseinandersetzen.
Offenbar befassen Sie sich schon lange mit den einschlägigen Themen. Ihre unerfreulichen Erfahrungen, Beobachtungen, gesammelten Argumente und Meinungen türmen sich zu einem erdrückenden Berg. Diesen abzutragen, ist einem Laien wie mir nicht möglich.
Aber eine Frage: Ist Ihnen schon einmal der Gedanke gekommen, dass Sie sich irren könnten?
Dass die 99,5 % da draußen, einschl. aller nennenswerten Verlage, die Ihre Thesen für völlig absurd halten, doch einen realistischeren Blick auf die Wirklichkeit haben könnten? Dass Sie sich vielleicht „verrannt" haben?
… In Ihrem Text scheinen Probleme auf, die dringend einer Behandlung bedürfen. Ich bin sicher, daß Ihre Bemühung um Veröffentlichung Ihrer Texte dazu der falsche Weg sind.»

Das ist ein typischer Tiefschlag, der die schiefe und gegensätzliche Behandlung von Frauen und Männern deutlich zeigt. Wie ich in Artikeln[204] nachgewiesen habe, wurde Feminismus in allen Wellen, von der ersten im 19. Jahrhundert bis heute, tatsächlich von einem hohen Anteil buchstäblich wahnsinniger Gründungsfeministinnen entwickelt. Doch niemand hat Feminismus deswegen als ‚Wahnsinn' abgelehnt, obwohl alle feministischen Wellen für ihre Hysterie berüchtigt waren. Das kann ich für das 19. Jahrhundert ebenso nachweisen wie das hysterische Gekreisch, mit dem 1968 Kulturrevolution betrieben wurde, das sich auch über die 1970er und 1980er Jahre fortsetzte.

---

204 Artikeln und Büchern: http://deichmohle.rundekante.com/wahnsinn-und-feminismus/ und „Abrechnung mit dem Feminismus. Flaschenpost in die Zukunft: Zweiter Band zur zweiten Welle"

Obwohl tatsächlich psychische Probleme bis hin zu Schizophrenie und Wahnsinn tragende Kraft mehrerer feministischer Wellen waren, hat die Welt das ignoriert, weil Frauen in unserer Wahrnehmung bevorzugt werden. Der Volksmund nennt es „Kavaliersinstinkt". Aus Sicht der Evolutionsbiologie ist es ein angeborener Schutzreflex, der Kinder, Mütter und fruchtbare Frauen, darüber hinaus Frauen allen Alters, also auch Großmütter, vor harter Behandlung auch durch stärkere Männer schützen soll. Feminismus nutzt das aus: Sie können den allergrößten Quatsch behaupten und verlangen – wenn sie es nur hartnäckig genug tun, werden sie immer erhalten, was sie fordern. So funktioniert Feminismus. Die größten und krassesten Lügen werden angenommen und zur Staatsdoktrin erhoben, wenn Frauen es nur hartnäckig verlangen, dann anschließend im Rückblick in die Geschichte hineingedeutet, und alle künftigen Generationen mit diesen Lügen erzogen, so daß sie diese für richtig und Wirklichkeit halten.

Ganz umgekehrt geht es zu, wenn es sich um Männer handelt. Ein Mann kann noch so vernünftig und normal sein, trotz Erlebnissen, die ein schwächeres Gemüt zerbrochen hätten, er wird zusätzlich zur Ungerechtigkeit, die ihm angetan wurde, noch Spott und Verachtung ernten: Weil es evolutionär angeboren ist, männliche Verlierer zu verachten, damit die Gene von Verlierern sich nicht fortpflanzen – denn so funktioniert Evolution, die ihr eigenes Wirken schützt, indem sie es aus unserem Bewußtsein verdrängt. Wenn wir merken würden, was für Mechanismen unsere Wahrnehmung fälschen, könnten wir sie aushebeln.

Darum ist es umgekehrt: Jene Verlage und Zeitgenossen, die evolutionäre Tatsachen, mit denen ich alles belegen kann, für ‚absurd' halten, irren sich, sind unwissend, wie es bei jeder geistigen Neuerung zu sein pflegt. Noch keine bahnbrechende wissenschaftliche Erkenntnis von Kopernikus und Galilei über Darwin, Evolution und sexuelle Selektion bis zur Relativitätstheorie hat sich ohne Unverständnis und Ablehnung ausgebreitet. Wer behauptete, die Erde drehe sich um die Sonne, konnte als Ketzer auf dem Scheiterhaufen verbrannt werden. Die breite Masse ‚wußte' doch, daß jeden Morgen die Sonne auf der einen Seite untergeht, auf der anderen wieder aufsteigt! Klarer Fall: die Sonne drehe sich um die Erde, und Kopernikus sei ein Verrückter. Darwin wurde wütend von einer breiten Mehrheit angefeindet, am allermeisten seine ‚sexuelle Selektion', die bis heute nicht richtig verstanden wurde – sonst wären sämtliche feministischen Wellen abgeschmettert worden. Einsteins Relativitätstheorie wurde ebenfalls verhöhnt als ‚kranke Ausgeburt des Geistes'; die Faschisten gründeten gar eine eigene ‚Physik' gegen die Einsteins. Allerdings hat die ‚Physik' der Nazis kein einziges brauchbares wissenschaftliches Ergebnis hervorgebracht – so ein Pech aber auch: Sarkasmus aus.

Ähnliches gilt für künstlerische Neuërungen und neuë Stile: Wir haben vergessen, was für Entsetzen Klassiker aller Epochen oft anfangs auslösten. Vom Sturm und Drang bis heute ist jede neuë Kunstform erst einmal angeëckt. Auf der alten Hülle der wohl ersten Langspielplatte der Beatles wurde geschildert, ein Journalist habe den Gesang der Beatles mit dem Heulen von Luftschutzsirenen verglichen. Ich kann das sogar verstehen, weil für den damals etablierten Geschmack, die üblichen harmlos plätschernden Melodiën von Filmen und anderen Massenmediën aggressive Stimmen wie die John Lennons schockierend wirken konnten. Monate später brach eine Beatlesmania aus. Der Rest ist Geschichte.

Der Verweis auf „Behandlung" ist das äußerste an boshafter Verdrehung. Nachgewiesen wird die herzlose und unsinnige weibliche Selektionswahl, die mit rücksichtsloser Grausamkeit schlechte Wahl trifft. Eine Behandlung kann nur sein, diese schlechte und grausame Wahl zu verändern, die aufgezeigten allgemeingültigen Mechanismen zu erkennen und zu verbessern oder auszugleichen. Die Gesellschaft ist krank, erkrankt am Virus Feminismus, einer zerstörerischen Ideologie, die sich in allen Institutionen festgesetzt hat, deren eigentliche Aufgaben verdrängt, um stattdessen ihr Bewußtsein zu verbreiten, Menschen umzuerziehen, zu gendern, zu indoktrinieren. Beim verreißenden Verleger war solche Gehirnwäsche offenbar recht erfolgreich.

Allgemeingültige Abläufe und Wirkmechanismen zu erkennen, ist eine geistige Leistung, bei der Wissenschaft und künstlerische Fähigkeiten zusammentreffen. Wer nicht mit wütender ideologischer Abwehr die Erkenntnis unterdrückt, wird den Stil nicht schelten, sondern eher loben.

Solch ein bösartiger Verriß sagt nichts aus über Buch, Inhalt, wissenschaftliche Argumente oder literarischen Stil, dagegen viel aus über den Verreißer, der den beschriebenen Wahrheiten nicht gewachsen war, in der Konfrontation mit neuën Erkenntnissen gescheitert ist, sein eigenes Nichtbegreifen und Ablehnen auf Verfasser und Buch überträgt. Blamiert ist am Ende der unmenschlich und gehässig reagierende Verleger, der an Buch und der geistigen Herausforderung scheiterte.

Das Buch gehört dringend an die Öffentlichkeit, hätte schon vor Jahrzehnten bekannt sein müssen, denn die neuën Erkenntnisse, Sichten und Argumente hätten die fatale Verirrung des Feminismus, des Genderwahns und der Masseninvasion verhindern können.

Während es nur Verachtung, Nachtreten und Gehässigkeit für einheimische männliche Verlierer gibt, wird eine Millioneninvasion von überwiegend unbegleiteten jungen Männern im wehrdienstfähigen Alter ins Land gewunken, die zu 99 Prozent und mehr deswegen durch viele sichere Drittstaaten ausgerechnet in Nordländer wie Deutschland, Frankreich oder Skandinaviën ziehen, weil es bei uns sehr viel mehr Geld gibt – und die Verlockung, unsere nordischen, oft hellhaarigen Frauen zu vögeln! Viele Schwedinnen beginnen bereits, sich ihre blonden Haare dunkel zu färben, weil die Vergewaltigungen und Belästigungen unerträglich geworden sind. Dazu überrennen sie Grenzen sicherer Staaten Europas, deren Asyl sie ausschlagen, weil es bei uns lukrativer ist.

Unsere Regierungen werben seit Jahrzehnten um Einwanderung aus aller Welt, darunter Afrika, statt für ein Klima zu sorgen, in dem das eigene Volk, das Entscheidungen diesen Regierungen[205] anvertraut hat, genügend Nachwuchs zeugen kann, um die Bevölkerung zu erhalten. Doch der Staatsfeminismus bewirkte das Gegenteil, einen Zusammenbruch der Fortpflanzung bei autochthoner Bevölkerung, die nun zusätzlich noch von der höheren Geburtenrate der mit Migration hinzugekommenen Neubürger und durch eine ständige Invasion aus den kaputtesten und problematischsten Krisengebieten der Welt verdrängt werden.

---

205 oft nur mangels wählbarer Alternativen, da alle etablieren Parteien an einem Strang ziehen

Dies widerspricht den Interessen der eigenen Männer zutiefst, die mit harter Arbeit und unter Einsatz ihres Lebens im Laufe vieler Jahrtausende seit Ende der Eiszeit stabile Zivilisationen, Nationen und Staaten schufen, damit ihre Kinder und Nachkommen dauerhaft gut und erfolgreich Leben können, ihre Gene und Anlagen nicht aussterben wie Verlierer, sondern sich fortpflanzen bis in die allerfernste Zukunft, so wie es die Aufgabe allen Lebens ist, damit es nicht verschwindet.

Dafür riskierten Männer seit vielen tausend Jahren in Frieden und Krieg, bei ihrer Arbeit ihr Leben, arbeiteten hart, damit nicht geschähe, was durchgeknallte feministische Generationen nun tun. Frauen unterliegen solchem Druck nicht: Frauen sind fruchtbar, werden von Siegern gern übernommen und bebrütet. Biologisch verlieren Frauen dabei nicht, sondern sie erhalten Kinder von den ‚stärkeren Siegern', also vermeintlich ‚bessere Gene' für ihre Nachkommen. Aussterben tun die besiegten Männer. Das ist ein evolutionärer Grund (nicht der einzige), weshalb Männer bereit sind, ihre Familiën und Kinder notfalls in einem Krieg zu schützen, auch wenn es sie selbst das Leben kosten mag. Frauën sind biologisch dazu wenig geneigt, schon weil sie auch mit den Siegern weitere Kinder zeugen können. Für Frauen ist es – in der kalten wissenschaftlichen Sicht – kein evolutionärer Verlust, wenn ihre Männer fallen und sie sich den Siegern hingeben. Deshalb haben Frauen (und von feministischer Ideologie indoktrinierte Männer) auch weniger Hemmungen, ihre eigene Gemeinschaft, Nation oder Staat zu verraten, fremde Invasoren ins Land zu rufen: Frauen erhalten dadurch mehr Auswahl an Männern. Es sind die eigenen Männer, die vom Männerüberschuß verdrängt werden und darunter leiden.

Abermals spielt uns schiefe Wahrnehmung einen Streich, wenn wir nur ‚leidende Frauën' wahrnehmen, auf ‚Belästigungen' und ‚Vergewaltigungen' schauën, die übrigens auch kleine Jungen getroffen haben, die dann besonders grausam seelisch und körperlich verletzt waren. Denn tatsächlich ist die Zahl darunter im stillen, heimlich und unsichtbar leidender Männer viel größer. Aus Sicht des Lebens, des Liebeslebens und der Fortpflanzung sind es tausendmal oder zehntausendmal so viele Männer, die durch Verdrängung bei Frauen vom Männerüberschuß (oder Frauenmangel) betroffen sind.

Leben ist, was die Wissenschaft vom Leben, die Biologie erklärt: Etwas, das sich selbst wiederschaffen, Nachwuchs zeugen kann. Leben ist, was Leben zeugen kann, denn nur durch eine ununterbrochene Kette neuen Lebens lebt es fort. Einmal nur zerbrochen ist alles unwiederbringlich verloren.

Das ist der Grund, warum menschliche Kultur und natürliches Verhalten vorsichtig ist: Denn ein einziger Fehler, eine einzige durchgeknallte, verrückte Generation reicht aus, um nicht nur die Verrückten, sondern alle Mühen und Anstrengungen ihrer Vorfahren über zehntausende von Generationen und mehr zunichte zu machen. Nicht nur wir gehen unter, sondern mit uns alle Bemühungen unserer Vorfahren über Zehntausende von Jahren, als der frühe Mensch begann, Europa und andere Kontinente zu besiedeln. Sogar Gene des Neanderthalers tragen wir noch in uns, die bis heute überlebten, aber mit uns untergehen, so wie die jener Menschen, die in Kleinasiën oder Südrußland einst den Ackerbau erfanden, sich von dort in alle Himmelsrichtungen ausbreiteten.

Wer sein Leben lang trotz bester Erziehung, Manieren und Fähigkeiten bei jedem Diskobesuch von Mädchen geschmäht wird, die lieber den derben, selbstsicheren Muskelprotz mit modischem Schnickschnack vorziehen, muß auf Dauer traumatisiert sein. Doch weil es angeboren ist, daß männliche Verlierer als verächtlich und verspottenswert eingestuft werden, und Feminismus dies nicht nur ausgenutzt, sondern massiv gesteigert hat als Machtgrundlage, nehmen wir das nicht nur hin, sondern betreiben es durch faschistoïdes Verhöhnen und Beschuldigen der bereits Traumatisierten weiter.

«Flüchtlinge aus Krisengebieten kommen oft stark traumatisiert in Deutschland an.»[206] (Spiegel)

Viele Asylanten reisen im Urlaub in ihre Heimat, in der sie angeblich verfolgt werden; die allermeisten stammen nicht aus Syriën, sind ‚falsche Syrer'. Sie wollten in anderen sicheren Ländern Süd- und Osteu-

---

206 http://www.spiegel.de/gesundheit/diagnose/psychisches-leid-von-fluechtlingen-trauma-und-kaum-therapie-a-1035564.html

ropas nicht bleiben, sondern unbedingt zum Geldnapf der feministischen Idiotenstaaten wie Deutschland und Schweden.

«Duisburg: Schwaches Urteil gegen afrikanischen Vergewaltiger einer 15jährigen ...
Von Steffen Munter
28. Januar 2017 Aktualisiert: 28. Januar 2017 19:57
Vor etwa zwei Wochen wurde das Urteil zur Vergewaltigung einer 15jährigen in Duisburg-Neumühl gesprochen. Angeklagt war ein 24jähriger Asylbewerber aus Ghana. Das Urteil fiel **außerordentlich milde** aus. ...
Laasch wurde aber auch Zeuge, wie der Richter aufgrund der bisherigen polizeilichen Unauffälligkeit des seit sechs Monaten in Deutschland weilenden Afrikaners, seinen vermuteten guten sozialen Prognosen und der **allgemeinen Haftempfindlichkeit von Ausländern**, so der Richter.
Ich war heute, Dienstag, den 11.01.2017, bei der Hauptverhandlung am Landgericht Duisburg in Raum 101 unter Vorsitz des Richters Kuhn. Es ist eine Vergewaltigung verhandelt worden, eine **brutale Vergewaltigung eines jungfräulichen 15jährigen Mädchens durch einen Flüchtling**, 23 Jahre aus Ghana. Das 15jährige Mädchen befindet sich seitdem **in stationärer Behandlung und wird psychologisch betreut**. ...
Er habe eine schwere Typhuserkrankung gehabt sowie eine Fluchtsituation und Hunger. Im Laufe seines Lebens hatte er auch eine schwere Krankheit, von der er aber wieder genesen war. Ihm machte auch ein scheußliches Geschwulst große Sorgen und zu guter Letzt hat er zwei Narben, die er sich bei einem Autounfall zuzog, was ihn heute noch negativ beeinflußt.»[207]

Dem durch „frühere Krankheit", „Geschwulst" und „Narben" angeblich ‚traumatisierten' **brutalen Täter** wird „**allgemeine Haftempfindlichkeit von Ausländern** (!)" unterstellt.

---

207 http://www.epochtimes.de/politik/deutschland/duisburg-schwaches-urteil-gegen-afrikanischen-vergewaltiger-einer-15-jaehrigen-afd-prozessbeobachter-schockiert-a2035558.html

Während unsere eigenen, bereits durch 50 Jahre Radikalfeminismus tatsächlich traumatisierten Männer verarscht und verspottet werden, wird ständig fälschlich damit entschuldigt, von Krieg „traumatisiert" zu sein: bei teils aggressiven Skrupellosen, die in unser Land einfallen, kleine Kinder abgreifen oder vergewaltigen, oder Großmütter – ganz egal –, die unser einst sicheres Land verwandelt haben in ein Land der lockeren Messer, wo ständig jemand auf die Intensivstation oder zu Tode gemessert wird, bei einem hohen Anteil Krimineller, die gewohnheitsmäßig unter vielen falschen Identitäten unser Geld abzocken, mit dem sie dann unsere Frauen verführen können, die Polizei bedrohen, Menschen bedrohen, bis es bürgerkriegsähnliche Zustände wie in Frankreich gibt, sie einen Mob bilden, der auf nichts hört, für den kein Gesetz gilt, der bei Straftaten entweder gar nicht belangt wird oder meist auf Bewährung frei kommt; eine raubende, mit Drogen dealende, Gewalt, Vergewaltigung und Angst verbreitende Meute entsteht, die wir mit hart erarbeitetem Geld durchfüttern.

Wir arbeiten und bezahlen den Spaß Illegaler, die untätig verwöhnt werden, einen millionenfachen Männerüberschuß verursachen, unsere Frauen verführen, uns wegnehmen und so zum Kuckold machen. Wir tun niemandem etwas zuleide und werden dafür gehässig verhöhnt und beschuldigt.

Und dabei sollen die tatsächlich traumatisierten und um ihr Leben betrogenen einheimischen Männer sich nicht mehrfach verarscht vorkommen?

Dieses Buch wurde gekürzt

Dieses Buch hat wie die anderen meines Zyklus und die meisten feminismuskritischen Bücher seine Zeit und Chance in den 1980ern verpaßt, aufzurütteln und zu verhindern, was nun geschehen und nicht mehr änderbar ist, weil sämtliche Medien und Verlage abwimmelten, gegen solch diktatorische Einseitigkeit der vierten Macht, die längst erste ist, nicht anzukommen war.

Die heutige Fassung ist gekürzt, um nicht zu langweilen mit damals wichtigen, heute zu sehr verspäteten Argumenten und Aufrufen, die eine ideologisierte Nichtmehr-Demokratie unterdrückte, die längst in feministische Unterdrückungsmaschinerie gekippt war, der es inzwischen gelungen ist, von Kindheit an manipulierte Generationen aufzuziehen, die weder wissen, was los ist, noch aus dem Gefängnis anerzogener Denktabus herauskommen, die um das wichtigste im Leben betrogen sind, dies weder merken noch erreichen können, weil es in ihrer Kindheit schon fehlte. Argumente und Aufrufe einer anderen Ära, die inzwischen eingetretene und institutionalisierte Katastrophe zu verhindern, sind nun eine Flaschenpost der Zeit. Die jetzige Lage benötigt anderes Vorgehen. Daher werde ich neue Bücher schreiben und anbieten: „Die beiden Geschlechter, Buchreihe."

Literaturverzeichnis

Neue Bücher mit wissenschaftlichen Beweisen:

Jan Deichmohle, Buchreihe „Die beiden Geschlechter", Band 1 bis 5
John Mileahed, „Hippiephilosophie" und „Leben"
Zitierte Bücher der zweiten Fassung von 1992:

    Felix Stern, Und wer befreit die Männer?
      A1 Seite 258
      A2 Seite 246
      A3 Seite 269 - 274
      A4 Seite 252
      A5 Seite 250
      A6 Seite 16 - 20
      A7 Seite 109
      A8 Seite 279
      A9 S. 79
      A10 S. 66

    Christian Zeiler, Können Frauen lieben?
      B1 Seite 46
      B2 Seite 117

    Verena S. Rottmann / Holger Strohm, Scheidungsopfer: Mann
      C1 Seite 74
      C2 Seite 109

    Walter Hollstein, Nicht Herrscher, aber kräftig
      D1 Seite 39
      D2 Seite 178

    Arne Piewitz, Ich war der Märchenprinz
      E1 Seite 32 - 33
      E2 Seite 119

Nachwort

Geschiedene und getrennte Zahlknechte, Rechtlosväter, schreibt alles auf. Nichts darf vergessen werden. Das Klagemonopol wird fallen. Verbessert die Welt; sie hat es nötig.

Oft werfen mir Lektoren der finsteren manipulierten Epoche vor, in meinen - inzwischen 30 Jahre nicht verlegten - Berichten von Ausschluß und Abwimmeln entwickle sich nichts. Natürlich nicht! Darüber berichte ich ja! Die Frauen müssen sich ändern und aufhören, abzuwimmeln. Wenn sie nicht mehr abweisen, wird sich enorm viel entwickeln.

Literaturhinweise

Folgende Bücher sind wichtig für ein besseres Verständnis dieses Buches:

Jan Deichmohle, „Kultur und Geschlecht. Feminismus: Großer Irrtum - schwere Folgen", Band 1 der Reihe „Die beiden Geschlechter"

Jan Deichmohle, „Ideologiekritik am Feminismus: Krieg gegen Mann, Natur und Kultur", Band 2 der Reihe „Die beiden Geschlechter"
Unlogik, Widersinn und falsche Annahmen feministischer Wellen und Kampagnen werden analysiert. Was alle wissen sollten!

Jan Deichmohle, „Die Genderung der Welt. Wie Feminismus weltweit Kulturen zerstört", Band 3 der Reihe „Die beiden Geschlechter"
Wie Feminismus internationale Organisationen, Verträge und Entwicklungshilfe dazu mißbraucht, weltweit Kultur zu zerstören.

Jan Deichmohle, „Zensiert: Flaschenpost in die Zukunft. Erster Band zur ersten Welle", Band 4 der Reihe „Die beiden Geschlechter"
Wissen, das aus einer unverständigen Vergangenheit und Gegenwart einer verständigeren Zukunft erhalten werden muß.

Jan Deichmohle, „Die Unterdrückung der Männer", Band 5 der Reihe „Die beiden Geschlechter"
Wichtige Fakten und Argumente.

John Mileahed, „Hippiephilosophie", Band 1 der Reihe „Hippiebücher"
Der Weg der Gleichheit, und wie er am Feminismus scheiterte. Die logische Ergänzung zum Weg kultureller Differenz „Kultur und Geschlecht".

Jan Deichmohle, „Anmache", Band 2 der Reihe „Die Wahlmacht der Frau"
Reportage über Abweisung und Ausschluß durch weibliche Wahl.

Jan Deichmohle, „Beziehungsentzug", Band 3 der Reihe „Die Wahlmacht der Frau"
Eine literarische Dokumentation.

Jan Deichmohle, „Leben in der Hölle", Band 4 der Reihe „Die Wahlmacht der Frau"

Jan Deichmohle, „Fulminantes Finale – 1. Teil", Band 5 der Reihe „Die Wahlmacht der Frau"

Jan Deichmohle, „Abrechnung mit dem Feminismus: Flaschenpost in die Zukunft – Zweiter Band zur zweiten Welle", Band 6 der Reihe „Die beiden Geschlechter"

Jan Deichmohle, „Zensiert: Flaschenpost in die Zukunft. Teil 3", Band 7 der Reihe „Die beiden Geschlechter"

Jan Deichmohle, „Der Frauenkrieg", Tragödie, Theater

Jan Deichmohle, „Der Untergang des Abendlandes", Tragödie, Theater

Martin van Creveld, „Das bevorzugte Geschlecht"
Historischer Nachweis stärkerer männlicher Belastung, Pflichten und Benachteiligung in allen Zeiten. Beweis weiblicher Bevorzugung zu allen Zeiten der Geschichte.

Weitere Romowe – Verlagsveröffentlichungen:

18 Monate Wehrdienst bei der NVA - für Millionen junge Männer der DDR Bestandteil ihrer Biographie.

18 Monate Freude und Leid, Lust und Frust, Bevormundung und Freiheit, Hoffnung und Verzweiflung, humorig und tieftraurig.

Von dieser Zeit erzählt Thomas Frei in seinem Roman. Ohne Ostalgie, aber mit DDR-Vergangenheit.

ISBN: 978-3946557067

Wer an Mannheim denkt,
denkt sicherlich nicht an tropische Vögel
Doch mit Verlaub,
Luley hat diese in Mitten der Stadt entdeckt.

Wie die Stadt, so auch das Buch:
ernst, lustig, japanisch und deutsch,
anders, gleichgültig, seltsam und einzigartig.

Luley überzeugt,
als Lippenleser und Gedankenerzähler,
als Beobachter und Beschreiber.
ISBN: 978-1976321153

Das Verlagsprogramm entnehmen Sie bitte unserer Seite:
www.romowe.de

Aktuelle Nachrichten und Hintergründe:
www.preussischer-anzeiger.de

www.ingramcontent.com/pod-product-compliance
Lightning Source LLC
Chambersburg PA
CBHW050328230426
43663CB00010B/1778